le vif du sujet

collection dirigée par
Jane Sctrick

MARSEILLE ANNÉE 40

MARY JAYNE GOLD

MARSEILLE ANNÉE 40

récit

Traduit de l'anglais (ÉTATS-UNIS) par
ALICE SEELOW

Préface par
EDMONDE CHARLES-ROUX

Postface de
PIERRE SAUVAGE

PHÉBUS

Illustration de couverture :
Mary Jayne sur le Président-Harding, *à destination de l'Europe*
(détail)
Fondation Chambon, Collection Gold

Titre original de l'ouvrage :
Crossroads Marseilles 1940

NOTE DE L'ÉDITEUR

Certains livres n'ont que faire de la « littérature », et c'est bien ainsi pour eux – c'est-à-dire pour leurs lecteurs. Il leur faut livrer d'abord, avec le minimum de perte, le miracle de ce qui fut, qui sans eux tout simplement serait perdu. Leur justification n'est pas dans la manière de dire, mais dans l'urgence de ce qu'il faut dire. Les Romains avaient un mot pour désigner ces récits gouvernés par la nécessité : legenda *– ce qui* doit être lu. *Qu'on ait ensuite brodé sur la « légende » est une autre affaire.*

Le livre qu'on va lire se passe de toute broderie. Il est pure racine de légende : notre légende. Et qu'on ne vienne pas nous dire – puisque c'est encore de la Deuxième Guerre mondiale qu'il s'agit – qu'on commence à en avoir assez, qu'on a déjà lu tout ça, que trop c'est trop. Ce récit, qui montre les braves gens de France à l'œuvre sous la contrainte du pire, n'est pas seulement un témoignage historique (un de plus ! soupireront ceux qui s'entêtent à n'être point concernés); il rend compte, certes, de quelque chose qui fut, mais il nous met tous aussi bien, à un grand demi-siècle de distance, en face de responsabilités que nous devons *assumer à notre tour, même si le pire n'en est pas encore à frapper à notre porte. Car le pire, ainsi qu'aimait à rappeler un philosophe allemand du siècle passé, est chez l'homme une valeur tristement indémodable.*

Mary Jayne Gold – comme le montre bien Edmonde Charles-Roux dans sa préface – aurait parfaitement pu échapper à l'horreur de ce Marseille de l'an 40. Elle ne l'a pas fait, et tout est là. Qu'aurions-nous fait à sa place ? Il n'est jamais inutile de se poser de telles questions : au moins tant que les hommes s'ingénieront à cultiver, avec la constance et le talent qu'on leur connaît, les fleurs du pire.

Il est assez révélateur que son livre, paru aux États-Unis en 1980 (aux Éditions Doubleday), ait eu si peu d'écho en Amérique – et par suite dans le reste du monde. Les Américains que l'on voit dans ces pages risquer leur peau pour sauver quelques intellectuels européens pourchassés par les nazis agissaient alors contre *le vœu de leur pays – qui se fit longtemps prier (plus de deux ans !) avant de se résoudre à entrer dans la guerre. Il est dès lors pour le moins curieux que l'*éditor *de l'ouvrage chez Doubleday – Jackie Kennedy Onassis, fascinée par ce récit – ait été en son temps la première dame de ce pays justement : le regretté William Shakespeare, veut-on croire, aurait trouvé là de quoi satisfaire son goût immodéré du paradoxe.*

Pour plus de précisions, l'on renverra bien sûr le lecteur à un autre ouvrage, signé par le protagoniste central de l'épisode historique ici évoqué : La Liste noire, *de Varian Fry (1945, trad. fr. Plon, 1999). Et l'on se reportera de même, en fin de volume, à la riche postface de Pierre Sauvage, qui prolonge avec pudeur et émotion la « légende » du Marseille des mauvais jours – dont Jean Renoir, Julien Duvivier ou Pierre Chenal, s'ils avaient lu la douce Mary Jayne, n'auraient pas manqué de tirer un grand film.*

J.P.S.

LIVRABLES SUR DEMANDE

par

Edmonde Charles-Roux

Ce qui fait la force de ce livre est sa sincérité, son naturel aussi et la générosité que Mary Jayne Gold manifesta en de très tragiques circonstances.

Jeune fille aux goûts modernes, à l'audace tranquille, à la sensualité avouée, Mary Jayne était venue en France – le paradis sur terre au dire de ses gouvernantes – pour s'instruire et faire la fête... avec une préférence pour la fête. Et la voilà surprise par l'attaque allemande et ouvrant de grands yeux, la voilà piégée par le pouvoir destructeur de la guerre et l'irrémédiable désastre.

Pour ma part, je n'ai jamais entendu raconter avec plus d'abandon – sans rien exclure des détails d'ordre intime, des commérages, des bavardages aux terrasses des cafés, si révélateurs et qui prennent valeur de documents pour l'histoire – ni raconter avec autant d'authenticité ce que furent les mois et les jours de 1940 et 1941, cette année terrible que Mary Jayne vécut dans un port, devenu le carrefour des désespérances, Marseille, dernier refuge d'une élite intellectuelle menacée par la barbarie nazie, une ville inconnue où se trouvaient mêlés vainqueurs et vaincus, victimes et bourreaux, traîtres et patriotes, faussaires et honnêtes gens, bravoure et couardise, héroïsme et crapulerie.

Rien n'avait préparé Mary Jayne à de tels instants. A l'époque de son arrivée en France, vêtue à la dernière mode, avec sa jupe plissée très haute couture, ses longues jambes, ses souliers lacés, un chapeau cloche, typique des années 30 et bien enfoncé à mi-front, elle avait l'éclat, la blondeur, la parfaite distinction d'une jeune et séduisante WASP [1]*, tout juste échappée de sa cage dorée, le pur produit, en somme, d'une famille bourgeoise de la Nouvelle-Angleterre. Elle ressemblait comme une sœur aux jeunes filles en fleurs des romans de Francis Scott Fitzgerald et, comme elles, Mary Jayne avait eu, dans ses premières années, de gracieuses nurses aux tabliers amidonnés, chargées de veiller sur sa santé, puis des gouvernantes françaises pour faire son éducation.*

Sa mère, fidèle cliente des grands couturiers parisiens, ne s'était en rien opposée au départ de Mary Jayne pour l'Europe, lorsque celle-ci avait eu vingt ans. Elle aurait pu souhaiter que sa fille fasse des études et fréquente l'Université, au lieu de quoi elle l'envoya faire son apprentissage de la vie mondaine aux environs de Vérone, chez une aimable Contessa *qui faisait visiter l'Italie et ses palais à de riches héritières. Mme Gold avait de bonnes raisons d'encourager sa fille à découvrir le Vieux Continent. Elle agissait dans le secret espoir qu'à la faveur de ses pérégrinations Mary Jayne rencontrerait un jeune homme du meilleur monde qui, en l'épousant, la guérirait au plus vite de ses « idées avancées ». Car c'était cela et cela uniquement qui inquiétait Mme Gold. Les tendances politiques de sa fille la troublaient profondément. Elle vivait dans la crainte d'avoir mis au monde une* libérale.

Lorsque Mary Jayne parvint à Marseille avec le flot montant des réfugiés, elle ne s'était toujours pas révélée à elle-même. Son comportement demeurait celui d'une jeune femme émancipée, libérée, qui, à quelques semaines de la défaite, aux commandes de son Vega Gull, un monoplan qu'elle pilotait elle-même, allait encore de villégiature en villégiature. Puis ce fut la guerre, la vraie, et la victoire allemande fit à nouveau de Mary Jayne une privilégiée, une réfugiée sans problèmes. Son pays d'origine n'était pas en guerre avec l'Allemagne. Aucune puissance étrangère ne pouvait s'opposer à son rapatriement. Si l'envie la pre-

1. White Anglo-Saxon Protestant.

nait de s'en retourner aux USA, *son visa était acquis d'avance. Elle avait un passeport en règle et disposait sur place, à Marseille, d'un consulat d'Amérique au personnel pléthorique et qui – à l'exception d'un vice-consul, d'un seul, le vaillant Hiram Bingham IV – était entièrement soumis aux ordres d'un ambassadeur des plus pétainistes, l'amiral Leahy, lequel siégeait à Vichy et s'échinait à faire quitter la France aux ressortissants américains. Non, rien n'aurait pu empêcher Mary Jayne de se faire rapatrier elle aussi, via Madrid. Or elle resta à Marseille. Cette décision marque un tournant majeur dans sa vie.*

Les souvenirs de Mary Jayne Gold permettent de mesurer l'ampleur et la rapidité de sa métamorphose. Nous voyons la jeune héritière bien-pensante d'hier, l'habituée des palaces qui jusque-là était tout entière occupée de mondanités, soudain horrifiée par l'article 19 de la Convention d'armistice, « coup mortel porté à l'honneur de la France. » Il stipulait que le gouvernement français était tenu de livrer sur demande *tous les ressortissants allemands désignés par le gouvernement du Reich, qu'ils soient en France ou dans les colonies.*

Nous voyons Mary Jayne réussissant, non sans mal, à se débarrasser d'une réputation de luxe et d'oisiveté, s'acharnant à inspirer confiance afin d'être acceptée dans l'équipe des volontaires du Centre américain de secours, *dont l'initiateur était Varian Fry, cet Américain de trente-trois ans qui se mit corps et âme au service de la liberté et sauva des centaines d'hommes et de femmes que menaçait la volonté destructrice des nazis.*

Nous voyons Mary Jayne se dévouer, elle aussi, au service d'étrangers qualifiés par l'occupant de « lèpre judéo-bolchevique », nous la voyons menant à bien une mission des plus risquées avec un souverain mépris du danger, nous la voyons aider Varian Fry, le soutenir financièrement, travailler nuit et jour dans les locaux du CAS avec des syndicalistes d'origine allemande naturalisés américains, des républicains espagnols, des communistes tchèques, des socialistes français, des trostskites anglais, des monarchistes autrichiens, tous devenus de ses amis, un groupe d'hommes et de femmes aux « idées avancées »

– ô combien! – et que madame sa mère aurait désapprouvées de toute son âme.

Mais comme si cela ne suffisait encore pas et qu'il en fallût plus pour effacer (et au besoin renier) les nurses amidonnées de jadis, les demeures opulentes et les avions privés, Mary Jayne se laissa séduire par un jeune homme « au passé chargé », selon la terminologie en usage dans les grandes familles. L'indignité sociale de son chevalier servant aurait scandalisé sa mère. Il avait déserté les rangs de la Légion étrangère, il était recherché par la police militaire, il entretenait des relations fort embarrassantes avec la pègre marseillaise, il avait volé les bijoux de Mary Jayne, ses mauvaises fréquentations constituaient un danger pour les membres du CAS qui vivaient en permanence sous surveillance policière, Varian Fry le redoutait, André Breton l'exécrait, mais qu'importe : nos amants s'aimaient. On l'appelait Killer. *Il n'avait qu'un rêve en tête : rejoindre Londres et s'engager dans les Forces françaises libres.*

Mary Jayne Gold aida le délinquant à se forger la stature d'un authentique héros. Ce fut elle qui trouva un passeur en la personne d'un espagnol républicain, elle qui rendit possible l'évasion de Killer à l'instant même où son arrestation devenait inévitable.

A cette époque, Mary Jayne Gold n'était pas à un miracle près.

EDMONDE CHARLES-ROUX
de l'Académie Goncourt

PROLOGUE

En 1939, j'étais une jeune fille de la bonne société américaine protestante résidant à Paris dans un appartement de la très élégante avenue Foch. Je partageais mon temps entre cette ville, Londres et les stations chic, me sentant chez moi aussi bien à Cannes, à Biarritz, à Majorque qu'à Saint-Moritz. Je sillonnais la France, l'Angleterre et l'Italie du Nord plusieurs fois par an pour rendre visite à mes amis et admirer églises et musées. Je skiais tous les hivers, pilotais mon propre avion et hantais les cocktails, les soirées, les grands galas, habillée pour toutes les circonstances par la haute couture parisienne.

C'était une époque agréable et insouciante, où le temps ne comptait pas, une vie où, sans avoir réservé, nous avions dans le meilleur hôtel une chambre qui nous attendait, nous autres gens de l'élite.

La déclaration de guerre sonna le glas de cette existence dorée. La première année, celle de la drôle de guerre, fut plutôt longuette. Il ne se passait pas grand-chose sur les fronts militaires et il n'y avait pas grand-chose non plus à faire à l'arrière ; sinon que l'on savait que cela ne pouvait pas durer, et aussi qu'un vague sentiment d'angoisse nous envahissait, de jour en jour plus intense. C'est alors qu'il survint – le tremblement de terre, s'entend. Je me retrouvai alors sur les routes congestionnées de France, fuyant devant l'armée allemande.

Les bouleversements qui accompagnèrent la défaite de la

France me jetèrent, en même temps que des milliers de réfugiés français et étrangers, dans les rues de Marseille. J'avais l'intention de mettre de l'ordre dans mes papiers et de rentrer aux États-Unis. Mais il se trouva que je me laissai entraîner en quelques jours dans une relation avec un jeune aventurier qui venait de déserter la Légion étrangère. Quelques semaines plus tard, je rejoignais le « Centre américain de secours » de Varian Fry, qui préparait l'opération « Mouron Écarlate » consistant à faire secrètement sortir de France, par des moyens légaux ou illégaux, des centaines de réfugiés antinazis, aussi bien juifs que non juifs. A ce moment sans précédent de ma vie, je décidai immédiatement de rester à Marseille. L'année 1940-1941 se révéla une année très particulière pour une jeune fille de la société huppée d'Evanston, banlieue de Chicago.

Le monde démocratique avait assisté la gorge nouée à la pénétration des forces allemandes en Hollande et à l'invasion de la Belgique et du nord de la France. Paris fut occupé un peu plus d'un mois après l'attaque initiale. Dans les jours suivants, les Clippers américains, gigantesques hydravions transatlantiques, apportaient à New York les films des troupes hitlériennes victorieuses descendant les Champs-Élysées au pas de l'oie. Tous les Américains purent voir le maudit drapeau orné de sa croix aux branches coudées flotter sur l'Arc de triomphe. Le monde pouvait à peine en croire ses yeux. Tout s'était passé si vite ! Devant ce triste tableau, on frémit aussi bien dans les salons que dans les sphères intellectuelles. Les uns comme les autres considéraient la « Ville lumière » comme le lieu où leur âme avait sa résidence secondaire.

A New York, tous ceux qui, américains ou étrangers, savaient lire (ou écrire) entre les lignes des journaux, tous ceux qui faisaient partie du monde des arts et des lettres et qui avaient contribué à leur épanouissement savaient que les valeurs universelles héroïquement servies et entretenues à coups de sacrifices au long des siècles couraient maintenant le danger d'être piétinées, balayées. Dans l'immédiat, la victoire allemande signifiait que les opposants au fascisme venus de tous les pays de l'Europe occupée qui avaient trouvé en France un asile politique étaient dès lors pris dans les rets de la France occupée.

Leurs craintes se virent confirmées quand ils lurent les termes de l'armistice signé par Pétain. Par l'article 19, les Français étaient tenus de livrer sur demande tous les Allemands désignés par Berlin. En outre, le nouveau gouvernement s'engageait à s'opposer à la fuite des Allemands vers les possessions françaises d'outre-mer ou vers l'étranger. Cette mesure s'étendit bientôt à toute personne, originaire d'un pays de l'Europe occupée, que les Allemands seraient en droit de réclamer. En d'autres termes, les ennemis du régime hitlérien seraient mis à sa disposition, certains dans les camps d'internement, d'autres laissés en liberté jusqu'au moment où la Gestapo pourrait opérer ses choix discrétionnaires.

Ces événements firent crépiter les fils téléphoniques entre les libéraux informés, que ces nouvelles inquiétaient. Certains groupes commencèrent à passer à l'action. Le Dr Reinhold Niebuhr, éminent théologien et président des American Friends of German Freedom (Les Amis américains d'une Allemagne libre, AFGF), déclara l'état d'urgence. Il avait fondé cette organisation en 1936 en vue de soutenir les socialistes clandestins appartenant au mouvement antinazi qui s'était formé en Allemagne. D'éminents membres des milieux religieux, syndicaux et politiques se joignirent à Niebuhr, tels Norman Thomas, candidat perpétuel à la présidence de la liste socialiste qui, dans ses dernières années, se vit appeler « la conscience de l'Amérique », l'influent Karl Frank (alias Paul Hagen), qui dirigeait en fait les AFGF et avait été le chef de l'association *Neu Beginnen* (« Nouveau début », en allemand), formée de socialistes de gauche actifs au sein de la résistance allemande… Cette organisation avait maintenu un réseau de contacts le long des frontières de l'Allemagne avec des membres de la clandestinité dispersés à l'intérieur du pays. Ces contacts étaient maintenant rompus ; ceux qui les avaient si longtemps maintenus héroïquement devaient être sauvés.

Quelques jours après la signature de l'armistice franco-allemand, le 25 juin 1940, les AFGF organisèrent un déjeuner d'environ deux cents personnes à l'*Hôtel Commodore* de New York, afin de rassembler des fonds. Le Dr Frank Kingdon, éminent universitaire méthodiste, présidait le déjeuner. Raymond Gram Swing, l'un des commentateurs de la radio nationale les plus éloquents et les plus aimés du public, ainsi que Karl Frank, exposèrent la situation désespérée des réfugiés. Reinhold Niebuhr, fait exceptionnel, fit appel à la générosité de l'auditoire. Des ordres de virement en blanc furent disposés devant chaque place. Quand les hôtesses commencèrent à circuler autour des tables pour les ramasser, une vague d'enthousiasme souleva l'auditoire. Certains s'engagèrent, qui à donner de l'argent, qui à rendre des services. Certains se levèrent pour parler. Parmi eux Louis Fischer, doyen des correspondants de presse à l'étranger et l'un des premiers journalistes américains accrédités en Union soviétique dans les années 1920. Erika Mann, fille de Thomas Mann, le grand homme de lettres allemand, déclara que son père, qui se trouvait alors en Californie, où il dispensait de l'aide comme s'il était lui-même une organisation de secours, recevait tous les jours des nouvelles d'éminents artistes et écrivains réfugiés en France. Elle proposa sa collaboration ainsi que celle de son père. D'autres prirent la parole : il fallait à tout prix créer une organisation qui viendrait en aide aux victimes de toutes nationalités qui avaient servi la cause antinazie.

Les organisateurs du déjeuner approuvèrent avec gratitude les propositions de l'auditoire. Cet après-midi-là fut fondé l'ERC. Il fut mis sur pied en trois semaines. Le Dr Kingdon en accepta la présidence. Sous la direction de Karl Frank, le personnel des AFGF fut mis à la disposition du Comité et un bureau fut ouvert dans un grand immeuble. Mildred Adams, bien connue dans les cercles philanthropiques et rompue au travail social, fut nommée secrétaire, la jeune et fringante Ingrid Warburg, nièce de Felix Warburg, le Rothschild de la Scandinavie, eut le poste de principale assistante du président. Joseph Buttinger, chef émigré des socialistes autrichiens révolutionnaires, joua un rôle clé en tant que conseiller et collecteur de soutiens financiers. Parmi toutes ces personnes, importantes ou pas, Anna Caples, épouse de Karl Frank, fut sans doute la plus enthousiaste et la plus qualifiée. Elle m'a, lors de l'écriture de ce livre, communiqué ses souvenirs et prêté une documentation précieuse sur cette naissance mouvementée. Harold Oram, qui avait organisé le déjeuner réussi du *Commodore*, fut engagé en qualité de prospecteur financier. Oram était un jeune diplômé en droit qui avait été profondément troublé par le renversement de la république d'Espagne. Il avait travaillé au Comité américain de soutien à la Démocratie espagnole, mais s'en était séparé quand les communistes s'y étaient infiltrés. Il arrivait à l'ERC fraîchement formé, muni non seulement d'une grande compétence dans le domaine de la collecte de fonds, mais encore d'une liste secrète de riches Américains qu'avait dressée le Comité américain de soutien à la Démocratie espagnole. La fonction d'Oram était de la plus haute importance. Il n'y avait pas de meilleur moyen, pour résoudre le problème des réfugiés, que de leur obtenir un visa américain ; mais l'obtention d'un tel visa était subordonnée à une couleur politique recevable, ainsi qu'à un certificat, signé d'un parrain américain, attestant que l'intéressé n'était nullement voué à devenir un assisté. Or ces deux garanties, le Comité pouvait les fournir. Le seul problème était que le quota – c'est-à-dire la limite à ne pas dépasser pour accueillir, pays par pays, des migrants – était si restreint que le plafond avait été atteint plusieurs années à l'avance.

Sollicitée par Karl Frank et Joseph Buttinger, Eleanor Roosevelt s'était engagée à leur apporter toute l'aide qu'elle pourrait. Aussi, dès que l'ERC fut constitué, les deux hommes demandèrent-ils à la rencontrer. Elle les invita dans son appartement de Gramercy Park à New York.

Mme Roosevelt avait déjà été inondée d'appels désespérés concernant des demandes de visas. De plus, Albert Einstein l'avait avertie que « le Département d'État avait érigé un mur de mesures bureaucratiques entre les victimes de la cruauté fasciste et la sécurité des États-Unis ». Les deux hommes produisirent leur liste de personnalités antifascistes en danger. Puis ils expliquèrent que la situation créée depuis peu en France nécessitait l'octroi de nombreux visas.

Dans ses mémoires, Joseph Buttinger écrit : « … Après une brève discussion, Mme Roosevelt décida d'appeler son mari à la Maison-Blanche, ce qu'elle fit en notre présence. (Karl) Frank et moi-même fûmes grandement étonnés et fortement impressionnés d'entendre Mme Roosevelt, après qu'elle eut essayé pendant vingt minutes de persuader son mari au moyen d'arguments raisonnables, terminer la conversation sur cette menace : “Si Washington refuse d'accorder ces visas sans délai, les leaders émigrés allemands et américains, aidés par leurs amis américains, loueront un bateau pour faire traverser l'Atlantique au plus grand nombre possible de réfugiés en danger. Si nécessaire, le bateau croisera à faible distance de la côte Est jusqu'à ce que le peuple américain, de colère et de honte, force le président et le Congrès à donner à ces victimes des persécutions politiques l'autorisation de débarquer !"»

Mme Roosevelt garda la liste de l'ERC et l'envoya personnellement au Département d'État. Après quoi elle entreprit de harceler le sous-secrétaire d'État Sumner Welles, qui lui prêta une oreille bienveillante. Plus tard, lorsqu'elle entendrait parler des retards de l'administration, elle devait lui écrire : « N'y a-t-il pas moyen d'obtenir de notre consul à Marseille qu'il aide quelques-unes de ces personnes ? » et aussi : « J'aimerais un rapport m'expliquant pourquoi… etc. »

Ce fut en grande partie grâce à la persévérance d'Eleanor Roosevelt que le ministère des Affaires étrangères américain dépassa les quotas fixés et accorda des visas spéciaux à quelques antifascistes. Karl Frank lui en sut gré, qui écrivit : « Je constate que c'est grâce à l'intérêt que vous leur avez porté que des centaines de gens ont été sauvés. »

Les membres du Comité étaient au courant des difficultés que ceux qui fuyaient Hitler devaient affronter. Ils connaissaient l'existence des camps de concentration et savaient que les Français refusaient d'accorder des visas de sortie ; ils savaient que les personnes en danger devaient passer par l'Espagne et le Portugal pour pouvoir traverser le vaste Atlantique. Ils devinaient que les ressources des réfugiés diminuaient de façon inquiétante et se doutaient de l'inextricable imbroglio de tracasseries administratives dans lesquelles se trouvait pris un étranger en temps de guerre et de troubles. En outre, les « clients » étaient à présent éparpillés aux quatre vents ; le Comité hésitait à entrer en contact avec les personnes dont les noms restaient sur la liste de peur de compromettre les intéressés. Il devint évident qu'il fallait envoyer sur place quelqu'un qui pourrait enquêter et offrir de l'aide. L'assistance serait en partie légale, en partie non. Ce serait une mission délicate et dangereuse.

A la mi-juillet, des membres des AFGF et de l'ERC se rencontrèrent dans l'appartement d'Ingrid Warburg sur la 54e Rue. Ils débattirent longuement sur plusieurs candidats possibles, correspondants étrangers, chefs syndicalistes et professeurs d'université connus du groupe. Tous furent rejetés pour une raison ou pour une autre. La réunion prit fin sur le vague espoir que quelqu'un finirait bien par se présenter.

A cette réunion assistait un homme d'une trentaine d'années du nom de Varian Fry. Il était selon son habitude impeccablement habillé, et une paire de lunettes à monture d'écaille chevauchait son large nez triangulaire. Il écouta la discussion avec une émotion qui, pour être retenue, n'en était pas moins grande : c'était un homme qui croyait passionnément en la liberté et les droits de l'homme. Fry venait de ce qu'on appelle une « bonne famille » ; il avait fréquenté Hotchkiss, l'une des meilleures écoles préparatoires, et était diplômé de Harvard. Après l'université, il s'était intéressé à la politique et, comme ses opinions étaient libérales et que c'était un garçon intelligent et spirituel, il fut bientôt en très bons termes avec des personnes telles que Roger Baldwin, chef de l'American Civil Liberties League, Norman Thomas et Karl Frank. Fry avait été rédacteur en chef de revues libérales et rédigeait alors des brochures analytiques pour une prestigieuse association de politique étrangère. Il était membre du parti libéral de New York et du Harvard Club. Varian Mackey Fry était considéré comme un jeune homme prometteur, un peu réservé peut-être, mais franc et doué.

Très impressionné par ce qu'il avait entendu ce soir-là, et après en avoir discuté avec sa femme Eileen, il appela le secrétaire de l'ERC pour lui faire savoir qu'il se tenait à la disposition du Comité au cas où personne d'autre ne se présenterait.

Dans les jours qui suivirent, Varian reçut un coup de fil de son vieil ami Karl Frank : celui-ci le priait instamment de venir le soir même. Après lui avoir exposé le danger imminent qui guettait nombre de ses vieux camarades, Karl annonça sans ambages à Varian qu'il était l'homme de l'emploi. Varian devrait se rendre à Marseille, qui serait le centre des événements. Il n'y avait pas de temps à perdre.

Avant de quitter l'appartement de Karl et d'Anna ce soir-là, Varian promit d'étudier sérieusement la question, si vraiment « on ne trouvait pas de meilleur candidat ».

Les jours passaient et personne ne se manifesta. Des années plus tard, Varian écrivait : « Finalement, je me suis porté volontaire. Je ne sais toujours pas pourquoi je l'ai fait… Je n'avais jamais eu la moindre expérience dans la clandestinité… Je n'étais pas tout à fait un inconnu pour la Gestapo : j'avais écrit un article sur la façon dont les nazis traitaient les Juifs… Je crois que j'ai offert mes services par impatience devant le temps perdu à essayer de trouver un agent… Sans doute mes manières et mon apparence n'invitaient-elles pas à penser que j'étais un risque-tout. »

Cette année-là, à Marseille, Varian me raconta comment, l'été 1935, il fut témoin d'agressions organisées contre les Juifs. Au bout du Kurfürstendamm de Berlin, des SA obligèrent les voitures à s'arrêter, ouvrirent les portières et emmenèrent de force ceux qu'ils supposaient être juifs. Les petites brutes crachèrent sur leurs victimes et les tabassèrent. Les hommes criaient, les femmes pleuraient. Varian vit le sang et les larmes couler sur de nombreux visages. Plus tard dans un café, il assista à un spectacle épouvantable : deux SA s'approchèrent de la table d'un consommateur qui avait le type juif. Quand le pauvre homme étendit le bras pour saisir son verre de bière, l'un d'eux, d'un prompt coup de couteau, cloua sa main à la table de bois. La victime poussa un hurlement et se courba, paralysé de douleur. Le voyou cracha une injure où il était question du sang juif sur les lames allemandes, retira son couteau et s'en alla d'un pas arrogant. Varian l'entendit glisser à l'oreille de son compagnon : « Aujourd'hui, c'est la fête, pour nous ! »

Varian m'avait raconté la scène à mi-voix, comme dans un murmure – c'est ainsi qu'il parlait quand une grande émotion le saisissait. Il me semble que cette histoire de main transpercée devant un bock n'est pas étrangère à sa décision de se porter volontaire.

Alors que Varian Fry achevait ses préparatifs, des représentants des groupes émigrés allemands, autrichiens, tchèques, italiens et même français lui fournirent des listes de personnes en danger. Le musée d'Art moderne de New York et la New School for Social Research y ajoutèrent leurs noms. La centrale syndicale American Federation of Labor envoya son propre éclaireur, le Dr Frank Bohn. Il partit quelques semaines avant Varian.

Toujours sous l'influence de Mme Roosevelt, Sumner Welles remit à Varian une lettre de recommandation.

Se voyant peut-être appelé à jouer au diplomate, il alla s'acheter les vêtements appropriés. S'il ne trouvait pas les réfugiés, qui se cachaient peut-être au fond d'obscurs villages, il se dit qu'il traverserait la Provence à bicyclette pour les dénicher. Il avait entendu dire qu'on ne trouvait pas d'essence. Cela tombait bien, il aimait le grand air et son passe-temps favori était d'observer les oiseaux; ainsi il aurait le temps de se familiariser avec quelques espèces méditerranéennes tout en sauvant l'élite culturelle de l'Europe centrale...

Il fut décidé qu'il partirait sous les auspices du comité mondial de la Young Men's Christian Association, scouts américains connus sous le sigle YMCA, officiellement pour évaluer les besoins en secours de la France. « Je pars en mission de charité », écrivit-il à Mme Roosevelt.

Il s'envola vers le milieu du mois d'août 1940 dans un Clipper à destination de Lisbonne, avec escale aux Açores pour faire le plein. Il arriva à Marseille quelques jours plus tard, ayant en poche sa liste de noms, la lettre de Sumner Welles et quelques milliers de dollars, un acompte, lui avait-on certifié. Ce qui comptait surtout pour lui alors était une foi opiniâtre profondément ancrée dans la liberté et la dignité de l'homme.

C'est vers cette époque qu'arriva aussi à Marseille une sorte de jeune réfugié dont le cas n'avait rien à voir avec la mission de Varian. Il s'agissait d'un jeune homme qui avait trouvé asile à la Légion étrangère, parce qu'il était poursuivi à la fois par le milieu et par la police.

Je n'avais rien à voir dans tout cela – enfin pas encore. Mais, dans la confusion et la détresse qui suivirent l'effondrement de la Troisième République, nos chemins à tous devaient se croiser dans le grand port de Marseille, la plus grande ville de l'État français du maréchal Pétain.

On estime que le Comité de Secours s'est occupé de près de deux mille réfugiés. Parmi ceux-ci plus de mille ont pu quitter la France par des moyens légaux ou clandestins. Pour les autres, le Comité est intervenu directement pour les faire sortir de prison ou des camps, leur a trouvé des planques ou obtenu de faux papiers d'identité, ou encore leur a versé une prestation hebdomadaire le plus longtemps possible.

Voici une liste – partielle – de certains des noms connus, ceux que j'ai pu retrouver. Beaucoup étaient très célèbres il y a quarante ans; d'autres le sont encore aujourd'hui. A cette liste devraient s'ajouter les centaines d'autres hommes et femmes, dont le courage – et la survie – ont enrichi celle de notre pays :

ART

Marc Chagall, peintre
Marcel Duchamp, peintre
Max Ernst, peintre
Wifredo Lam, peintre
Jacques Lipchitz, sculpteur
Chaim Lipnitski, photographe
André Masson, peintre
Charles Sterling, ancien directeur du musée Ingres de Montauban, puis conservateur au Metropolitan Museum de New York
Bruno Strauss, critique d'art
Remedios Varo, peintre
Paul Westheim, critique d'art
Ylla (Camilla Koffler), photographe

THÉATRE, CINÉMA ET MUSIQUE

Hans Aufricht, producteur de théâtre
Edvard Fendler, chef d'orchestre
Erich Itor-Kahn, pianiste
Heinz Jolles, pianiste
Wanda Landowska, claveciniste
Lotte Leonard, chanteuse
Alma Mahler Werfel, muse
Max Ophüls, réalisateur de cinéma
Poliakoff-Litovzeff, producteur de théâtre

AUTEURS ET ÉDITEURS

Hannah Arendt, écrivain
Georg Bernhard, journaliste
André Breton, poète, écrivain, artiste
Heinrich Ehrmann, économiste
Lion Feuchtwanger, romancier
Leonard Frank, romancier
Giuseppe Garetto, romancier
Oscar Goldberg, érudit
Hans Habe, romancier
Konrad Heiden, écrivain, biographe d'Hitler
Wilhelm Herzog, écrivain antifasciste
Berthold Jacob, pacifiste, journaliste,
Siegfried Kracauer, critique de cinéma
Jean Malaquais, romancier
Golo Mann, historien
Heinrich Mann, romancier
Valeriu Marcu, historien
Walter Mehring, poète
Hans Natonek, humoriste
Ernst-Erich Noth, écrivain
Hertha Pauli, romancière
Benjamin Péret, poète
Alfred Polgar, essayiste
Hans Sahl, romancier
Jacques Schiffrin, éditeur (créateur des éditions de la Pléiade)
Victor Serge, romancier
Franz Werfel, romancier

SCIENCE ET PHILOSOPHIE

De Castro, faculté des Sciences, université de Madrid
Emil S. Gumbel, statisticien
Jacques-Salomon Hadamard, mathématicien
Alfredo Mendizabel, professeur de philosophie, université de Madrid
Otto Meyerhof, physiologiste, prix Nobel (1922)
Boris Mirkine-Guetzevitch, professeur à la Sorbonne
Peter Pringsheim, physicien
Bruno Strauss, psychiatre

MILITANTS POLITIQUES

Walter Benninghaus, social-démocrate allemand
Franz Bœgler, socialiste allemand
Ladislas Dobos, antifasciste hongrois
Klaus Dohrn, monarchiste autrichien
Bedrich Heine, socialiste allemand
Otto Klepper, ancien ministre des Finances de Prusse
Fritz Lam, socialiste allemand
Giuseppe Modigliani, leader du Parti socialiste italien
Heinrich Mueller, syndicaliste allemand
Wilhelm Pfeffer, socialiste allemand
Gustavo Pittaluga, Commission de Santé de la Société des Nations
Friedrich Stampfer, ancien député socialiste au Reichstag et rédacteur du *Vorwaerts*, organe du parti ouvrier allemand
Hans Tittle, socialiste allemand
Arthur Wolff, avocat

I

Cet été-là j'avais dix-neuf ans, et mes parents décidèrent de m'envoyer poursuivre mes études en Italie dans une école privée pour jeunes filles de bonne famille. Ils invitèrent la *Contessa* – dont je devais fréquenter la petite, c'est-à-dire très select institution – à Marigold Lodge, notre maison familiale de Holland, dans le Michigan. Ce fut en fait une visite d'inspection mutuelle, dont je me félicite qu'elle se soit passée de façon fort satisfaisante des deux côtés.

Du plus loin que je m'en souvienne, je rêvais de l'Europe ; j'avais en effet été éduquée par une succession de gouvernantes françaises dans l'idée que la France était une sorte de paradis terrestre, qui dépassait de cent coudées Chicago et les forêts du Michigan. Quand on m'offrit mon premier livre en français, j'exprimai ma déception :

– Mais, mam'zelle, les lettres ne sont pas dorées !

– Voyons, Marie-Jeanne, je parlais seulement de celles de la couverture.

Je ressentis une légère frustration, mais bientôt nous nous trouvâmes embarquées dans une longue aventure littéraire à travers la Bibliothèque rose. Cette littérature enfantine était fort différente des contes de fées et des fables animalières auxquelles j'étais habituée : l'action se déroulait dans la France rurale du milieu du XIXe siècle, et les personnages du récit étaient soit des paysans soit des aristocrates. Les illustrations étaient aussi nombreuses que ravissantes ; les épisodes, édifiants et larmoyants à souhait, où la vertu triomphait toujours, où les méchants enfants étaient toujours corrigés à l'aide de fouets monstrueux, me transportaient. Ces horribles contes sentimentaux faisaient vibrer toutes les fibres de mon âme enfantine. Depuis des générations, la Bibliothèque rose était, en matière de lecture, la nourriture essentielle des petits Français. Pour ma part, elle partageait les honneurs avec *Overall Boys*, les *Sunbonnet Babies* et *Le Magicien d'Oz*.

Vers l'âge de six ans, alors que je déchiffrais péniblement mon premier livre de lecture anglais, j'appris à lire le français assise aux côtés de ma gouvernante, en suivant des yeux les mots que j'entendais – après tout, les lettres étaient exactement les mêmes. Dès que je sus lire toute seule, je me mis à dévorer tout ce que je pus trouver sur Jeanne d'Arc et sur le roi Arthur. Je fus soulagée d'apprendre que, bien qu'ils se vêtissent apparemment de la même façon, en réalité des siècles les séparaient : de la sorte, je ne serais pas acculée à un choix déchirant, et ma loyauté envers l'un ou l'autre ne serait pas mise à l'épreuve. A dix ans, je tentai de me fabriquer une armure avec du carton, de la colle et du papier d'argent, mais mon projet échoua lamentablement. Des années plus tard, mon psychanalyste me déclara d'une part que je m'identifiais à Jeanne d'Arc et à Lancelot, d'autre part que je devais me sentir une espèce de crabe mou en mal de carapace.

Mais ce qu'il n'eut pas besoin de m'expliquer, c'est que mon impatience de me rendre en Europe tenait non seulement à la découverte des monuments historiques et des villes réputées, mais aussi à l'idée d'une certaine liberté sexuelle qui s'y attachait. A l'âge de seize ans en effet, je lisais Pierre Loti, Anatole France et Guy de Maupassant, et à travers ces lectures toutes scolaires, j'appris qu'il arrivait aux femmes – voire aux dames – françaises d'avoir des amants, révélation qui fut pour moi de la plus haute importance.

Toujours est-il que mon premier voyage à l'étranger, en 1929, en compagnie de la Contessa et de quatre autres jeunes filles, me conduisit en Italie. Nous ne passâmes que quelques jours à Paris, mais n'importe : je savais qu'un jour ou l'autre, j'y retournerais, et pour longtemps.

Ma préparation pour l'Italie fut plus fiévreuse. Quelques années auparavant, j'avais à préparer pendant l'été pour mon collège de Dobbs Ferry un dossier sur la Renaissance italienne et je me piquais de fréquenter les Médicis et les Gonzague ; je disposais alors de tout mon temps à cet effet, étant donné que mes parents m'avaient accordé une année sabbatique, me considérant comme trop faible, trop délicate pour suivre des cours, que ce soit à l'université ou dans une institution privée à l'étranger.

Aussi, quand j'appris cet été-là que je devais entrer au *collegio* Gazzolo, dans les environs de Vérone, je bondis de joie et courus tout droit chez le libraire m'acheter *L'Italien par soi-même*. Je m'enfermais quotidiennement dans ma chambre des heures durant, pendant plusieurs mois, et m'entraînais à pratiquer l'italien oral avec pour interlocuteur un schnauzer appelé Babe. Soliloquer, mais en présence d'un chien, au moins m'éviterait, pensais-je, de passer pour folle.

Le premier jour, à Milan, je fus ravie de constater, lors de notre visite du Duomo commentée par un *guida italiano*, que je comprenais tout ce qu'il disait : *Meraviglioso !*

L'école était située à Gazzolo, dans la plaine de Lombardie, à une trentaine de kilomètres de Vérone. Sur la route, la Contessa nous montra trois châteaux médiévaux au pied des contreforts des Alpes. La tradition attribuait les deux premiers châteaux, qui se faisaient face d'un air menaçant, aux Montecchi et aux Cappelletti – entendez les Montaigu et les Capulet. Le troisième s'appelait Soave, comme le célèbre vin blanc. Aujourd'hui, c'est la prison.

Le collège Gazzolo, où devaient se dérouler les cours, était un charmant petit édifice carré de trois étages entouré d'un haut mur. La grille d'entrée était toujours fermée, afin de prévenir les intrusions de la gent paysanne. Dans un jardinet, les vestiges flétris des fleurs de l'été précédent entouraient le socle d'une statue représentant une petite fille coiffée d'un capuchon qui avait l'air tout triste et malheureux dans la pâle lumière du soleil de l'après-midi finissant. Aucune trace de la splendeur palladienne n'ornait le sévère édifice. A l'intérieur cependant, la maison était chaude, bien éclairée et assez confortable pour une demeure italienne. Un mobilier sombre, propre à l'Italie du Nord, la décorait, ainsi que quelques chaises et miroirs du XVIIIe siècle que la Contessa n'avait pas été obligée de vendre. La villa, qui se dressait au milieu de vastes hectares, avait été autrefois, avant la vente de la terre aux paysans, le modeste domaine de sa famille. Maintenant c'était nous qui allions l'habiter. Certainement, la vie ici n'aurait rien à voir avec celle d'un pensionnat.

La Contessa était un personnage inoubliable. Livia Lazzizi della Rovere Casey s'était mariée sur le tard, mais pas trop tard pour faire des enfants, comme on dit. Michael Casey était, pendant la Première Guerre mondiale, commandant à la Croix-Rouge américaine de Florence, et donna Livia infirmière bénévole. Le major était un petit homme, mais qui avait du coffre ; il avait été, enfant, un célèbre soprano. A présent il boitait de façon prononcée et portait une chaussure orthopédique qui lui montait haut sur la jambe. Il compensait cette disgrâce en s'appuyant sur une canne et en affichant la superbe de l'empereur Auguste en personne. Il s'habillait d'une pèlerine en été, d'un manteau doublé de vison en hiver et, chaque fois qu'il franchissait le seuil d'une demeure, il faisait une entrée remarquée. Si son intelligence et son tempérament irlandais étaient presque à la mesure de ceux de sa femme, tous deux admettaient tacitement qu'il avait fait un mariage avantageux. Il engendra deux filles. L'aînée était pour lors une petite demoiselle de sept ans, la cadette un petit diable blond de deux ans.

La Contessa faisait partie de cette race de femmes filiformes qu'on voit dans le nord de l'Italie ; elle était dotée d'un nez plutôt fort qu'elle tenait à appeler « grec ». Sur toutes les photos où elle figure, elle se tient droite, les talons joints et les pieds en dehors. Elle l'expliquait par son mode de vie, où il lui fallait à tout bout de champ faire une révérence. Elle regardait toujours droit devant elle car, comme elle souffrait de strabisme, elle n'avait que ce moyen à sa disposition pour empêcher ses yeux de diverger. Elle ne faisait jamais allusion à sa gêne, si ce n'est pour dire qu'il lui avait fallu apprendre à l'accepter. Mon cœur se serrait en imaginant combien cette disgrâce avait dû être pénible pour la petite fille qu'elle avait été.

La mère de Livia était une lady anglaise très collet monté, qui avait empêché sa fille d'épouser un certain Claudio, « prince en son propre pays », lequel n'était autre que… l'Argentine, contrée de sauvages au dire de la dame. Finalement, Livia et Claudio, après de longues années d'attente, décidèrent d'aller contre la volonté de la dame et de se marier. Mais subitement, juste avant le mariage, Claudio décéda. Chaque fois que la Contessa parlait de lui, ce qui était rare, les larmes lui montaient aux yeux, et le major était toujours à portée de voix.

Elle essaya de nous enseigner les belles manières.

– De la tenue, mes chères filles, de la tenue. Quand vous serez grandes, vous pourrez faire tout ce que vous voudrez, mais à condition de toujours surveiller vos façons. Et, quelle que soit la situation dans laquelle vous vous trouverez, hardi petit ! Tête haute ! Ne laissez jamais personne vous mettre dans l'embarras ni vous tendre des pièges. Ne perdez jamais votre aplomb. Ne vous laissez pas faire ! »

Elle nous racontait comment un prince de ses relations l'avait invitée dans son palais, elle, une jeune fille de bonne famille, à prendre le thé. A son arrivée, elle avait trouvé tout le monde, y compris son hôte en personne, nu comme un ver.

– J'ai accepté, en tout bien tout honneur et habillée jusqu'au cou, de prendre une tasse de thé en cette compagnie, comme si j'avais de tout temps pris le thé dans le salon de ma mère assise aux côtés de messieurs et de dames dévêtus. Après quoi j'ai demandé comment se portait la princesse, que je m'étonnais de ne pas apercevoir parmi l'assemblée, et sur ces mots j'ai pris congé. Le prince avait eu tort, vraiment tort, de s'imaginer qu'il pouvait l'emporter sur Livia della Rovere !

« Ne pas se laisser faire ! » nous répétait-elle avec un petit mouvement de tête orgueilleux.

Au bout d'un été où Babe et moi déployâmes de concert nos efforts, j'obtins le prix d'excellence. C'était une expérience toute nouvelle pour moi qui, dans les autres écoles, avais frôlé à plusieurs reprises le renvoi pour résistance à toute espèce de discipline, notamment pour le non-respect de ce que l'on appelait le « code d'honneur » imposé d'en haut sans le consentement des intéressés. Je résistais aux cours obligatoires d'éducation physique et d'instruction religieuse. Mais à Gazzolo, tout allait être heureusement très différent.

Gazzolo était situé à quelques heures de voiture des lieux historiques et des centres artistiques de l'Italie du Nord. Nous faisions de fréquentes excursions à Milan, à Padoue, à Bologne, dans les environs de Mantoue et de Vicence. Toute la beauté que j'avais entrevue dans les livres s'étendait là, devant mes yeux.

Nous allions passer les vacances d'hiver à Budapest et à Vienne, et au printemps nous faisions le grand tour de l'Italie : l'Ombrie, Florence, Venise, Naples, le Sud, la Sicile.

Les environs immédiats de Gazzolo, moins avenants, consistaient en une fertile et plate campagne faite de petites exploitations. Des routes boueuses conduisaient à des maisons paysannes groupées en petits villages sans beauté ni renommée particulière. On n'y croisait que quelques charrettes tirées par des chevaux ou par des ânes qui portaient des produits agricoles au marché. La seule exception à l'insignifiance de cette région était Arcole, à une heure et demie de marche de la villa. Là, en 1796, le jeune général Bonaparte, au plus fort du danger, alors que l'armée révolutionnaire française faiblissait, entraîna ses troupes à l'assaut du pont, le drapeau tricolore à la main, faisant tourner le sort des armes et triompher sur les forces autrichiennes réactionnaires la toute neuve République française.

Avec Mademoiselle, le professeur de français, quelques jours après mon arrivée je visitai la ville. Il n'y avait pas grand-chose à voir hormis un pont refait et une plaque commémorative. Mais ce n'était pas grave : j'avais entrepris cette excursion comme un pèlerinage.

Outre les voyages, le collegio Gazzolo présentait d'autres avantages. Notre Contessa en effet connaissait une foule de dames de la même farine dont elle invitait à déjeuner ou à dîner les fils et les neveux et, après le repas, nous dansions sur la musique du pick-up tout en améliorant notre italien ou notre français. Inévitablement, ces jeunes gens devinrent bientôt, quand nous parlions d'eux, nos « gentilshommes de Vérone [1]».

Nous autres jeunes Américaines, qui les changions tellement de

1. Allusion à la comédie de William Shakespeare, *Les Deux Gentilshommes de Vérone*.

leurs habitudes, ils nous regardaient avec des yeux ronds. Quel naturel, quelle liberté ! s'exclamaient les jeunes gens, qui se comportaient en conséquence ; et si eux nous trouvaient libérées, nous, nous les trouvions plutôt entreprenants, ce qui ne faisait qu'ajouter du sel à nos rencontres. Et puis ces jeunes gens avaient non seulement des manières raffinées, mais encore des titres. Ma chère, c'était exactement comme dans les films.

On vit alors fleurir quelques petits flirts. La Contessa, en serre-file, jouait au chien de berger et tentait de nous parquer ensemble afin d'avoir toujours un œil sur le théâtre des événements. Nulle n'était censée avoir un tête-à-tête d'une minute seulement avec un garçon. Dans mon cas, tout au moins, elle se faisait du souci pour rien ; si je devais écrire l'histoire de ma vie sentimentale, elle commencerait par un chapitre assez long bien que préliminaire intitulé « Cuirassée de paillettes » : j'avais un chaperon intérieur. Quant à ma mère, elle s'inquiétait à mon sujet en raison de mes idées avancées, mais elle le faisait en silence, parce que évoquer les choses du sexe la gênait au plus haut point. Elle se contentait d'espérer de toutes ses forces que je n'eusse aucun commerce avec elles. Or ici il en allait tout autrement, et c'était tout à fait excitant : le sexe était à portée de main.

Les mœurs de l'époque étaient certes différentes de celles d'aujourd'hui, mais je crois pouvoir affirmer que les cinq jeunes filles qui étaient entrées à Gazzolo cette année-là n'étaient pas vraiment représentatives de leur génération. La fournée de l'année suivante fut certainement moins précoce. La première année, toutes les cinq appartenions à peu près au même milieu social de la haute bourgeoisie protestante et, pour diverses raisons, aucune de nous n'avait rejoint l'Université.

Matilda était une grande fille maigre et timide qui avait tendance à faire des gaffes dès qu'elle ouvrait la bouche. Elle se mettait alors à tripoter nerveusement un médaillon dont elle ne se séparait jamais. Elle était également affectée de troubles gastriques qui faisaient l'objet de maintes taquineries de notre part, qu'elle acceptait de bonne grâce.

Mary, quant à elle, était très jeune, et ravissante. Sa famille l'avait envoyée à l'étranger pour l'occuper. Elle n'était pas faite pour les études supérieures. Je lui prêtais main-forte pour la grammaire italienne, mais elle ne parvenait pas à comprendre des notions aussi abstraites que « proposition subordonnée circonstancielle ». Après de longues explications de ma part, elle levait vers moi ses beaux yeux sombres et me disait : « Après tout, cela m'est complètement égal. Et puis d'abord, je dois écrire à Freddy. » A moins que ce ne fût Bob ou bien Jack. Elle entretenait une correspondance régulière avec plusieurs garçons. L'avenir dira laquelle de nous deux était vraiment la moins mûre.

Sue, dont les parents étaient divorcés, présentait des signes d'instabilité et faisait preuve d'une exubérance sexuelle qui me fascina d'emblée. Elle était menue, avait un léger accent du Sud, et ressemblait, malgré ses tics, à la miniature, version féminine, du *David* de Michel-Ange. De fait, les Italiens faisaient tout de suite le rapprochement et l'appelaient *la piccola Davide femminile*. Néanmoins, on ne pouvait pas dire qu'ils avaient la même bouche : celle du jeune homme montrant un air tout à fait posé. Elle contractait souvent la sienne et mordait nerveusement sa lèvre supérieure quand une idée la préoccupait. A dix-sept ans elle avait couché avec sept garçons, plus exactement six et demi : c'est que l'un d'eux était tellement inexistant, avouait-elle, qu'il ne pouvait décemment pas compter au nombre de ses amants, si ce n'est pour moitié, en considération de sa bonne volonté. Bien entendu, j'adorais Sue.

Elisabeth, dont le père était ministre du culte de je ne sais quelle église presbytérienne huppée de Philadelphie, ne connaissait rien à l'histoire biblique, mais n'en était pas moins très intelligente. Avec elle, on pouvait discuter. Au début sur sa réserve, elle finit par m'avouer au milieu de l'année scolaire que pour la première fois cet été elle avait « pris un amant ». Je fus impressionnée par le fait, et par les termes avec lesquels elle s'était exprimée, tellement plus dignes et élégants que l'horrible expression « sauter le pas », d'ailleurs très européenne. A la suite de mes questions pressantes, elle jeta :

– En fait, le plus excitant, c'est la stimulation kinesthésique.

– C'est évident ! répondis-je.

Je ne tardai pas à quitter la pièce pour me ruer sur le dictionnaire :

« *Kinesthésique* : qui se rapporte aux sensations de mouvement.
« *Kinesthésie* : sensation interne des mouvements des différentes parties du corps assurée par le sens musculaire. »

Sue vivait mal l'abstinence imposée par la vie au collegio Gazzolo. Quand elle dansait avec les jeunes gens de Vérone, à en juger par l'expression du visage qu'affichaient le cavalier et sa cavalière, le fox-trot sortait de l'ordinaire. Comment le fait passa inaperçu aux yeux pourtant sur le qui-vive de nos deux cerbères, la Contessa et Mademoiselle, je me le demande encore. Toujours est-il que moi je m'en aperçus.

Sue avait de l'affection à revendre. Mais elle n'était pas que rire et joie. Des accès de dépression et de tristesse incompréhensibles la traversaient souvent.

Un soir, juste avant l'heure du coucher, elle frappa à la porte de ma chambre et entra d'un air décidé qui me parut cacher quelque profonde angoisse. Elle portait un peignoir rose étroitement noué à la taille. Ses yeux brillaient, elle mordait sa lèvre supérieure. A la main, elle tenait une enveloppe :

– Mary Jayne, je voudrais que tu veilles à ce que cette lettre soit expédiée.

Je flairai l'un de ces drames dont elle était coutumière.

– Je veux être sûre que cette lettre partira sans avoir été lue par la Contessa, ajouta-t-elle d'un air entendu. Elle est pour Jimmy. Ce sera la dernière.

Je regardai Sue. Elle était pâle comme la mort.

– Sue, qu'est-ce que tu as fait ?

– J'ai pris quinze aspirines. C'était le seul moyen radical que je connaissais.

– Un sui… un sui… un suicide ? bégayai-je.

– Oui.

Alors elle me confia que, sur le bateau qui l'emmenait à Gazzolo, elle avait fait un pacte avec l'une des filles, la grande maigre que je n'aimais pas. Elles avaient toutes les deux décidé d'en finir.

– Je n'en peux plus. Dieu merci, je me suis donnée à Jimmy

avant de quitter New York. Je ne me serais jamais pardonné de ne pas l'avoir fait avant.

C'était une logique que je comprenais mal. Ce que je comprenais en revanche, c'est qu'il fallait faire quelque chose.

– Sue, je vais demander à la Contessa d'appeler le médecin.

– S'il te plaît non, je préfère mourir. Ne dis rien à la Contessa, je t'en supplie.

– Sue, demain matin tu seras morte ! De toute façon, il faut que je fasse quelque chose… Tu seras *morte*, répétai-je en haussant la voix. Tu comprends ? *Morte !* demain matin !

– Morte ? Oh, mon Dieu… Mais surtout ne dis rien à la Contessa.

Je la traînai jusqu'à la salle de bains et la maintins debout devant les toilettes.

– Maintenant essaie de vomir. Enfonce ton doigt au fond de ta gorge.

La pauvre Sue essaya, s'étrangla, mais en vain.

– On n'a pas de sonde à lavage d'estomac. On va essayer par l'autre bout… Attends ici. Je vais chercher la poire à lavement de Matilda.

Le temps de mettre la pauvre Sue dans la baignoire vide et de la tenir, jambes en l'air, avec une poire dans le fondement, je compris que nous perdions un temps précieux : tout ce qui sortirait par cette voie-là serait déjà digéré, et autant d'heures seraient perdues ; le poison aurait déjà agi depuis longtemps.

Je rabattis ses jambes sans ménagement :

– Ce qu'on fait ne sert à rien. Je vais prévenir la Contessa.

Je courus, la laissant nue dans la baignoire.

La famille vivait à l'étage supérieur. Je cognai à la porte de la chambre de la Contessa et entrai sans attendre qu'elle m'y invitât. J'avais préparé mon discours en montant l'escalier : j'allais droit au but, évitant les mots superflus.

– Sue a avalé quinze aspirines. Elle dit que c'est la dose mortelle. Il faut appeler un médecin.

La Contessa alluma sa lampe et se dressa sur son séant, drapée tel un fantôme dans une ample chemise de nuit à larges plis et à manches évasées.

– *Santa Maria Purissima !* s'exclama-t-elle en levant les yeux au ciel comme devant l'apparition du Christ en pleine Ascension. Seigneur Jésus ! Ah, les Américaines !

Elle descendit de son lit pour s'élancer au pied de la grande et sombre croix accrochée au mur, s'agenouilla et se mit à prier.

C'était un fort beau spectacle qui s'offrait à ma vue, mais j'estimai qu'une action immédiate s'imposait. En outre, la Contessa, dont la mère au demeurant était anglaise, n'avait aucune excuse de se comporter ainsi en de telles circonstances.

– J'appelle le médecin ? demandai-je d'une voix glaciale.

– Ah, mon enfant, quel choc ! *Dio mio !*

Quittant sa posture de suppliante, elle se rua sur le palier, dégringola l'escalier plus qu'elle ne le descendit et finit par atterrir au téléphone du rez-de-chaussée.

Je regagnai pour ma part le deuxième étage et la chambre de Sue. Elle avait réussi à enfiler une nuisette et à se mettre au lit. Elle transpirait abondamment et se prenait le pouls.

– J'ai *v'aiment* les foies, tu sais !

On aurait dit une enfant effrayée et dans sa peur elle retrouvait l'accent du Sud.

– J'ai *v'aiment* les foies, *p'ends*-moi le pouls !

Je saisis son poignet. Son cœur tambourinait.

– Tout va bien. Le médecin arrive tout de suite.

– Et la Contessa ? demanda-t-elle d'un ton anxieux.

– Elle n'est pas en colère. Seulement très inquiète pour toi.

Sue poussa un soupir de soulagement.

Quand le médecin arriva, il déclara qu'à son avis elle n'avait pas pris plus de huit aspirines. Et, ajouta-t-il, en eût-elle vraiment avalé quinze, que cela ne l'aurait pas tuée. Il prescrivit un médicament et lui demanda de garder le lit toute la journée du lendemain.

La maisonnée entière, hormis les deux fillettes de la Contessa, avait été en effervescence durant la moitié de la nuit. Le lendemain, nous nous traînions, fatiguées et maussades, toutes à l'exception de Sue, qui resta douillettement au lit dans son cache-cœur rose en organsin, bien calée dans ses oreillers, à siroter son bouillon de poule. La Contessa nous assura que, si Sue n'avait pas échappé à la mort, nous aurions, elle et nous, fini nos jours derrière les barreaux de la prison de Soave.

Cet événement sonna le glas de la dépression de Sue. Bientôt le printemps revint, et nous entreprîmes notre grand tour de l'Italie. Tout d'abord nous visitâmes Venise, belle au-delà de toutes les descriptions que j'avais pu en lire. Puis l'Ombrie, avec ses villages montagnards, l'Ombrie telle que les tableaux du Quattrocento la représentent. Ensuite nous fîmes une courte halte à Rome. Enfin nous visitâmes la Sicile, avec ses colossales ruines grecques, dans un chaos qui eût pu faire croire que c'étaient les Titans qui l'avaient emporté. Ailleurs, en contrepartie, se dressaient des colonnes élancées, monuments d'une grâce oubliée.

Puis, je ne sais plus sur quel point du circuit, Sue dénicha un prince italien. Son nom, rencontré dans mes livres d'histoire, ne m'était pas inconnu. Il rendait régulièrement visite à Sue, un bouquet de fleurs à la main. Très rapidement il demanda à rencontrer la Contessa pour se présenter. La Contessa, bien sûr, savait qui il était ; elle s'était déjà trouvée en présence de sa mère. Il se comportait en parfait prétendant italien. Bientôt, nous l'appelâmes Chico.

La Contessa, qui ne trouvait guère les futurs assortis, flairait néanmoins le beau mariage, perspective qui faisait rendre les armes à son cœur de mère italienne. Le prince Achille Benvenuto, va pour ce nom, était riche, noble et séduisant. La pauvre Sue n'avait guère d'argent, mais désormais, sous la houlette de la Contessa, rien ne viendrait plus se mettre en travers de ses roues sur le chemin de la fortune. Et comme, selon les règles sociales alors en vigueur en Italie, un homme n'épousait jamais une jeune fille avec laquelle il avait déjà couché, la Contessa ne badinait pas avec le règlement du collège.

– Mes filles valent n'importe quelle princesse romaine. Sue doit être aussi bien chaperonnée que si elle était une Rospigliosi.

Dès lors elle ne lâcha plus la pauvre Sue des yeux, et Mademoiselle fut convertie en chaperonne auxiliaire : fini, les cours de français.

Chico suivit notre petit groupe lorsque nous quittâmes la Sicile pour Rome. Il nous accompagna dans nos visites des villes du Latium, il nous suivit même jusqu'aux tombes étrusques de Toscane, mais eut la discrétion – il y mettait son point d'honneur – de descendre dans des hôtels différents des nôtres. Tous les matins, quand nous arrivions dans le hall de l'hôtel, prêtes pour la visite de la journée, il était debout au pied de l'escalier, ses cheveux blonds soigneusement peignés, encore humides de sa douche matinale. Bizarrement, il adoptait avec ses pieds (invariablement chaussés de chaussures de tennis blanches) la première position des danseurs d'opéra, pointe vers l'extérieur. En nous voyant, il avançait d'un grand pas et, si la Contessa était parmi nous, il prenait sa main – laquelle était toujours légèrement tendue, prête à recevoir son hommage –, se courbait en avant et la baisait en murmurant : «*I miei omaggi, signora Contessa.*» Puis il s'inclinait devant Mademoiselle (on ne baise pas la main d'une demoiselle, quel que soit son âge) avec un «*Buon giorno, signorina*». Enfin il se tournait vers Sue et, après un petit sourire en direction de la Contessa, comme pour lui en demander la permission, il déposait un chaste baiser sur le front de la jeune fille.

Carissima Susanna, ou bien *Susanna bellissima*, répétait-il; une fois même, vers la fin du voyage, je l'entendis articuler :

– *Incomparabile, incomparabile Susana mia.*

Après quoi il se tournait vers nous et conversait sans cérémonie, tout en restant scrupuleux sur les règles de la hiérarchie et de la civilité. Mais parfois il se conduisait tout autrement, en particulier en l'absence de la Contessa : il escaladait quelque mur en ruine, ou bien bondissait sur le premier banc de marbre venu, d'où il effectuait un saut périlleux et avec une grâce de danseur atterrissait pieds joints, genoux pliés pour amortir la chute, sans oublier de se redresser, bras écartés, paumes vers le ciel, tête haute. Une petite lueur de triomphe lui illuminait le regard, avant de laisser place à un sourire onctueux tandis qu'il pointait un pied en avant et élevait les bras avec une grâce toujours égale. C'était un spectacle, oui, un vrai spectacle, et là était le problème, car pour un prince italien, s'offrir en spectacle n'était pas vraiment bien vu.

Un jour, dans les ruines de la villa Adrienne, il adressa un petit signe à Sue, et tous deux s'esquivèrent derrière un haut mur. Je n'étais pas loin; je le vis faire la roue, en plein soleil. Il avait enlevé sa veste, s'élançait, virevoltait dans les airs, atterrissait sur ses pieds avec toujours la même grâce et le même sourire onctueux. C'était cela : il saluait, tel un acrobate professionnel.

Était-ce un imposteur ? Je m'interrogeais. Mais la pauvre Sue ne possédait pas la moindre richesse dont il pût abuser. Au demeurant, il se comportait en authentique aristocrate. Il pouvait parler de généalogie avec la Contessa pendant des heures, était intarissable sur les alliances, le cousinage, l'ascendance des aristocrates. Tous deux faisaient la paire : de vrais Bostoniens. Une ou deux fois je le vis, alors qu'il goûtait le vin qu'on lui servait, faire une drôle de tête et renvoyer la bouteille. Le sommelier s'inclinait alors avec déférence et le maître d'hôtel venait sur-le-champ lui présenter ses excuses. Chico avait vraiment des manières de prince.

Tout cela n'était pas clair et je m'inquiétais pour Sue. Mais un incident apporta des réponses aux questions que je me posais. Un matin, je descendis plus tôt que les autres et trouvai Chico en train de se livrer à des sauts périlleux dans le hall de l'hôtel devant le concierge, le maître d'hôtel et plusieurs domestiques qui s'exclamaient :

– *Bravo, Altezza, bravo !*

Pas de doute. Les maîtres d'hôtel, les réceptionnistes et la Contessa ne pouvaient tous se tromper. De ce jour, je ne remis plus en question l'authenticité de Chico.

Nous devions apprendre par la suite que nous n'étions pas le premier groupe auquel il eût attaché ses pas. Deux ans plus tôt il était tombé amoureux d'une bohémienne, s'était enfui avec elle et avait rejoint un petit cirque ambulant où il avait participé à des numéros d'acrobatie. Cela expliquait tout, Dieu merci. Le charme gitan opéra l'espace d'une année, puis la belle trompa son prince avec un dompteur de lions. Il s'en retourna. Mais avec Sue, c'était tout autre chose. Car elle, outre son extraction sociale qui ne laissait pas prévoir une mésalliance, elle avait plus de vivacité et d'esprit que la gitane, ce qui la rendait à tout coup plus provocante.

Sue était bel et bien enchaînée à la Contessa. Mais soudain, vers la fin de notre séjour à Rome, tout changea. La Contessa et Mademoiselle attrapèrent la grippe. Une épidémie sévissait alors à Rome, et les deux dames, mises en quarantaine, virent leur porte de chambre d'hôtel littéralement clouée et barricadée ; une imposante affiche jaune y signalait l'isolement, et seules des infirmières attitrées avaient le droit d'entrer pour les soigner et leur apporter leur nourriture. La Contessa eut beau téléphoner à ses relations au Vatican, au Quirinal et à l'ambassade des États-Unis, rien n'y fit. La direction des Affaires sanitaires italiennes avait décidé de ne prendre aucun risque.

En dernier recours, la Contessa me téléphona et me supplia désespérément de ne pas quitter Sue des yeux. Non qu'elle me considérât comme particulièrement digne de confiance ni si à cheval que cela sur les principes, mais j'étais l'amie la plus proche de Sue et nos chambres étaient voisines. En fait, nos deux petites salles de bains avaient une porte commune que nous pouvions ouvrir ou fermer à clé, de chaque côté, à notre guise.

Je ne me sentais pas la moindre envie de mettre mon nez dans les affaires de Sue. J'en trouvais la seule idée exécrable, cependant je finis par faiblir et convenir que j'allais essayer. Ce que je fis mollement. Pendant les quelques jours que dura la quarantaine, celles qui restaient debout s'efforçaient plus ou moins de remplir le programme de visites tel que nous nous l'étions fixé : musées, églises et vieilles pierres. Côté relations mondaines, la Contessa avait prévenu des amis à elle, qui nous attendaient pour le thé ou pour le dîner. Il était fort plaisant de rencontrer des Italiens dans leur cadre personnel ; quant à nos hôtes, ils n'en revenaient pas, la plupart du temps, de faire la connaissance de jeunes filles si bien élevées et « tellement cultivées pour des Américaines ! ». A la fin de la journée, si nous ne devions pas nous rendre à une invitation quelconque, nous nous installions dans les cafés et laissions de jeunes – ou moins jeunes – messieurs aller jusqu'à deux doigts de cour. S'ils nous plaisaient, nous leur faisions les yeux doux, si bien qu'ils nous suivaient jusqu'à notre hôtel. Mais l'aventure s'arrêtait là. Sue ne se mêlait que rarement à ces petites récréations : avec son alter ego, elle faisait bande à part.

Enfin la quarantaine fut levée, juste à temps pour nous permettre d'assister à un spectacle de gala à l'Opéra ; la Contessa et Mademoiselle furent libérées. Se préparer pour cette soirée nous mettait dans tous nos états, tant nous ne voulions rien laisser au hasard. Nous avions une loge, et le Tout-Rome serait là, y compris la famille royale !

Sue annonça qu'elle ne pourrait pas venir. Cette fois c'était son tour : elle avait attrapé froid.

Ce n'était pas la seule raison.

Le jour du gala, vers la fin de l'après-midi elle s'était glissée dans ma chambre. Elle paraissait effrayée, et son petit visage de David était tout crispé :

– Quelque chose de grave est arrivé, j'ai peur ! me chuchota-t-elle.

– Que se passe-t-il ? lui demandai-je calmement.

– Il est jaloux, il me fait peur ! – puis, baissant la voix d'un ton : Je parie qu'il est dans ma chambre, derrière cette porte, et qu'il écoute.

Elle jeta un coup d'œil inquiet en direction du placard.

– Comme c'est vulgaire, d'écouter aux portes ! claironnai-je, au cas où il espionnerait. Viens – je l'emmenai dans la salle de bains. Il ne pourra pas t'entendre, ici. Après tout, tu as le droit de prendre un bain tranquillement. Alors ? Qu'est-ce qui se passe ? De quoi s'agit-il ?

– Il faut que je sois brève. J'ai couché avec lui la nuit dernière.

– C'est vrai ?

Ma question était purement rhétorique.

– Oui. Et il a découvert que je n'étais pas vierge. Et maintenant il veut me tuer.

– Te tuer ? Mais ce n'est pas possible ! C'est de la folie pure ! C'est une plaisanterie ?

– Oh, tu ne comprends pas ! Il est très jaloux. Et il m'aime.

– Mais ce n'est pas juste ! commentai-je.

– C'est qu'il est tellement malheureux ! Il a passé ces deux derniers jours à errer d'église en église, à se traîner de prie-Dieu en prie-Dieu pour savoir ce qu'il devait faire. Il prétend qu'un homme de son rang ne peut épouser une jeune fille qui n'est pas vierge.

Cette idée me mit hors de moi et je ne me gênai pas pour le lui dire.

– Il n'y peut rien. Il est italien, et il m'aime comme je l'aime. Oh, Mary Jayne, ma tendre amie, il faut que tu m'aides !

– T'aider ? mais comment ? Tu n'as qu'à lui dire que cela ne le regarde pas.

– Non, non, cela n'aurait aucun sens. Écoute. Je lui ai dit qu'effectivement, en apparence je n'étais pas vierge, mais qu'en réalité je n'étais jamais allée avec un homme.

Sue me regardait fixement. J'étais déconcertée.

– Je lui ai dit que je l'avais fait moi-même. Avec un machintruc.

– Avec un machintruc ? répétai-je, stupéfaite.

– Oui, c'est ce que je lui ai dit.

– Assieds-toi, Sue – je lui indiquai le siège des W.-C., tandis que pour ma part je posai mon séant sur le bord du bidet. Il faut que je réfléchisse – je me tournai pour lui faire face : Et il t'a dit qu'il préférait que tu l'aies fait avec ce truc plutôt qu'avec un homme ?

– Mais oui, bien sûr. Les Italiens sont comme ça. Et il est très jaloux.

Elle me supplia tant et plus de l'aider. Mais je ne voyais absolument pas ce que je pouvais faire.

– Mais si, tu peux m'aider. Tu peux en fabriquer un.

– Je peux fabriquer un… ?

– Tu vas voir, c'est tout simple. Tu prends par exemple deux brosses à dents ou deux limes à ongles, et tu les entortilles dans une ceinture de pyjama. Tu en as une ?

Je fis oui.

– Alors tu l'enroules autour de l'objet, m'expliqua-t-elle, tandis que, trônant sur le siège des toilettes, elle mimait l'action d'enrouler de bas en haut ma ceinture de pyjama autour d'une baguette irréelle.

Puis elle leva le visage de son ouvrage imaginaire et me jeta un regard fiévreux. Elle poursuivit :

– Ensuite tu prends un préservatif.

– Un préservatif ? Mais Sue, je n'en ai pas !

– Eh bien, tu l'achètes à la pharmacie. Tu prends un préservatif, tu y enfonces le truc dedans, tu l'enduis de vaseline ou d'une crème quelconque, et le tour est joué.

A ce moment-là, l'expression pathétique de son visage avait complètement disparu et une lueur espiègle brillait dans ses yeux.

– Je n'ai jamais entendu une chose aussi extravagante ! m'exclamai-je.

Elle m'implora de plus belle, me suppliant de l'aider, me

démontrant qu'il n'y avait rien de plus facile à fabriquer puis à cacher, une fois enveloppé dans du papier de soie, sous un chapeau, quelque part dans le placard attenant au sien.

– Et puis, quand vous serez parties pour l'Opéra, je viendrai le chercher pour le lui montrer.

Elle avait apparemment tout minuté.

– Mais c'est complètement fou ! C'est impossible, Sue.

– Oh, Mary Jayne, je lui ai déjà dit que la chose était là ! Je lui ai dit que je l'avais cachée sous ce chapeau hier soir et, si jamais elle ne s'y trouve pas, il pensera – enfin, il saura – que je mens, et je n'ose pas imaginer ce qu'il sera alors capable de me faire.

– Mon Dieu, Sue, mais c'est épouvantable ! dis-je, me tortillant de désespoir sur le bidet.

– Et puis je l'aime.

Elle était là, avec son regard tendre et malheureux, dans la lumière de la salle de bains qui creusait ses cernes.

– Oh, j'aimerais tellement être vierge ! Tellement ! renifla-t-elle.

– Et maintenant, cesse de raconter des bêtises. Il faut trouver une idée plus raisonnable.

Mais rien à faire, elle ne démordait pas de la sienne.

Tout d'abord, je tentai de me dérober à l'achat du préservatif : je prétextai que mes cheveux étaient encore mouillés et qu'à mon tour j'allais attraper froid. Mais Sue n'avait confiance qu'en moi, en personne d'autre ; si je la laissais tomber, elle était fichue. Elle se mit à gémir. Pauvre Sue, tellement faite pour la joie et le plaisir, elle avait l'air à ce moment-là si pathétique et si démunie ! Soudain mon cœur déborda à la fois de courage et de dévouement.

– Tu as raison, Sue. Je vais faire ce que tu me demandes. En tout cas, je vais essayer.

– Oh, Mary Jayne, tu es un ange. Je savais bien que tu me viendrais en aide !

A présent, elle était pressée de retourner dans sa chambre : Chico devait se demander ce qui se passait. Elle n'était restée que trop longtemps. Je lui dis que c'était très imprudent de sa part de garder le prince dans sa chambre, maintenant que la Contessa et Mademoiselle n'étaient plus en quarantaine. Mais la Contessa était le dernier de ses soucis : elle ne songeait qu'à Chico.

Une fois dehors, je me rendis compte que je ne connaissais pas le mot italien pour « préservatif ». Pouvais-je le forger, au risque de me ridiculiser avec un barbarisme. J'improvisai : *Qualchecosa per fermare la concezione*. Je n'avais pas trouvé d'autre périphrase pour traduire « un moyen d'arrêter la conception ». Hélas, *fermare* signifie : arrêter un cheval ou une voiture, et n'implique aucune notion apparentée à « prévenir ». Je testai ma phrase sur la vendeuse de la première pharmacie, qui me regarda d'un œil rond. Elle appela un jeune assistant, et bientôt je me vis entourée d'une multitude de bonnes volontés pour m'assister dans ma traduction. Je m'éclipsai. La même chose se passa dans la seconde pharmacie. Je n'y arriverais jamais, décidément. Il me fallait expérimenter une nouvelle tactique. Le temps passait. A la troisième tentative, je me dirigeai tout droit de l'autre côté du comptoir, y coinçai une vendeuse d'âge mûr, lui chuchotai ma formule déjà quelque peu défraîchie : *per fermare la concezione*, et obtins le même regard ahuri. Puis, comme soudainement frappée par la grâce, je haletai :

– *Per l'amore, per l'amore !*

La combinaison de mon halètement et du mot magique fit miracle.

– *Ah, sì, sì, sì*. Je comprends ! s'exclama-t-elle alors.

Elle se baissa légèrement derrière son comptoir, dressa tout droit son index, fit mine d'y enfiler le doigt d'un gant et d'ajuster celui-ci.

– *Ecco !* fit-elle, l'air ravi.

– *Sì, sì. Brava !* dis-je en battant des mains.

– *Dieci lire*, dit-elle, en me tendant le petit paquet. Vous aimez les hommes italiens, n'est-ce pas ? ajouta-t-elle avec un clin d'œil.

– Oh, *sì, sì. Molto, moltissimo. Mille grazie*.

Ma joie et mes remerciements étaient superlatifs.

Là-dessus elle agita la main près de son visage, d'une façon gentiment menaçante, comme la nourrice de Juliette.

– Ceci dit vous avez tout à fait raison de vous protéger, ajouta-t-elle.

Elle n'avait pas fini de soupirer sa remarque que j'étais déjà dehors. Je pressai le pas. Il valait mieux que je m'habille d'abord, afin de pouvoir consacrer toute mon attention à ma tâche. Je plongeai dans la baignoire, me maquillai à toute allure et me glissai dans une longue robe de soirée en satin bleu acier. Elle était un peu plus courte devant que derrière. Très chic. Dieu merci, le soir nous étions débarrassées de ces machins courts et raides comme la justice qui constituaient notre uniforme de la journée. Celle-ci au moins avait un soupçon de ligne. Mes cheveux étaient désespérément mal coiffés ; par bonheur, on portait beaucoup cette année-là une espèce de perruque faite de fils d'or ou d'argent. La mienne était d'argent et s'agrémentait de grosses nattes en bandeau qui me donnaient, pensai-je, un air de paysanne russe. Dernier coup d'œil au miroir. Un peu froid, le mariage du bleu acier et de l'argent, mais une fois le tout rehaussé de ma pèlerine en velours rouge doublée de lapin blanc – qui faisait l'envie de mes camarades –, ce sera parfait. De toute façon, il fallait bien que ça aille.

Maintenant, vite, à l'ouvrage ! Je suivis consciencieusement les instructions de Sue, y apportant toute mon attention. Ce n'était pas du tout difficile, mais le résultat, même aux yeux du non-initié, n'était vraiment pas brillant.

Alors que j'étais toute concentrée sur ma tâche, oignant délicatement l'objet avec ma crème Elizabeth Arden, j'entendis frapper tout doucement à la porte – que j'avais oublié de fermer…

– Oui, oui, une petite minute s'il vous plaît !

Promptement je camouflai le jouet sous le papier de soie et recouvris le tout d'une écharpe et d'un sac à main. Le bouton de la porte tourna, la porte s'entrouvrit.

– Puis-je entrer ?

C'était le prince.

– Oh, bien sûr, Chico, entrez donc ! Quel plaisir de vous voir !

Il avança d'un pas, s'inclina cérémonieusement.

– *Buona sera*, Maria Giovanna, j'espère que je ne vous dérange pas !

– Oh ! mais pas du tout. Je suis prête. Il ne me reste plus que la touche finale. Asseyez-vous, je vous prie.

Je m'installai devant la coiffeuse pour me poudrer le nez. Il prit une chaise, alluma une cigarette et se mit à parler de Sue, à s'extasier sur sa beauté.

– Elle est tellement chaleureuse, elle brûle, elle rayonne d'amour, dit-il en écartant les doigts pour figurer les rayons du soleil.

C'était parfait. Il était amoureux, donc prédisposé à croire à cette histoire. Personne n'aurait jamais pu se douter qu'il venait de passer plusieurs jours à se traîner d'église en église, dans les affres de l'indécision.

Puis il changea de ton et se mit à raconter des histoires drôles et à imiter gentiment Mademoiselle. Sa voix était aussi agréable et douce à l'oreille que sa démarche était souple et légère à la vue. Je n'aimais pas l'idée d'avoir à lui jouer un tour, aussi avais-je du mal à poursuivre notre gai bavardage ; je pensais à l'objet du délit enveloppé dans son papier de soie, qui se trouvait juste sous nos yeux. Je continuai à me poudrer le nez jusqu'au moment où il se mit à ressembler à un petit mont Blanc, puis me fis les cils. Je souhaitais ardemment le voir prendre la porte. Mais il n'en fit rien ; tout au contraire il s'approcha de moi et me regarda attentivement, suivant des yeux chaque mouvement de la petite brosse à mascara et chaque battement de mes paupières. Je le voyais dans le miroir, penché derrière moi.

– Chico, vraiment cela me gêne, que vous me regardiez ainsi !

– Je suis désolé – il se leva d'un bond. J'aurais dû m'en douter. J'aime regarder les jolies filles se maquiller. Vous me pardonnez ?

– Bien sûr, bien sûr, dis-je poliment.

– Est-il temps de prendre congé ?

– Oui, je le crains. La Contessa sera là d'un instant à l'autre.

– Ah, la Contessa !

Il éteignit sa cigarette.

– Chico, vous ne pensez pas que vous devriez quitter cet étage jusqu'à ce que nous soyons tranquilles à l'Opéra ? lui demandai-je d'un air entendu.

– Je crois que vous avez raison, acquiesça-t-il en plissant malicieusement les yeux.

Cette atmosphère de conspiration et de concupiscence mêlées n'était pas pour me déplaire.

Dès qu'il fut parti – cette fois je m'assurai que la porte était bien fermée à clé –, je déballai le machintruc, lui appliquai une nouvelle et légère couche de ma crème Elizabeth Arden, l'enveloppai à nouveau dans son papier de soie, et sans perdre un instant rangeai l'objet en sûreté sur une étagère, caché sous mon petit chapeau cloche. J'effleurai de la main le papier de soie, puis je fis le signe de la croix ; cela porte bonheur, j'avais appris cela en Italie.

Là-dessus on frappa à la porte du couloir, et la voix de la Contessa se mit à déverser un flot de paroles en italien.

– Tu n'es pas prête ? Tu devrais déjà être dans le hall. Une soirée de gala, voyons, Mary Jayne, tout Rome sera là !

– Une toute petite minute ! J'arrive, j'arrive !

Je traversai la chambre, puis me ravisai et fis demi-tour : il fallait que je déverrouille la porte commune aux deux placards, afin que Sue pût accéder à mon ouvrage. Sinon, tout notre petit stratagème tomberait à l'eau. Pendant ce temps la Contessa secouait la poignée de la chambre sans ralentir son débit.

– En présence de la famille royale ! On ne peut se permettre d'arriver en retard sans faire affront à Leurs Majestés et Leurs Altesses. En présence du prince de Piémont ! J'espère que tu es en beauté !

La Contessa dramatisait la vie à souhait : je ne pense pas que le prince Umberto se serait le moins du monde aperçu de mon retard. J'ouvris la porte. La Contessa entra.

– Aaah ! fit-elle – elle jeta sur ma personne un bref regard d'approbation, puis soudain éclata : *Figliuola mia*, mais qu'as-tu fait à tes yeux ?

Je courus me regarder dans le miroir, qui me renvoya une paire d'yeux outrageusement fardés dans un visage de pure jeune fille. J'avais dû, sous le regard curieux et l'examen attentif de Chico, avoir la main un peu lourde.

– Ah, c'est vrai, j'en ai trop mis. Je ne sais pas comment j'ai fait.

– On dirait une… en tout cas, on ne dirait pas une jeune fille de bonne famille. On dirait…

– Je sais. Je vais tout enlever, dis-je. C'est horrible.

– Non, non. On n'a plus le temps ! On ne peut pas faire attendre les membres de la famille royale, voyons ! Tu devras sortir comme cela, comme si de rien n'était. Ne perds pas ton aplomb ! Il n'est jamais trop tard pour apprendre. Eh bien, voici une bonne occasion de garder la tête haute !

– En fait de tête, il serait quand même préférable que je m'en fasse une autre, insistai-je.

– Trop tard, il est trop tard. En présence du roi et de la reine ! Pas question d'arriver après Leurs Majestés. Allons viens, et la tête haute !

Elle posa un doigt sous mon menton et rectifia mon port de tête ; je rejetai mes épaules en arrière, puis la Contessa y jeta ma cape en velours rouge doublée de lapin blanc. J'étais prête.

– Et maintenant, tu dois regarder tout le monde dans les yeux, me dit-elle.

Un dernier regard au miroir : ce satin bleu acier rehaussé de cette fourrure argentée tranchant sur le velours rouge étaient du plus bel effet. Je serai la princesse des neiges, une vraie Romanov. Et hardi petit, comme dit la Contessa.

– Et voilà, mon enfant. Maintenant *avanti !*

Descente rapide vers le hall, on s'assure que l'effectif de ces demoiselles est au complet, engouffrement général dans la limousine et en route, par la via Veneto et la piazza Barberini, pour l'Opéra ! Nous longions la monumentale fontaine du Bernin quand la Contessa me glissa :

– On donne *La Traviata*. Fais attention, cette fois-ci, Mary Jayne.

– Que voulez-vous dire ? J'aime beaucoup *La Traviata*.

– Évite de pleurer au dernier acte comme à la Scala de Milan. Dans ton état, ce serait un désastre, dit-elle en retroussant ses cils d'un doigt malicieux.

Nous n'arrivâmes pas après la famille royale, et le dernier acte ne me tira pas de larmes. J'avais plutôt l'œil sec de fièvre à l'idée de la Sue qui m'attendait à mon retour à l'hôtel : trouverais-je une heureuse fiancée ou un cadavre gisant ?

A peine avais-je soigneusement refermé la porte derrière moi que Sue surgit du placard. Elle bougeait comme dans un film au ralenti, et ses lèvres, loin d'être tordues et crispées, étaient maintenant pulpeuses et épanouies.

– Oh, Mary Jayne, c'était merveilleux !

Elle jeta deux bras chauds et détendus autour de mon cou. Elle m'avait emprunté mon parfum favori, *Dans la Nuit* de Worth. Je n'y vis aucun inconvénient : c'était pour la bonne cause.

– Oh, ma chérie !

Elle m'embrassa.

– Je suis si heureuse. Il y a cru. Il était si content.

– Vraiment !

– Oh, quelle joie tu m'as donnée ! Je ne pourrai jamais assez t'en remercier. Jamais.

Elle tendit les bras et posa ses mains sur mes épaules.

– Sais-tu ? Nous allons nous marier ! – elle rougit, comme une jeune épousée. Oh, je l'aime tant ! – elle s'étreignit les épaules et plissa son petit nez. Douce Sue ! Elle était de l'étoffe dont sont tissés les rêves – les rêves érotiques, s'entend.

– Sue, c'est merveilleux. Je suis ravie. Je suis si heureuse pour toi !

Je l'embrassai. Puis je ne pus m'empêcher de lui demander :

– Il a vraiment marché ?

Elle me fit signe que oui.

– Ça alors ! fis-je.

– Et ce qu'il a pu rire !

Elle avait de nouveau son regard coquin.

– Qu'est-ce qu'il y a de si drôle ? demandai-je. Je ne saisis pas.

– Il a dit que celle qui avait fabriqué un machin pareil n'avait jamais vu un homme !

Et elle continua à rire. Toute seule.

– Il a vraiment dit ça ?

J'étais plutôt vexée.

Ils se marièrent. Sue devint *La Sua Altezza Serenissima*, Son Altesse Sérénissime la princesse Achille Benvenuto. Le mariage ne dura pas plus de deux ans, mais je suis certaine qu'au début ils connurent un grand bonheur.

II

Je compte encore parmi mes amis quelques-unes des personnes que j'ai connues en Italie, du moins celles qui sont encore en vie : les Murari, par exemple, dont la famille vit depuis 1450 dans un palais situé près de la vieille église de San Fermo à Vérone et qui fut rénové plusieurs fois au cours des siècles.

Le comte et la comtesse Murari étaient un couple étrange, curieusement assorti. Lui était un bel homme moustachu à l'œil brillant, aux gestes brusques et qui, d'après la rumeur, fréquentait à ses moments perdus les tables de jeu de Monte-Carlo. La comtesse, de son côté, était une de ces grandes perches du nord de l'Italie, qui, bien que relativement jeune, se tenait toujours courbée en avant, et de ce fait semblait, quand elle traversait une pièce, précéder sa propre personne. Ses gestes, par contraste, étaient lents et doux, de même que sa façon de parler.

Le comte et la comtesse avaient trois fils, dont Zeno était l'aîné, et Fermo le benjamin. Ils leur avaient donné les noms des deux églises romanes de Vérone, plus exactement des deux saints qui y sont ensevelis. Giangi, le cadet, qui devint l'un de mes proches amis, était très fier d'être un *fascista della prima ora*, c'est-à-dire l'un des premiers hommes qui rejoignit le parti au début des années vingt. Lui et ses amis me persuadèrent des mérites de la pensée fasciste, héroïque et antibourgeoise. *Meglio un giorno da leone che mille anni da pecora* : mieux vaut vivre un seul jour comme un lion que mille comme un mouton, telle était leur maxime.

Une gamine de dix-neuf ans n'est pas forcément très armée contre ces avances, et j'avais beau défendre ardemment les vertus du régime parlementaire et de la démocratie, je me laissai tout de même abuser. Les uniformes, la musique, les devises sur les murs : *Sempre tirare dritto* (Tirez toujours au but) et *Vivere pericolosamente* (Vivez dangereusement) me fascinaient, et tout particulièrement cette dernière.

A telle enseigne que, la seconde année au collegio Gazzolo, l'une de mes condisciples et moi-même écrivîmes à Mussolini pour le prier de nous adresser sa photo : une semaine après l'envoi de notre lettre, deux *carabinieri* se présentaient à la villa pour s'enquérir des jeunes Américaines qui avaient écrit au Duce. A ma décharge, si durant ma prime adolescence, l'idée d'écrire au président Coolidge pour obtenir sa photo dédicacée ne m'avait jamais effleurée, en revanche je collectionnais force photos de stars de cinéma. La Contessa tombait des nues. Même après qu'un interrogatoire eut prouvé notre innocence en nous lavant du soupçon de fomenter des crimes et de travailler pour le compte des communistes, elle nous prévint dans son style théâtral que, si ce genre d'incident devait se reproduire, nous finirions tous, y compris ses innocents enfants, sur la paille humide des cachots de Soave !

Une quinzaine d'années plus tard, en 1945, quand j'appris par le *New York Times* que Mussolini et sa maîtresse, Claretta Petacci, avaient été assassinés et pendus par les pieds piazza Loreto à Milan, je suffoquai d'horreur. Je pouvais voir à travers mes larmes la feuille s'agiter en tous sens, tant mes mains tremblaient. Puis, brusquement, j'eus honte. Moi, une militante antifasciste de longue date, être à ce point bouleversée par cette mort ! Cette nuit-là je fis un rêve : je transportais le Duce dans mon monoplan en Angleterre où il avait trouvé l'asile politique. Pour remettre les choses en place un instant, rien ne vaut une illusion dont on se berce. L'âme féminine est si fragile, si déchirée entre des contraires !

Après l'Italie, je voulus suivre des cours à la Sorbonne. Maman, par l'intermédiaire d'un ami commun de Kalamazoo, rencontra Mme Bénédite, qui louait à quelques étudiants triés sur le volet des chambres dans sa grande maison de la rue du Douanier près du parc Montsouris, non loin du *Dôme* et de *La Coupole*, les célèbres cafés du boulevard Montparnasse. Éva Bénédite avait la quarantaine, quelques années de moins que maman. « On ne peut être et avoir été », avait-elle coutume de dire. Pourtant ses grands yeux bleus et son sourire éclatant attiraient encore les regards des hommes. Étant moi-même du genre dents de lapin, j'éprouve une particulière admiration pour ce dernier avantage. Comme la plupart des femmes françaises divorcées, Éva avait repris son nom de jeune fille et gardé le titre de « madame », qui légitimait la progéniture, sans cela infamante, d'une fille-mère. Son grand-père avait été conservateur du musée du Louvre au siècle dernier. Quant à son père, conservateur du musée du Luxembourg, il fut le premier à faire entrer, contre vents et marées, les impressionnistes dans un musée national. C'est ainsi qu'Éva connut dans sa jeunesse toute une kyrielle d'artistes et d'écrivains. Je n'étais pas assez calée sur cette période de la vie artistique française pour poser les questions pertinentes, mais il me revient des bribes de phrases comme : « Ah, ce cher Péguy, qui aimait tant les tartes à l'oignon de maman », « Leconte de Lisle avait dit à papa, quand il était tout petit… » En face, le peintre Georges Braque prenait le soleil sur sa terrasse.

Les cours à la Sorbonne comprenaient l'histoire de France, l'art, la littérature et même un peu de droit. A la Sorbonne comme rue du Douanier, j'étais totalement emportée dans un maelström culturel qui me permit de parvenir, au plan intellectuel et moral, à un capital que je pouvais faire fructifier.

Éva avait épousé un Alsacien peu avant la Première Guerre mondiale. L'Alsace et la Lorraine avait été cédées à l'Allemagne après la défaite de 1870, mais les Ungemach, la belle-famille d'Éva, de riches industriels, se considéraient comme français. C'est pourquoi les deux clans de Strasbourg, d'un côté les pro-Français, de l'autre les pro-Allemands, ne se fréquentaient pas. « Vous comprenez, expliquait Éva, certes nous étions en relations d'affaires avec eux, mais les Allemands entraient par la porte de service et attendaient dans le vestibule qu'on les introduise dans le bureau. Ils ne mettaient jamais les pieds au salon. »

Comme leurs beaux-parents, les Bénédite étaient protestants. Éva décrivait sa belle-mère comme une maîtresse femme : ses aptitudes à l'organisation et au commandement étaient grandes. Mme Ungemach mère lisait tous les soirs la Bible à la ribambelle de petits-enfants qui lui rendaient régulièrement visite dans son château de Honcourt. « Ma belle-mère a mis tous ses enfants au monde en chantant *La Marseillaise* », nous assurait Éva, et l'anecdote était à prendre au pied de la lettre.

En 1914, quand la guerre éclata, le mari d'Éva, ses frères, ses cousins et ses amis s'enfuirent et arrivèrent en France par la frontière suisse. Ils rejoignirent sur-le-champ l'armée française. Éva revint à Paris avec ses jeunes enfants, Hélène et Danny et demanda à sa sœur cadette ce qu'étaient devenus les jeunes gens qu'elles avaient connus.

– Ils sont tous morts au combat, les uns après les autres ! C'était Verdun, c'était ma génération… Ah, la guerre, plus jamais ça, plus jamais !

Éva et moi restâmes très proches, mais je continuai à l'appeler madame pendant des années. Mon vocabulaire français s'enrichit rapidement. Elle écoutait mes problèmes avec patience et, oserais-je dire, avec un certain intérêt ; je m'imprégnais de sa sagesse. Vis-à-vis de ses propres enfants, elle avait tendance à faire preuve d'exigence et de sévérité, mais avec moi, n'ayant pas de responsabilités à assumer, elle pouvait se laisser aller. De mon côté, j'échappai aux conflits entre parents et enfants. Dieu bénisse Œdipe in absentia.

Ses enfants avaient à peu près mon âge, si bien que je rencontrai leurs camarades et que je fis rapidement partie de leur groupe. La fille aînée, Hélène, dont j'occupais la chambre, entamait ses années de faculté à l'université Mount Holyoke, aux États-Unis. Le fait que Zabette, la plus jeune, parlait forcément mieux le français que moi et connaissait la littérature française combla le fossé de cinq ans qui nous séparait. Danny préparait son bac philo. Dès le premier repas que je pris chez eux, il se mit à me taquiner. Il aurait pu être l'un de mes frères. Cela ne me changeait pas de chez moi.

Danny entretenait une idylle épistolaire avec une jeune Anglaise qu'il avait rencontrée l'été précédent. Tous les jours une lettre partait pour l'Angleterre tandis qu'une autre en arrivait et tous les matins une enveloppe attendait, sur le petit plateau bleu du vestibule, d'être ouverte par Danny ou emportée par le facteur, c'était selon. Si le plateau était vide, c'était simplement parce que le facteur était passé plus tôt que d'habitude et que Danny avait emporté sa lettre en partant au lycée.

Theo, la fiancée de Danny, arriva au printemps de cette année-là. C'était une jolie fille aux grands yeux noisette, au corps raide comme la justice. Tranquille et réservée, un peu timorée, on la sentait cependant habitée d'une grande force intérieure. Je fis tout de suite des tentatives pour la mettre à l'aise, mais sans grand succès. C'est plus tard que nous devînmes amies. On aurait pu croire qu'il n'y avait pas en elle le moindre grain de folie, tant qu'on n'avait pas surpris la façon dont elle regardait Danny. Ils devraient attendre plusieurs années, jusqu'à la fin des études de ce dernier, pour se marier.

Cet été-là j'invitai Zabette Bénédite à partir en vacances avec moi. Mme Bénédite donna son accord, arguant qu'« il fallait faire provision de souvenirs de jeunesse pour ses vieux jours ».

Téméraires, nous décidâmes d'éprouver nos ailes d'oisillons dans l'atmosphère raffinée de Biarritz.

L'*Hôtel du Palais*, avec ses briques rouges et ses colonnes blanches, évoquait les édifices d'avant la guerre de Sécession. Napoléon III avait fait construire cette résidence d'été pour l'impératrice, sa femme, née Eugenia de Montijo : ici, elle pourrait se sentir proche de sa chère Espagne. L'hôtel avait une élégance très XIXe siècle.

On nous donna une jolie chambre sur la mer. Mes valises étaient pleines d'effets très chic, de robes de chez Lanvin, de chez Vionnet, ou de chez Schiaparelli. C'étaient mes premières tentatives dans la haute couture. Les essayages avaient été un véritable enfer, mais les résultats, au vu de mon image dans le miroir, étaient plutôt satisfaisants.

Zabette et moi, revêtues de nos robes de dîner, entrâmes dans une grande salle ovale qui donnait sur la mer : c'était la salle de bal impériale, qui servait à présent de restaurant. Le maître d'hôtel nous plaça à une petite table sur une estrade qui courait sur un côté de la salle : celle-ci avait été réservée pour une réception en l'honneur de certaines fiançailles, nous annonça-t-il, mais nous pouvions nous asseoir à cette table et jouir d'une vue surplombante sur le théâtre des réjouissances. Il s'agissait des fiançailles de la fille du duc de Maura au duc de Medina Sidonia. Je fis remarquer à Zabette qu'autrefois un duc du même nom avait, à la tête de l'Invincible Armada, perdu la célèbre bataille contre Sir Francis Drake qui commandait la flotte britannique. Elle se moqua de mon chauvinisme.

Puis nous portâmes notre attention sur le spectacle. Ç'aurait pu être une soirée privée : orchestre de jazz dans un coin, jeunes gens en habit noir, jeunes filles en blanches et ondoyantes robes de bal. Alors que nous en étions au plat de résistance, un jeune homme se dirigea vers notre table. Il s'inclina devant moi et articula dans un parfait anglais :

– Je me présente : Ramón Maura. Ce sont les fiançailles de ma sœur. Me feriez-vous l'honneur de m'accorder cette danse, mademoiselle ?

Ô mânes du professeur Bernique et de son école de danse à Chicago ! Je me levai et esquissai une révérence.

– Avec plaisir !

Zabette elle aussi eut bientôt son cavalier. Ramón nous apprit beaucoup de choses, comme l'existence d'une importante colonie royaliste espagnole à Biarritz, laquelle s'était exilée quand la république avait été déclarée. Il avait environ deux ans de moins que moi, ce qui lui faisait dix-neuf ans, mais n'en manifestait pas moins de savoir-faire qu'il montrait en homme bien élevé ; ce soir-là, il nous invita toutes les deux plusieurs fois à danser.

Zabette et moi ne quittions pas des yeux la table d'honneur. Il y avait là quelques jeunes filles qui faisaient tapisserie. L'Américaine que j'étais ne voyait pas la chose d'un cœur léger ; je demandai des explications à Ramón et, sur sa réponse évasive, je le poussai dans ses retranchements. Il finit par m'expliquer que dans certains milieux, la danse était totalement prohibée aux filles, qui ne devaient pas, jusqu'au mariage, se mettre dans des positions périlleuses pour leur imagination. Sans doute vit-il que je faisais les yeux ronds, car il s'empressa d'ajouter que sa famille était très large d'esprit et que toutes ses sœurs sans exception avaient le droit de danser.

Après cette première soirée, Ramón se fit un devoir de nous escorter toutes les deux dans Biarritz, notamment quand nous allions assister aux parties de polo ou aux matchs de tennis. De plus, il nous invitait souvent à sortir le soir toutes les deux. Pourquoi ne s'en tenait-il pas à l'une ou l'autre, mystère. Mais bientôt la question ne se posa plus : Zabette, tenue de rentrer à Paris, me laissa seule avec lui. Le même programme continua. Il avait du mal à comprendre pourquoi moi, une jeune fille voyageant seule, ostensiblement libre et sans entraves, n'allait pas au lit avec un jeune homme aussi désirable que lui. Mais pouvait-il comprendre l'âme protestante ? Toujours est-il que s'il n'était pas vraiment amoureux de moi, il était assurément plein d'ardeur et de persévérance.

Nous appréciions mutuellement notre compagnie. Ni l'un ni l'autre, nous ne retrouvions dans cette relation rien qui ressemblait à une expérience précédente. Nous ne cessions de croiser des amis à lui : on se saluait et, après deux mots échangés, chacun allait son chemin. C'était l'Espagne toute pure : mainmise et tout ce qui s'ensuit. Il aurait faussé compagnie à père et mère s'il m'avait aperçue à l'autre bout du couloir. Mon univers, à Biarritz, se résumait à Ramòn. Je m'en ouvris à lui, discrètement d'abord, puis, un jour, je fis une avancée : pourquoi ne pas rencontrer ses sœurs et me joindre à leur groupe ?

– C'est-à-dire que… ce n'est pas possible.

– Que veux-tu dire ?

– J'y regarde à deux fois avant de présenter mes sœurs à quelqu'un.

– Oh, mais moi aussi, je sais y regarder à deux fois.

– Ay, Nini ! (C'était la version espagnole de mon diminutif, Naynee.) Seulement, en Espagne, c'est différent.

Mon âme yankee se révolta :

– Chez nous, on dit que, si une fille n'est pas assez bien pour les parents, elle n'est pas assez bien non plus pour le mec. Compris ?

– Compris. Parfaitement compris. Ay, Nini !

Ramón fronça gravement le sourcil.

Ce soir-là, après le dîner, Ramón vint vers moi avec une drôle de tête :

– Nini, j'aimerais te présenter à mon père !

J'étais enchantée. J'apprenais qu'il y avait deux poids deux mesures et qu'à son père on pouvait présenter n'importe quelle minette. Nous traversâmes le hall. Le duc de Maura était un monsieur corpulent de la vieille roche. Il avait été le dernier en date des premiers ministres du roi Alfonso et avait fait face à des situations ô combien plus délicates que celle qu'il affrontait. Nous fîmes connaissance autour d'un cognac. La conversation roula sur des sujets légers, effleura même la politique et un peu l'histoire. Ramón, lui, écoutait surtout. Le lendemain, après quelques mots échangés, il me demanda soudain :

– Comment trouves-tu mon père ?

– Charmant, Ramón, vraiment charmant. Tu devrais lui ressembler davantage.

– Je savais que tu dirais quelque chose comme cela.

Il rayonnait.

– Et de moi, qu'a-t-il pensé ?

– Beaucoup de bien : il a dit que pour une Américaine, tu étais très cultivée.

C'était un compliment empoisonné, mais l'intention était bonne, et Ramón était tellement heureux que je ne réagis pas.

– Viens, je vais te présenter à mes sœurs.

Ainsi, j'étais admissible.

– Tu comprends, poursuivit-il, légèrement embarrassé, nous les Espagnols sommes intraitables sur ce genre de chose. Ay, Nini, c'est vraiment exceptionnel, je t'assure. Allons, viens, tu vas adorer Gabriela.

Nous retraversâmes le hall, réduisant ainsi l'écart entre les classes.

Il avait raison au sujet de Gabriela. Nous devînmes très vite amies. Elle allait sur ses trente ans, n'était pas mariée, car depuis l'âge de treize ans elle était amoureuse du même homme, que sa famille ne considérait pas comme un bon parti. Mais Gabriela avait tenu bon et refusé catégoriquement toutes les autres propositions qui lui avaient été faites par la suite. Elle et moi eûmes de longues discussions sur la vie, l'amour, la contraception, l'Église catholique. Elle accueillait souvent mes opinions d'un « Ay, Nini » ou « *Eso no !* » mi-consterné, mi-désapprobateur.

Les Maura étaient de loyaux royalistes. La simple évocation de « don Jaime » – le fils d'Alfonso XIII – faisait bondir Ramón, d'habitude affalé dans un fauteuil et éveillait quelques secondes son attention. Mes rêves d'idylles historiques, nourris par des quantités inépuisables de films et de romans, m'amenèrent à épouser la mystique royale : pendant une semaine de lecture passionnante, à l'âge de treize ans, je m'étais prise pour une jacobite et avais pleuré sur le sort de Bonnie, le prince Charlie, « exilé par-delà les mers et les océans ». Je n'étais plus pour lors dans ce monarchisme primaire, mais je ne méprisais pas pour autant ces opinions, pour avoir su ce qu'il en était de m'en être un jour entichée.

A mes moments raisonnables – les plus fréquents – je suis une démocrate ouverte.

Les mœurs des jeunes gens et des jeunes filles que j'eus bientôt l'occasion de fréquenter me fascinaient. Les filles devaient se déplacer en bande, jamais seules, pour se rendre dans les réceptions où elles rencontraient les garçons. Les jeunes mariées ne se mêlaient jamais aux jeunes filles célibataires. On les tenait à l'écart afin que les secrets des couches nuptiales ne leur fussent pas révélés. Les relations entre garçons et filles, cependant, étaient tout sauf éphémères. Une fois qu'une relation s'était nouée, Dieu sait comment, elle se transformait en un jeu mené par un seul partenaire, le plus souvent la fille, destiné à rendre l'autre le plus jaloux possible. Gestes, postures, chuchotements, coups d'œil dans la bonne ou la mauvaise direction constituaient un subtil langage du corps propre à galvaniser l'autre et à le faire tourner en bourrique.

J'entrepris d'observer cette jeune population des deux sexes se tenir au bord de leur chaise, réfrénant tant bien que mal leur dépit amoureux. C'est que les mains allaient et venaient… Gabriela s'était lassée depuis longtemps de cette petite farce, quant à Ramón, à cause de moi, il échappa au pire cet été-là. Mais peut-être que tous les deux avons raté le meilleur de la fête.

Certaines filles, qui avaient été élevées au couvent, avaient été dressées à prendre leur bain dans des chemises de nuit en toile épaisse afin que la vue de leur propre corps n'éveillât pas en elles de pensées charnelles. J'appris même que certaines priaient déjà pour le salut de leur futur époux (l'homme qu'elles seraient censées aimer) à un âge précoce, en vue d'amasser assez de grâces providentielles sur son compte grevé de dettes envers le ciel, à force de péchés. Quand j'interrogeai Gabriela à ce sujet, elle me répondit d'un ton de grande détermination :

– Tu peux être sûre, Nini, que quel que soit cet homme, il en aura toujours besoin.

Si l'on veut bien se rappeler le récit de la Chute et les dogmes catholiques, elle avait certainement raison.

Contre toute attente, Gabriela était la moins névrosée de nous deux. C'est moi qui dus lui expliquer la théorie des problèmes du refoulement et de l'inhibition.

– Ay, Nini, me répondit-elle, voilà un point qui ne me causera jamais de souci. Jamais !

Diamétralement opposées sur l'essentiel, nous n'en restions pas moins amies. Notre chance, c'était de tolérer, voire de rechercher chez autrui la différence. C'est donc ensemble que nous aimions à faire des randonnées à cheval dans la forêt de pins voisine. Le soir, quand je descendais l'escalier, vêtue pour le dîner, le maître d'hôtel, qui m'avait prise sous son aile pour je ne sais quelle raison, venait me saluer d'un « Mademoiselle, le jeune duc vous attend », et me conduisait jusqu'à Ramón. Dans l'ensemble, ce fut un été des plus agréables.

Je vécus dans la maison des Bénédite pendant plus d'un an. Maman vint à Paris l'été suivant, deux ans après le décès de papa. Elle logeait au *Meurice*, où j'allais souvent la rejoindre. Elle se lia bientôt avec un certain Michel Thorgevsky, un Russe blanc qui chantait dans un cabaret, avec lequel elle devait convoler plus tard en justes noces. Lorsqu'elle quitta l'hôtel pour s'installer dans un appartement, je la suivis. Nous vivions rue Beethoven, à deux pas de la Seine. Cet hiver-là, en fin d'après-midi, je regardais passer les péniches, et il me semblait que le soir tombait plus tôt que l'année précédente. Misha était souvent à la maison, et mon frère aîné, Dick, vivait lui aussi à Paris. Ils fréquentaient les bars, se soûlaient et cela finissait par des rixes. De mon côté, je sortis pas mal durant cette période, me débrouillant la plupart du temps pour me rendre à mes propres soirées : les soirées familiales me mettaient mal à l'aise; c'était autre chose, quand papa était vivant. En conséquence je profitais de la vie nocturne parisienne, et *Chez Florence*, *Le Bœuf sur le Toit*, *Bricktop's* résonnent dans mon cœur, aujourd'hui encore, d'une façon très nostalgique. Tenue de soirée et bijoux étaient de rigueur, et le personnel nous connaissait bien.

Il y a bien longtemps de cela.

Pour la Noël, Maman et Dick m'entraînèrent à Saint-Moritz. Je n'avais jamais skié et je détestais le froid. Je partis pour la Suisse, persuadée que je faisais une erreur. Mais je me trompais, car je me mis à faire du ski comme si j'avais attendu cela toute ma vie. Je restai là-bas jusqu'au printemps, exactement jusqu'à la fonte des neiges, longtemps après le départ de maman, de Dick et de Misha pour les États-Unis.

Sitôt après qu'ils furent partis – fut-ce un hasard ? – je *pris un amant*, comme nous disions à Gazzolo. Bel exemple de choix névrotique de jeunesse. Je réussis à me laisser dépérir pour cet homme pendant plusieurs années, malgré quelques légers coups de canif dans le contrat, car après tout j'étais dans mes belles années et je n'avais pas d'inhibition. L'histoire qui me combla le plus, je la vécus à Barcelone, durant l'année que je passai là-bas : Tony était tout à la fois beau, ardent et compréhensif, mélange de qualités qui me fait penser que je ne l'ai pas fait exprès…

Je continuai à skier tous les hivers, abandonnant Saint-Moritz et sa société mondaine pour les versants neigeux et hors-piste des Grisons, où l'on pouvait skier quinze bons kilomètres sans être obligé de prendre un seul remonte-pente. C'est dans ce décor que je rencontrai Yola, qui devint l'une de mes meilleures amies. J'ai plaisir à penser à elle et à la décrire, non seulement parce qu'elle était une personne agréable et séduisante, mais aussi parce que, contrairement à ses richissimes et mondaines compatriotes, elle ne collabora pas avec les Allemands sous l'Occupation.

Mes talents de portraitiste ne sont pas à la mesure de la personnalité de Yola; cela dit en toute modestie, puisqu'elle servit de modèle à Colette pour son personnage de Gigi. Yola était ce que les Français appellent une sorte de gavroche, ce qui, d'après la définition qu'en donne le dictionnaire, signifie qu'elle était douée d'une gouaille qu'on rencontre depuis la nuit des temps dans le petit peuple des rues en France. Elle combinait ce trait avec une grande séduction. Les hommes se pressaient autour d'elle sans obtenir d'autre récompense que sa verve provocatrice et joyeuse. Souvent, emportée par le récit d'une anecdote, elle se levait de son fauteuil pour la mettre en scène. Elle avait de grands yeux bleus, un tout petit nez et une grande bouche, qu'étirait en permanence un large sourire. Je lui demandai un jour si elle avait jamais compté ses dents : elle semblait en avoir un plus grand nombre que le commun des mortels. En vertu de quoi, Yola Letellier, avec ses longues jambes, sa poitrine menue, et par-dessus tout son élégance désinvolte, avait été peinte, croquée et caricaturée par un artiste français sur deux.

Les artistes n'étaient pas les seuls à apprécier Yola. Un jour elle me dit, moitié flattée, moitié fâchée, en vraie bombe sexuelle qu'elle était :

– Aujourd'hui, dans la rue j'ai entendu un ouvrier dire à son copain : « T'as vu celle-là ? Au lit, ce doit être une vraie chatte ! »

– Et alors, Yola, qu'as-tu fait ?

– Je me suis tout simplement approchée d'eux et je leur ai dit : « Eh bien non, pas du tout ! Vous seriez fort déçus. »

A propos de tout et avec tout le monde, Yola n'y allait pas par quatre chemins. Elle était mariée à Henri Letellier, un homme beaucoup plus âgé qu'elle, immensément riche et non moins distingué. C'était un vrai dandy d'avant la Première Guerre mondiale et il se lamentait encore sur les changements qui avaient eu lieu depuis lors. Quand il parlait des jolies femmes de son époque, il soupirait : « A cette époque, voyez-vous bien, on faisait l'amour dans des draps brodés, et l'on savait prendre son temps. »

Yola et moi, nous nous rencontrâmes pour la première fois à la station de sports d'hiver de Davos. Il n'y avait qu'elle, si je ne m'abuse, dans ce beau monde à entretenir une relation purement platonique : avec Lord Louis Mountbatten. Bien qu'elle ne fût pas vraiment portée, comme on dit, sur la chose, ses amies, Lady Mountbatten en tête, finirent par la mettre officiellement dans le lit d'Étienne de Horthy, fils de l'amiral Horthy, dictateur de la Hongrie. Toute cette petite société s'était réunie cet hiver-là pour faire du ski, et il se trouva que j'étais de la partie. Yola traitait les trois hommes – Henri, Mountbatten (qu'elle appelait Dickie), et Étienne – avec autant d'esprit, d'affection et de désinvolture l'un que l'autre, avec cependant une nuance différente pour chacun. Le plus extraordinaire dans tout cela était qu'il n'entrait pas la moindre équivoque dans ces relations, et qu'elle ne jouait pas le moins du monde sur plusieurs tableaux. Chaque homme savait exactement quelle place lui revenait et en était ravi. La franche sociabilité de Yola s'étendait à tous ceux qui l'entouraient, et son contact était si direct, elle montrait une telle candeur et une telle bonne humeur que sa façon d'être semblait toute naturelle.

Si Henri protégea Yola dans sa prime jeunesse, Yola s'occupa beaucoup de lui dans ses vieux jours à lui. Quand elle partait sans lui, elle ne restait jamais longtemps.

« Henri a besoin de moi », disait-elle, et elle rentrait à Paris. « Il tombe malade quand je ne suis pas là. » A la fin, elle ne partait plus nulle part. Il mourut au milieu des années soixante, à l'âge de quatre-vingt-quatorze ans, Yola en pleurs à son chevet, tenant ses mains dans les siennes : « Reste là, à côté de moi. Je n'ai pas peur, ma petite Yola. »

– Il est mort comme il a vécu, me dit-elle. En parfait gentleman.

Les années trente furent une période agréable de ma vie, mais je ne dis que la moitié de l'histoire, celle que je choisis de raconter. La vérité est que je ne passais pas toujours mon temps dans les hôtels de luxe à la mode. En réalité, j'étais une solitaire qui se tenait à la périphérie du tourbillon mondain. En tant qu'observatrice, je jouissais du spectacle qui s'offrait à ma vue, mais n'en faisais jamais vraiment partie. Quant à mes amies, c'étaient des amies intimes ; je n'étais pas très sociable. En fait, je passais une bonne partie de mon temps seule, à lire ou bien à me morfondre, ou bien à aller seule au cinéma, pour tuer le temps.

Les Bénédite restèrent pour moi en quelque sorte une seconde famille. Danny obtint un travail à la préfecture de police de Paris, où il s'occupa des réfugiés politiques étrangers. Il y acquit une vision assez complète de toute la gamme de l'immigration venue des pays totalitaires et de quelques-uns de leurs problèmes, c'est-à-dire de ceux qu'ils connaissaient en temps de paix.

Danny était socialiste et les membres de sa famille étaient des compagnons de route marxistes. Ils contribuèrent grandement à former, ou plutôt à réformer mes opinions politiques. Grande âme, j'étais instinctivement portée vers la liberté et l'égalité (pour ce qui est de la fraternité, j'étais plus hésitante). Je n'avais pas prêté jusque-là un intérêt particulier à la politique, pas plus aux menus événements qu'aux grands changements. Mais en France c'est un passage obligé, tout comme la cuisine ou l'amour.

J'étais une infatigable touriste, je parcourais sans relâche l'Italie, l'Espagne et la France en empruntant chaque fois d'autres chemins, guide en main, seule ou accompagnée. Je gravitais à travers des mondes différents, dans une succession ininterrompue de petits intermèdes.

Il arrivait que Danny m'appelât quand j'étais à Paris, et me dît : « Theo et moi allons chez Alexander Werth demain soir. Pourquoi ne nous accompagnerais-tu pas ? Cela te changerait un peu de ton milieu sans intérêt. » Danny présentait toujours les choses d'une façon très agréable. Alexander Werth était un historien politique réputé, et venait de terminer un ouvrage sur la France. Grâce à Danny, je ne demeurai pas tout à fait dans l'ignorance de ce qui se passait à travers le monde. Je m'intéressais de plus en plus à la politique et ne me faisais aucune illusion sur l'Allemagne hitlérienne.

En Suisse, la plupart de mes amis étaient anglais et ils m'acceptèrent comme l'une des leurs – enfin presque : pour l'un d'eux, j'étais la « petite Anglaise au teint de porcelaine » tant que je n'ouvrais pas la bouche. Monter à cheval et faire du ski étaient les seuls sports que j'aimais vraiment pratiquer ; je ne voyais pas l'intérêt de poursuivre un ballon ni de frapper dans une balle. Skier en revanche me semblait passionnant et vivifiant et permettait de laisser vagabonder ses pensées ; silencieux, du haut d'un sommet de Davos, le skieur pouvait contempler l'univers et méditer sur les caprices de la destinée. Autre spectacle à contempler : les cortèges d'Allemands qui encombraient nos pentes neigeuses ; ces derniers se pressaient tout spécialement sur les pistes étroites et verglacées difficiles à pratiquer. Ils les descendaient accroupis sur leurs bâtons coincés entre leurs jambes ; la pointe du bâton griffant la glace faisait office de frein. Et ainsi, les uns derrière les autres, ils rayaient la piste et bloquaient les autres skieurs.

« *Stockreiten verboten !* » – Interdit de chevaucher ses bâtons ! hurlions-nous. Docilement, les Allemands les ôtaient d'entre leurs jambes puis, les déployant comme des ailes, essayaient désespérément de ralentir leur vitesse en effectuant un grand stem-christiania qui s'achevait en une chute spectaculaire. Nous, dévalant la piste comme des flèches, prenions position un peu plus bas et, de ce belvédère, nous regardions en amont ces empotés qui s'agitaient, inoffensifs, sur les pentes. Vous n'auriez vraiment pas cru avoir affaire au *Herrenvolk*, au « peuple de seigneurs ».

Il n'empêche que, à chaque printemps, quelqu'un arrivait de Londres en jurant : « Sacrebleu, on l'a encore loupé, cette fois-ci ! » Et à cela nous répondions : « Ah oui, vous voulez dire Hitler ? » En effet, il menait toujours ses manœuvres au printemps : la Rhénanie, l'Anschluss et le reste. L'orage allait éclater un jour, mais pas maintenant. Pas encore. Pour l'instant, une inquiétude planait. Nous savions que l'armée allemande était en train de se constituer, et la productivité de l'industrie germanique était à son apogée. La menace de la guerre tombait tous les ans avec la neige de printemps, mais nous choisissions de glisser sur l'une comme sur l'autre, ignorants de l'avalanche qui couvait.

III

Dès 1937, je décidai de quitter ma petite suite de l'hôtel *Prince de Galles* à Paris pour m'installer dans un appartement à moi, où j'aurais un chien. Les agences immobilières ne me furent d'aucune aide. Paris était bondé. Mes recherches furent longues et difficiles. J'allais et venais, arpentant le pavé de la rive gauche, tirant d'innombrables sonnettes. Les concierges m'accueillaient avec un « Non, rien de libre » accompagné d'un hochement de tête négatif avant de m'inviter à continuer mon chemin. Toutefois je ne détestais pas cette errance qui me permettait d'exercer mon œil sur telle façade du XVIIIe ou telle belle porte cochère. Je finis avenue Foch, avec cuisinière et femme de chambre.

Depuis mes tendres années de la Bibliothèque rose, j'avais envie de posséder un caniche, race de chien que depuis peu on s'arrachait. J'avais entendu parler d'une dame, dans les environs de Paris, qui élevait des caniches savants. Je partis pour Arcueil, de bon matin, m'entretenir avec l'un d'eux. Le futur élu sauta sur mes genoux et me lécha le visage à grands coups de langue ; son haleine sentait délicieusement le café au lait ; l'éleveuse m'expliqua que les chiots, gros dormeurs et paresseux invétérés, avaient besoin d'un petit coup de pouce pour se réveiller le matin. J'étais conquise. Je l'emmenai à la maison.

On l'avait affublé du nom de Marquis, ce millésime étant associé pour les chiens à la lettre M. Histoire de me démarquer de ce désastreux conformisme français, je le baptisai Dagobert, en souvenir d'une chanson enfantine que me chantait l'une de mes nurses françaises. Quand j'emmenais Dagobert se promener au bois de Boulogne et que les enfants me demandaient son nom, ils ne manquaient pas de renverser la tête en arrière et d'entonner jusqu'au bout l'histoire du roi étourdi.

Dagobert était un chiot au poil noir et duveteux à reflets argentés sous certaines lumières. C'était une créature sensible et douce et, attendu que les caniches sont notoirement attirés par les gens comme je le suis moi-même par les chiens, nous formâmes un couple parfait. Il resta mon compagnon fidèle de nombreuses années durant. A noter cependant que, malgré son pedigree de premier choix, Dagobert ne sut jamais s'exhiber, sinon au beau milieu du trottoir pour faire systématiquement là ses besoins.

J'avais obtenu mon brevet de pilote autour de 1935. Par un pur hasard, je rencontrai un beau matin de juin à Londres Giangi Murari ; il me persuada sans mal de l'accompagner à Heston, où il apprenait à piloter. A la fin de la journée, après un vol d'essai, je m'inscrivais à un stage.

L'été 1938, je m'envolai vers Vérone dans mon Vega Gull, le nouveau monoplan à aile basse construit par De Havilland, pour me rendre chez les Murari. Giangi et moi avions l'intention de visiter toutes les villes de l'Italie du Nord, mais nous dûmes nous poser sans tarder : Mussolini faisait lui aussi du tourisme dans les parages, et aucun avion immatriculé en Angleterre ne devait sillonner les airs.

La crise politique allait crescendo, rythmée par les discours de plus en plus belliqueux de Mussolini. En compagnie de Giangi sur les routes de la campagne italienne, j'eus l'occasion de relire les slogans familiers qui m'avaient déjà frappée quelques années auparavant : *Vivere pericolosamente*. Ce dernier me plaisait toujours autant, mais cela faisait longtemps qu'il était concurrencé sur les murs par une autre littérature.

A Vérone, Mussolini devait prononcer un discours du haut d'un des balcons de la piazza Bra, face aux arènes romaines. Les Murari et moi étions invités à regarder l'événement d'un balcon voisin. Bien que le fascisme eût perdu son prestige à mes yeux, j'étais impatiente d'entendre à nouveau le Duce. Certains dangers de guerre imminents étant pressentis, un cordon de police barrait l'accès à la place pour des raisons de sécurité; il en résulta que Mussolini se retrouva devant une piazza à moitié vide. Les fascistes en uniforme, rassemblés au centre, formaient le noyau d'une foule clairsemée sur le pourtour, tandis que des gamins vendaient les journaux à la criée.

Enfin Mussolini parla. Tout y était, la voix profonde, le ton pénétré, les syllabes détachées, la phrase scandée, les silences étudiés. Comme j'aurais aimé qu'il soit de notre bord ! Il haranguait la foule un certain temps, puis s'arrêtait net pour recevoir les applaudissements, ensuite il pirouettait sur ses talons pour se pavaner jusqu'à l'autre bout du balcon, et là reprenait sa harangue. C'était un discours d'un style plutôt athlétique. Derrière lui trottinait le ministre de la Propagande. Quand le discours atteignait son paroxysme et que Mussolini marquait une pause, le pauvre ministre, debout derrière lui, levait les bras dans un geste désespéré de pom-pom girl. La foule émettait alors un vague « Duce, Duce, Duce ! ». L'homme de la Propagande guettait l'instant où Mussolini allait pirouetter et marteler le sol de ses talons jusqu'à l'autre bout du balcon pour baisser les bras. Je ne pense pas que l'orateur en prît jamais conscience. C'était un bien triste spectacle. Ce n'était plus ce que c'était. A ma grande surprise, les journaux du lendemain affichèrent en première page la photo d'une place bondée. Un examen plus approfondi fit apparaître moult raccords de têtes de dimensions très légèrement différentes et dont les regards se portaient dans plusieurs directions. Elles avaient été soigneusement ajustées pour remplir les espaces vides. Un photomontage.

Quand Mussolini quitta l'Italie du Nord, les nuages s'abattirent sur les Alpes. Impossible de redécoller. La crise politique s'aggravait. Je suivais les nouvelles dans les journaux italiens, et il me parut étrange qu'à ce moment particulier de l'histoire Daladier, Chamberlain, Hitler et Mussolini se réunissent à Monaco, le lieu de réjouissances du monde occidental.

– N'est-il pas curieux que Monte-Carlo ait été choisi pour un tel événement, étant donné ce qui se passe ? m'étonnai-je. Je suppose que c'est parce que Monaco est neutre ?

– Mais il ne s'agit pas de Monte-Carlo, *cara*! m'expliqua-t-on, mais de « *Monaco di Baviera* », autrement dit Munich !

– Ah…

J'avais l'impression que le destin voulait que mon avion restât en Italie. Avec son immatriculation britannique, il serait confisqué, si la guerre arrivait. Giangi, assez peu respectueux de la loi, m'annonça qu'il s'envolerait pour la Suisse dès que le ciel s'éclaircirait. Ainsi il pourrait s'échapper.

Nous attendîmes quelque temps. A Munich les quatre grandes puissances européennes se mirent d'accord pour autoriser Hitler à annexer une grande partie de la Tchécoslovaquie au grand Reich. Le Premier ministre Chamberlain annonça *peace in our time* (la paix maintenant); les nuages de la guerre se dissipèrent temporairement, en même temps que ceux qui encombraient le ciel des Alpes. Je m'envolai seule pour Paris.

Il semblait que Munich fût la dernière étape possible dans les concessions aux exigences toujours plus grandes d'Hitler. Nous eûmes un répit d'une année.

Dès mon retour à Paris, j'entrepris de terminer la décoration de mon nouvel appartement. Il commençait à avoir de l'allure, avec ses beaux meubles Louis XV et Régence, Directoire pour ce qui était de la chambre d'amis. C'était la première fois que je me lançais dans l'achat d'antiquités, et j'en profitai pleinement jusqu'au moment où je me trouvai à bout de patience et d'argent. Je mettrais la touche finale l'année suivante, décidai-je.

Mais l'année suivante, au mois de mars, les troupes allemandes occupèrent le reste de la Tchécoslovaquie morcelée. Encore une fois, toujours pas de réaction : aucun coup de feu ne fut tiré.

L'été 1939, Yola et moi décidâmes de faire une cure à Bains-les-Bains, dans les Vosges. Yola croyait dur comme fer aux cures. J'y allais sans hésitation, dans l'espoir de me débarrasser miraculeusement de ma fatigue et de mes insomnies. Nous nous trouvions encore dans notre établissement thermal quand le pacte germano-soviétique fut signé. Après cela, le doute n'était plus permis : le prochain pas, c'était la guerre.

Une fois de retour à Paris, j'appris que la plupart des Américains étaient rentrés précipitamment dans leur pays. Je décidai de rester. J'avais vécu en France pendant huit ans et je me sentais faire partie de ce pays. J'avais appris à aimer son peuple, son histoire, ses paysages, ses vieilles pierres. Si les Français ne voyaient pas d'inconvénient à ce que je reste, je n'en voyais pas non plus. En outre, trop de choses importantes étaient en train de se produire, et je ne voulais pas être frustrée.

Ce qui se passa dans les esprits pendant la drôle de guerre est difficile à décrire. Les opinions étaient contradictoires, les sentiments, ambivalents. A Paris, étant donné que les réceptions se faisaient plus rares, je lisais les journaux de plus près. La Pologne fut envahie en l'espace de quelques jours. Aucune tentative ne fut faite pour opposer un second front à l'arrière de l'armée allemande. Le moins que l'on puisse dire, c'est que c'était troublant. La France et l'Angleterre avaient-elles vraiment eu le temps de se réarmer ? Quelle était la puissance des forces germaniques ? Le public n'était certainement pas au fait de l'incompétence du haut commandement des armées, pris au piège de sa stratégie périmée fondée sur l'art de la guerre des tranchées. Cette fois-ci, soutenait l'état-major, la fleur de la génération combattante ne serait pas décimée : la ligne Maginot remplaçait le mur humain. La leçon de Verdun était gravée dans les cœurs et dans les esprits des Français.

Pendant ce temps, la propagande allemande sur les ondes se montrait modérée et apaisante, et tout était calme sur notre front de l'est. Nous étions tous en sécurité derrière la ligne Maginot.

Cette garantie illusoire influençait nos pensées. J'en veux pour preuve qu'un jour mon masseur, après une bonne séance, me dit d'un ton désespéré : « Mademoiselle, votre derrière est comme la ligne Maginot : infranchissable. » S'il avait eu, devant le corps nu d'une femme, une attitude purement professionnelle, ou à défaut le sens de l'humour, je lui aurais fait remarquer que tous deux pouvaient être évités ou contournés. Mais pour une fois je tins ma langue.

On nous distribua des masques à gaz ; les journaux parisiens montraient des midinettes parisiennes aux masques ornés d'élégants rubans de soie. Ah, la France, éternelle, éternellement chic !

On improvisa des abris antiaériens dans les sous-sols de certains immeubles et, quand sonnait la sirène d'alerte, nous nous précipitions en masse dans les caves en robe de chambre. Là, nous échangions de cérémonieuses poignées de main : « Bonsoir, monsieur. – Bonsoir, madame », nous nous entretenions, dans un langage poli ou désinvolte, c'était selon, jusqu'au signal de fin d'alerte. Puis, faisant le tour de l'assemblée, nous échangions de nouvelles poignées de main : « Bonne nuit, madame. – Bonne nuit, monsieur », tout comme si nous sortions d'une soirée parisienne, mis à part le fait que nous étions en robe de chambre. Par chance, les rouleaux à mise en plis n'avaient pas encore été inventés.

Au début, ma vie nocturne y gagna du piquant ; le concierge se montrait à la hauteur des circonstances et nous servait de la soupe et du café. Je vivais en fait un moment historique amusant, avec en prime une petite sensation de danger. Mais bientôt le charme de la nouveauté n'opéra plus. Plus de soupe ni de café. Comme tout le monde, j'en eus assez, et restai au lit lors des alertes. C'était évident, aucune bombe n'allait tomber.

IV

Quelques mois plus tard, à l'automne, Mme Bénédite, Theo et son premier-né quittèrent Paris pour s'installer à Châteauneuf-sur-Loire, à l'est d'Orléans et à environ deux heures de route au sud de la capitale. Je décidai de les rejoindre. Zabette était déjà mariée et vivait à Amenia, dans l'État de New York. Hélène, également mariée, vivait en Normandie près de Honfleur. Au moment de notre départ, Danny avait été mobilisé et servait, comme interprète avec les forces anglaises. Peterkin (Petit-Pierre), qui allait sur ses dix-huit mois, était un très bel enfant. Quand il s'éveillait, sa mère lissait tendrement les mèches qui tombaient sur son visage rose : elle lui avait laissé les cheveux un peu longs pour un garçon, ce qui lui allait bien, surtout quand il rejetait la tête en arrière pour regarder une grande personne à travers ses longs cils.

A Châteauneuf-sur-Loire, Éva, Theo et Peterkin occupaient l'annexe de la propriété de leur vieille amie Camille Roche.

Tout croît magnifiquement sous le grand ciel bleu pâle de cette région de la Loire. Le climat est beaucoup plus doux que celui de Paris. Là où nous vivions, les eaux calmes du fleuve baignaient une riche prairie semée d'innombrables pépinières, de vergers et de vignobles inondés de soleil. Ses rives étaient bordées de longues rangées de peupliers et de saules, dont les feuilles tremblaient sous la douce et tiède caresse du vent qui soufflait sur la vallée, venu de la mer lointaine.

Je louai une petite chaumière située à un peu plus d'un kilomètre de chez mes amis ; elle avait été rénovée par une institutrice de la région et faisait partie d'un hameau qui s'honorait du nom de « village du Mesnil ». La maisonnette comprenait un salon-salle à manger de taille moyenne, une minuscule salle de bains et une non moins minuscule cuisine. J'y emménageai avec Dagobert et mes deux domestiques de Paris. Ils trouvèrent des chambres dans un village voisin ; c'était pour le moins une curieuse organisation. Aucun d'eux ne rêvant d'aller se battre sur le front, je vécus sur un grand pied jusqu'à ce qu'ils se fatiguent de la vie à la campagne et préfèrent retourner vivre à Paris. J'appris en conséquence quelques recettes de cuisine élémentaire et me contentai d'une nourriture simple.

Les jours rafraîchirent et le système de chauffage de ma salle de bains rendit l'âme ; la pièce principale, cependant, restait chaude. Dans un coin ronflait un grand poêle en faïence. Au bas du poêle brûlait un petit feu de bois, et la partie haute était alvéolée ; l'air chaud s'y logeait et n'avait aucun mal à redistribuer la chaleur pendant toute la journée. Le soir, le plus souvent, j'allumais en plus un feu dans l'âtre.

Se laver était une affaire compliquée. Chaque matin, je disposais deux grandes cruches d'eau sur le poêle en faïence, de telle sorte que le soir, l'eau était chaude. L'autre importante pièce d'équipement était une baignoire – en réalité un gigantesque plat à pâté en étain d'un mètre de diamètre, sensément placé devant la cheminée. Je me faisais une joie de faire ma toilette à l'éponge dans mon salon, et comme jamais cet hiver-là, depuis que j'avais quitté l'austère ministère de ma gouvernante écossaise, je ne me suis sentie aussi proche de la sainteté – attendu que le chemin de la sainteté, si l'on en croit le proverbe, passe par la propreté.

Le printemps est précoce dans la Loire. La campagne se teinta bientôt de diverses nuances de vert tendre et se parsema de jonquilles jaunes, de jacinthes mauves et de cyclamens. Comment s'étonner que des rois amoureux du plaisir comme ceux de la Renaissance aient déplacé leur cour dans ce doux pays et, chevauchant le long du fleuve, se soient rendus d'un château l'autre ?

Mais ce printemps-ci ne serait pas comme les autres ; de lourdes opérations militaires se préparaient. L'épreuve commençait. Je faisais taire mon anxiété en arrachant jour après jour les mauvaises herbes pour dégager un joli sentier devant la maison. Un voisin m'aida à planter quelques fleurs autour de ma petite platebande. Je me demandais si je verrais un jour leur floraison.

Au début du mois d'avril, le Danemark et la Norvège furent envahis, dans une opération éclair. Les Allemands remportèrent leurs victoires haut la main. Cette idée nous faisait mal au cœur quand nous y pensions. Ils ne s'étaient heurtés à aucune véritable résistance ; où étaient les armées françaises, les armées britanniques, que faisait la ligne Maginot, nous demandions-nous. Les journaux imprimèrent des cartes qui indiquaient les vastes ressources des empires français et britannique.

Le 10 mai, la radio annonça que les troupes allemandes avaient passé la frontière hollandaise. La guerre éclair avait commencé. Le même jour, Winston Churchill devint Premier ministre.

Pour moi, la guerre qui s'est ensuivie m'a toujours semblé la crise centrale de l'histoire de notre temps, tout le reste en constituant le prologue ou l'épilogue. C'est un sentiment personnel ; pas même une opinion. Cette guerre a fait couler beaucoup d'encre : des analyses, des chroniques, des biographies, des mémoires ont été écrits. Je connais la distribution, je connais l'argument et je sais comment la pièce se termine. Mais je suis toujours curieuse de lire un nouvel ouvrage sur le sujet. Je ne me fatigue jamais de relire ce que je sais déjà ou d'apprendre des détails que je ne connaissais pas. Les protagonistes, les personnalités publiques sont devenus mes amis familiers ou bien mes ennemis. Quelquefois j'acquiers à la lecture une autre façon de voir les choses et mon opinion peut subir une légère variation, mais dans chaque nouveau compte rendu je suis l'histoire comme si c'était la première fois. Me scandalisent toujours au même point l'impréparation du commandement français, sa stratégie d'une autre époque, son inefficacité, son manque de détermination ; j'ai toujours le même mal à croire que purent atteindre leur but des opportunistes malins ou aveugles désireux d'abattre la Troisième République. Qui pourrait comprendre semblable mépris du peuple, semblable phobie du communisme, qui excuserait ces fous présomptueux d'avoir ouvert la porte à cette révolution de l'ordre en s'appuyant sur la force armée des nazis ? Qui a réellement et pour combien de temps cru aux pieuses et naïves théories de la Révolution nationale du maréchal Pétain ? Je continue à lire et à relire la liste sans fin des triomphes nazis, la profonde poussée en Russie, la longue et sombre histoire des atrocités à peine trouée çà et là de lueurs : la RAF, les débuts de la Résistance. Et puis enfin, enfin, à toute vitesse, j'arrive au moment où la marée reverse : El-Alamein, le débarquement des Alliés en Afrique du Nord, l'invasion de l'Italie, Stalingrad, le jour J. Maintenant nous allons les arrêter, ces salauds, nous allons les battre ! Bon sang, comme ce fut long !

Peu après l'attaque de la Hollande, les habitants de Châteauneuf-sur-Loire virent passer des véhicules aux plaques d'immatriculation hollandaises qui roulaient à toute allure vers le sud ; puis des plaques d'immatriculation belges. Les voitures immatriculées dans les départements du nord de la France suivirent bientôt.

Un jour, des charrettes apparurent, des engins étonnamment longs et bas, tirés par de magnifiques chevaux de labour, gris pommelé pour la plupart, des percherons, des boulonnais, des ardennais. Les charrettes croulaient sous les affaires qu'on y avait entassées ; par-dessus trônaient les membres de la famille ; les enfants aux longs cheveux de lin avaient les traits tirés. Ces nomades involontaires venus du nord, cette vivante allégorie de la détresse sont restés l'un des tableaux les plus inoubliables de la guerre.

Le curé, les gens du village et moi-même organisâmes une cantine aux abords d'un carrefour. Nous distribuions la nourriture tandis que de jeunes garçons conduisaient les réfugiés vers les fermes alentour où ils pouvaient camper pour la nuit. Quel étrange et beau spectacle, quand je rentrais de la cantine sur ma bicyclette, que celui, à la nuit tombée, de ces charrettes basses et cahotantes tirées par ces chevaux superbes, et de ces vagabonds rassemblés autour de feux de camp au pied des gigantesques platanes.

Les blonds Nordiques repartirent avec leurs chevaux sur leurs pittoresques charrettes, puis disparurent dans le paysage. Les routes désormais grouillèrent d'affreuses petites voitures noires, qui se déportaient, roulaient à toute allure, recommençaient un peu plus loin, chacune cherchant à dépasser l'autre. Tel un grouillement furieux de punaises d'eau, elles se déversaient vers le sud. Des têtes inquiètes sortaient des fenêtres. Les conducteurs s'insultaient tout en essayant d'avancer et de se doubler. Certains avaient ficelé des matelas sur le toit en guise de protection contre les bombardements en piqué. Bientôt apparut sur les plaques minéralogiques l'immatriculation de Paris.

Le 13 mai, trois jours après l'attaque de la Hollande, les forces allemandes atteignirent la frontière franco-belge en franchissant la Meuse à Sedan. L'armée victorieuse ennemie envahissait maintenant la France. Quatre jours après Sedan, les Panzerdivisions de Guderian atteignirent Rethel, à quelque cent cinquante kilomètres de Paris. Puis, modifiant leur avance, les Allemands soudainement dévièrent à l'est, coupant la route à la force expéditionnaire britannique et à la Ire armée française. Les Alliés battirent en retraite en direction de la mer, acculés à Dunkerque. L'Amirauté britannique appela à la rescousse dans les ports de la Manche et de la mer du Nord tous les bateaux. La célèbre évacuation avait commencé.

Nous savions que Danny se trouvait à Dunkerque, avec les British Expeditionary Forces (BEF), les forces britanniques expéditionnaires. Theo passa des jours terribles à se demander ce qui lui était arrivé. Finalement elle reçut un télégramme d'Angleterre : Danny était bien vivant.

Une foule de plus en plus compacte continuait d'affluer sur les routes. Venaient la grossir des soldats dépenaillés, suivis de camions militaires, tous allant dans la même direction.

Mon voisin, celui qui m'avait aidé à planter des fleurs dans mon jardin, me raconta que son vieux père, qui était à l'article de la mort, ne cessait de répéter : « Les Prussiens arrivent, courez, fuyez ! » « Il croit vivre la guerre de 70 », disait-il en se frappant le front de l'index.

Il ajouta que pour sa part, il n'était pas sur le point de partir, du moins pas encore. Et moi ? allais-je rester ? m'interrogeait-il du regard. Aussi étrange que cela puisse paraître, le bruit avait couru dans la région que j'étais une sorte d'agent secret britannique. Dans l'esprit des fermiers du coin, l'Angleterre et l'Amérique formant une espèce de conglomérat anglo-saxon, il était plus que probable que Mlle Mi-i-ss (c'était le nom qu'on me donnait) n'avait pas atterri sur les bords de la Loire par hasard; et puis il y avait cette autre dame anglaise qui l'accompagnait, avec son petit garçon. Dans cette situation pour le moins singulière, Theo, Éva et moi décidâmes de tenir bon un certain temps, ne fût-ce que pour donner l'exemple. Il n'empêche que nous nous tenions prêtes à partir : j'avais acheté une petite remorque qu'on pourrait attacher derrière ma Citroën.

Le jour où Dunkerque tomba, les Panzerdivisions attaquèrent le nouveau dispositif français étiré sur les rives sud de la Somme et de l'Aisne, qui coulent parallèles à la Seine sur environ cent cinquante kilomètres vers le nord. Le 8 juin, les divisions de Rommel tenaient quatre-vingts kilomètres sur la rive gauche de la Seine, de Rouen à Vernon, à soixante kilomètres à l'ouest de Paris.

Là-dessus l'Italie déclara la guerre à la France et à l'Angleterre. De Charlottesville, en Virginie, le président Roosevelt déclara sur les ondes : « Durant ces dix jours de juin 1940, la main qui tenait le poignard a plongé celui-ci dans le dos de son voisin. »

Ensuite, von Rundstedt essaya d'avancer depuis le Nord-Est. Éva, Theo et moi étudiâmes soigneusement les cartes, sur lesquelles nous rencontrâmes les vieux noms familiers de la Première Guerre mondiale : Châlons, Verdun, Saint-Mihiel, autant de défaites. Le 11 juin, le général von Kleist franchit la Marne à Château-Thierry, où en 1918 les Yankees avaient livré leur première grande bataille.

Mais les Yankees n'allaient pas arriver – pas de sitôt. Il n'y aurait pas de miracle de la Marne cette fois-ci, ni de miracle de la Loire. Le pays tout entier était en déroute.

A présent, les camions militaires se mélangeaient en nombre de plus en plus grand aux voitures civiles, sans oublier les canons, ainsi que, de temps à autre, quelque char d'assaut de l'armée vaincue. Nous vîmes des soldats marcher à pied, la plupart isolés de leurs unités, le visage gonflé de fatigue, de vrais gueux, misérables vestiges d'une armée défaite, dispersés dans le pays qu'ils auraient dû avoir à défendre. Ces hommes racontaient des histoires de trahison, d'ordres qui ne furent jamais exécutés, ou bien jamais donnés.

Nous apprîmes que le président du conseil Paul Reynaud avait lancé un dernier appel à l'aide à Roosevelt… Le gouvernement avait démissionné pour une destination inconnue. Paris avait été déclarée ville ouverte. Reynaud essayait encore désespérément de tirer les ficelles alors que les marionnettes avaient depuis longtemps quitté la scène.

La nuit, dans ma petite chambre du Mesnil, j'écoutai les ondes courtes américaines. Dans un bruit de friture j'entendis le célèbre : « En avant toute ! » C'était la réponse de Roosevelt à Reynaud. Mais il ne mettait en jeu que les usines d'armement et les munitions. Déçue et quelque peu effrayée, je jetai ma cigarette sur le sol en ciment. J'avais l'impression que le monde s'effondrait autour de moi.

Quand les Allemands entrèrent dans Paris le 14 juin, Éva, Theo et moi n'eûmes pas un mot pour commenter l'événement. Nous n'osions pas. Deux jours plus tard, nous décidions de rejoindre les fugitifs.

V

Éva, Theo, Peterkin, Dagobert et moi partîmes dans la Citroën. Tous nos bagages, y compris quelques bidons de réserve d'essence pour la route, étaient entassés dans la remorque. Sur la route nationale, on roulait pare-chocs contre pare-chocs. Nous décidâmes de poursuivre notre route vers l'est en empruntant les chemins de terre battue qui bordaient la Loire et de passer par Sully pour éviter les embouteillages d'Orléans.

Nous avancions doucement mais sûrement sur la petite route qui longeait le fleuve et qui, à notre grande surprise se révéla une impasse : en face, l'eau ; de part et d'autre, un champ. Je m'étais trompée, ce n'était pas grave. Il suffisait de faire demi-tour pour nous engager sur quelque autre chemin de terre en direction de Sully. L'espace pour manœuvrer était étroit ; je commençai à reculer prudemment. Mais la remorque s'accrocha à la poignée de la voiture, formant avec celle-ci un V parfait – petit problème matériel que je n'avais pas envisagé. Après quelques manœuvres infructueuses, il me parut plus sage d'abandonner la remorque et de nous débarrasser massivement des biens de ce monde. Theo et moi descendîmes de voiture et tentâmes de séparer les deux véhicules. Impossible : ils étaient comme chevillés l'un à l'autre. Les outils, dans nos fragiles mains de femmes inexpérimentées, ne nous furent d'aucune utilité. En vain tirions-nous l'attelage, en vain le martelions-nous cependant qu'à nos oreilles retentissaient des fusillades, voire, à l'occasion, l'explosion d'une bombe tombée au loin.

Je remontai dans la voiture et entrepris une série de manœuvres indéfiniment répétées, marche arrière, marche avant, marche avant, marche arrière, essayant de faire progressivement tourner ma petite formation en V. Au début ces manœuvres me semblèrent totalement sans effet, mais au bout d'un moment je constatai que chaque fois je faisais un petit progrès. Enfin vint le moment où je n'eus plus à faire marche arrière. Je pouvais avancer et tourner. La remorque vira docilement et s'aligna derrière la voiture. Jaillissant comme un seul homme de la Citroën, nous ne voulûmes pas manquer le spectacle grandiose de notre petite caravane en rase campagne enfin orientée dans la bonne direction, sur fond de peupliers avec en arrière-plan les eaux calmes de la Loire. Soudain, nous entendîmes le bourdonnement d'un avion volant en rase-mottes, piquant droit sur nous. Peterkin se trouvait juste dans son axe. Theo et moi plongeâmes sur lui. J'étais la plus proche. Telle une *dea ex machina*, je l'arrachai du sol pour le cacher en sécurité derrière un arbre. L'avion continua sa course, survolant le fleuve en direction d'Orléans.

Nous trouvâmes la route de Sully sans difficulté. L'embouteillage dépassait en horreur tout ce à quoi nous nous attendions. Des voitures de civils comme la nôtre, des camions militaires, des chars d'assaut, des canons se mêlaient à la foule qui marchait, se pressait en grappes devant le pont, certains poussant devant eux une voiture de bébé, d'autres une brouette. C'était la première fois que nous rencontrions une telle concentration de matériel militaire, cible idéale pour les avions ennemis.

– Attendez votre tour ! cria un agent de police qui filtrait le trafic. L'armée doit passer. Circulez, circulez !

– Qu'y a-t-il ? demanda Theo.

– La France est perdue. Nous allons devoir combattre de l'Afrique, répondit l'agent.

J'étais sidérée. Cela faisait à peine un mois que les Allemands avaient franchi la frontière hollandaise, et la bataille était déjà perdue.

Quelques soldats coloniaux noirs et arabes se mêlèrent aux autres soldats parmi les foules qui s'épaississaient et se pressaient sur le pont, se poussant, criant et protestant, pour passer sur l'autre rive du fleuve. Nous prîmes notre place dans la file et nous avançâmes lentement vers le pont. Nous autres civils, on nous laissait passer au compte-gouttes. Le soir tombait.

– Madame Bénédite, Theo, Mary Jayne !

Je me retournai. Claire Madelin et sa sœur, les minuscules filles du pasteur de Neuville, famille amie depuis longtemps des Bénédite, couraient vers nous en poussant devant elles leurs bicyclettes. Henri, le mari de Claire, était architecte d'intérieur et c'était lui qui avait décoré mon appartement de Paris. Je les connaissais bien. Quand elles eurent repris leur souffle, elles nous dirent qu'elles avaient fait la route à bicyclette depuis Paris.

– Les Allemands sont dans Paris. C'est terrible ! Tout le monde s'en va. Impossible d'approcher une gare.

Ils avaient dormi dans des greniers à foin et leurs paniers accrochés aux guidons étaient garnis de pain et de fromage.

– Mon Dieu, que va-t-il se passer ?

Nous continuâmes à parler avec animation, tandis que la voiture avançait à une allure d'escargot.

– Vous devriez avancer, leur conseilla Éva. Vous pouvez vous faufiler à travers les voitures ; nous, nous n'allons pas très vite. Allez-y, dépêchez-vous !

– Vous avez peut-être raison, au revoir !

– Rendez-vous de l'autre côté ! criai-je, tout en les regardant s'éloigner, poussant leurs bicyclettes devant eux.

La nuit tomba. Nous arrivions au bout du pont quand un avion en piqué lâcha une bombe dans un grand bruit d'explosion. Le pont trembla sous l'impact. Des coups de feu répétés se mirent à crépiter sur notre gauche.

– Qu'est-ce que c'est que ce bruit d'enfer ? demandai-je.

– La défense antiaérienne ! répondit Theo.

Enfin ! Quelqu'un qui était de notre côté ripostait. C'était encourageant. Trop préoccupée pour avoir peur, je me baissai pour toucher Dagobert. Il tremblait. Nous continuions à rouler tout doucement. Nous ne retrouvâmes jamais Claire et sa sœur, mais je sais que toutes les deux survécurent.

Après être sortis des embouteillages et être passés sur la rive sud, nous nous retrouvâmes en rase campagne. Mes phares, partiellement recouverts de la peinture bleu foncé qui était de règle en temps de guerre, ne dispensaient qu'une faible lueur. Il commençait à bruiner. La visibilité était presque nulle. Je passai ma tête par la fenêtre ; mes yeux brûlaient mais je les plissais afin de mieux voir la route, roulant toujours en direction du sud dans l'espoir d'atteindre la prochaine ville. Nous étions plus ou moins perdus.

Arrivées à un carrefour, Theo et moi descendîmes de voiture munies de nos lampes de poche en quête de panneaux de signalisation. Surgissant subitement de la nuit, deux soldats nous bondirent dessus :

– Hé ! vous, là-bas, qu'est-ce que vous faites avec ces torches ? Les avions ennemis nous survolent !

Dans notre émotion, aucune de nous ne put se souvenir du mot français pour dire panneau de signalisation. Nous ne pûmes que répéter que nous cherchions les « signaux », ce que les soldats prirent pour un aveu que nous adressions des signes à l'ennemi. Heureusement, avant qu'on nous collât au mur pour nous y fusiller, Theo clama que nous cherchions la route de Vierzon. Les soldats comprirent aussitôt, au grand soulagement de tout le monde, que nous cherchions les panneaux routiers et, galants, nous indiquèrent le chemin.

Cruellement humiliées par notre bévue, Theo et moi remontâmes en voiture.

– Je t'en ficherai des panneaux routiers ! grommela-t-elle.

Le trafic s'était calmé. Nous étions quasiment seuls sur la grand-route. La fatigue se fit brusquement sentir et avec elle le besoin d'une halte au premier endroit à l'abri. Et que vîmes-nous sur la droite ? Une vaste grange qui présentait toutes les garanties, avec une échelle qui semblait nous inviter à monter dans le grenier à foin. Pour une chance, c'était une chance, et nous ne nous en sortions pas si mal ! Dormir dans le foin ! Mon rêve !

Peterkin était bien trop jeune pour grimper seul, aussi Theo le prit-elle sur son dos et monta la première suivie par moi et par Éva, prêtes à amortir l'une ou l'autre toute chute malencontreuse qu'il pourrait faire ; mais l'enfant tenait bon, et nous fûmes bientôt rendus là-haut, où nous braquâmes impatiemment nos lampes sur le foin tendre et vert, ô délice !

Une douzaine de têtes se dressèrent.

– Qui est là ? Que voulez-vous ?

C'était un accueil inattendu, et plutôt bourru.

– Eh bien, nous sommes des réfugiées, comme tout le monde, et nous cherchons un endroit pour dormir.

– Ah bon, d'accord ! Alors il va falloir vous contenter de la place qu'il y a.

– Oh, mais c'est parfait, il y en a beaucoup, beaucoup !

Comme sur une plage bondée de corps allongés, nous nous faufilâmes parmi les dormeurs, cherchant où nous poser. Chacune se fit son petit nid et s'y pelotonna. C'était délicieux. Le pauvre Dagobert, lui, resta seul dans la voiture.

Je m'efforçai de me figurer comment tout cela finirait. Cette lutte à mort me faisait penser, ou plutôt sentir d'instinct, que toutes les valeurs auxquelles je croyais étaient jetées dans les plateaux de la balance : des vagues notions qui me restaient de la démocratie athénienne aux Constitutions de Charendon (c'était quoi, déjà ?), en passant par la « mère des parlements », selon le nom donné à leur patrie par des Anglais émigrés en France (*Magna Carta*, 1215). Le foin exhalait dans mes narines l'odeur douce et enivrante de la terre ; une nouvelle bouffée et je plongeai dans le sommeil.

Nous repartîmes le lendemain, passant par les routes secondaires chaque fois que c'était possible, mais sans y gagner en vitesse, loin de là. La campagne, monotone, offrait cependant une vue agréable : les cultures céréalières alternaient avec de riches pâturages, c'était un paysage paisible et bucolique comme en des temps plus pacifiques. Une multitude de soldats déracinés, dispersés, marchant maintenant par unités de deux ou de trois, affluait sur les routes. Certains d'entre eux arboraient un air guilleret, faisant de nécessité vertu – débrouillez-vous ! Le fameux système D. Peu d'entre eux étaient armés. Nous passâmes devant des voitures militaires abandonnées, devant des canons, des mitrailleuses et des fusils jetés dans les fossés.

D'incroyables bruits nous parvenaient. L'armée allemande était suivie par d'énormes crématoriums montés sur roue. Ils s'arrêtaient pour ramasser les vivants et les morts sur les champs de bataille. Un autre bruit courut, selon lequel l'armée française allait battre en retraite vers la Bretagne pour livrer sa dernière bataille, cependant que le gouvernement avait, lui, gagné Bordeaux.

En traversant Le Perny, nous vîmes des fermes moins riches, moins vastes. Quand le jour déclina, il fallut penser à un endroit où passer la nuit. Nous avisâmes un manoir, à la porte duquel nous frappâmes pour demander refuge. Nous pensions qu'on nous installerait dans une grange ou un hangar. Nous nous trompions. Le jardinier nous informa poliment que Mme la comtesse ne prenait pas de réfugiés. Nous décidâmes alors d'essayer les petites routes et roulâmes jusqu'au moment où nous découvrîmes une vieille bâtisse tout en coins et en recoins, à demi cachée dans le feuillage vert foncé des arbres. Nous frappâmes, pleines d'optimisme.

– Maman ! cria la petite fille qui nous ouvrit la porte, des réfugiés !

Sa voix enfantine tremblait d'excitation. Je pensai qu'elle avait dû entendre parler des réfugiés depuis quelques semaines déjà et qu'elle n'avait jamais eu l'occasion d'en voir. Nous en étions.

– Maman, viens vite !

Une robuste fermière sortit, l'air affolé, les bras en l'air :

– Entrez ! Mes pauvres amis, quelle tristesse !

Nous entrâmes dans une grande salle qui servait tout à la fois de cuisine et de pièce où l'on se tenait la journée et où l'on prenait ses repas : tables et chaises étaient de bois brut. Les autres membres de la famille apparurent pour voir les nouveaux arrivants.

– Oh, le pauvre petit !

La femme entraîna Peterkin et l'installa devant la table, lui caressant les cheveux :

– Vite, vite, une tartine de pain et un bol de lait chaud pour le petit garçon !

Peterkin saisit le grand bol jaune qu'elle lui offrait et le porta à ses lèvres. Je le regardais boire son lait chaud. La guerre fait tant d'innocentes victimes. Qu'est-ce qu'elle lui réservait encore ? En tout cas il était indemne et semblait presque se réjouir de l'aventure.

On nous apporta à nous aussi de quoi boire et nous sustenter. Dagobert lui-même ne fut pas oublié. On nous offrit une chambre pour la nuit. Nous l'acceptâmes de bon cœur.

Le lendemain matin nous étions déjà en route pour La Bourboule : les Bénédite y avaient des amis, les Anglada. Cela faisait trois jours que nous fuyions. Les collines boisées s'élevaient, de plus en plus hautes, enserrant des vallées étroites au creux desquelles les châtaigniers déployaient leur feuillage. Le sol était pauvre et dans la rase campagne on voyait surtout paître des moutons ; le gros bétail se faisait rare. Dans les petites vallées désertes, nous croisions peu de voitures.

Nous arrivâmes à Guéret autour d'une heure de l'après-midi et nous nous arrêtâmes sur la place centrale. Nous eûmes tout de suite le sentiment que quelque chose ne tournait pas rond. Des gens allaient nerveusement d'un groupe à un autre, échangeaient des propos. En nous approchant, nous vîmes qu'ils discutaient ferme. Nous descendîmes de voiture. Une jeune femme essuyait ses larmes. Nous nous installâmes dans un café, et là le garçon nous apprit que le maréchal Pétain avait demandé l'armistice : la guerre était finie. Malgré tout ce que nous avions vu, malgré la débâcle générale et la situation militaire désespérée, une envie de pleurer nous prit. N'importe quoi pouvait nous arriver maintenant. N'était-ce pas ainsi que les choses avaient commencé en Pologne et en Tchécoslovaquie ?

Après une petite collation, nous continuâmes notre route et ne tardâmes pas à rejoindre les vallées érodées et les grands rochers de basalte, signe que nous étions arrivés dans ce pays de montagnes volcaniques primaires qu'est l'Auvergne.

La Bourboule est une station thermale spécialisée dans les maladies respiratoires et l'anémie de l'enfant. Les époux Anglada, médecins tous les deux, étaient aussi démoralisés et bouleversés que nous par l'effondrement du pays. Eux aussi avaient entendu Pétain, de sa voix de vieillard, parler dans un premier temps de « faire le don de sa personne à la France », et annoncer par la suite : « C'est le cœur gros que je vous annonce aujourd'hui qu'il est nécessaire d'arrêter les combats. »

Pour la plupart des Français, pour les millions de réfugiés que l'angoisse poussait sur les chemins, pour les soldats de l'armée malheureuse, cette nouvelle était un soulagement. Cependant nous allâmes tous nous coucher le cœur lourd cette nuit-là.

Dans l'ignorance de ce qui nous attendait, nous décidâmes d'abandonner notre encombrante petite remorque à La Bourboule. A un moment ou à un autre nous serions bien obligées de nous enfuir quelque part, et vite.

Tandis que je réduisais mes effets personnels au contenu d'une seule valise, je me sentis subitement et incompréhensiblement envahie par une peur panique et lâche. Je fus prise d'un coup d'une seule envie, celle d'abandonner mes amis, de sauter dans la voiture et de fuir. Fuir, avant qu'*ils* ne me prennent avec eux. J'étais moins personnellement exposée au danger que quelques jours auparavant, et mes compagnons ne me retardaient en aucune façon. Mes mains tremblaient et je pouvais à peine me contrôler. Si je pouvais seulement filer ! Les planter là ! C'était une sensation laide. J'avais vraiment honte. Heureusement, personne ne le remarqua et je me repris à temps pour faire mes adieux aux Anglada et discuter raisonnablement du meilleur itinéraire possible.

– Nous allons essayer de quitter les routes de montagne et de rejoindre Brive, vous voyez, là, sur la carte.

Le temps que je finisse ma phrase, j'avais retrouvé mon état normal.

En laissant derrière nous le paysage lunaire de l'Auvergne, nous nous engageâmes sur la route nationale qui menait à Bordeaux. Le bruit courait que de là des navires partaient pour l'Angleterre ; les nouvelles n'étaient pas rassurantes. La flotte française était sur le point de faire route pour les ports britanniques. Paul Raynaud, ce petit coq combatif, avait dû démissionner, et les députés qui avaient fui à Bordeaux dans l'affolement avaient mis par leur vote un terme à la Troisième République. Un groupe d'irréductibles désirait s'embarquer sur le *Massiglia* pour Casablanca, dans la perspective de former en Afrique du Nord un gouvernement en exil. Pour le moment, les choses se calmaient. Avec le maréchal Pétain à la tête du pays et, pour le seconder, Pierre Laval l'ennemi juré de la Grande-Bretagne et l'admirateur avéré des États fascistes, les Français pouvaient s'attendre à être plutôt bien traités.

Une fois, à l'occasion d'un arrêt dicté par une légitime exigence de la nature, je découvris au bas d'un petit talus une cachette de fusils et de casques qui ressemblaient à de vieux ustensiles de cuisine au rebut. Je ramassai un casque et admirai sa belle courbure, ses bords finement ourlés.

– Regarde, dis-je en revenant sur la route, le casque à la main, un pot de chambre pour Peterkin !

La défaite d'un grand pays est un échec, une humiliation. Je le vis au choc que j'avais produit, à l'expression du visage de mes amies.

– Je suis désolée. Je ne sais pas ce qui m'a pris, dis-je en lançant le casque dans le fossé. Tout cela est une telle folie. Allez, partons !

Je montai en voiture et pris le volant. Nous allions bien plus vite sans la remorque. Désormais je descendais en roue libre, chaque fois que c'était possible, afin d'économiser l'essence, nos bidons de réserve étant vides depuis longtemps.

Tôt dans l'après-midi, nous arrivâmes sur la grand-place de Brive. A voir l'agitation fébrile et inquiète qui y régnait, nous comprîmes tout de suite que quelque chose n'allait pas. Des voix s'élevaient. Un groupe d'hommes discutait sur un ton très vif. Quand Éva sortit de la voiture et prit sa place dans la queue devant la pompe à essence, elle se prit de bec avec l'homme qui la précédait au sujet de l'armistice. L'homme alla jusqu'à la bousculer sans ménagement en réponse à son cri du cœur : « Moi, capituler ? Jamais ! » La foule commençait à soutenir l'un ou l'autre, et l'on vit le moment où l'incident tournait à la bagarre générale. Mais, dans l'instant, le pompiste annonça qu'il n'y avait plus une goutte d'essence. On ne serait plus approvisionné jusqu'à nouvel ordre.

Éva revint à la voiture nous annoncer la mauvaise nouvelle. Nous étions coincés. Vu l'heure, nous n'eûmes aucun mal à nous loger dans un hôtel proche. Nous nous donnâmes rendez-vous pour le dîner.

A table, Éva nous raconta qu'elle avait rencontré une certaine Mme Leroi, qu'elle nous décrivit comme une « archiréactionnaire ». Elles s'étaient rencontrées toutes les deux quelques années auparavant dans un raout et s'étaient tout de suite détestées. Mme Leroi s'était plainte de voir les réfugiés de l'armée espagnole républicaine répandre la syphilis dans toute la France. Éva, bien sûr, lui avait bondi dessus. Pour l'heure Mme Leroi essayait de rejoindre son mari à Bordeaux.

– Il est probablement avec le nouveau gouvernement, glissa Éva, il doit faire partie des défaitistes.

Le mot *collaborateur* n'était pas encore en circulation. Puis elle ajouta :

– Elle a de grandes réserves d'essence, ça je peux vous l'assurer.

Ce soir-là, en prenant les clés de nos chambres, nous demandâmes au concierge s'il y avait des nouvelles.

– Oui, mesdames : M. Churchill a déclaré que les Anglais continueraient seuls le combat, dit-il en haussant cyniquement les sourcils.

Plus tard, alors que j'étais déjà couchée, on frappa à ma porte. C'étaient Éva et Theo. Elles avaient un air tragique, Theo avait de grands cernes sous les yeux. La conversation revint sur Mme Leroi : pourquoi ne poursuivrais-je pas le voyage avec elle ?

– Mary Jayne, me suggéra Theo, je t'en prie, pars. Prends Peterkin avec toi.

Elle parlait calmement, d'une voix pleine de ferveur.

– Sauver Peterkin, avec Mme Leroi ! répétai-je abasourdie. Mon Dieu, mais la situation est-elle vraiment aussi grave ?

– C'est bien arrivé en Pologne. Cela pourrait également se passer ici, me répondit Éva.

Elle ne tarda pas à me convaincre qu'il fallait que j'emmène Peterkin aux États-Unis. A contrecœur j'acceptai.

Elles eurent l'air soulagées. Theo resta silencieuse. C'était une décision déchirante qu'elle avait prise et elle essayait de me cacher sa douleur. J'évitais de la regarder. Comme je restais là, silencieuse, appuyée contre le dossier de mon lit, mes yeux tombèrent sur Dagobert roulé en boule à côté de moi.

– Et lui ?

Elles me promirent de prendre soin de lui.

Elles m'expliquèrent que tout serait plus facile pour elles sans enfant. Elles avaient des amis dans le Vaucluse ; elles s'y rendraient, attendraient là et verraient comment les choses tourneraient.

Le lendemain matin je rencontrai Mme Leroi. C'était une femme très soignée de sa personne, bien habillée, la quarantaine, des cheveux artificiellement blonds encadrant un visage dur, mais sa voix distinguée résonnait agréablement. Elle admirait sa Ford, dont elle était exagérément fière. Les voitures américaines n'avaient pas encore atteint leurs proportions dinosauriennes, mais celle-ci était déjà de belle dimension et tranchait sur les modèles européens courants. Pour moi, une Ford était une vieille guimbarde. Je n'étais pas vraiment impressionnée. Mme Leroi, avec un grand empressement, avait dit oui à tout ; même Peterkin était le bienvenu. Je n'en revenais pas.

Elle me présenta sa bonne, qui me lança un regard triste. La pauvre créature était recroquevillée sur le siège arrière à côté d'un tas de valises qui menaçaient de tomber à chaque secousse. Mme Leroi me précisa qu'il n'y aurait guère de place pour d'autres bagages.

– Mais bien sûr, je comprends parfaitement, lui dis-je en lui adressant mon plus beau sourire aristocratique accompagné d'une petite inclinaison de tête à la française. De toute façon, je voyage toujours léger, c'est plus simple. Comme c'est aimable à vous, madame, d'accepter de nous emmener, moi, une femme que vous ne connaissez pas, avec le petit garçon.

J'étais sur mes gardes, ne sachant pas à quoi m'attendre de sa part. Il y avait juste de la place pour Peterkin et moi sur le siège avant, au pied déjà encombré d'un petit cartable à bandoulière.

– Je suis très pressée, énonça madame Leroi.

– Mais bien sûr !

J'essayais de prendre un ton à la fois énergique et conciliant, je débordais de charme et de distinction.

– Je prépare juste un petit sac et je reviens le plus vite possible. Vous êtes vraiment très aimable, madame.

De retour à l'hôtel, Theo et moi, embarrassées, trop émues, évitâmes le contact. Dans une crise de pseudo-efficacité, je m'affairais, prenant des décisions.

– Finalement, Theo, je vais seulement emporter quelques articles de toilette et ce que j'ai sur le dos, lui dis-je en brossant mon pantalon de flanelle grise d'une main vigoureuse.

– Tu as tout à fait raison, tout à fait raison.

Elle parlait comme un automate. Elle quitta la chambre et réapparut avec une pile d'affaires pour Peterkin. Il y avait des petites chemises, un pull-over, un short de rechange, et un ballot de choses blanches.

– Qu'est-ce ?

– Des couches, des couches pour bébé.

Theo m'expliqua que Peterkin était propre bien sûr, mais pas tout à fait. On ne savait jamais avec les enfants de cet âge, surtout en voyage.

– Mary Jayne, penses-tu que tu pourras t'en sortir ?

– Bien sûr que je m'en sortirai.

Si j'avais montré la moindre hésitation, tout notre plan se serait effondré car Theo, de son côté, était en train de fléchir.

– C'est plus sûr ainsi, Theo. Peut-être que tout va s'arranger, et tu le retrouveras très vite. Ou bien peut-être que toi et Danny pourrez venir aux États-Unis.

– Oui, tu as raison, tu as tout à fait raison, murmura-t-elle d'une voix atone.

Éva entra dans la chambre avec Peterkin. L'enfant était conscient que quelque chose d'exceptionnel était en train de se passer, un événement dont il était le centre.

Éva et moi nous étreignîmes avant de partir.

Je m'agenouillai pour faire mes adieux à Dagobert, lui caressai le dos et le grattouillai derrière les oreilles, lui murmurai quelques mots. Heureusement que les chiens ne comprennent pas ce qu'on leur dit – en tout cas pas au sens littéral – parce que je n'aurais pas su quoi lui dire.

Le passé s'étendait derrière moi, chemin méandreux mais agréable, sûr quoique aventureux, où les êtres et les valeurs avaient leur juste place. A présent j'étais dans un espace vide entre deux réalités, n'ayant plus aucun point de référence ; il me semblait presque normal que Peterkin et moi partions pour Bordeaux avec Mme Leroi.

Je n'ai jamais compris pourquoi Mme Leroi avait tout de suite accepté de nous emmener. Cette femme semblait particulièrement dépourvue de bonté. Mais peut-être anticipait-elle le pire et espérait-elle qu'une Américaine neutre pourrait lui apporter une quelconque protection. Je ne le saurai jamais.

J'essayai de me rendre utile en faisant le copilote. Nous quittions souvent les routes principales et devions prendre de rapides décisions tout en roulant. Je sais que l'ouest se trouve à droite sur la carte quand on voyage en direction du sud, et en gros je peux situer de quel côté de la voiture doit se trouver le soleil. « Maintenant, on prend la première à droite après la voie de chemin de fer », disais-je. Ou bien : « Suivez le fleuve sur votre droite jusqu'à ce qu'on arrive devant une église; là on traverse le pont. »

– Vous savez bien lire une carte, mademoiselle.

– Oui, vous comprenez, à force de fuir sur les routes…

Je lui glissai que je possédais un avion.

– J'ai essayé de le céder à la Finlande, puis à la France, mais dans les deux cas il y avait tellement de paperasses à remplir que la vente n'a pas pu se faire à temps, dis-je d'un air détaché.

Je lui donnai une idée de ma position sur l'échelle sociale, tâchant par là de compenser la mauvaise impression que mes opinions politiques et mes effets personnels – pantalon gris et paquet de couches – n'avaient pas dû manquer de produire sur elle. Jeu complètement stupide, mais qui marche assez bien avec des gens comme Mme Leroi. Et il fallait que ça marche pour Peterkin et moi.

Peterkin entrait dans une nouvelle étape de son existence avec son flegme habituel, comme si la vie était supposée être ainsi, comme s'il était tout naturel de cahoter, tel un bagage perdu, sur les routes de France vers une destination inconnue. C'était une petite âme placide. Même nos inquiétudes ne semblaient pas troubler sa sérénité. Il restait assis entre Mme Leroi et moi, tranquille et silencieux.

Comme nous quittions les dernières hauteurs du Massif central, nous dirigeant droit vers l'ouest le long de la vallée de la Dordogne, la circulation se fit plus dense. Les voitures et les véhicules militaires affluèrent de nouveau, convergeant tous apparemment vers Bordeaux. Nous roulions pare-chocs contre pare-chocs. Une voiture nous ayant heurtés par l'arrière, les dégâts, pour être minimes, n'en mirent pas moins Mme Leroi dans une colère noire : elle agonit d'injures le malheureux conducteur, lequel réussit à s'échapper et à disparaître dans une file où l'on roulait mieux. Mme Leroi reprocha alors à sa bonne de ne pas avoir relevé le numéro d'immatriculation du conducteur. Comment pourrait-elle faire jouer son assurance ?

Nous passâmes une nuit agitée, tous les quatre, dans une chambre à deux lits. Je dormis avec Mme Leroi ; j'aurais de loin préféré dormir avec Peterkin, mais cela aurait eu pour conséquence que madame partage la couche de sa bonne, chose parfaitement impensable.

Le lendemain matin elle monta sur ses grands chevaux, vouant aux gémonies le Front populaire, la Sécurité sociale et les congés payés. Nous traversâmes Bergerac, petite ville industrielle, juste au moment où retentit la sirène de midi. C'était l'heure où les ouvriers sortaient des usines ; ils encombraient la chaussée, nous forçant à ralentir, avançaient d'un pas lourd, nous ignorant complètement. Ils rentraient déjeuner chez eux comme si de rien n'était et comme s'il n'y avait eu ni guerre ni armistice.

– Regardez-moi cette bande d'ouvriers ! s'exclama Mme Leroi. C'est écœurant ! Pourquoi ne s'écartent-ils pas de notre chemin ? Hitler mettra de l'ordre dans tout ça, c'est moi qui vous le dis, Hitler mettra de l'ordre dans cette pagaille !

Mme Leroi aurait pu être inventée par un propagandiste communiste.

Quels que fussent ses torts, elle conduisait avec un immense courage, mettant toute son adresse et sa détermination à lutter contre l'adversité. Nous rencontrâmes un barrage militaire – des canons légers et un char d'assaut sur le côté de la route elle-même obstruée de fils barbelés. L'officier nous ordonna de faire demi-tour.

– Très bien, compris ! obtempéra Mme Leroi.

Là-dessus, elle piqua une pointe de vitesse en marche arrière sur plusieurs mètres, puis fonça en brinquebalant dans un champ en friche, contournant la barricade au nez et à la barbe des soldats ahuris – lesquels auraient d'ailleurs très bien pu tirer sur nous en toute impunité.

– Bien joué ! m'écriai-je.

– C'est que nous devons absolument arriver à Bordeaux, m'expliqua Mme Leroi.

Elle eut l'occasion d'accomplir plusieurs fois ce genre d'exploit.

Mais les détours et les barrages routiers, de plus en plus fréquents, devinrent aussi de plus en plus infranchissables. Les soldats et le matériel militaire étaient partout; nous doublions même sur la route des contingents de l'armée polonaise.

Mme Leroi dut hélas se rendre à l'évidence : Bordeaux était interdit d'accès. Peut-être le gouvernement était-il encore en train d'y siéger. Nous devrions poursuivre plus loin vers le sud et attendre. Elle connaissait quelqu'un, le comte de Machin-chose, qui vivait dans un château aux alentours de Biarritz.

Au sud de Bordeaux, le trafic était moins intense; plus d'unités militaires, plus de fusils, plus de camions; on apercevait seulement, ici et là, un soldat épuisé errant dans la campagne. Le paysage était maintenant complètement plat et nous roulions librement sur une route bordée de grands pins, en direction de la plaine côtière sablonneuse. Tout paraissait presque normal.

Nous nous détendîmes un peu. Je commençais à me sentir légèrement sale. Nous fîmes une petite halte à Dax, sur notre route, où j'achetai une jupe de coton noir et deux chemisiers de coton blanc. A la fin de l'après-midi, nous arrivâmes enfin devant le château de M. le comte. Cela faisait un jour et demi que nous roulions.

Le château avait généreusement ouvert ses portes à tous les amis et connaissances du propriétaire, en l'absence duquel le gardien faisait marcher la maison. La plupart d'entre nous étaient des étrangers les uns pour les autres, heureux d'avoir trouvé ce refuge temporaire. Chaque famille, chaque petit groupe avait tendance à se réunir et à s'isoler des autres, chacun se centrant sur ses propres problèmes. Les personnes pour lesquelles nous nous faisions du souci avaient toutes un nom de famille différent, les maisons qui nous préoccupaient étaient à des adresses différentes, les comptes en banque qui nous tracassaient avaient des numéros différents.

Peterkin et moi nous vîmes attribuer une chambre au quatrième étage. Nous étions tous deux fatigués et heureux de ne plus être sur les routes. Je lavai quelques dessous et les mis à sécher sur mon balcon – ce genre de petite besogne m'apportait toujours une satisfaction intime. Je les défroissai amoureusement et, tandis que mon regard parcourait le paysage et se posait sur une fermette basque en bordure d'un champ, je pensai à mes séjours d'autrefois à

Biarritz : eh bien, non, demain je ne monterai pas à cheval avec Gabriela, je n'accompagnerai pas Ramón dans une boîte de nuit.

Le lendemain matin, dans le hall, Mme Leroi s'approcha de moi en faisant la même tête qu'une directrice d'internat déçue par le comportement de sa pensionnaire ; pour une raison ou pour une autre, encore une fois je n'avais pas été à la hauteur. Quand elle me réprimanda pour avoir mis mon linge à sécher sur le balcon du comte, je compris que je devais plier bagage au plus vite et me trouver un hôtel en ville.

Une femme au grand cœur, qui avait déjà plusieurs enfants à sa charge, accepta de s'occuper de Peterkin pendant que je vaquerais à mes démarches administratives, convenablement vêtue de mon nouveau chemisier blanc et de ma petite jupe noire.

Le tram me laissa près de l'*Hôtel du Palais*. Tout avait un air normal. Je remontai le petit chemin qui traversait le jardin. Les parterres de géraniums resplendissaient d'un rouge éclatant et à ma gauche on apercevait la mer. Le décor m'était familier. J'étais presque heureuse. Seul le jeune homme de la réception m'était inconnu : c'était un nouvel employé.

– Bonjour, j'aimerais une…

– Pardon, mademoiselle, me coupa-t-il avec un sourire mielleux, mais l'entrée des fournisseurs, c'est dehors, sur votre gauche.

– Je… Je… Je ne comprends pas… Ah oui, je vois… Non, non, je voulais dire que je voudrais une chambre.

Il me lança un regard condescendant, l'air de dire que le moment n'était pas à la plaisanterie.

Étant donné l'allure prolétarienne de mon costume, je ne pouvais pas vraiment lui en vouloir. Mi-inquiète, mi-amusée, je jetai un œil dans le hall : personne de ma connaissance à la ronde ; quelques pensionnaires se retournèrent pour me dévisager. Enfin derrière le bar apparut, très digne, la silhouette du maître d'hôtel ; nous nous dirigeâmes droit l'un vers l'autre. Son visage ne montrait pas le moindre signe de reconnaissance, mais il arborait un air d'interrogation polie, les sourcils légèrement haussés, les lèvres ébauchant un sourire ; il connaissait son métier. Néanmoins on le sentait gêné.

– Vous ne me reconnaissez peut-être pas, je suis descendue ici plusieurs fois, il y a quelque temps… En fait, je voudrais une chambre.

Toujours pas le moindre signe.

– J'étais, euh, une grande amie des Maura, poursuivis-je, désignant l'endroit du salon où ils avaient coutume de s'installer. Peut-être vous souvenez-vous de monsieur Ramón ? Mon nom est…

– Ah, mademoiselle Gold, mais bien sûr ! Veuillez agréer toutes mes excuses, je ne vous reconnaissais pas.

Nous retraversâmes le hall jusqu'à la réception.

– Mlle Gold est une ancienne cliente de l'hôtel. Donnez-lui la chambre qu'elle désire.

J'obtins une chambre sur jardin.

Je savais ce qu'il me restait à faire : aller de ce pas au centre-ville. A cette époque, les vêtements de confection en France étaient généralement tristes et mal coupés. Contre toute attente je découvris une boutique spécialisée dans l'importation d'affaires californiennes ; j'y achetai un tailleur en lin rose, un chemisier en lin bleu et un manteau de tweed marine.

En ville, par un pur et heureux hasard, je rencontrai Léon Ullman, le beau-frère de Yola. Il n'avait pas l'air bien du tout, mais s'efforçait de montrer un visage gai. Léon était juif et s'était provoqué des ulcères à l'estomac à force de jouer en Bourse. Il avait fui Paris avec sa femme, Henriette, et Yola. Henri Letellier avait choisi de rester quelque part en province, précisa Léon. Quant à Yola, elle était descendue à l'*Hôtel du Palais*. Mais il était trop tard pour que je puisse aller la voir. Je devais prendre le car. Je la verrais le lendemain.

Quand j'informai Mme Leroi de notre départ imminent, elle me signifia quelque regret.

– J'ai trouvé une chambre à l'*Hôtel du Palais*.

– Oh, très chic, l'*Hôtel du Palais*.

– Oui, c'est là que je descends toujours, et j'ai rencontré par hasard une de mes vieilles amies qui y réside : Yola Letellier.

– Serait-ce la fameuse Mme Henri Letellier ? (Ah, cette lueur qui s'allumait dans l'œil de Mme Leroi, cette soif d'ascension sociale !) J'ai tant entendu parler d'elle. Je suis sûre que nous avons des amis communs !

– Tiens ? répondis-je, le visage impassible.

– J'aimerais beaucoup la rencontrer.

– Vraiment ?

Ce « vraiment ? » était une barricade qu'elle n'oserait franchir.

– Peut-être pourrions-nous nous renc…

– Oh, la coupai-je, je ne pense pas que vous l'apprécieriez, voyez-vous.

– Mais pourquoi donc ?

– C'est que, vous ne l'aimeriez même pas du tout. Elle est trop… trop pro-Anglais.

Je ne revis plus jamais Mme Leroi.

Yola était dans le hall lorsque j'arrivai à l'hôtel. Le fait de nous retrouver, avivant le souvenir de la tragédie de la défaite, souleva dans nos cœurs une grande vague de tristesse. Nous nous étreignîmes comme deux membres de la même famille qui viendraient de perdre l'un des leurs.

– Oh, Néni, je n'arrive pas à y croire !

Elle porta un petit mouchoir à son nez.

– Moi non plus, je n'arrive pas à y croire ! m'écriai-je d'un ton enjoué en m'efforçant de contenir mon envie de pleurer. C'est tellement soudain ! Oh, Yola, quelle chance de vous trouver ici.

Je lui expliquai la présence de Peterkin.

Pour elle, l'idée de le faire entrer aux États-Unis était très originale, mais irréalisable.

Une fois dans ma chambre, nous parlâmes plus librement. Nous ne cessions de répéter stupidement : « Ce n'est pas vrai, ce n'est pas possible, l'armée française, en un mois ! Comment cela a-t-il pu arriver ? Pauvre France ! Que va-t-il se passer maintenant ? »

Elle était assise au bord du lit. Brusquement, elle s'arrêta de parler et me regarda :

– Néni, penses-tu que les Anglais vont tenir le coup ?

– Oui, je le pense.

– Laval leur donne une semaine.

– La semaine est passée, répliquai-je.

Mon assurance ne provenait certes pas d'une quelconque compréhension de la stratégie globale de la balance économique ou de la capacité de production. Non. Mais le général de Gaulle avait déjà lancé son fameux appel du 18 Juin : « Cette guerre est une guerre mondiale… il y a, dans l'univers, tous les moyens pour écraser un jour nos ennemis. Foudroyés aujourd'hui par la force mécanique, nous pourrons vaincre l'avenir par une force mécanique supérieure. Le destin du monde est là. »

Je ne l'avais pas entendu parler sur les ondes. Peu l'avaient entendu. Sa voix était encore faible et lointaine. Mais on commençait à parler de lui. J'étais heureuse d'entendre qu'un général français avait opposé un « non » retentissant à l'ennemi, comme l'avait fait, à sa façon, le vieux Cambronne à Waterloo.

Quand Yola sortit de la chambre, je me mis à réfléchir à l'extraordinaire série d'événements dont j'étais le témoin. A ce moment de l'histoire, je savais qu'il ne saurait y avoir de compromis avec un système aussi diabolique que le nazisme.

Pour Yola, les choses se présentaient différemment. La grande armée française avait essuyé une défaite humiliante. Comme la plupart des Français, dans son désespoir, elle s'était raccrochée à la vénérable figure du Maréchal, héros de Verdun, censé être le seul homme capable de sauver quelque chose du désastre et de rétablir l'ordre dans un pays qui avait perdu ses racines.

Il pouvait négocier avec les Allemands. Si la France, sur le continent européen, avait été écrasée en moins de temps qu'il n'en faut pour le dire, il ne lui en restait pas moins un grand empire colonial ainsi que la troisième flotte de guerre du monde, encore intacte. Est-ce qu'en juin 40 la France pouvait, à partir de l'Afrique du Nord et de son empire colonial, continuer à se battre, ce point n'était pas définitivement réglé. Quoi qu'il en soit, les hommes de Vichy ne voulurent pas prendre de risque et refusèrent de quitter le pays. L'amiral François Darlan, foncièrement hostile aux Anglais, préférait garder les navires à l'ancre, mouillés dans les rades françaises désarmés et contrôlés par les Allemands, situation qui ne s'éterniserait pas, car les Anglais ne tiendraient pas plus de quelques semaines. Résultat, deux millions de soldats français se rendirent, la plupart sans avoir tiré un seul coup de fusil. Ils pensaient qu'ils allaient rentrer chez eux et retrouver leur famille. En réalité, ils furent envoyés dans des camps de prisonniers de guerre et y restèrent jusqu'à la libération par les armées alliées en

1945. Pendant ces quatre longues années, ils servirent aux Allemands de moyen de pression sur le gouvernement du maréchal Pétain.

La France était maintenant divisée en deux parties, la zone occupée et la zone non occupée, cette dernière étant connue sous le nom de France de Vichy, officiellement indépendante, administrée par la fonction publique française. La zone occupée incluait Paris et toute la côte atlantique.

Quand la France était sur le point de signer l'armistice et ses clauses inacceptables, Hitler avait fait sortir le vieux wagon du musée de Compiègne, où il était conservé, pour le faire amener à la clairière même où les Allemands avaient subi les conditions alliées en 1918. Quand l'armistice fut signé, Hitler, exultant de joie devant le wagon, se donna une grande tape sur la cuisse.

Cette scène passa aux actualités cinématographiques quelques jours plus tard. Dans la salle obscure, je tremblai de rage dans mon fauteuil, et les larmes me vinrent rapidement aux yeux.

L'objectif de ce long voyage avec Mme Leroi avait été d'atteindre la côte ouest du pays, histoire de nous rapprocher, Peterkin et moi, des États-Unis.

Je me rendis donc en premier lieu au consulat américain, qui ne se montra guère encourageant : les États-Unis ne pouvaient accepter un enfant sans visa officiel sur un passeport régulier, etc. Il fallait donc que je commence par me tourner vers les autorités françaises. Quand, à Brive, moins d'une semaine auparavant, j'échangeai Dagobert pour Peterkin et que nous entreprîmes notre insolite voyage, nous nous attendions tous à vivre des événements bien plus spectaculaires et tragiques : évacuations de dernière minute, intervention des flottes américaine ou britannique pour aller chercher des ressortissants transformés en épaves. Au lieu de cela, les choses avaient fini par se calmer et, concernant l'émigration, les consignes, on peut le dire, furent encore plus strictes.

L'étape suivante, la sous-préfecture de Bayonne, je l'entrepris à reculons; je n'avais, pensais-je, aucune chance d'aboutir. Néanmoins, je devais essayer, me disais-je, têtue, en traversant la place.

Le responsable des visas de sortie me reçut avec une courtoisie très officielle. Je lui présentai mon passeport américain. Naturellement je pouvais obtenir un visa de sortie quand je le souhaitais. Mais, lorsque je révélai que j'avais un petit garçon que je voulais emmener avec moi, j'obtins un autre son de cloche.

Le fonctionnaire donna toutes les marques de patience, écoutant plus que complaisamment cette femme qui lui demandait l'autorisation d'emmener l'enfant en Amérique chez sa tante, mais il fut aussi fermement négatif que l'employé américain du consulat. Je tentai une dernière stratégie : je baissai les yeux et, le menton sur la poitrine, murmurai :

– Monsieur, cet enfant est mon fils. Mon fils illégitime.

– Vous devrez prouver cela aussi, « mademoiselle », rétorqua-t-il en mettant sur le dernier mot un accent lourd de sous-entendus.

Nous prîmes poliment congé l'un de l'autre. Désormais, je n'avais plus qu'à me mettre en contact avec les Bénédite pour leur annoncer que notre plan avait échoué. Nous devrions arranger une rencontre quelque part en zone non occupée.

Je n'avais rien d'autre à faire maintenant qu'à attendre, en spectatrice de l'agonie de la France que j'avais connue. De Gaulle et Pétain se honnissaient mutuellement. La flotte resta loyale au nouveau gouvernement. L'Afrique du Nord, après quelque hésitation, se retira de la bataille et reconnut Vichy. Les hostilités cessèrent officiellement. Le Maréchal décréta le lendemain de la signature de l'armistice jour de deuil et déclara à la radio : « Notre défaite est venue de notre relâchement. L'esprit de jouissance a détruit ce que l'esprit de sacrifice avait édifié. Je fais appel à tous pour que le redressement moral et intellectuel de la France ait lieu. Un nouvel ordre commence. »

Il annonça également que l'honneur était sauf. « Le gouvernement demeure libre. La France sera administrée par des fonctionnaires français. »

A cela de Gaulle répondit : « Le pays, le gouvernement, et vous, vous en personne, êtes réduits à la servitude. Ah ! Pour obtenir et accepter un tel acte d'asservissement, nous n'avions pas besoin du conquérant de Verdun. Le premier venu aurait fait l'affaire. »

Le gouvernement partit de Bordeaux, sur le point d'être occupé, pour s'installer à Vichy, la plus grande station thermale du pays ; ses nombreux hôtels logeraient maintenant les nouveaux ministres et le gouvernement français.

Les idéologues vichystes se jetèrent dans une débauche de pénitence et de mortification. « Le régime précédent, aux mains des capitalistes francs-maçons et de l'internationalisme scélérat, nous a conduits là où nous en sommes. La France ne veut plus de cela. Nous devons revenir à l'Église, à la foi en Dieu, aux valeurs de la patrie, de la famille. Nous avons besoin de nouvelles perspectives, de nouveaux hommes. Le temps presse. Demain il sera trop tard. »

Certains en appelèrent à des principes spartiates. « Ce dont nous avons besoin, c'est d'une cure de pureté. » Les membres du haut clergé prirent le train en marche et se gargarisèrent de leurs pieuses théories. La presse retourna sa veste à une vitesse étonnante. Des journalistes dont personne n'avait jamais entendu parler, d'autres qui ne s'étaient distingués que par leurs articles d'extrême droite sortirent comme autant de serpents de dessous les pierres et rampèrent sur les premières pages des grands journaux.

La transition s'accomplit en l'espace de quelques jours seulement. Ce fut une période difficile pour nous tous. Yola et moi vivions au jour le jour, nous demandant ce que nous réservait le lendemain.

Une nuit, environ une semaine plus tard, vers la fin de juin, je dormais tranquillement dans ma chambre sur jardin, lorsqu'un grondement sourd, suivi du roulement lointain de lourds véhicules me tira de mon sommeil. Je me levai d'un bond, passai une robe, me mis une touche de rouge à lèvres, enfilai mes mules et descendis l'escalier en courant. Le vaste hall était plongé dans une obscurité presque totale, à l'exception de la faible lueur que diffusait la lampe du bureau de la réception. Je m'arrêtai quelques secondes pour écouter : c'était le bruit caractéristique de la marche au pas cadencé. Scrutant l'obscurité, j'aperçus le veilleur de nuit de dos, debout sur le seuil. Sa silhouette voûtée se découpait dans la lumière du perron. A ma droite, près de la fenêtre, c'était là que la famille Maura avait l'habitude de s'asseoir, et là encore, à côté de la colonne, c'était ma place, avant que je fisse sa connaissance ;

je restai debout, immobile, plongée dans la contemplation de mes souvenirs. Je ne voulais pas affronter la réalité au-delà de ces murs. La pièce était pleine de fantômes, fantômes d'autrefois, fantômes étonnés des nuits anciennes, des nuits festives, des galas et des splendeurs du Second Empire. Finalement je les congédiai, et traversai l'immense hall sur la pointe des pieds. Arrivée derrière le veilleur de nuit, je m'éclaircis la gorge :

– Ainsi, chuchotai-je, ils sont arrivés…

Il me jeta un rapide coup d'œil. C'était un homme d'âge moyen, qui affichait un visage impassible. Son regard se dirigea à nouveau vers le flot continu de soldats allemands, de camions blindés et de chars qui roulait devant les grilles du parc.

– Je ne pensais pas que mes yeux verraient un jour une chose pareille, énonça-t-il amèrement. J'ai fait celle de 14. C'était autre chose.

Il sortit un paquet de gauloises bleues de sa poche, m'en offrit une. Je l'acceptai de bon cœur. Nous restâmes debout sur le perron, à fumer en silence, les oreilles bourdonnant du rugissement des chars d'assaut, les yeux fixés, à travers les barreaux du portail, sur le spectacle de la redoutable parade qui avançait à la lueur bleutée des réverbères de l'avenue de l'Impératrice, ombres lointaines et irréelles, comme projetées sur un écran de cinéma.

– Comme ils sont nombreux, murmurai-je. Où vont-ils ?

– Occuper la côte, en direction de la frontière espagnole, répondit-il en indiquant le sud d'un mouvement de tête. Et peut-être même jusqu'à Gibraltar.

– Oh ! Dieu du ciel, non, pas Gibraltar !

– Je ne pensais pas que mes yeux verraient cela un jour, répéta-t-il. Merde ! Il cracha sur le sol et me glissa un regard oblique.

– Vous l'avez dit. Merde alors ! J'en ai assez vu pour cette nuit. Bonsoir, monsieur.

– Bonsoir, madame.

Je le laissai s'abîmer dans la contemplation du défilé.

La nuit éteignit bientôt les bruits implacables et adoucit les ombres anguleuses des panzers, des canons, de la dure réalité. Mon esprit, remontant le temps, glissa vers des pensées aux contours plus douillets. La grande salle de bal ovale devint un kaléidoscope de silhouettes pâles et ondoyantes. De belles dames dans leurs froufrous de jupons évoquant des chrysanthèmes géants, la parcouraient comme sur un nuage, fermement guidées par leurs galants cavaliers. Les toilettes masculines tranchaient par leurs couleurs plus sombres, plus austères : des verts, des rouges, des ors aux épaulettes ; certains portaient de larges ceintures à la taille qui leur donnaient une allure altière.

Nous étions là, tous les deux ; car Ramón était à mes côtés. La musique accélérait son tempo, jetant les couples dans des tourbillons de plus en plus vertigineux d'un bout à l'autre de la salle. Ramón en smoking, et moi en petite jupe noire et chemisier blanc, entrions dans la danse, et nous valsions et tournions au milieu de ces belles et de ces officiers du Second Empire, et puis la tête se mit à me tourner, et les jolies couleurs de l'hôtel laissèrent la place au noir et blanc, la grisaille des actualités. Nos corps durent léviter jusqu'au bar, car mon regard plongea alors dans le hall dont un char allemand était en train de défoncer la grande porte, dispersant la famille Maura. Dans le désagréable grincement de ses chenilles il traversa l'immense salon droit vers moi. Je me retournai de l'autre côté : la salle de bal n'était plus qu'une énorme foule, un grand remous de soldats nazis. Au milieu de cette multitude, un petit garçon et un chien noir se faisaient piétiner.

– Peterkin ! Dagobert ! criai-je tout en plongeant dans la mêlée avant d'atterrir dans le mitan de mon lit, au troisième étage de l'hôtel.

J'allumai la lumière et repris mes esprits. Peterkin dormait dans sa chambre au rez-de-chaussée, quant à Dagobert, il était Dieu sait où. Par la fenêtre ouverte me parvenait le grondement ininterrompu de chars ennemis. Je sautai du lit, fermai la fenêtre et d'un geste furieux tirai les épais rideaux.

VI

Après ces frayeurs nocturnes et somnambuliques, je me réveillai tard, la tête pleine de sombres pressentiments, lesquels, après un café au lait, se transformèrent en une simple agitation. Puis ne me resta plus que l'envie de me lever et de faire un saut en ville pour voir à quoi elle ressemblait, et pour voir de mes propres yeux à quoi ressemblaient les invincibles soldats du Troisième Reich.

Il suffisait de sortir de l'hôtel pour tomber sur eux, ces ennemis tant haïs, tant attendus, déambulant nonchalamment. Je fus tout d'abord impressionnée par leur allure. Les hommes étaient tous grands, bien faits, blonds pour la plupart. Encore indemnes de toute cicatrice, ils devaient appartenir à une division d'élite et avoir tous été triés sur le volet. En arrivant sur la promenade de la Grande Plage, j'aperçus deux soldats français qui s'avançaient titubant dans ma direction. Une barbe de huit jours hérissait leur menton et leurs uniformes en loques portaient la crasse de plusieurs semaines. L'un d'eux, la chemise kaki en bannière, tenait à la main une bouteille de vin rouge. A la vue des Allemands dans leurs impeccables tenues vert-de-gris, ils échangèrent quelques mots puis précipitèrent leur allure, de la démarche raide et plastronnante des ivrognes. Appuyée contre un arbre, je guettais avec appréhension le moment où ils allaient dépasser les soldats allemands : l'ennemi leur accorda à peine un sourire d'amusement. Ils progressèrent encore de quelques pas chancelants, puis allèrent s'échouer lamentablement contre un tronc d'arbre.

Je m'enfonçai au cœur de la ville. Les Allemands étaient partout : ils faisaient du lèche-vitrine, s'achetaient des glaces, buvaient des bières dans les cafés, comme si la ville était à eux ; les soldats que j'avais vus dans les magazines et aux actualités se trouvaient là, à quelques pas de moi. Des officiers passaient, avec leurs drôles de casquettes sur la tête, étranges choses toutes boursouflées, telles de grosses lèvres entrouvertes sur l'aigle doré et le svastika qui brillait, juste au-dessus de la visière, à hauteur de mes yeux. Je ressentis un pincement à l'estomac. Ce n'étaient pas les actualités. Je les regardai fixement. Sous l'impeccable visière en cuir verni, leur regard affichait la tranquille et fière expression du vainqueur. Je les haïssais.

Je me trouvais au coin d'une rue, au centre-ville. Un jeune officier sur une moto à side-car descendit dans ma direction assez vite pour mettre en péril la tranquillité des piétons, à tel point que nous fûmes obligés de sauter sur le trottoir et de nous réfugier dans les entrées de maison. Au même moment, de la direction opposée, arrivait un homme du cru à bicyclette qui grimpait péniblement la côte, pédalant de toutes ses forces. A la vue du héros wagnérien qui arrivait en sens inverse, il resta littéralement bouche bée, totalement fasciné. Sous mes yeux le pauvre cycliste ébahi, qui n'était plus le maître de sa trajectoire, fonçait droit sur un réverbère. L'Allemand tourna le coin de la rue, passa à ma hauteur et arrêta son engin (ces salauds doivent avoir été recrutés par cote d'amour !), tandis que dans le même temps, le Français à bicyclette allait s'écraser contre le réverbère et s'étalait de tout son long sur la chaussée, répandant autour de lui le contenu de son panier. Le jeune Siegfried s'enleva de sa selle, ne regardant ni à gauche ni à droite avant de s'engouffrer dans le bureau de tabac. De charitables passants aidèrent le cycliste à se relever puis à ramasser ses commissions répandues. Quand l'officier ressortit de la boutique, les gentils citoyens s'écartèrent respectueusement sur son passage et le jeune héros, toujours aussi dédaigneux, enfourcha sa monture pour filer vers un altier Walhalla. Nous le suivîmes tous des yeux, envoûtés.

C'était un spectacle dégradant, incompatible avec l'honneur et la dignité de la France. J'avais honte pour eux. J'avais honte pour moi. Il ne faut pas leur faire tant plaisir, à ces types, me dis-je, il faut les ignorer. Je marchais, m'efforçant non sans difficulté de garder les yeux fixés sur les vitrines. C'est alors que l'une d'elles, présentant des lunettes de toutes sortes, attira mon attention. J'entrai comme une flèche chez l'opticien, en deux temps trois mouvements je choisis une paire de lunettes noires et ressortis aussitôt dans la rue ; maintenant, derrière mes verres fumés, plus besoin de tourner la tête à droite ou à gauche, je pouvais regarder les conquérants en face !

Lorsque Yola et moi descendîmes pour le déjeuner, en ce premier jour de l'Occupation, nous trouvâmes la salle à manger ovale remplie d'officiers allemands. A la table d'honneur, au centre de la pièce, était assis le Haut Commandement, composé d'hommes mûrs, dont un ou deux avaient un de ces crânes d'œuf ! Beurk !

Après le choc de ma première rencontre en ville avec les occupants, lunettes de soleil ou pas, j'affectai le plus naturellement du monde un air de suprême indifférence. On nous désigna notre table habituelle près de la fenêtre.

C'était une étrange expérience de déjeuner dans cette grande salle à manger avec l'armée allemande pour convive. J'avais du mal à y croire. Je mangeais, reprenais un peu de ceci, un peu de cela, buvais beaucoup. Mon verre de vin était toujours plein, mes désirs anticipés ; je jetai un regard derrière moi : pas moins de six serveurs autour de notre table. Jamais Mountbatten et Yola, dans cette même salle, n'avaient eu droit à un tel service. Au milieu de la salle à manger, Erich von Stroheim gesticulait et aboyait des commandes dans le vide.

– Qu'y a-t-il ? demandai-je.

Tous les serveurs se mirent à parler en même temps.

– Ah çà, ils peuvent bien attendre ! S'ils croient que nous allons les servir… Mais quel plaisir de le faire pour vous, mesdames – un peu de vin ? Mademoiselle, regardez-moi ces visages. Est-ce que nous ressemblons à ça, nous ? Vraiment, je vous le demande : avons-nous des têtes pareilles ?

Hélas, l'ennemi portait beaucoup plus beau. Je ne pus m'empêcher de penser aux visages défaits et mécontents des soldats français vaincus, aux décombres de la convulsion finale dans le Nord. Mais je gardai ces réflexions pour moi-même.

– Ils peuvent toujours attendre, reprirent les serveurs. Nous ne serons pas leurs serviteurs. Encore un peu de vin, mademoiselle ?

Je terminai la bouteille sans l'aide de Yola. J'en avais besoin.

Deux nuits durant, des engins militaires défilèrent devant les grilles de l'hôtel. La troisième nuit, ils s'arrêtèrent. Tout le monde craignait qu'Hitler ne tentât de traverser l'Espagne, de prendre Gibraltar et, se servant du Rocher comme d'un tremplin vers l'Afrique du Nord, ne s'assurât ainsi le contrôle de la Méditerranée. Franco lui aurait refusé le passage. Tout ce dont je suis sûre, c'est que de nombreux soldats traversèrent la ville avec leur matériel militaire pour aller occuper la petite bande côtière qui s'étend jusqu'à la frontière espagnole.

La vie retrouva un calme factice : Biarritz devint une ville fantôme, qu'avaient désertée les foules en villégiature, remplacées par une armée ennemie d'occupation. C'étaient les Français qui se comportaient comme des réfugiés et les hommes vert-de-gris qui se comportaient comme des gens en vacances – à ceci près que ce qu'ils amenaient avec eux, ce n'étaient pas de jolies femmes ni de beaux enfants, mais des uniformes et des fusils.

Il suffisait de fermer les yeux et de respirer profondément pour se croire au bord de la mer en été, par n'importe quel été. Cependant même les yeux fermés, je sentais leur présence.

Yola attendait des nouvelles d'Henri pour retourner à Paris, et moi j'attendais des nouvelles des Bénédite pour remettre, en zone libre, Peterkin entre leurs mains. Les opérations militaires connurent une petite trêve. Hitler achevait ses plans pour l'opération Lion de Mer, l'assaut final sur la Grande-Bretagne. Il ne lui restait plus qu'à attendre la Luftwaffe de Göring pour chasser du ciel la RAF. A Vichy, les nouveaux responsables entreprirent d'instituer un État autoritaire dont la devise « Travail, Famille, Patrie » allait remplacer celle de « Liberté, Égalité, Fraternité ».

J'avais du temps devant moi et rien d'autre à faire que de m'inquiéter sur le destin du monde et sur le sort des Bénédite, dont je n'avais aucune nouvelle. L'eau salée et le soleil constituant les meilleurs des tranquillisants, Peterkin et moi nous retirâmes à la plage, lui avec une pelle et un seau neufs, moi avec mes pensées. Ici, au moins, je serais dispensée de la vue des uniformes vert-de-gris. Rien ne vaut le slip de bain pour mettre à plat les différences.

Devant l'hôtel, la plage s'étirait à perte de vue en direction du nord. Le soleil luisait à travers une brume légère, donnant aux silhouettes dispersées la couleur d'un mirage. Je me tenais si près du rivage que par-dessus le doux clapotis des vagues au mouvement sans cesse recommencé me parvenait de temps à autre la voix d'un officier aboyant des ordres à ses subalternes. Ce matin-là je pensai à la discipline militaire et à la part qui lui revient dans la victoire. Depuis je me suis demandé quelle steppe russe a vu mourir ces hommes jeunes et beaux.

La vie languissait. Nous commencions tous à montrer des signes d'impatience. Mais la trêve fut brisée : le 3 juillet, à l'aube, la Royal Navy attaqua la flotte française au mouillage dans le port de Mers el-Kébir, près d'Oran, et envoya par le fond environ un bâtiment français sur cinq. Mille deux cents marins français périrent. Commentant l'événement, Churchill déclara : « C'est la plus odieuse, la plus inhumaine, la plus douloureuse décision qu'il m'ait jamais été donné de prendre. »

Dès que j'entendis la nouvelle, je descendis dans le hall et allai trouver Yola dans sa chambre. Sa radio était également allumée. Elle pleurait, elle fulminait. Il n'y avait pas grand-chose à dire. J'étais moi-même profondément choquée.

– Ils n'avaient pas le droit de faire ça ! Ce n'est pas possible, répétait-elle.

Je marmonnai quelque chose à propos des hommes à la tête de l'État français qui étaient indignes de confiance, et balbutiai que pour l'Angleterre cet acte était une question de survie. Mais je n'étais pas convaincue de ce que je disais.

– Je n'arrive pas à croire que c'était une nécessité. Je ne le croirais que si Deekie (c'est ainsi qu'elle appelait Mountbatten, en traînant sur la première voyelle) me le disait.

– Eh bien c'est exactement ce que Dickie te dirait, lui affirmai-je.

Cet argument était toujours imparable pour Yola.

Peu de temps après je reçus des nouvelles de Theo et d'Éva. Elles nous attendraient à Toulouse. Je pris Peterkin avec moi et l'emmenai à Bayonne faire tamponner nos papiers. Les nazis occupaient l'un des plus beaux édifices de style classique, aux proportions parfaitement harmonieuses, sur le fronton duquel flottait maintenant un immense svastika. C'était humiliant d'être obligé de demander au Troisième Reich l'autorisation de se rendre de Biarritz à Toulouse.

Mary Jayne Gold et Pierre Ungemach Bénédite, alias Peterkin, se présentèrent donc à la Kommandantur. Sous un autre grand drapeau orné de la croix gammée, l'officier responsable tamponna nos papiers sans autre cérémonie. Sur le mur, une photo d'Adolf Hitler fixait les lieux d'un regard sévère. Les autorités, heureuses de débarrasser la côte des non-résidents et des étrangers, renvoyaient des milliers de gens là d'où ils venaient.

Yola décida de partir, elle aussi. Elle passerait par Cannes, où résidait sa sœur Henriette, et, de là, verrait comment rejoindre Paris. Nous prîmes le train ensemble. Nos papiers furent encore une fois tamponnés à la ligne de démarcation tout comme si nous passions la frontière d'un pays étranger. A part cela, le voyage se passa sans incident. Peterkin était épuisé et dormit durant presque tout le trajet.

En arrivant à la gare de Toulouse, la première et la seule chose que j'entrevis dans la pénombre fut l'ovale du visage de mes deux amies, pâles et le regard inquiet.

– Theo, Éva, nous sommes là ! leur criai-je par la fenêtre.

Theo attrapa le petit Pierre qui descendait le marchepied et le tint longuement et silencieusement serré dans ses bras. Éva et moi nous nous embrassâmes et nous pressâmes de questions : c'est ainsi que j'appris que Dagobert avait été ramené à La Bourboule et laissé chez les Anglada.

Je fus présentée aux deux autres personnes du petit comité d'accueil, Miriam Davenport et Charles Wolff. Miriam était une jeune Américaine qui avait fait des études d'histoire de l'art à Paris. Elle était partie s'installer à Toulouse quand l'armée allemande avait envahi la Hollande. Charles était journaliste, critique musical, et un ami de Danny.

Comme je m'inquiétais de l'hôtel où j'allais passer la nuit, Charles me déclara d'emblée et d'un ton ferme que je prendrais sa chambre. Tout est arrangé, ajouta-t-il.

Il était encore tôt. Miriam, Charles et moi décidâmes d'aller nous installer un petit moment dans un café. Nous marchâmes en direction de la place du Capitole, au cœur de la ville. Les cafés étaient bondés et les Toulousains parlaient, criaient, gesticulaient comme si de rien n'était. Nous étions dans le Midi, et il en faudrait beaucoup pour mettre aux gens du Sud le moral en berne. Ils avaient besoin de temps, aussi, pour se rendre compte de ce qui était en train de se passer : depuis des siècles, nulle guerre n'avait éclaté sous ce beau ciel.

– Nous allons *Chez Tortoni.* On y a une vue imprenable sur les gens qui passent, sur l'hôtel de ville du XVIIIe, et sur tous les autres cafés. Tout ça pour le prix d'une bière, me dit Miriam en me faisant l'article.

C'était une jeune fille petite, mince et délicate, prompte à attraper des fous rires et à pousser de petits cris. Elle portait ses pâles cheveux blonds partagés au milieu en deux longs bandeaux qui retombaient sur sa nuque et remontaient en tresses jusqu'au sommet de sa tête où elle les attachait. Cette coiffure lui donnait un air plutôt vieillot. Quant à Charles, il avait combattu en Espagne pendant la guerre civile. Un nez étonnamment long et crochu ainsi qu'une non moins étonnamment grande bouche le caractérisaient. Un béret basque ne quittait jamais son crâne, prématurément chauve.

Charles et Miriam étaient à eux deux une source intarissable d'informations : des milliers de réfugiés étaient déjà rentrés chez eux, mais Toulouse hébergeait maintenant une population d'étrangers, petite mais plus ou moins définitive, dans la mesure où ces gens ne voulaient pas retourner en zone occupée. Réfugiés politiques, intellectuels, artistes en tous genres, Miriam tenait nombre d'entre eux sous son aile et se mettait en quatre pour les aider. Les quelques questions que je posai sur le régime de Vichy et leurs réponses montrèrent la convergence de nos vues.

Nous discutâmes de nos projets à court terme. Miriam parla de son fiancé, Rudolf, un étudiant qu'elle avait rencontré à Paris l'année précédente. Il était yougoslave et était retourné à Ljubljana. Elle avait l'intention de s'y rendre pour l'épouser puis, une fois mariée, de le faire entrer aux États-Unis.

– Vous comprenez, je suis sûre que les autorités italiennes me laisseront passer si j'explique que c'est pour l'amour de *mi amante. (Gloussements.)*

– Oui, plaisantai-je, *l'amore*, en Italie, est un sésame – puis, plus modestement j'ajoutai : Je vais à La Bourboule chercher mon chien Dagobert.

Je ne fus pas peu surprise de voir Miriam renverser la tête en arrière tout comme les enfants du bois de Boulogne et entonner la chanson du roi Dagobert et de saint Éloi.

Après ce petit intermède, Charles me dit que le gouvernement envoyait tous les jours des trains de marchandises vers le nord pour tenter de rapatrier le plus vite possible les millions de réfugiés. Cela tombait bien. J'en prendrais un qui s'arrête à La Bourboule.

Miriam m'accompagna jusque devant chez Charles ; elle ne cessait de me parler fébrilement de « son fiancé », chose capitale de son point de vue ; quant à moi, j'ignorais ce que j'étais censée éprouver : admiration ou envie ? Toujours est-il que c'était une créature chaleureuse et fort divertissante.

Nous arrivâmes en retard pour le petit déjeuner. Assises sous les platanes de la terrasse de *Chez Tortoni*, je demandai à Miriam ce qu'elle comptait faire. Ses ressources étaient très limitées. Elle avait le projet d'aller en Yougoslavie, puis de vendre son ticket de bateau de la compagnie française. Avec cet argent, elle et Rudolf prendraient un cargo et arriveraient aux États-Unis via le canal de Suez, afin d'éviter l'Atlantique Nord. La Yougoslavie n'était pas encore entrée en guerre, ni les États-Unis. Ce projet complètement fou, tel qu'il m'apparaît maintenant, semblait tout à fait raisonnable à l'époque. Un peu risqué, mais raisonnable. Je lui dis que, si elle se trouvait à court d'argent, elle n'aurait qu'à me le faire savoir, je lui en enverrais.

J'avais oublié cette anecdote, mais des années plus tard elle me dit que je lui avais donné un courage dont elle avait alors grand besoin. De mon point de vue, ce programme était tout à fait normal de la part d'une jeune femme amoureuse, tout comme elle trouvait de son côté parfaitement normal que je parcoure plusieurs kilomètres dans un wagon de marchandises en ces temps perturbés pour aller chercher un chien. A présent, alors que j'écris tout cela, quelque quarante ans plus tard, je me rends compte que nous étions toutes deux sans doute un peu inconscientes.

Charles nous rejoignit plus tard, puis Éva sans Theo ni Peterkin. Elle portait mon vieux manteau de vison, qu'elle avait rapporté de La Bourboule. C'était un vêtement qui avait appartenu à ma mère, et il avait connu des jours meilleurs. Je n'étais pas vraiment ravie de retrouver cette vieille nippe; il avait l'air tout râpé à force d'avoir été porté.

Nous bavardâmes jusqu'à ce qu'il fût temps de partir. Je dis au revoir à Éva. Charles et Miriam m'accompagnèrent à la gare. Sur le quai attendaient plus d'une douzaine d'hommes, pour la plupart des ouvriers qui retournaient à Paris. Je montai dans le train, et nous échangeâmes des instructions de dernière minute. Nous nous rencontrerions tous à Marseille; nous laisserions nos adresses au consulat américain. Le train démarra. Des hommes y sautèrent. Nous partions.

– Au revoir ! A bientôt à Marseille !

Nous n'étions pas plutôt partis que je trouvais bon de ne pas rester dans mon coin. N'étais-je pas la seule femme de ce groupe appelé à passer la nuit à même le sol ? Je remarquai un homme assis, à l'écart, le dos appuyé contre la paroi du wagon, une jambe étendue devant lui, l'autre pliée. Le coude sur le genou il donnait l'impression de ronger on ne sait trop quoi sur la phalange de son index replié. Le front plissé, il méditait profondément. Parfois il tressautait, arrachant brusquement son doigt à la morsure de ses dents, poussant un petit ha ! à peine audible. Puis il recommençait. Il devait nourrir de bien sombres pensées dont je ne me faisais pas scrupule d'interrompre le cours. En outre, il avait un visage intelligent.

– Bonjour ! dis-je poliment.

– Bonjour, madame.

Il esquissa un mouvement.

– Oh, je vous en prie, ne vous dérangez pas !

C'était stupide de ma part : il n'avait nullement l'intention de se lever.

– J'allais justement m'asseoir. Je suis fatiguée, dis-je. Vous allez à Paris ?

– Oui, et vous ?

Je racontai l'histoire de Dagobert.

Il trouva cela très sympathique. Il semblait heureux de pouvoir causer avec quelqu'un et me parla bientôt de sa situation personnelle.

J'appris ainsi que, en tant que communiste inscrit au Parti, il était pris en tenailles dans le conflit classique : obéir à la ligne, qui prenait fatalement ses ordres à Moscou, ou suivre sa propre analyse, qui lui paraissait la bonne. Je lui avouai que je partageais, d'une façon générale, davantage le point de vue des socialistes. Il eut l'air d'accepter cette confidence, mais seulement en apparence, car je crus percevoir qu'à partir de ce moment-là il fit des efforts pour se montrer tolérant. Je lui rendis la pareille.

– L'Union soviétique, argumenta-t-il, est officiellement neutre. Le parti communiste considère cette guerre comme une guerre menée par le capital.

– Et donc ?... demandai-je d'un ton patelin.

– Eh bien justement ! Je ne suis pas d'accord. Le Parti ne devrait pas être neutre. Je ne sais plus où j'en suis. Je dois prendre position. Je ne peux pas continuer à discuter comme... un socialiste ! Je dois agir.

J'ouvris de grands yeux, les plus bleus et les plus stupides qu'il me fût possible d'ouvrir.

– Peut-être y verrez-vous plus clair un jour, lui dis-je.

Et il se remit à ronger son index.

Comme je déambulais vers l'autre bout de la voiture, mon regard fut attiré par un groupe qui prêtait l'oreille au réquisitoire d'un jeune homme contre la politique. Il leur parlait debout, en manches de chemise, le dos appuyé à la paroi trépidante du wagon. J'étais à l'extérieur du cercle et de là, je pus, par-dessus le fracas et les grincements de la machine, attraper quelques mots : « La désinvolture des responsables, l'inefficacité de l'organisation... »

La tenue et la diction du jeune homme suggéraient une bonne éducation et des racines bien bourgeoises. Il s'animait en faisant sonner de belles phrases : « les valeurs sociales et morales qui ont fait naufrage », etc. L'auditoire écoutait, certains approuvaient en hochant la tête, d'autres affichaient des visages sceptiques et réservés. De temps en temps, le jeune homme remontait ses manches et passait les doigts dans ses cheveux ; il faisait particulièrement chaud ce jour-là, et une grosse mèche noire retombait régulièrement sur son front. La république des copains, c'était fini, proférait-il, et le renouveau de la France, la « révolution » n'était pas loin. Je comprenais mal ce qu'il entendait par révolution. Je m'approchai un peu. Il continua à parler de confiance en l'avenir de la France, de la montée d'une nouvelle France. Le jeune homme marqua une pause, semblant chercher une réaction de l'assistance. Silence. Il reprit :

– Que dois-je faire ? Retourner dans mes chemins battus, ou me lancer dans la révolution ?

Ce disant, il écartait les deux bras à angle droit au-dessus de sa tête ; on aurait dit un sémaphore.

– Quelle révolution ? l'interrogeai-je de but en blanc.

– La Révolution nationale de Pétain ! rétorqua-t-il.

– Zut !

Sur ces mots je tournai les talons, fendis la foule et sortis du cercle. Je me retrouvai comme une idiote, seule au milieu du wagon ; personne n'avait prêté attention à ma sortie théâtrale. Devant moi, cependant, assis par terre devant une bouteille de vin, deux hommes jouaient aux cartes.

– Belote et rebelote !

Les riches accents de la classe laborieuse de Paris pénétrèrent mes oreilles. Je m'accroupis.

– Bonjour, je ne vous dérange pas ?

– Oh, la belle blonde ! Mais pas du tout !

L'un d'eux leva la bouteille, comme s'il voulait me porter un toast, et en ingurgita une bonne lampée. Voilà ! Nous faisons une petite partie. Je vous présente Émile. Moi c'est Paul.

– Moi, c'est Marie-Jeanne.

Ils cherchaient justement un troisième pour leur belote, et du coup ils m'apprirent.

Au milieu de la seconde donne, Paul empoigna brusquement la bouteille, en but une bonne gorgée, puis me la tendit.

– Buvez un coup ! Allez, pas de manières !

J'acceptai. Il était déjà un peu éméché, et je n'avais aucune envie de l'offenser. Avec ce sourire un peu niais que donne l'alcool, il me regarda porter la bouteille à mes lèvres. J'ingurgitai une bonne lampée.

Entre deux plis et deux gorgées, nous bavardions. Paul s'était battu sur la Meuse avec la IXe armée, qui s'était éparpillée et dissoute sous les pointes des panzers de Guderian et sous le pilonnage de l'artillerie lourde. Le pauvre Paul devenait de moins en moins compréhensible au fur et à mesure de son récit, répétant « quelle pagaille ! quelle pagaille ! » Voulant rajouter quelque détail, il hésitait, et finalement laissait tomber. « Oh, et puis zut, oublions », disait-il.

– C'est cela, n'en parlons plus, acquiesçai-je.

Il se faisait tard et le temps ne passait pas vite. Mais je ne pouvais me plaindre, j'avais toujours voulu voyager dans un fourgon. Le soleil couchant déversait sa lumière par la lourde porte du wagon et j'admirais les magnifiques contreforts du Massif central. Cette nuit nous serions en plein dans les monts d'Auvergne, pour la deuxième fois en ce qui me concernait. A l'arrêt suivant – je crois que c'était Aurillac, non loin de Brive, où, il y avait quelques semaines de cela, j'avais échangé Dagobert contre Pierre –, j'annonçai que c'était à mon tour de régaler. Je sautai du train et achetai une bonne provision de sandwichs, de fromages, de vin et de fruits pour notre repas du soir. Tout le monde se réjouissait d'être sur le chemin du retour. L'atmosphère devint très cordiale. Comme la lumière pâlissait et que nous grimpions un peu plus haut dans les montagnes, il se mit à faire froid. Quelqu'un ferma la lourde porte, nous laissant tous dans une totale obscurité, jusqu'à ce qu'une main prévoyante sortît une bougie de ses affaires.

Les lueurs de la minuscule source lumineuse, jouant sur les visages, en accentuaient fortement le relief. Les lignes se creusaient et les yeux vous déshabillaient, cependant que leur flamme disait l'âme unique de leur propriétaire : on y lisait des histoires individuelles avec leur passé et leur futur, autant de destinées que je ne connaîtrais jamais. Le membre du parti communiste m'apparaissait maintenant comme un homme forgé puis brisé par une douzaine d'années d'enthousiasmes et de désenchantements, de décisions et de dérobades. Ce fervent jeune homme, j'en étais sûre, avait un instinct romantique qui le poussait, tel un acteur. Je voulais l'avertir, lui dire qu'il vénérait les autels vides de « la Patrie », et que les dieux du foyer avaient été déménagés et gardés en lieu sûr à *Carlton's Gardens*, où de Gaulle avait son bureau.

« Les lares et les pénates ont été enlevés », aimerais-je lui dire, et il apprécierait ce langage. Mais à quoi bon ? Je ne dis rien.

L'obscurité et la bougie donnèrent le signal du coucher. Je me fis un oreiller de mon petit sac à bandoulière et me couvris de mon vieux manteau de vison qui fut cette nuit-là le bienvenu. Nous nous plaignîmes un peu de la dureté de nos lits, nous souhaitâmes une bonne nuit et tout sombra dans le silence.

Je fus réveillée par le bruit de la lourde porte qu'on tirait et par le brusque jaillissement du jour. Le train s'était arrêté. Nous nous éveillâmes, bâillâmes, nous étirâmes et nous précipitâmes hors du train pour respirer l'air du matin. Un arrêt d'une demi-heure était prévu. Nous en profitâmes pour faire une pause café-petits pains au buffet. Juste avant le coup de sifflet, Paul alla se commander un petit blanc au comptoir, et nous grimpâmes dans le wagon de marchandises. Dans une heure, le train s'arrêterait en gare de La Bourboule.

J'étais triste d'avoir à faire mes adieux à mes nouvelles connaissances. Nous ne nous rencontrerions plus jamais. Au moment de nous séparer, Paul porta sur moi un regard évaluatif :

– Pour une bourgeoise, vous n'êtes vraiment pas mal !

J'ai toujours aimé ce genre de compliment.

Dagobert m'accueillit chaleureusement, avec force jappements de joie et coups de langue. C'était bien de revoir mon vieux copain. Rien de tel qu'un caniche heureux, à plus forte raison quand c'est le vôtre.

Mon télégramme n'était pas parvenu à Mme Anglada. Elle fut un peu déçue de ma soudaine réapparition et me déclara sans détour que Dagobert était heureux, très heureux avec elle et son mari, et que de son côté elle l'aimait beaucoup, que tous deux d'ailleurs l'aimaient. A vrai dire, me confia-t-elle, le chien s'était tellement attaché à elle, il se sentait tellement chez lui à La Bourboule qu'elle doutait qu'il voulût bien repartir avec moi. Bien sûr, elle comprenait, c'était mon chien, mais…

En démocrate – ou cynocrate – avertie que j'étais, je crus bon de donner au chien la liberté de choisir, aussi proposai-je une expérience. Nous verrions laquelle de nous deux il suivrait. A peine les mots sortirent-ils de ma bouche que je regrettai déjà ma proposition, mais trop tard, je devais en endosser la responsabilité. Mme Anglada et moi nous plaçâmes sous le lustre au milieu du salon, Dagobert entre nous. Puis nous traversâmes lentement la pièce, dans des directions opposées. Je me retournai : Dagobert se trouvait à un moment décisif de son existence, dans un état de totale confusion. Il se mit à trotter docilement derrière Mme Anglada. Où avais-je donc la tête de mettre sur pied ce fichu arrangement qui avait pour enjeu une de ces créatures impulsives et ridicules ? Mais je n'osai pas ouvrir la bouche. Dago se retourna vers moi, inquiet, puis fit volte-face et, Dieu merci, courut dans ma direction. Je retins mon souffle et continuai à marcher vers le mur. Dago tourna la tête vers Mme Anglada, mais c'était bien moi qu'il suivait.

– Vous avez gagné, me dit-elle courtoisement.

– Certes, mais cela tenait à un fil. Avouez qu'il n'aurait pas été un chien très loyal s'il vous avait choisie au bout de si peu de temps.

– Oui, je comprends.

– Je l'ai depuis qu'il est bébé, vous savez.

– Oui, je comprends. C'est une gentille petite bête.

Magnanime, elle lui tapota la tête.

VII

Marseille, le plus grand port de la Méditerranée, était aussi sale qu'animée. Des marchandises du monde entier étaient déchargées dans ses docks, en provenance d'Afrique du Nord et du Proche-Orient et, via le canal de Suez, d'Indochine et de plus loin encore. Des marins en congé de bord, venus des quatre coins de la terre, se répandaient dans ses rues, envahissant ses cafés ; mais les plus bruyants de tous et les plus gais étaient les Marseillais eux-mêmes. Ils parlaient plus fort et discutaient avec plus de passion que le commun des mortels. Leur occupation favorite ? S'asseoir au soleil devant un verre.

Si la nature avait offert à la ville un merveilleux décor, l'homme avait tout fait pour l'abîmer. Rares étaient les édifices, les églises ou les monuments qui présentaient quelque intérêt esthétique, et rares les paysages que la main de l'homme eût le moindrement embellis ; les sites devaient plutôt leur splendeur au soleil, au ciel, aux collines, aux promontoires rocheux. Les maisons, les immeubles, pauvres efforts humains n'avaient fait qu'entailler d'une forme géométrique sans envergure un horizon au fond d'azur. Il n'en restait pas moins que les Marseillais aimaient leur ville avec une passion égale à celle que les Parisiens ou les Viennois éprouvent pour la leur. Aux yeux de l'étrangère que j'étais, la ville alignait une masse de bâtiments remontant au tournant du siècle, période qui ne se signale pas par son goût architectural. Elle ne possédait ni magasins chic ni ressources culturelles ; les égouts dégageaient une odeur sulfureuse de décomposition qui rappelait Venise. Mais la comparaison s'arrête là ; nulle somptueuse vision de beauté baroque ne s'élevait de ces pierres.

Pour l'esprit populaire, la ville était peuplée d'une race de comiques. Marseille était le berceau des histoires de Marius et Olive, inépuisable répertoire de blagues qui faisait rire du Vieux-Port jusqu'à la frontière belge. Tout Français et tout expatrié qui se respectait avait sa blague marseillaise favorite, sauf nous qui ne faisions que passer dans cette ville.

Mais il y avait aussi l'envers du décor. Le crime et la corruption fleurissaient. On concluait des marchés, on utilisait des « combines » à propos de tout et de n'importe quoi. La contrebande était un commerce honorable. La traite des blanches expédiait des filles vers les bordels d'Afrique et l'on importait des quatre coins du monde de la main-d'œuvre à bon marché.

Je traversai l'esplanade de la gare Saint-Charles avec mes deux valises récupérées à La Bourboule. Il était onze heures du soir, et pas un seul taxi en vue. Dagobert à mes côtés, je m'arrêtai en haut de l'escalier monumental pour observer l'animation du boulevard d'Athènes. Sous les réverbères aux lumières tamisées, un flot humain ininterrompu s'écoulait dans les deux sens. Comme tous les gens du Sud, les Marseillais étaient des couche-tard et ils profitaient de la fraîcheur des soirs d'été. D'en bas montait vers moi la rumeur de la ville, mélange de voix lointaines et de bruits de pas traînants ; une sensation de calme inexplicable m'envahit alors, qui me troubla un peu. C'était comme si la ville tout entière chuchotait. Dans mon souvenir s'éleva l'insupportable beuglement des klaxons des années passées. Je rouvris les yeux et regardai à mes pieds. Les véhicules motorisés avaient déserté les rues. L'armistice avait transformé la plus bruyante ville de France en une cité aux résonances feutrées.

Si Marseille était aussi tranquille qu'un village à l'heure de midi, elle n'en était pas moins obscure et surpeuplée. Je voyais se détacher dans le ciel l'énorme et sombre enseigne de l'*Hôtel Splendide*, autrefois lumineuse, aujourd'hui éteinte – par souci d'économie je supposai. Lorsque, quelques minutes plus tard, j'entrai dans le hall spacieux, l'employé m'annonça que l'hôtel était plein. Je sortis et m'en allai plus loin tenter ma chance sur la Canebière au *Grand Hôtel de Noailles*, où je fus accueillie de même : « Nous sommes complets. »

La Canebière, l'avenue principale de Marseille, descend en pente douce vers le port. Je la parcourus de haut en bas, m'arrêtant à tous les hôtels et à toutes les auberges, les petites aussi bien que les grandes. J'allai même jusqu'à frapper, dans les ruelles adjacentes, aux portes d'obscurs établissements qui n'étaient même pas mentionnés dans la plus basse catégorie du *Guide Michelin*.

Épuisée de m'être traînée en long, en large et en travers sur toute la Canebière, je reposai mes valises sur le trottoir et m'assis dessus pour faire une petite pause durant laquelle Dagobert s'appliqua à lécher mes doigts endoloris. Je finis par trouver une chambre avec salle de bains au *Continental*, un hôtel de classe moyenne, assez propre et confortable. Sitôt après m'être installée, j'allai tout droit dîner *Chez Basso*, à un ou deux pâtés de maisons de là face au Vieux-Port. Le décor n'avait pour ainsi dire pas changé. Des bateaux de pêche et des yachts étaient alignés le long des quais, et vers la gauche s'élevait, sur la colline, l'imposant fort Saint-Nicolas qui garde encore les abords de l'ancien bassin. Quelques lumières électriques se réfléchissaient dans les eaux sombres, avec la lune et la plupart des étoiles au firmament.

Après le dîner le chien et moi rentrâmes directement à l'hôtel. Nous étions tous les deux sur le flanc.

Le lendemain matin, l'employé que je vis au consulat américain pressait fermement tous les citoyens de quitter le pays. Les temps n'étaient pas sûrs. Le consulat ne voulait pas être tenu pour responsable de ce qui pourrait éventuellement arriver. L'homme avait un air inquiet, comme s'il était sous pression – le vrai petit bureaucrate en temps de crise. Il me fit comprendre qu'il était de mon devoir de rentrer chez moi et de débarrasser le plancher. C'était un sage conseil. Je lui laissai mon adresse à Marseille au cas où Miriam ou les Bénédite arriveraient.

Les préparatifs pour le départ impliquaient une paperasserie à n'en plus finir. Même les citoyens américains devaient posséder un visa de sortie français ainsi que des visas de transit espagnol et portugais. Le transport de Lisbonne jusqu'aux États-Unis pouvait s'effectuer par les Clippers américains dont tout le monde parlait. A défaut, il fallait trouver une place dans un bateau neutre en partance pour New York en espérant que les sous-marins allemands respecteraient sa neutralité. On se souvient du *Lusitania*.

Le consulat occupait un ancien bâtiment sur la place Félix-Baret agréablement ombragée, tout à côté de la place de la Préfecture. En sortant, j'avisai sur ma gauche un store bleu dont les lettres jaunes et brillantes indiquaient *Café du Pélican*. L'établissement avait l'air très accueillant. Je m'assis à la terrasse, à l'ombre des platanes et, tout en faisant rouler le gravier sous mes pieds, je rassemblai mes esprits. Je n'avais pas vraiment envie de rentrer aux États-Unis. Cela faisait maintenant dix ans que je vivais à l'étranger, par choix. Ma famille ne partageait pas mes intérêts ni n'approuvait ma façon de vivre. On pouvait difficilement penser que je retourne vivre avec ma mère et Misha, son Russe blanc de mari. Des siècles nous séparaient. Je pensai aller en Angleterre, mais je ne possédais aucune compétence particulière, pas la moindre qualification qui pourrait justifier ma présence dans ce pays. Tout bien considéré, je n'avais jamais rien fait. Je rentrerais donc à la maison, passerais voir ma famille dans le Michigan et suivrais une formation quelconque à New York. Quoi qu'il en soit, les prochains jours et probablement les prochaines semaines allaient être fort ennuyeuses; j'allais courir d'un bureau à l'autre, à pied qui plus est, pour obtenir de l'argent, faire apposer des visas, envoyer des télégrammes, bref je serais prise dans les fastidieux mécanismes de la vie moderne.

Au cours de l'année qui venait de s'écouler, j'avais été emportée dans le grand courant de l'histoire, j'avais traversé des événements extraordinaires; en raison de ma présence physique et de mon engagement émotionnel, ceux-ci faisaient maintenant partie intégrante de ma propre biographie. La période intéressante de ma vie semblait arriver à terme.

– C'est fini, la grande aventure, Dagobert, murmurai-je dans mon français qui était presque devenu ma langue maternelle.

Il leva sur moi ses yeux de brave chien. Il était simplement content d'être là.

Cet après-midi-là, aux alentours de quatre heures et demie, je retournai à la poste principale pour vérifier si j'avais des messages poste restante et pour envoyer un télégramme à la banque de Chicago.

Je pris l'une des files qui s'allongeaient devant les guichets. Alors que je promenais tranquillement mon regard sur la foule, mon attention fut attirée par deux hommes rangés dans une autre file. Je ne saurais dire ce qui m'intéressa, toujours est-il qu'ils excitèrent ma curiosité. L'un était blond, l'autre brun au teint rubicond. Ils étaient tous deux coiffés du béret basque, qui avait depuis longtemps dépassé ses frontières, et vêtus de costumes bon marché, usés jusqu'à la trame et qui avaient tourné à un indéfinissable violet. Plus grands que le type méditerranéen habituel, ils auraient tout aussi bien pu être des Normands ou des Bretons pris dans le grand désordre, qui attendaient des nouvelles de chez eux. Mais il y avait quelque chose de particulier chez ces deux hommes. Si seulement j'avais pu les entendre parler…

Je me souvins d'un jeu auquel j'avais l'habitude de jouer chez le coiffeur. Des femmes élégantes venues de toute la planète affluaient *Chez Antoine*, rue Cambon, à Paris. Installée sous l'un des casques chauffants au centre de la salle, je les observais tandis qu'elles se faisaient coiffer. Rendue sourde par l'air chaud qui soufflait dans mes oreilles, je forgeais des hypothèses sur le lieu du monde d'où venaient ces élégantes. Et, une fois délivrée du casque, je déambulais nonchalamment le long de ces dames alignées devant leurs miroirs, tout ouïe, afin de vérifier mes hypothèses. De semaine en semaine, mon score s'améliorait.

L'heure était venue d'exercer mes talents sur ces deux hommes qui faisaient la queue au guichet, à l'autre bout du bureau de poste.

– Pardon, madame, vous désirez envoyer un télégramme ? me demanda l'employé derrière ses barreaux.

– Oui, un télégramme pour les États-Unis. Le voici.

J'expédiai mon télégramme à toute vitesse et me dirigeai droit vers les tristes costumes violets. Je demandai à voix basse :

– Excusez-moi, vous êtes anglais ?

Leur visage s'allongea.

– Pardonnez-moi, cela se voit-il à ce point ?

Les inflexions oxfordiennes de celui qui m'avait répondu finirent sur un sifflement : il lui manquait une incisive. Gêné, il mit la main devant la bouche.

– Désolé, dit-il, je suis une victime de guerre. J'ai perdu une dent dans l'escarmouche là-haut, à la frontière nord.

– Mais comment avez-vous fait pour nous repérer si facilement ? demanda le brun.

– J'ai simplement eu une intuition – enfin quelque chose comme cela – je voulais les rassurer. Votre déguisement est magnifique, tout à fait magnifique.

– Ces costumes sont vraiment bien, n'est-ce pas ? insista le blond.

– Magnifiques, renchéris-je – ils avaient l'air toujours aussi inquiets. A vrai dire, ajoutai-je, je m'entraîne à deviner la nationalité des gens. C'est une sorte de jeu, voyez-vous.

– Ah, vous jouez au professeur Higgins ? *Pygmalion*, n'est-ce pas ?

– C'est cela. J'avais donc bien deviné. Vous êtes tous deux très convaincants, vraiment.

C'étaient les premiers Anglais que je voyais depuis le début des combats. Quelque chose de tiède et de doux, comme de la mélasse chaude mélangée à du rhum, imprégna mon âme. Mon enthousiasme et ma bonne volonté se répandirent dans tout le bureau de poste.

– Et si nous allions bavarder autour d'un verre en sortant d'ici ? me proposèrent-ils.

L'homme qui se trouvait devant nous se retourna et nous dévisagea d'un œil soupçonneux. J'échangeai des regards entendus avec les Anglais.

– Au revoir, à bientôt, dis-je en les quittant pour prendre de nouveau place dans la file.

Il n'y avait pas de message pour moi à la poste restante. Je ne perdais pas de vue mes deux Anglais. Une fois dehors, ils m'emmenèrent dans un petit café du Vieux-Port.

Il s'avéra que mes nouvelles connaissances étaient des officiers qui avaient été séparés de leurs unités au cours de l'offensive de mai. Bloqués à Dunkerque, ils avaient marché vers le sud après avoir pris soin de se débarrasser de leurs uniformes pour ne pas se faire repérer. Ils avaient rencontré l'aide et la coopération de nombreux habitants qui les avaient vêtus, nourris, hébergés, et encouragés pour leur voyage. Ici à Marseille, ils avaient semble-t-il établi des contacts. Ils me livrèrent quelques bribes d'information tandis que nous sirotions nos boissons. Ils ne me dirent pas grand-chose et de mon côté je ne leur posai aucune question.

Depuis le siècle dernier, le Vieux-Port n'abritait que des bateaux de pêche et des yachts ; le port moderne était situé à l'ouest de la ville. Devant nous, les mâts d'un petit bateau rayaient le ciel ; le long bassin, à peu de chose près rectangulaire, s'étirait encadré par les deux quais peu surélevés, dont l'un me montrait sur la gauche, tout au bout le fort Saint-Nicolas. Ainsi éclairé, il était particulièrement imposant : empilant de gigantesques cubes de pierre qui grimpent à l'assaut de la colline, chapeautée du fort proprement dit qui la termine en terrasse, cette construction était bien faite pour verrouiller les accès, sinon que le soleil couchant en faisait une masse rose et or.

Je fis remarquer à quel point l'ouvrage était beau. Ils m'apprirent que c'était une prison militaire. Ils semblaient mieux connaître le fort Saint-Jean qui se dressait sur le quai ouest, dont ils m'informèrent qu'il était le premier cantonnement de la Légion étrangère en France métropolitaine.

Les deux hommes ne me donnèrent pas d'adresse, mais avant de nous séparer, ils me signalèrent qu'ils étaient des habitués de ce café. Ils me suggérèrent de venir les rencontrer le lendemain en fin de journée.

Nous passions des heures ensemble mais je savais, pour l'avoir appris de leur bouche, qu'un jour je me retrouverais seule au rendez-vous et que je devrais en conclure qu'ils auraient quitté la ville. Je ne m'en formalisai pas, bien entendu, et nous entretînmes, moi qui ne connaissais même pas leur nom, eux qui m'appelaient la « fille de Marseille », des relations de bonne et franche camaraderie.

Ô les délicieux moments, où nous oubliions tout souci ! Rien n'atteignait les hauteurs où planaient les deux Anglais, sûrs et certains qu'ils réussiraient à s'évader et que la guerre se solderait par la victoire ; c'était un point qui ne souffrait pas la discussion. La sibilante prononciation du blond nous jetait dans des fous rires sans fin. Nous conversions dans notre langue, protégés de toute intrusion. Et, tandis que la TSF crachotait ses invectives contre la perfide Albion, nous, nous nous divertissions aux quatre coins de la ville, heureux et libres comme l'air.

Un soir, peu après que je les eus rejoints au café, le brun m'annonça, tout fier :

– Nous avons trouvé des bicyclettes.

Je leur adressai mes félicitations.

Quelques minutes après cette révélation, l'un des deux me dit :

– Si jamais vous passez par Londres…

– Oui, nous aimerions sincèrement vous faire visiter Londres, renchérit l'autre. Vous seriez d'accord ?

Finalement nous échangeâmes nos noms et nos adresses. L'un des deux écrivit son nom dans mon carnet. L'autre, ou peut-être était-ce le même, je ne m'en souviens plus, me dit qu'il appartenait aux Black Watch. C'était le nom d'un régiment d'infanterie, qui m'évoquait vaguement quelque chose :

– Les Black Watch, c'est terriblement chic, n'est-ce pas ?

Ils me regardèrent d'un air ahuri.

– C'est-à-dire que je les ai toujours vus photographiés dans le magazine *Le Tatler* : « Lady Althea Higginbottom et le major Sedgewick, des Black Watch. »

– Oui, c'est exact, reconnut-il à contrecœur, nous sommes des gens très distingués !

– Plus que distingués, vous êtes le gratin des régiments, et vous vous êtes mis dans une situation difficile !

– Oh, certes, mais… nous avons fait un joli numéro à Waterloo !

Sur ce trait, nous nous séparâmes. J'arpentai le port en scrutant les terrasses, sans trouver la moindre trace de mes amis. J'étais de nouveau renvoyée à ma solitude.

Plusieurs années après la guerre, je découvris, en lisant *La Lie de la terre* d'Arthur Koestler, qu'à cette période plus de soixante membres de la BEF se cachaient dans le fort Saint-Jean avec la complicité de certains officiers de la Légion étrangère. De là, ils passaient la frontière et partaient pour Gibraltar. La surveillance des frontières était très relâchée.

Quand je revins à Londres, j'avais perdu mon vieux carnet d'adresses ; il n'y a pas longtemps, je l'ai retrouvé. « Lieutenant-colonel Drummond-Wolfe », est-il écrit en toutes petites lettres. Était-ce le brun ou le blond, celui qui avait perdu une dent de devant ? Je ne sais plus très bien.

VIII

Dans les jours suivants, Yola passait par Marseille. Nous prîmes rendez-vous pour déjeuner toutes les deux *Chez Basso*. Elle arriva au restaurant flanquée de son pékinois Yuli, serrant sous le bras son grand coffret à bijoux en cuir. Toujours aussi élégante, elle portait une petite robe bien ajustée, mais quelque chose en elle semblait changé. Ses épaules, qu'elle portait habituellement en arrière, étaient aujourd'hui contractées, signe qu'elle avait des problèmes. Après une brève et hystérique petite causerie avec Dagobert, elle m'annonça qu'elle allait retourner vivre à Paris. Ni elle ni Henri ne pouvaient imaginer vivre ailleurs. Sans compter la maison, pleine des œuvres d'art collectionnées par Henri tout au long de sa vie. Henriette et Léon Ullman resteraient en zone libre. Ils s'y sentaient plus en sécurité. Yola tripotait nerveusement la broche en diamant en forme d'étoile dont elle ne se séparait jamais, cadeau de Dickie ou bien d'Étienne, je ne sais plus. Elle déplaçait sans cesse son coffret à bijoux, prenant soin de le laisser toujours bien en vue sur la table, puis remarquant que mes yeux suivaient tous ses mouvements, elle l'immobilisa et, lui administrant une petite tape :

– Henri et moi pourrons vivre sur ces bijoux pendant un bon bout de temps, si cela se révélait nécessaire.

Je me rendis alors compte du fossé qui nous séparait. L'armée allemande avait remonté les Champs-Élysées, non l'avenue qui mène à la Maison-Blanche.

Elle partit cet après-midi-là. Je la revis plusieurs années après la guerre, à l'occasion de mon retour en France. Connaissant son entourage, je m'étais souvent demandé comment elle s'était conduite dans Paris occupé par les nazis.

– Au fait, Yola, m'enquis-je d'un air faussement détaché, je suppose que tu faisais de la Résistance, comme tout le monde ?

– J'ai effectivement résisté à la tentation de collaborer avec eux, et ça m'en a coûté ! me répondit-elle à ma grande stupéfaction.

Miriam Davenport débarqua elle aussi à Marseille, au début du mois d'août. Nous devînmes rapidement amies ; nous nous voyions tous les jours. Elle fut la première personne à m'informer de la situation désespérée des réfugiés politiques et de celle des intellectuels exposés à l'extradition vers leurs pays d'origine dans l'Europe occupée. Jeune femme loquace et sympathique, elle avait rencontré certains d'entre eux à Toulouse et s'inquiétait de la façon dont ils allaient sortir du pays. Elle mentionna notamment Konrad Heiden, qui avait écrit la première biographie éclairante d'Hitler, et Walter Mehring, qu'elle décrivait comme un tout petit homme fébrile. C'était un poète connu qui, depuis le début des événements, s'était signalé par son opposition aux nazis. Miriam avait pris sous son aile un garçon juif de quatorze ans répondant au nom de Gussie et l'avait persuadé de la suivre à Marseille, où elle lui avait trouvé une chambre dans son hôtel miteux du haut de la rue Paradis.

Elle me retraça un peu son parcours. Les Davenport s'étaient établis dans la Caroline du Nord avant l'existence de tout registre officiel. Quand elle était petite fille, sa famille était partie s'installer à New Rochelle, dans l'État de New York. Miriam avait obtenu une bourse d'études et avait été distinguée comme étudiante émérite de Smith College. Quand la guerre avait éclaté, elle préparait un diplôme d'histoire de l'art à la Sorbonne. Tout l'intéressait.

Un matin, une semaine environ après son arrivée, Miriam arriva dans ma chambre, l'air embarrassé.

– Mary Jayne, m'annonça-t-elle, j'ai invité trois jeunes gens à déjeuner. Je suis sûre que tu les aimeras. Ce sont trois légionnaires.

– Mais c'est une excellente idée !

Je les imaginai, avec leurs visages sauvages tannés par le soleil sous leurs beaux képis blancs, leur *chèche* noué autour de leur cou. Comment s'y prendre avec ce genre d'hommes ?

Deux d'entre eux étaient des Américains qui avaient rejoint ce corps pour la durée de la guerre et avaient donc vu leur contrat expirer. Miriam les avait rencontrés au consulat.

– Donc ils ne seront pas en uniforme, soupirai-je.

– Non, et quel dommage, n'est-ce pas ? gloussa-t-elle. Ils sont coincés ici dans l'attente d'un envoi d'argent.

Quant au troisième, elle ne savait rien sur lui. Deux heures plus tard, Miriam et les trois ex-légionnaires faisaient leur apparition rue Beauvau.

– Nous voici ! cria Miriam.

Sans lui laisser le temps de faire les présentations, le plus costaud et le plus barbu des trois s'avança vers moi :

– Robert Selmer, Dartmouth, classe 37, articula-t-il avec le plus grand sérieux. C'est extrêmement gentil de votre part de nous inviter à déjeuner.

Prenant la direction des opérations, il me présenta ses deux compagnons : Newman, dit « Sergent », du *News* de Chicago, un bel homme d'environ trente ans aux grands yeux bleus. L'autre, qui arborait un sourire figé et me fixait d'un regard avide derrière ses verres épais, lança brusquement sa main en avant tel un automate au moment où l'autre prononça son nom : Claude Aubry.

– Bonjour, fit-il.

– Bonjour.

Nous nous serrâmes la main : pas de doute, c'était un Français.

Selmer devait avoir honte, faute d'argent, de se voir obligé d'accepter d'une femme qu'il ne connaissait pas une invitation à déjeuner, car il ne cessait de répéter qu'il attendait un mandat.

– Nous sommes des gens tout à fait convenables, vous savez : je suis du Milwaukee, précisa-t-il.

– Eh bien, nous sommes presque voisins, je suis d'Evanston. Y a-t-il plus convenable ?

– Allons donc déjeuner, intervint Miriam.

Sur le chemin du Vieux-Port, elle me chuchota dans l'oreille :

– Tu vois, qu'est-ce que je te disais ? Ils ne sont pas mignons ?

J'acquiesçai.

Le déjeuner se passa très bien. Le vin rouge et la bouillabaisse nous firent bientôt abandonner les quelques réserves que nous avions. Assis au soleil, face à la nuée de petits bateaux amarrés dans le port, nous bavardions à qui mieux mieux. Très vite, il s'avéra que nous partagions le même avis sur les questions essentielles : la guerre, l'armistice et la nécessité de continuer le combat. Notre texte devait avoir été écrit par avance car, comme dans les expositions classiques au théâtre, nous donnions les traits pertinents de notre caractère, remontions dans notre histoire, faisions état de nos croyances. Nous n'allions pas tarder, pour sûr, à nous retrouver dans les fils d'une intrigue compliquée.

Robert Selmer, après Dartmouth, avait obtenu un travail dans la presse britannique et avait été nommé envoyé spécial en Europe centrale. Hitler avait déjà commencé à occuper les territoires voisins. En tant que jeune journaliste, Selmer avait suivi de près la situation politique et rapidement compris les méthodes et les aspirations de la machine nazie. Quand l'Angleterre et la France déclarèrent la guerre à l'Allemagne pour défendre la Pologne, il pensa que quelqu'un allait enfin réagir. Peu après, il s'engagea dans la Légion étrangère.

Quant au sergent Newman, ce n'était pas la même histoire. Son travail au *News* de Chicago l'ennuyait, et il avait toujours rêvé d'être soldat. Claude nous assura d'un ton sarcastique que Sergent les avait rejoints parce qu'il avait lu le roman *Beau Geste*.

Le déjeuner se prolongeait et, quand deux ou trois cadavres se retrouvèrent cul par-dessus tête dans le seau à glace, Miriam et moi nous mîmes à raconter nos histoires à notre tour. En nous écoutant, Selmer caressait sa barbe et cela lui donnait un air de sage à l'ancienne mode qui inspirait confiance. Il déclara qu'il ne raserait pas sa barbe en souvenir de son année de service en France.

– Mais oui on l'aime, la touffe ! Vive notre touffu ! s'écria Miriam d'une voix suraiguë en levant son verre.

Nous reprîmes tous en chœur, légèrement éméchés : *Vive La Touffe !* Ce surnom lui resta.

– C'est tout ce qu'il me reste de la bataille de France.

Le mot *bataille* fit exploser Sergent :

– « Bataille » ? répéta-t-il. Une fichue retraite, oui, au son du clairon ! Souvent, je m'arrêtais et j'écoutais, attendant avec impatience qu'une fois, une fois seulement, le clairon sonne autre chose. Je t'en fiche, c'était reparti pour la retraite !

– Parfois ils sonnaient du clairon pour l'attaque et on n'était pas plus chauds pour autant, observa Claude.

Mais Sergent, décidément, était remonté. Il continua :

– Nous marchions, nous marchions, j'ai cru qu'on était à deux doigts d'y passer. Si l'on s'arrêtait au bord de la route pour faire une petite pause, un salaud d'officier venait vous enfoncer le canon de son fusil entre les côtes et il fallait continuer à marcher.

– C'était marche ou crève, renchérit Claude : la devise de la Légion. Dans le désert, si vous faisiez une petite halte, on continuait sans vous et vous vous retrouviez rapidement transformé en macchabée ; si le soleil ne vous tuait pas, ces dames bédouines s'en chargeaient. Elles vous découpaient en rondelles en commençant par les meilleurs morceaux.

Ce disant, il prit deux figues mûres dans le compotier, les tint délicatement entre ses doigts et fit doucement pivoter son poignet. Puis il perça l'une d'elles de sa fourchette et l'introduisit dans sa bouche.

– Vous les gars, vous n'avez rien vu ! Le service en Algérie, c'était quelque chose ! dit-il avec un sourire entendu tout en mâchant sa figue.

Le spectacle en valait la peine.

– En tout cas, poursuivit Sergent, j'ai traversé à pied la moitié de la France dans le mauvais sens, sans jamais m'arrêter. J'ai marché, marché à n'en plus finir. Je ne pensais pas que la marche pouvait être quelque chose d'aussi exécrable. Mes jambes étaient à vif, mon pantalon moite de sang.

– Et les miens de merde ! – Claude agita sa main devant le visage de Sergent comme pour en chasser l'air chaud du désert. T'as rien vu, j' te dis, rien !

– Tais-toi, Raymond… je veux dire… Claude, lui enjoignit La Touffe. Sergent sait de quoi il parle ! C'était une retraite d'enfer. Tu as échappé au pire.

Ainsi Claude n'était pas avec les deux autres. Il ne nous expliqua pas pourquoi il avait rejoint la Légion et ne souhaitait pas qu'on lui posât de questions. Mais pourquoi donc l'appelaient-ils Raymond ?

Nous décidâmes d'aller au zoo et nous retrouvâmes bientôt sur le boulevard Longchamp, cheminant sous la voûte fraîche et verdoyante des grands platanes.

J'achetai un journal et me mis à en lire tout haut quelques extraits.

– Écoutez ceci : « Nous, Philippe Pétain, maréchal de France, ordonnons… » – vous savez, cette vieille chèvre a plus de pouvoir que Louis XIV. Et il est encore plus à droite.

Je continuai à lire mes nouvelles. Il y avait un long article qui attaquait les francs-maçons et toutes les sociétés secrètes sans exception. Les Juifs polonais étaient pris dans des rafles à Paris. L'éditorial ajoutait que Vichy ferait bien d'en faire autant, précisant que les Juifs français, eux, ne seraient pas importunés.

Sur le front militaire, continuai-je à lire, les aérodromes britanniques avaient été sérieusement endommagés. Soixante-dix mille tonnes de chargement maritime dans un convoi au large de Plymouth avaient été détruites.

Je demandai à Claude où il se trouvait pendant la bataille de France. La Touffe et Sergent, qui avaient déjà entendu l'histoire, marchaient devant nous avec Miriam.

– J'étais dans une autre unité, mais deux gars et moi, nous avons été séparés du reste du groupe. Nous devions aller vers le sud, seuls…

Il raconta la suite de l'histoire en français. Claude était parti avec la 13e demi-brigade qui avait été envoyée à Narvik, en Norvège, au mois d'avril. Jusque-là, il avait servi sous l'uniforme de la Légion à Sidi bel-Abbès en Algérie. Là-bas, me confia-t-il, l'entraînement était dur, très dur. Au début on leur faisait faire quinze kilomètres par jour dans le désert, chargés comme des mules, et à la fin quarante-cinq. Malheureusement, ajouta-t-il, à ce moment-là il n'y avait pas à se battre contre les Arabes, aussi avait-il été affecté à la construction des routes ; creuser et pelleter sous le soleil brûlant, c'était tout ce qu'on trouvait à leur faire faire.

C'était assurément bon pour les muscles, mais ça vous rendait un homme fou à lier. Et discipliné… Mais quelle discipline ! On avait intérêt à obéir, à se soumettre, sinon… ça ne rigolait pas. S'il ne pliait pas facilement l'échine au début, il avait bien été obligé d'apprendre à le faire. Aussi, quand la guerre éclata, tout homme digne de ce nom ressentit des démangeaisons dans les jambes et observa une conduite exemplaire afin d'être choisi. En vain. Rien ne se passait. Pendant tout le temps que dura la drôle de guerre, ils construisirent des routes. Enfin au printemps, quand ils entendirent qu'une expédition devait avoir lieu, pratiquement tous les hommes de la Légion se portèrent volontaires. Il fut parmi les chanceux : on le choisit.

On leur distribua des vêtements chauds et des bottes, et ils prirent le bateau pour l'Angleterre. Ils devaient être envoyés en Finlande, mais la Finlande plia avant qu'ils eussent le temps de se mettre en route. Ils passèrent quelques jours en isolement à Liverpool, puis partirent pour la Norvège. Avertis par l'Intelligence Service des vues d'Hitler sur la Norvège, qui lui donnerait accès à l'acier suédois, les Alliés décidèrent d'y arriver avant lui.

Claude me raconta qu'il n'avait jamais eu aussi froid de sa vie ; du Sahara au cercle Arctique, même en avril, il y avait un drôle d'écart. Des montagnes de neige et de glace recouvraient les fjords. Les troupes britanniques étaient arrivées les premières ; avec l'aide de la Royal Navy, ils avaient pu pousser les Allemands jusqu'à la frontière de la Suède.

– Nous avons perdu beaucoup d'hommes. Nous perdons toujours beaucoup d'hommes.

– Comment cela se fait-il ? demandai-je.

– C'est parce que la Légion est toujours envoyée combattre aux endroits les plus difficiles, et que les ordres sont la plupart du temps : « On ne bat pas en retraite ! » Les légionnaires sont presque toujours célibataires – pas de famille, pas d'attaches. Nous affrontons les pires dangers en criant : « Vive la mort ! » … J'ai perdu dans cette bataille de nombreux amis, de nombreux camarades. Là-haut… les Allemands ne faisaient pas de quartier.

Il s'arrêta et me jeta un coup d'œil. Ses lèvres étaient contractées.

– Au bout d'un certain temps, on a fait la même chose. Plus de prisonniers !

Nous marchâmes en silence pendant un moment. Comment peut-on tuer un homme qui a les mains en l'air ? Je n'avais jamais eu semblable conversation de ma vie. Je n'avais jamais rencontré un homme aussi jeune ayant eu un commerce aussi intime avec la mort.

A présent nous émergions de dessous notre sombre dôme de feuillages et débouchions dans une grande place inondée de soleil. Le palais Longchamp, tout en marbre, se dressait devant nous, dominant ses vastes fontaines étagées.

J'avais décidé de ne pas me presser en montant les marches de l'escalier en fer à cheval, si bien que tout le monde nous dépassait et que Claude me tirait de temps en temps par la main.

Nous atteignîmes enfin le haut de l'escalier, franchîmes un petit pont, et bientôt nous arrivâmes au jardin zoologique. Sur des bancs, à l'ombre des arbres, en petits groupes, des vieilles femmes bavardaient ; à l'écart, des vieux étaient assis seuls, silencieux. Bref, on se serait cru dans un petit zoo de n'importe où.

Après avoir passé en revue tous les enclos des animaux, nous nous installâmes au *Café de la Girafe* devant des bières et des glaces. Claude poursuivit son histoire ; à quelques mètres de nous, derrière la barrière de son enclos, une girafe nous observait à travers ses longs cils.

La grande bagarre avait commencé en France, aussi les Alliés avaient-ils tous retiré leurs troupes de la Norvège. La Légion débarqua à Brest le 17 juin, alors que l'armée était en déroute et le pays en plein chaos. Quand son colonel, Magrin-Verneret, apprit que Pétain avait demandé l'armistice, il prétendit n'avoir rien entendu. « On avance ! » ordonna le colonel. Mais, ne tardant pas à se rendre compte que la situation était désespérée, il rassembla ses hommes autour de lui.

A ce point de son histoire, Claude se leva d'un bond, se dirigea vers la barrière et se campa dans une pose héroïque devant le quadrupède au long cou. Il leva un bras et, comme s'il s'adressait à ses troupes :

– Légionnaires, nous avons une longue tradition de désertion.

Alors désertez ! Nous avons également une longue tradition de débrouillardise. Alors magnez-vous le cul, filez ! Débrouillez-vous. Rendez-vous à… Merde ! J' connais pas Londres… Piccadilly Circus… Filez, maintenant. Foutez le camp. Piccadilly Circus… Vive la France !

Claude baissa les bras :

– J' le jure, j'y arriverai, à Piccadilly Circus !

Une replète ménagère qui poussait un landau devant elle s'était arrêtée pour regarder le spectacle.

Subitement, La Touffe donna l'alerte :

– Allons, ça suffit maintenant. Pas de propagande gaulliste en public !

Claude et moi nous retirâmes dans un coin plus isolé. Je l'invitai à continuer son histoire.

Après la harangue du colonel, les légionnaires se dispersèrent, mais Claude ne put atteindre un seul port de la Manche : l'armée allemande s'interposait entre la mer et lui. Aussi traversa-t-il le pays avec deux autres copains pour rejoindre la Légion au fort Saint-Jean à Marseille.

– On a ramassé un sacré nombre d'armes en Bretagne, des mitrailleuses, des mortiers, de pures merveilles… On les a bien graissées – il fit mine de tenir les armes amoureusement entre ses mains et de les caresser. Puis on les a enveloppées dans un linge huilé et on les a enterrées. Les Boches ne les trouveront jamais, mais un jour, moi je les trouverai. Et je m'en servirai – joignant le geste à la parole, il fit « ratatata » comme un gamin qui joue à la mitrailleuse. Et puis, ajouta-t-il, mes deux amis et moi, on a gardé des mitrailleuses, histoire de canarder un peu sur notre chemin !

– Vous voulez dire que vous avez tiré sur des soldats allemands ?

– Exactement. Juste pour s'amuser. Rien de bien sérieux !

Je n'ai pas osé lui demander s'il en avait tué. Je suis peut-être incohérente, mais pour moi, les cadavres quels qu'ils soient, même allemands, salissent l'image de la gloire.

En quittant le jardin zoologique par une porte latérale, je me rappelai soudain que j'avais laissé mon manteau au *Café de la Girafe*. Je dois perpétuellement m'excuser de ce genre d'étourderie et je me sentais stupide. C'est terrible d'être aussi distraite, d'oublier tout n'importe où. Mais Claude ne me laissa pas bredouiller plus longtemps des excuses : d'un bond il courut jusqu'au café et revint une minute plus tard déposer avec délicatesse le vêtement sur mes épaules.

– Vous voyez, ce n'était pas un problème, me dit-il.

Il était très réconfortant.

En redescendant le boulevard Longchamp, pour le faire sourire en même temps que pour me placer dans une lumière avantageuse, je lui racontai mon retour à La Bourboule en wagon de marchandises pour récupérer Dagobert. Après m'avoir accordé que Dagobert était décidément un compagnon tout à fait exceptionnel, Claude se baissa vers lui et détacha sa laisse.

– Au pied ! Au pied, maintenant, brave toutou !

– Mais c'est mon chien !

– Je n'aime pas voir mes compagnons enchaînés. Regardez comme il a l'air heureux ! dit Claude.

Son sourire poli, un peu crispé du début de la journée s'était épanoui. Il semblait plus à l'aise, moins sur ses gardes. Parfois, quand les autres parlaient, il avait une façon de regarder chacun à tour de rôle, comme s'il soupçonnait que nous lui cachions quelque chose. Il avait certainement une expérience des choses de la vie bien différente de celle que je pouvais avoir, ou que pouvait avoir quiconque, d'ailleurs.

Comme nous continuions à parler français, je lui fis observer à quel point il ne s'exprimait pas de la même façon dans les deux langues.

– Que voulez-vous dire ?

– Eh bien, voyez-vous… vous utilisez un français très correct, fort convenable…

– Ah oui, et mon anglais ?

– Votre anglais, c'est-à-dire que… votre anglais est un peu rude, par moments.

Il rit, d'un rire gêné, et répondit :

– Vous avez parfaitement raison ! J'ai commencé à vous parler en français : je me surveillais. Et puis, j'ai entamé le chapitre de mes voyages, et là…

Il s'arrêta de parler, rougit légèrement, tel un petit garçon, et me regarda avec gratitude, tout heureux que j'aie remarqué qu'il n'était pas si fruste que cela, le légionnaire qui ne faisait pas de prisonniers et qui comprenait Dagobert mieux que moi.

Nous retournâmes tous les cinq au centre-ville, où, entre-temps, les lumières s'étaient allumées. Nous empruntâmes l'étroite rue Thubaneau, sans cesse délogés du trottoir par le flot des passants qui venaient en sens inverse. Nous nous installâmes pour dîner dans un petit restaurant sans prétention nommé *Le Phocéen*. Il restait une table de libre dehors. Il soufflait une petite brise de mer, et j'étais bien contente d'avoir mon manteau sur les épaules. Les trois hommes étaient passablement mal habillés, à peine un cran au-dessus de mes deux officiers anglais de la semaine précédente. Le seul vêtement présentable et un peu distingué était le gros pull de La Touffe, qu'il ne cessait de balayer de la main, chassant la moindre miette ou particule de nourriture qui avait le malheur de souiller sa douillette perfection.

Au milieu du repas, Miriam demanda :

– La Touffe, où avez-vous trouvé ce pull magnifique ? Je suppose que c'est un vrai pull norvégien tricoté à la main ?

– C'est Raymond, je veux dire Claude, qui me l'a donné. Il l'avait pris à un Allemand… enfin… sur le cadavre d'un Allemand.

– Le Fritz, lui, l'avait sûrement pris sur le cadavre d'un Norvégien, précisa Claude.

Encore des histoires de cadavres… Je demandai de but en blanc :

– Votre prénom, finalement, c'est Claude ou c'est Raymond ?

Les hommes échangèrent des coups d'œil éloquents et « Claude » répondit sans conviction qu'il avait deux prénoms, tout comme Mary Jayne ou Jean-Jacques Rousseau.

– La belle histoire ! répliquai-je.

Après nous avoir fait jurer le secret à Miriam et à moi, les hommes nous avouèrent finalement que le vrai nom de Claude était Raymond Couraud, et qu'il s'était engagé comme soldat de métier dans la Légion pour une durée de cinq ans. Quand il avait rencontré La Touffe et Sergent à Marseille et appris qu'ils allaient en Angleterre, il avait décidé de les suivre.

– Ce putain de gouvernement de Vichy veut me renvoyer en

Algérie pour que je reste assis sur mon cul ou que je construise des routes, ou encore pour que je tire sur les Anglais. Qu'il aille se faire voir !

– Mais alors, Claude, pardon, Raymond, vous êtes en absence illégale et vous n'avez pas de papiers !

– Ce n'est pas tout à fait vrai. J'ai des papiers en règle.

Le jour où Sergent et La Touffe devaient partir, il était allé dans le bureau du capitaine en l'absence de celui-ci, s'était fabriqué ses propres papiers au nom d'un certain Claude Aubry, et les avait visés du sceau officiel.

– Ç'a été fait en deux temps trois mouvements, ça on peut le dire, fit-il en frappant la table.

Étonnée par cette révélation, je me mis à poser des questions. Ils durent bien finir par admettre qu'un garçon de son âge, s'il ne pouvait se dispenser de produire à la demande tous les justificatifs de sa situation au regard de l'armée, s'exposait en contrepartie, pour le cas où il se ferait pincer comme déserteur et détenteur de faux papiers, à tomber sous le coup d'un double délit.

– Ouais, d'accord, ce serait un peu grave, mais t'en fais pas, la môme, j'y arriverai, en Angleterre, et j'reviendrai, ne l'oublie pas.

Il se carra dans son siège et, redressant sa tête aux cheveux taillés en brosse, prit un air de défi.

– Au moins vous, vous avez confiance en vous, je dois vous rendre cette justice ! lui dis-je.

– Encore heureux, que je me fasse confiance. Sans ça, je pourrais compter sur qui ? Je n'ai que ma pomme dans la vie. Personne qui me soutienne. Je le ferai, je dois le faire.

Raymond me tendit mon verre.

– Allez, chérie, bois ! Tout ira bien. Ne t'inquiète pas, tout se passera bien pour moi, dit-il en me tapotant amicalement le dos.

– A la victoire ! dit Sergent.

Nous fîmes cul sec.

Nous formions déjà une belle équipe. La chance – et Miriam – nous avait fait nous rencontrer tous les cinq cet après-midi-là à Marseille, en plein mois d'août. La bataille d'Angleterre était en cours. Les troupes allemandes se massaient dans les ports de la Manche, prêtes à donner l'assaut final. Le monde se dirigeait vers un destin dont il n'avait pas la moindre idée, et nous étions les témoins anxieux de ces moments décisifs. D'une certaine façon, nous étions heureux d'être là, à savourer les périls et les incertitudes des temps.

Quand nous sortîmes du *Phocéen*, Miriam s'aperçut qu'elle avait manqué le dernier tram, aussi les trois hommes s'offrirent-ils à la raccompagner chez elle, de la rue Paradis jusqu'à l'*Hôtel Paradis Bel-Air*. J'étais contente d'habiter à proximité.

Le problème, réfléchissais-je tout en me déshabillant dans ma chambre du *Continental*, était de faire sortir Raymond du pays – oui, Raymond et non Claude – avant que la police ne l'arrête comme déserteur.

Nous devions nous revoir demain tous les cinq. C'était une vraie rencontre que nous avions faite là.

IX

Nous devînmes bientôt inséparables. Nous nous retrouvions tous les cinq à l'heure du déjeuner et restions ensemble jusqu'à une heure avancée de la nuit. Nous ne dînions presque jamais dans le même restaurant : La Touffe pensait qu'en se déplaçant souvent Raymond courait moins de risques d'être reconnu et arrêté par la police militaire. Il est vrai que trois hommes de belle stature accompagnés de deux jeunes filles blondes, une grande et une petite – les cinq parlant anglais, et par-dessus le marché escortés d'un petit chien noir – avaient du mal à passer inaperçus.

Nous faisions des excursions dans les environs de la ville ou bien, pour changer, fréquentions les nombreux bars et cafés du centre-ville qui bordent le cours Belsunce et le boulevard Garibaldi, lieux très animés. C'était cependant le Vieux-Port qui nous attirait irrésistiblement. D'une façon ou d'une autre, nos pas commençaient ou finissaient toujours sur les quais. Attirés par la grande statue dorée de la Vierge, nous grimpions le haut piton rocheux pour présenter nos respects à Notre-Dame-de-la-Garde. Les Marseillais l'appellent la Bonne Mère parce qu'elle protège du danger les marins partis en mer. Un jour, nous traversâmes le célèbre pont transbordeur, un cauchemar de structure en acier de la fin du XIXe siècle qui à cette époque enjambait le port, gâchant l'une des plus belles vues du monde. Un autre jour, nous louâmes une barque et plongeâmes dans l'eau, les uns en caleçon, les autres en soutien-gorge et slip, dans la plus totale inconscience de la pollution.

Sur une hauteur, au bout du quai du Port, s'étendait la vieille ville. De l'extérieur, elle ressemblait à toute vieille ville méditerranéenne, à savoir un dédale de ruelles étroites qui descendaient vers le front de mer. Mais la vieille ville de Marseille avait quelque chose de spécial. On disait que ce réseau extérieur de ruelles et d'allées recouvrait tout un labyrinthe intérieur : portes abattues entre des maisons attenantes, passages secrets pratiqués dans les soubassements reliant des salles cachées, des cryptes et des petits entrepôts, autant de lieux qui n'étaient mentionnés sur aucun plan de la ville ; dans cette caverne d'Ali Baba étaient entreposés des butins variés : des billets de banque, des bijoux, des barres d'or dûment poinçonnées par la Banque de France, l'inévitable « coco », comme on appelait la cocaïne, un Renoir retrouvé par hasard ; là également, un homme en fuite, s'il avait la chance d'avoir de bons contacts, pouvait se planquer pendant des semaines ou des mois jusqu'au moment où le temps venait pour lui de ressortir de l'autre côté de la colline, de descendre à toute allure jusqu'aux docks modernes et de sauter dans un cargo en partance pour l'Afrique ou le Nouveau Monde. Plus tard, le bruit courut que, parmi les têtes coupées qui apparurent dans les égouts de Marseille, un grand nombre furent retrouvées dans la vieille ville. La police elle-même rechignait à pousser trop loin ses enquêtes.

Un jour, comme nous nous promenions sur le quai du Port, je déclarai que j'avais toujours été curieuse de visiter la vieille ville, mais que je n'avais jamais osé m'y promener toute seule. A cela, Sergent me répondit, avec un petit mouvement avantageux des épaules, qu'avec eux je serais parfaitement en sécurité. Il ne nous resta plus qu'à enfiler l'une des ruelles obscures pavées de grandes pierres plates. A peu près tous les deux pas, nous montions une petite marche. Devant nos yeux, tout en haut de la montée, un mince rectangle lumineux semblait nous faire signe, telle la lumière qui brille au bout du tunnel. Dans un caniveau creusé au milieu de la rue s'écoulait un filet visqueux d'eaux usées. Raymond remit Dago en laisse et continua à monter, rasant les murs. Au-dessus de nos têtes flottait le linge familial vivement coloré, chemises, culottes, lainages de bébé. Des enfants jouaient dans les rues et, sur le pas de leurs portes, de vieilles femmes tricotaient, assises sur des chaises en bois. Vers sept heures quelques prostituées apparurent, tortillant les hanches sur le chemin de leur travail.

Plus haut, nous arrivâmes sur la place des Moulins, pareille à toutes les places de village de Provence, avec son café et sa terrasse ombragée de platanes. Nous montâmes jusqu'en haut de la colline, qui offrait une vue imprenable sur le bassin de la Grande Joliette, celui de la gare maritime, et sur tous les autres bassins qui s'étendaient vers l'ouest à perte de vue. Dans les docks il y avait des barriques, des cageots de toutes sortes et de grands tas de charbon. Par-ci par-là, une grue déversait son contenu dans la soute d'un steamer. Ainsi le blocus britannique n'était qu'un vain mot. Il y avait, comme le fit remarquer La Touffe, de beaux restes en matière de trafic entre la métropole et les colonies africaines.

Après nos vagabondages de la journée, le soir après le dîner nous nous installions à la table d'un café pour prendre une bière. Miriam se retrouvait toujours devant un formidable, impressionnant verre de forme conique de pas moins d'un pied de hauteur. Tôt ou tard retentissaient dans le café des chansons françaises de corps de garde. Nous en réunîmes un sacré répertoire, mais malheureusement je chantais faux.

Nous finissions la soirée chez moi, à l'*Hôtel Continental*, pour écouter les dernières nouvelles de Londres à la BBC. La petite chambre que je considérais à l'origine comme de troisième catégorie nous servit finalement de quartier général. Profonde et étroite, avec ses fenêtres à la française ouvrant sur un minuscule balcon, la pièce était sombre même en plein jour.

Un vieux lit aux montants de cuivre occupait un angle tout au fond de la pièce. Sur la table de nuit il y avait une petite lampe garnie d'un abat-jour rose, sur laquelle, dès le lendemain de mon installation, j'avais substitué à l'ampoule de trente watts dont elle était munie une de soixante. Une sinistre suspension centrale à réflecteur en forme d'assiette creuse renversée fournissait le reste de la lumière. Les autres pièces du mobilier consistaient en une grande armoire, deux fauteuils à dossier droit et une table basse en bois clair de style suédois contemporain. Un papier peint gris-bleu à fleurs – d'espèces non reconnaissables – d'un style vaguement géométrique tapissait les murs. Miriam, en experte, les décréta « fleurs d'hôtel » héritées des années vingt.

La salle de bains était pourvue d'une baignoire en porcelaine à pattes de griffon ; quant aux toilettes, elles possédaient une chasse d'eau suspendue au-dessus de la tête, garnie d'une vraie chaîne qu'on tirait.

Pour modeste qu'elle fût, quand tous les cinq y pénétrions ensemble, cette petite chambre n'en devenait pas moins notre foyer. Nous nous répartissions dans la pièce. Je m'arrangeais en général pour m'installer à la tête du lit, appuyée sur mes oreillers. Je revois La Touffe étendu de tout son long au pied du lit et Miriam juchée quelque part, entre nous deux. Raymond, quant à lui, préférait rester debout. Il allait et venait, tandis que Sergent tournait en rond.

Je conservais dans l'armoire une bouteille de whisky et une autre de vin rouge en prévision des soirées qui se prolongeraient. Nous passions sans cesse d'une station à une autre, entre Radio-Paris et la station officielle de Vichy, en attendant le bulletin de la BBC d'une heure du matin.

La semaine précédente, Hitler avait intensifié ses attaques aériennes en Angleterre. Ce 13 août, Radio-Paris nous annonçait qu'il avait baptisé cette journée *Adlertag*, « jour de l'Aigle », en honneur de la Luftwaffe, qui était sur le point d'entreprendre l'assaut final sur l'Angleterre. Le speaker enchaîna. Le maréchal avait demandé à ses compatriotes d' « accepter l'inévitable ». Il avait proclamé la « révolution venue d'en haut » et annoncé le renvoi de certains « Français récemment naturalisés qui s'étaient glissés dans l'administration » – référence évidente aux Juifs. Ensuite on diffusa le communiqué allemand suivant :

« Les avions de combat allemands ont bombardé les installations portuaires de Plymouth. Sur l'estuaire de la Tamise un convoi britannique de 17 000 tonnes a été coulé. Les usines d'aviation, Crewe, les ports de Cardiff et de Bristol ont été attaqués. Les pertes ennemies s'élèvent à quatre-vingt-dix avions et à huit ballons de barrage de la DCA. Vingt et un avions allemands ont disparu et trois ont été abattus par les rafales antiaériennes. »

Nous attendions anxieusement les nouvelles de Londres. Finalement elles nous parvinrent, à peine audibles : « Ici la France. Cinquantième jour de l'occupation allemande. » Le speaker critiquait les positions du maréchal Pétain. Il défendait Georges Mandel, un Juif, poursuivi devant les tribunaux et passible de la peine de mort comme l'un des responsables de la guerre et de la défaite de la France.

Enfin nous parvint le dernier communiqué du ministère de l'Air :

« Au cours des batailles qui se sont livrées sur les côtes anglaises aujourd'hui, vingt-neuf avions ennemis ont été abattus à la suite d'un âpre combat. Au total, on estime à une cinquantaine le nombre d'appareils ennemis engagés dans la lutte. Ils se dirigeaient en trois vagues successives sur Southampton et Portsmouth qui se sont heurtées à chaque fois à des patrouilles de Spitfires et de Hurricanes du Royal Fighter Command, le haut commandement des pilotes de chasse. Ces derniers ont détruit vingt-deux avions ennemis; parmi eux, neuf étaient des bombardiers du type Junker 87, cinq des bombardiers Messerschmitt 110, et huit des chasseurs Messerschmitt. »

Ces paroles laconiques élevaient nos cœurs comme jamais ne le fit aucun hymne patriotique. Nous émettions cependant des réserves, car les deux camps mentent toujours, en temps de guerre. Après un long débat nous nous accordâmes finalement sur les deux faits suivants : (a) étant donné que les deux côtés devaient mentir, c'étaient les Allemands qui devaient mentir le plus, (b) les Anglais tenaient bon. Quant au vrai chiffre des pertes du jour des deux armées, il demeurait un mystère.

Le soir, nous nous rassemblions autour de la boîte magique qui allait changer les idées et remonter le moral en zone occupée. En dépit du brouillage, les messages passaient. Maintenant c'étaient des exhortations au courage; plus tard, bien plus tard, ce seraient des directives.

Le jour, c'était différent. Nous étions un peu comme des lycéens en vacances – en congé de guerre et de désastre, je veux dire. Miriam et moi appréciions d'être escortées de compagnons aussi séduisants que nos trois légionnaires et, manifestement, c'était réciproque.

En ce qui concernait Sergent, il s'accommodait mal de la réalité. Aussi, dans son imaginaire, n'avait-il pas quitté l'uniforme. Un jour que, sur le chemin de la Canebière, nous étions emportés par la foule, nous dûmes jouer des coudes pour finir par nous mettre tous les cinq en file indienne si nous voulions avancer, fût-ce en zigzaguant entre les passants. Sergent, qui était juste derrière moi, me glissa :

– Vous savez, ça ne se passerait pas comme ça si nous étions en uniforme ! Moi, je peux vous le dire, quand on voit un légionnaire, on s'efface devant lui !

Dans mon esprit, je vis Sergent tel qu'il aimait à se représenter lui-même, descendant l'avenue à grandes enjambées, l'œil bleu sous son blanc képi, le regard droit fixé loin devant lui, un vrai mâle enfin. J'ai dû me retenir pour ne pas rire de lui, même sous cape.

– Eh bien, dites donc, ce doit être quelque chose ! fis-je.

– C'est qu'un légionnaire impose le respect, voyez-vous bien. Et avec vous à mon bras… Les gens se tiendraient à une distance respectueuse, j'aime autant vous dire.

Après le déjeuner ce jour-là, à défaut de faire quelque chose de plus intéressant, nous cheminâmes jusqu'à la place Castellane, où une grande dame de marbre, allégorie patriotique et drapée, surmonte un haut pilier au centre d'une pièce d'eau. Elle nous tournait le dos, les bras levés dans un geste conjuratoire, comme pour repousser les hordes de barbares qui à tout moment pourraient dévaler des lointaines montagnes de calcaire. Ce n'était pas une belle statue, à proprement parler, mais avec son côté colossal et emphatique elle ne me déplaisait pas.

Un tramway surgi de nulle part, sur le flanc duquel était inscrite la destination « Avenue du Prado, Plage du Prado », déboucha en cahotant sur la place. Nous sautâmes dedans, direction la mer.

Au terminus, nous descendîmes du tram. Nous étions heureux de marcher pieds nus sur le sable, la mer nous éclaboussait, et nous faisions des ricochets. Les cailloux de Miriam et les miens faisaient de lamentables ploufs, mais ceux de La Touffe et de Raymond ricochaient sans fin à la surface de l'eau calme. Les maisons se raréfiaient et leur aspect devenait plus modeste au fur et à mesure que nous avancions. Nous fîmes halte devant une cabane où l'on vendait de la bière et des casse-croûte, puis nous continuâmes sur quelques mètres le long de la plage déserte et finalement nous nous assîmes en cercle serré.

Il était temps de parler de choses sérieuses. Les hommes devaient décider de la façon dont ils allaient quitter le pays. Sergent et La Touffe, qui pouvaient, eux, sortir légalement, avaient l'intention de rester avec Raymond et de suivre le chemin qu'il prendrait.

Raymond préférait fuir par la mer. « Si seulement je pouvais trouver une petite barque de pêche… » disait-il. Finalement la vérité apparut : Raymond connaissait une douzaine de légionnaires qui souhaitaient déserter et qui viendraient avec lui s'ils en avaient l'occasion.

Nous essayâmes tous de battre en brèche son argument. Nous le persuadâmes qu'il valait mieux que l'opération fût aussi discrète que possible. La Touffe fit remarquer que la Légion était pleine d'Allemands et que certains de ces hommes pourraient être des taupes formées par les nazis.

– Mais ce sont mes amis, bon sang de bon Dieu, mes amis ! Nous avons fait la Norvège ensemble. Aucun d'eux ne me trahirait ! Un Allemand n'est plus un Allemand, quand il est dans la Légion. Vous le savez très bien, insista Raymond.

Il s'accroupit, se balançant d'avant en arrière sur le sable, mordant sa lèvre inférieure, s'efforçant de garder son contrôle. Soudain il se leva et resta debout à nous regarder ; il tenait dans une main deux fines baguettes qu'il avait ramassées sur le sable.

– Espèces de vieilles toupies de mes deux, grommela-t-il en lançant les baguettes à la figure de Sergent, retournez à vos tricots de merde !

Là-dessus, il s'éloigna.

La Touffe nous assura que ces paroles ne voulaient absolument rien dire. Raymond était toujours sombre et de caractère difficile quand il ne savait pas comment s'en sortir. Sergent, qui n'avait guère pris part à la conversation jusque-là, suivit Raymond des yeux, ramassa les deux baguettes et, les plantant pensivement dans le sable :

– Où a-t-il appris à parler comme ça ?

– Il a dû avoir une carrière très variée, je suppose. Cette espèce de charabia ressemble à du jargon de petite crapule de cinéma, du style Paul Muni dans *Scarface*. Ce mec est tout à fait capable de massacrer la langue anglaise. C'est un vrai tueur, résuma La Touffe.

Je levai les yeux et vis le « tueur » s'éloigner à pas lourds dans le sable brûlant. Cette scène aurait très bien pu se passer en plein Sahara. Il tenait dans une main trois bouteilles de bière plus un sac en papier rempli de verres, et dans l'autre un bol d'eau pour son ami Dagobert.

– Vive le tueur ! criai-je, imitée par Miriam.

– Quoi, qu'est-ce qu'il y a ? demanda-t-il.

– Raymond, les filles disent que tu massacres la langue anglaise. Nous allons t'appeler Killer, lui dit La Touffe.

– Oh, très honoré, très honoré – il revint vers nous, et nous tendit les bouteilles de bière. Moi je n'ai pas appris l'anglais dans une *pension* de jeunes filles !

– Dans un *pensionnat* de jeunes filles, rectifiai-je.

– Où seriez-vous, les gars, si je parlais français ? Moi, je veux bien…

– Nous ne serions nulle part, grommela La Touffe. Assieds-toi.

Le débat à propos de l'évasion de Raymond reprit. Finalement Sergent, après un long silence, énonça solennellement :

– Je suis d'accord avec Raymond : nous devrions au moins examiner toutes les possibilités.

Raymond fit volte-face et regarda Sergent avec surprise.

– Ah tu parles, maintenant ? C'est pas trop tôt, espèce de salopard !

Les deux nouveaux complices nous convainquirent bientôt que le bateau était une solution possible, à condition que nous puissions en trouver un. Je demandai si parmi « ses hommes », comme il les appelait, il y en avait un qui savait naviguer.

– Moi ! répondit Killer.

Un petit sourire satisfait erra sur ses lèvres, il haussa le menton et ses narines se dilatèrent imperceptiblement. Derrière ses lunettes, son regard allait de l'un à l'autre, mesurant l'effet de sa déclaration.

– Je peux manœuvrer un bateau jusqu'à Barcelone, et même jusqu'à Valence, et pourquoi pas jusqu'à Gibraltar, si nécessaire !

Stupéfaits par cette déclaration inattendue, nous nous mîmes tous en même temps à lui poser des questions. Son petit sourire au coin des lèvres s'épanouit en un sourire normal quand il se mit à raconter son histoire.

Le père de Raymond était un aventurier et avait parcouru toutes les mers du monde. Enfant, Raymond vivait chez ses grands-parents paternels près de Bordeaux. Chaque fois que son père débarquait, de façon toujours impromptue, c'était Noël pour le petit garçon : il lui achetait de nouveaux vêtements, l'emmenait dans les bons restaurants, lui faisait faire de grandes excursions. Quand Raymond atteignit l'âge de sept ans, son père l'emmena en mer. Il lui apprit à tenir la barre et progressivement à conduire un bateau. Il sut bientôt naviguer.

– Mon père était un maître intransigeant. Mais cela ne me dérangeait pas. J'aurais fait n'importe quoi pour lui plaire.

Il s'arrêta. Il ne voulait plus parler de son père. Plus tard il me dit que celui-ci était parti un jour pour ne plus jamais revenir. Il avait probablement été tué en se livrant au trafic d'armes en Chine. Raymond se retrouva seul.

La Touffe et Sergent hochaient la tête en l'écoutant : son histoire était plausible. Il déclara qu'il avait sillonné la Méditerranée en long et en large, qu'il connaissait tous ses rivages, bref que la navigation n'avait pas de secrets pour lui.

– Que veux-tu dire par « j'ai sillonné la Méditerranée » ? Comment ça se fait, hein, comment ça se fait ?

– Eh bien, avoua-t-il enfin, je transportais des putains de Marseille jusque dans les bordels d'Alger.

Silence.

– Et maintenant s'il vous plaît, ne vous méprenez surtout pas. Ces filles étaient consentantes, totalement consentantes, de ce côté-là c'était réglo, mais c'était quand même un travail illégal et très risqué. Je n'étais qu'un petit voyou à qui on faisait faire le sale boulot, je prenais des risques, je me faisais baiser, quoi. On me prenait pour une bonne poire.

– Que voulez-vous dire ? demanda Miriam.

– Eh bien, le patron, il remuait le fric à la pelle, pendant que moi je perdais la boule. Je ramais, je ramais comme un fou, mais qu'est-ce que je pouvais faire d'autre, bon sang ? Pour sûr, je travaillais plus que je n'avais jamais travaillé de ma vie. Mais on me prenait pour un imbécile et cela me rendait dingue. Un jour, au large de la Méditerranée, je suis allé parler aux filles ; je n'étais certainement pas le premier à le faire. Je leur ai posé les questions banales, du genre comment ça s'était passé pour elles, comment elles en étaient arrivées là, est-ce qu'elles aimaient leur boulot, combien elles se faisaient. Elles m'ont dit qu'elles ne gagnaient pas beaucoup d'argent, parce que la mère maquerelle prenait plus de la moitié de la recette. Elles n'avaient vraiment pas eu de chance, ces filles, on était dans la même galère tout compte fait. Alors j'ai eu une idée. Je leur ai demandé si elles aimeraient travailler pour leur compte. « Un peu, qu'elles ont fait, et comment, qu'elles aimeraient, ce serait fabuleux », mais elles ne voyaient pas comment elles pourraient faire, puisqu'on allait les réceptionner sur le port d'Alger et qu'elles seraient ensuite surveillées de près. C'était effectivement comme ça que ça se passait. Je leur ai alors proposé de les débarquer dans un petit port juste à l'est d'Oran, au lieu de les débarquer à Alger ; qu'en disaient-elles ? Elles se sont mises à parler toutes en même temps : C'était formidable, absolument sensationnel ! Elles trépignaient de joie ! J'ai donc fait ce que je disais, et il fallait les voir exulter… Après elles ont été rudement gentilles avec moi. Oui m'sieur, parfaitement, elles ont été rudement gentilles avec moi.

Un sourire ravi flotta sur ses lèvres. C'était à n'en pas douter un fort heureux souvenir.

– Eh bien, Killer, fis-je en riant, vous êtes le boy-scout de l'année !

– C'est bon, c'est bon. Et maintenant, vous croyez que je pourrai trouver douze hommes pour Gibraltar ? Qu'en pensez-vous, hein ?

Killer avait un tel attrait pour l'aventure qu'il commençait à gagner mon cœur.

Son geste généreux envers les filles n'arrangea rien pour lui. Le patron eut rapidement vent de l'affaire et Raymond dut naviguer en toute hâte vers l'Égypte pour échapper à la vengeance de la bande. Au Caire il fila de justesse avant qu'ils l'attrapent.

– Tout mon argent était parti en fringues. J'adore les fringues. J'en avais deux malles pleines au Caire, que j'ai dû abandonner pour filer illico presto ! Vous auriez dû les voir, ces fringues. Ah, pour être élégant, je l'étais !

Il toucha d'un air dégoûté les vieux vêtements qu'il avait achetés après sa démobilisation sauvage.

Après Le Caire, il revint en France. Mais la bande le pourchassait toujours, à Paris, à Lyon, à Marseille. C'est la raison pour laquelle il s'engagea dans la Légion étrangère. Le pouvoir de la pègre s'arrêtait au seuil de cet asile.

Les jours suivants, La Touffe et Sergent obtinrent des cartes des côtes françaises et espagnoles. Comme le leur expliquèrent les marchands, il y avait eu une véritable ruée sur les cartes nautiques de ces côtes les mois précédents. Ils les cachèrent sous leurs matelas, dans leur modeste hôtel près de la gare Saint-Charles.

Raymond explora les ports voisins : d'abord le Vieux-Port, puis Cassis, à une vingtaine de kilomètres à l'est de Marseille, enfin Martigues, à même distance, mais à l'ouest. Les gens étaient réticents à l'idée de vendre un bateau à un jeune homme qui ne pourrait probablement pas sortir du port par les moyens légaux ; ils étaient sur leur garde et ne souhaitaient nullement être mêlés à des opérations d'évasion de dissidents. Vendeurs et acheteurs, à cette époque, devaient faire très attention.

Pendant ces quelques jours Miriam et moi prîmes l'habitude de nous retrouver dans l'après-midi au *Bar du Pélican*. Une fois, je la trouvai assise à une table en compagnie d'un légionnaire en uniforme.

– Je te présente Karl, me dit-elle.

– Bonjour, répondis-je, m'appliquant à bien prononcer le « r » final afin de passer pour une autochtone.

– *Ponchour*, répondit-il.

– *Nolus donnus meus nominus!* furent les mots qui me vinrent immédiatement aux lèvres.

Elle comprit aussitôt ma riposte macaronique : Ne lui donne pas mon nom !

– Quelle belle journée ! dis-je froidement, tout en m'asseyant et en commandant un café.

Karl s'excusa et nous quitta peu après que j'eus répondu deux fois par oui ou par non à ses questions.

– Vraiment, Miriam, tu ne devrais pas parler à un légionnaire étranger. Il pourrait donner Killer. Trois légionnaires, ça ne te suffit pas ? A moins que tu ne puisses pas résister à l'uniforme ?

– S'il te plaît, ne sois pas stupide. Karl est très bien. Je ne lui ai rien dit du tout, et puis ce n'est pas un espion, c'est tout simplement un homme seul.

– En tout cas, je reconnais qu'il est beau comme un dieu : « Il était grand, il était beau, il sentait bon le sable chaud, mon légionnaire… » tentai-je de fredonner.

– Mary Jayne, je n'en ai vraiment rien à faire, de son odeur. Tout ce que je sais c'est que Karl est très intelligent et très sensible.

– Alors tu as intérêt à limiter votre conversation à Rilke et à Brecht, lui répondis-je hargneusement.

Tandis que nous discutions, Sergent et La Touffe passèrent. Ils venaient de vérifier au consulat si leur argent était arrivé. Mais toujours rien. Nous partîmes rejoindre Raymond quai des Belges. Les nouvelles qu'il nous donna étaient encourageantes : il avait trouvé deux bateaux qui pourraient faire l'affaire, de solides chalutiers, à voiles et à moteurs auxiliaires. Il faudrait qu'il les vérifie sérieusement, qu'il s'assure qu'ils tenaient la mer et qu'il n'était pas tombé dans un traquenard.

En attendant le ferry pour le château d'If, une ancienne forteresse, Killer nous mit dans une ambiance de marins et, comme le constata La Touffe, c'était la seule façon sûre de sortir légalement du port. Nous passâmes sous l'horrible transbordeur par l'étroit canal flanqué du grand promontoire de Saint-Nicolas et de la base de la Légion étrangère du fort Saint-Jean, puis nous gagnâmes bientôt la mer moutonneuse.

La traversée jusqu'à l'île dura environ une heure. Raymond prenait des airs de vieux loup de mer, humant l'air marin, comme si cette simple excursion touristique était une grande aventure. Il engagea avec le charmant capitaine une conversation professionnelle et recueillit de précieuses informations sur les vents, les courants, et les patrouilles.

Le château d'If était une prison abandonnée depuis des temps et des temps qui n'était plus habitée maintenant que par les mouettes, par le gardien et la femme du gardien. Cela ne nous découragea pas pour autant et nous retournâmes tous à Marseille les poumons pleins d'air marin et des informations plein la tête sur la sortie du port et la fameuse « forteresse Europe » d'Hitler.

Ce soir-là, lorsque nous entrâmes dans ma chambre, La Touffe passa la tête dans la salle de bains et fit remarquer que j'avais beaucoup de chance. Eux n'avaient qu'une douche froide, et encore, quand elle voulait bien fonctionner.

– Prenez un bain, lui proposai-je, grande dame.

Tout le monde y passa, sauf Miriam, qui en avait déjà profité. Killer était le dernier. Au bout de quelques minutes, il m'appela.

– Et si vous veniez me frotter le dos ?

J'entrai dans la salle de bains et enfilai le gant de toilette.

– Oh, comme c'est délicieux ! Continuez, oh, que c'est bon !

– Dites donc, vous deux, votre savonnette-party, c'est la fête !

C'était la voix de La Touffe, qui nous parvenait de l'autre pièce.

– Oh ! juste une petite… criai-je, sans me compromettre.

– Eh ben, je n'aurais jamais pensé que vous auriez fait ça ! Entrer ici, je veux dire, s'étonna Killer.

– Voyez-vous, j'y suis. Et voilà, c'est terminé ! fis-je en le frottant une dernière fois. C'est bon !

Je dois dire que ce n'était pas d'un érotisme torride.

En regagnant la chambre, je croisai les regards légèrement désapprobateurs de mes compagnons. Je pris au passage une cigarette sur la table de nuit et les rejoignis à l'autre bout de la pièce, près du bureau qui se trouvait devant la fenêtre. Ils écoutaient Radio-Paris.

« Nouveaux sommets de violence : les bombardiers allemands ont frappé les faubourgs de Londres… Par vagues de cent cinquante avions ou plus, ils ont amené la guerre à portée de fusil du cœur de l'Empire britannique. Berlin exulte… Un déferlement de bombardiers annonce la destruction de Londres… des tirs sur les rives de la Tamise… les décombres des sites industriels… Les Britanniques ont riposté avec tous les moyens qu'ils avaient à leur disposition… »

Je pensai tout de suite à tous mes amis anglais, ceux avec lesquels j'avais skié ou volé en monoplan, puis mes pensées s'étendirent rapidement à toute la population. Je me sentis mieux quand Killer sortit de la baignoire et vint se planter à mes côtés.

– Courage, mon petit. Tout ira bien. Vous verrez.

Mais la voix continuait :

« Un vent noir souffle sur les quartiers pauvres de Londres. Les avions allemands ont largué leur chargement mortel avec la plus grande précision… »

– Putain ! ça suffit comme ça, dit La Touffe en tournant le bouton de la radio. On attend Radio-Londres !

Peu avant une heure du matin La Touffe transporta la radio du bureau sur la table de nuit. Nous estimions qu'il était imprudent d'attirer l'attention en ameutant toute la rue Beauvau avec les nouvelles de la BBC. Comme il n'y avait qu'une seule prise de courant, La Touffe dut débrancher la lampe. Sous la sinistre lumière de l'unique ampoule suspendue au-dessus de nos têtes, nous nous tenions immobiles et silencieux autour du poste, tels les membres d'un culte secret. Miriam était agenouillée devant l'autel, la tête penchée, les yeux clos, manipulant les boutons de ses doigts délicats, guidant les ondes à travers le barrage du brouillage électronique. Puis on entendit la voix : « Ici la France. Cinquante-troisième jour de l'occupation allemande. »

Des bombardiers allemands avaient envoyé leurs missiles sur les banlieues de Londres en pleine heure de pointe tandis que le ciel grouillait d'avions de défense britanniques. Il était clair que la bataille d'Angleterre était à son sommet, mais la RAF semblait tenir le coup.

Le dernier communiqué du ministère de l'Air britannique était rassurant.

« Après la sévère déroute de l'ennemi hier, les attaques d'aujourd'hui ont été principalement centrées sur le sud-est de l'Angleterre... cent cinquante attaques ont été dirigées contre les terrains d'aviation de la RAF.

« Le plus grand succès du jour a été remporté par une escadrille de Hurricanes. Ils ont repéré onze bombardiers Junker 87 en train d'attaquer un aérodrome de la RAF, et on en abattit quatre, et probablement mis d'autres hors d'état. »

Après *La Marseillaise*, Miriam échangea les prises et la lampe de chevet répandit de nouveau sa lumière rose. Nous revînmes tous à la vie, soulagés et tout à la fois remontés. La BBC était notre drogue de toutes les nuits. Nous nous mîmes tous à blaguer. Killer complimenta Miriam sur sa compétence à manipuler les boutons de la TSF et lui proposa de participer à son prochain braquage de banque. Sergent se mit à siffler *Rule, Britannia*. Nous lui prêtâmes main-forte.

Ce fut au cours de cette période, à la mi-août, que Winston Churchill déclara : « Jamais dans l'histoire de l'humanité tant d'hommes ne durent tant de choses à si peu d'hommes. »

Entre l'Angleterre et le désastre total ne restaient que la RAF et une trentaine de kilomètres d'eau, ceux qui séparent Douvres du cap Gris-Nez, cette minuscule langue de mer frangée d'écume que j'avais si souvent survolée.

Nous descendîmes tous les cinq pour la petite promenade de Dagobert. Comme d'habitude, le dernier tram de Miriam était passé depuis longtemps. Ils me persuadèrent de remonter avec eux la rue Paradis jusqu'à son hôtel. Dagobert, qui trottait tranquillement entre Killer et moi, fonça soudain à la poursuite d'un rat courant le long du caniveau et qui se précipita à la vitesse de l'éclair dans un entassement de poubelles. Il tomba raide sur le dos, puis se remit d'un coup à l'endroit et se dressa sur ses pattes de derrière, tentant l'ultime défi de sa vie. Dagobert émit alors un glapissement suraigu, tourna les talons et revint en courant vers nous, le rat à ses trousses. Nous nous trouvions alors devant une bouche d'égout béante. Killer s'effaça et leva le pied. Au moment où le rat allait s'emparer de cette planche, Killer lui balança un formidable coup de pied. J'entendis un bruit sourd accompagné d'un petit cri de douleur.

– Mais, Killer, vous avez cassé les côtes de ce pauvre rat ! m'écriai-je.

– Eh alors, c'est un rat, non ? Quel culot de poursuivre Dagobert comme ça ! Un rat n'est qu'un rat, après tout. Qu'est-ce que ça peut faire ?

– Là n'est pas la question, rat ou pas rat, rétorquai-je avec conviction. Il ne faisait que se défendre, à sa manière de rat.

– Pas du tout, corrigea La Touffe, qui avait été à Dartmouth, ce rat est un mutant.

– Vous voyez, qu'est-ce que je vous disais, ce rat est un sale mutant, répéta Killer.

La Touffe expliqua ce qu'était un mutant et, le temps d'arriver à l'hôtel, nous dûmes admettre que nous étions tous des mutants. Miriam y compris.

Toujours est-il que l'incident resta marqué dans mon esprit, non tant à cause des questions oiseuses qu'il avait soulevées que du violent coup de pied et du pitoyable petit cri.

Une fois que nous fûmes revenus au *Continental*, Killer s'accroupit sous la marquise pour expliquer à Dagobert qu'il n'aurait pas dû avoir peur du rat, car un chien avait besoin de courage dans la vie. Puis avant de nous séparer, il me chuchota qu'il aimerait passer à mon hôtel le lendemain avant les autres. Nous n'étions plus des enfants, n'est-ce pas ? J'acceptai.

A vrai dire j'ai toujours eu un faible pour les rats. Un été, à Marigold Lodge, j'avais découvert dans le grenier un piège des plus diaboliques. Le rat se trouvait coincé dans un étroit tunnel hérissé de multiples dents qui lui rentraient partout, lui interdisant de faire marche arrière. L'animal était condamné à avancer péniblement jusqu'au point où le poids de son corps faisait basculer la planche; projeté dans un seau plein d'eau, il nageait jusqu'à l'épuisement et se noyait. Je m'arrangeais pour vider les récipients tous les soirs et me glissais dès l'aube aux écuries pour les libérer. C'était une telle joie de les voir se précipiter vers la liberté et mon père était tellement ravi de savoir sa fille, qui d'ordinaire faisait volontiers la grasse matinée, si tôt debout pour se mettre à l'action! Sur ces entrefaites, le garçon d'écurie estima que ces pièges sophistiqués n'étaient décidément pas efficaces et retourna à ses bonnes vieilles pinces à ressort d'acier, en ayant soin d'attendre pour les installer que je sois allée me coucher.

C'est ainsi que ma mission de sauvetage tourna court et qu'il fallut bien que je cesse de penser à mes rats.

X

Il pouvait être onze heures du matin lorsque, quelques jours plus tard, le téléphone sonna dans ma chambre. C'était Raymond. Sur un ton ferme et faussement désinvolte, il m'annonçait qu'il montait. Je lui répondis que j'étais fin prête et que Dagobert et moi, nous arrivions. Comment s'y était-il pris pour semer les autres ? lui demandai-je dans le hall. Il répéta à mon intention sa petite trouvaille : il avait l'intention de me montrer un bateau dans le port et il valait mieux, pour ne pas nous faire remarquer, ne pas nous déplacer en groupe.

– C'est très astucieux de votre part, mais qu'y a-t-il de vrai dans cette histoire de bateau ?

– Tout.

La rue Beauvau, petite et ombragée, conservait encore sa fraîcheur matinale ; mais sur le quai des Belges en revanche le soleil tapait fort. Je me souviens de cette foule de marchands ambulants qui, avant la guerre, envahissaient cette pittoresque promenade avec toutes sortes d'étalages, des souvenirs aux glaces en passant par les cartes postales et les cacahuètes. Aujourd'hui, seul un vieil homme y traînait ses semelles en criant d'une voix rauque : « Lisez *Le Petit Provençal* ! » Côté mer, on apercevait sur la large promenade quelques tirailleurs sénégalais et des Arabes, colorant la petite foule d'autochtones. L'eau bleue du bassin se hérissait d'une forêt de mâts et les coques des bateaux de pêche ou de plaisance dodelinaient sur leurs amarres.

Au bout du débarcadère, nous prîmes à droite le quai de Rive-Neuve. J'étais de bonne humeur. Au loin se dressait le fort Saint-Nicolas, grande acropole rose.

Comme nous contournions, tout en longeant le bord, les empilements de glènes lovées, de chaînes et de filets de pêche aux couleurs fauves, montaient par bouffées à nos narines des effluves de goudron et de térébenthine, de chanvre, de cambouis, de poisson et de matières végétales ruisselantes ou décomposées, bref, ce que sentent tous les ports : je retrouvais des sensations de mon enfance, sur la rive des lacs, où pourtant l'eau est plus limpide. J'observai Raymond avec attention : il était perdu dans ses pensées. Toute parole eût été superflue.

Les solides navires, avec leurs petites écoutilles, leurs cheminées noires, leurs voiles salies et leurs chaluts, ces rustiques embarcations habituées aux durs traitements et aux mers agitées, déployaient fièrement devant nos yeux le galbe de leurs ventres plantureux, telle l'image qu'eût donnée une glace déformante de leurs frêles congénères : « Nous transportons de précieux chargements dans nos entrailles », semblaient-ils dire.

– Maintenant, commença Killer, j'aimerais vous parler sérieusement. Je repense au bateau. Vous êtes sûre que vous voulez le payer ? Asseyez-vous, ajouta-t-il en me montrant un bollard.

Ce bateau, il en convenait, n'était qu'un vieux rafiot mais, après tout, on n'en avait besoin que pour un aller simple. Il coûterait probablement quelques milliers de dollars. Je le rassurai : je n'avais presque rien dépensé depuis la déclaration de la guerre et j'étais prête à l'acheter s'il était en mesure de le faire sortir du port. Mais la première chose à faire était de vérifier s'il tenait le coup.

Raymond avait confiance dans le vieux propriétaire, un certain Leroux, pressé de vendre son bateau et de se retirer. Même s'il flairait du louche, il se tiendrait à carreau : les affaires, les combines, on baigne là-dedans à Marseille, m'assura Killer. Et puis, dans ce genre de choses, il fallait se fier à son instinct et à sa bonne étoile. Raymond pensait qu'il était béni des dieux ; il fallait tout simplement qu'il mette leur bienveillance à l'épreuve de temps à autre. Seulement moi, petite oie blanche de ma province, je n'étais pas aussi confiante. Plus se profilait le jour J, plus j'étais inquiète.

– Et si vous vous faites prendre ? lui demandai-je.

Pour le coup, ce serait Colomb-Béchar. Un enfer, une sorte d'île du Diable, mais dans les sables du désert.

– Je ne serai pas le premier déserteur, vous savez. On ne me fusillera pas.

– Oh, Killer !

– Et puis merde, je risque le tout pour le tout !

Le pied sur un enroulement de cordes, le corps en avant, il secoua par-dessus son épaule droite un cornet de dés imaginaire et fit mine de le renverser :

– Les jeux sont faits : 7 ! Vous voyez bien !

Je le trouvai très touchant. Il avait un tel courage ! Je dus lui adresser un sourire admiratif, parce que, comprenant qu'il avait marqué un point, il vint vers moi, puis s'arrêta net et retourna au sujet premier de ses préoccupations. Nous approchions de la *Marie-Josette*, amarrée au fond de l'un des étroits bassins perpendiculaires au quai. C'était un petit chalutier à deux mâts qui avait dû autrefois être peint en bleu ciel et qui était maintenant aussi éraflé et rayé qu'une voiture de sport de fils à papa. Les mains dans les poches, Killer examinait le vieux sabot sous toutes ses coutures.

– Il paie pas de mine, hein ? Mais il a un moteur et un compas, c'est pas rien. Alors, qu'est-ce que vous en pensez ?

Je lui demandai s'il savait piloter un bateau comme celui-ci ; il m'assura que oui ; en outre, deux de « ses hommes » étaient des vieux loups de mer. Je remarquai qu'il s'exprimait déjà comme un capitaine. Puis il m'expliqua que Leroux, qui dans sa jeunesse avait tâté de la contrebande, avait ses entrées à Martigues, pas loin. Ainsi ils pourraient traiter en toute discrétion. Leroux pourrait également lui fournir le plein de carburant et, le plus important, ses hommes pourraient charger les provisions sans se faire remarquer par la police marseillaise ni par la Commission italienne de l'armistice. Le bateau partirait en même temps que la flottille de pêche, au milieu de la nuit.

Killer, méthodique et glacial, déroulait son plan, mais je le sentais vibrer dans ses entrailles. La scène s'anima dans mon esprit : j'imaginais le petit port, illuminé par les fanaux des autres bateaux, j'entendais les hommes crier d'une embarcation à l'autre, tandis que nous, sur notre *Marie-Josette* partie avec sa précieuse cargaison de douze légionnaires, nous parlions tous deux à voix basse. J'y étais.

– Oh, comme j'aimerais t'accompagner ! lui murmurai-je.

Il jeta un regard prudent autour de lui et se mit à rire.

– Impossible, ma chérie.

Il me prit dans ses bras et m'embrassa là, en plein jour, en plein sur la bouche, devant une rangée de mouettes.

Sur le chemin du retour, après avoir expédié les dernières questions navales et militaires, nous décidâmes que, le soir, nous fausserions compagnie aux copains. Nous revenions par le quai des Belges vers l'autre rive, où nous avions rendez-vous pour déjeuner, quand, du plus loin que j'aperçus le groupe, je pus me rendre compte que quelque chose s'était passé : les deux hommes se tenaient en quelque sorte plus droit sur leurs chaises. Sergent se leva.

– Salut ! fit-il en agitant la main. Vous êtes en retard ! Aujourd'hui, c'est nous qui régalons !

Ainsi leur argent était arrivé ! Ils allaient prendre leurs dernières dispositions avant le départ. Je serais triste de les perdre, surtout Killer, mais n'était-ce pas l'événement que nous attendions tous ? Je me laissai aller à partager leur jovialité. Raymond raconta la *Marie-Josette* et Leroux.

Les hommes étaient tout excités à l'idée de leur départ imminent. Ils mangeaient beaucoup et buvaient comme des trous ; leurs gestes étaient plus vifs, plus décidés ; Miriam, quant à elle, riait sur une note encore plus aiguë que d'habitude. J'essayai d'être au diapason.

Mais bientôt Sergent et Raymond enfourchèrent de nouveau leur cheval de bataille, à savoir les bombardiers et les percées des panzers. Raymond parla des camarades tombés, et Sergent de la mort.

– Des conneries, tout ça ! Au combat on ne pense pas à la mort. Elle vous encercle. Vous n'avez qu'une idée en tête : sauver votre fichue peau et buter le type qui est en face. Arrêtez de me faire chier avec vos conneries ! lança Raymond.

Sergent eut un regard malheureux. Ce bel homme nourri de Dieu sait quelles chimères était hypersensible. Je saisis la main de Killer sous la table et la pressai contre ma jambe.

– Taisez-vous, lui chuchotai-je.

Sergent se pencha en avant et, rivant ses tristes et beaux yeux bleus dans les miens, déclama :

J'ai rendez-vous avec la mort
Au front de quelque barricade,
Quand reviendra l'ombre bruissante du printemps,
Et que les fleurs des pommiers embaumeront…

– « Et que les fleurs de pommiers embaumeront » ! Seigneur Dieu ! persifla Killer, qui reçut aussitôt de ma part un coup de pied sous la table.

Sergent me regardait d'un air de plus en plus pénétrant, comme s'il cherchait désespérément à me dire quelque chose.

A minuit dans quelque ville en flammes,
Cette année au retour du Printemps,
A mon engagement je resterai fidèle,
Et ne manquerai pas ce rendez-vous.

Quand la conversation fut bien engagée, Killer me glissa dans le tuyau de l'oreille qu'il n'irait pas ce soir à Martigues. Il passerait me prendre. Je trouverais bien une excuse pour les autres, je pourrais dire qu'un ami arrivait de Paris.

– Amenez Dagobert. Ça fait plus famille.

– Oui, mon chéri.

A la seconde même où je prononçais ces douces paroles, la voix perçante de Miriam me parvint de l'autre bout de la table.

– Mary Jayne, on se rencontre ce soir à ton hôtel. Ils apportent les cartes, pour organiser le parcours ! C'est une bonne idée, non ?

– Pas du tout, ce n'est vraiment pas une bonne idée, objecta Raymond, qui avança une série d'arguments spécieux au sujet d'un deuxième bateau à Cassis et d'un troisième, à Martigues, qu'il lui fallait d'abord aller vérifier avant de décider de sa route.

Mais les autres eurent le dernier mot : tous les ports de la Costa

Brava jusqu'à Alicante pouvant servir de première escale, il était temps de planifier un itinéraire. Killer s'inclina donc, non sans murmurer un « Merde alors ! » à moi seul destiné.

Nous nous dispersâmes pour vaquer à nos occupations respectives. Raymond devait se rendre pour de bon à Cassis, quant à Miriam, il lui fallait aller voir l'un des réfugiés dont elle avait la charge, le poète Mehring ou le jeune Gussie.

Quand de nouveau ce soir-là nous entrâmes tous dans ma chambre, en un tournemain je débarrassai le lit et les tables des papiers et autres effets personnels qui les encombraient régulièrement. Je les fourrai dans l'armoire, puis sortis le whisky et les verres.

– Voilà, Raymond, dis-je en lui tendant un petit arrosoir. Je n'ai pas pu trouver de thermos, les réfugiés ont tout pris. Remplissez-le, je vous prie. Laissez bien couler l'eau froide.

Il partit dans la salle de bains, heureux de s'acquitter d'obligations domestiques. On aurait dit qu'en me trouvant il avait trouvé au loin une maison qui fût sienne.

Une fois les boissons servies, La Touffe, Miriam et Sergent étalèrent les cartes sur le lit et s'installèrent tout autour. Killer et moi nous retirâmes sur le balcon.

– Vous allez bientôt partir, lui dis-je.

– Ne vous en faites pas. Vous viendrez en Angleterre, vous ne croyez pas ? Vous pouvez y entrer légalement, n'est-ce pas ?

– Mon Dieu, je n'avais jamais pensé à ça ! Qu'irais-je fabriquer en Angleterre ? Je ne sais rien faire.

– Une fille comme vous a tant de cordes à son arc ! Conduire une voiture, piloter un avion, servir d'interprète. Votre français est presque aussi bon que le mien, n'est-ce pas ? Alors, pensez-y sérieusement. Venez en Angleterre – il hésita quelques secondes, et, baissant la voix, me chuchota : Mais en attendant, c'est ici et maintenant… – puis soudain il ajouta, montrant les autres d'un mouvement de tête : Vous avez réquisitionné ces trois-là comme gardes du corps ?

– Mais non, parole d'honneur. A dire vrai, je n'ai jamais été aussi bien chaperonnée depuis l'époque où j'étais pensionnaire en Italie !

– Il y a combien d'années ?

– Pas mal. Cela ne vous regarde pas.

Le bruit du papier qu'on dépliait nous fit tourner nos regards vers le lit. La silhouette de Miriam, penchée sur les cartes, ses deux nattes attachées sur le sommet de sa tête, se découpait dans la lumière. La Touffe, plus impressionnant que jamais dans son précieux pull norvégien, suivait déjà le cap, tandis que Sergent dominait le groupe, comme suspendu. Le tableau qu'ils composaient reflétait clairement les projets de la nuit ; nous voguions sur les mers, et les rives de l'amour disparaissaient au loin.

– Venez, vous deux. Il y a un problème, dit La Touffe.

– Vous voyez, qu'est-ce que je vous disais ? triompha Killer en écrasant son mégot de cigarette dans l'immonde cendrier rouge et or où un malicieux félin vous recommandait avec le sourire de boire de « la bière du Tigre ».

Toutes les cartes nautiques se ressemblaient pour moi. Raymond nous expliqua qu'en temps de paix on pouvait suivre la côte de phare en phare tout en sachant exactement où l'on se trouvait. Chaque phare avait son propre code de signaux clignotants, rappelant un peu le morse. Vu les conditions dans lesquelles il se trouvait, et le danger d'être repéré par les patrouilles côtières, il ne prendrait pas le risque de serrer la côte. Il devrait naviguer au large, en se fiant à son compas et à l'horloge.

Raymond savait ce qu'il faisait, il n'y avait qu'à l'entendre parler. Les petites embarcations qui n'étaient pas dotées d'une radio utilisaient plus ou moins le même système de navigation à l'estime qui m'était familier du temps où je pilotais ; et, bien qu'il soit plus difficile de faire face à la fois aux vents et aux courants, je n'avais aucun doute sur la compétence de Raymond sur mer : j'étais persuadée qu'il était capable de mener son bateau à bon port n'importe où en Méditerranée. Je le lui dis ; il apprécia le compliment. En outre, il n'avait jamais eu de fille qui comprenne aussi bien la navigation.

Au départ, ils avaient pensé débarquer près de Barcelone pour se rendre au consulat britannique et profiter, le cas échéant, des voies d'évasion qu'aurait mises en place l'Intelligence Service.

Raymond se mit à arpenter la pièce, lançant de nouvelles idées, évoquant de possibles escales.

– Je sais ! s'écria-t-il en frappant du poing sur la table. Nous naviguons plein sud et continuons au large de la Méditerranée. Vous suivez ? Sous contrôle britannique… La foutue flotte française bloquée dans leurs foutus ports…

Il fit le geste de regarder dans un télescope et poussa un cri :

– Mince alors ! Le drapeau britannique ! Eh bien, qu'est-ce que t'en dis, La Touffe ?

Brusquement la lumière s'éteignit et nous nous trouvâmes plongés dans la pénombre. Je ne vis plus que l'arrière-train de Miriam, laquelle, à genoux, était en train de brancher la TSF.

– Il est une heure passée ! dit-elle.

Nous fîmes cercle en silence, l'oreille tendue, à l'écoute du communiqué britannique :

« Ce soir, d'importantes formations d'avions ennemis ont encore survolé la côte au sud-est de Douvres… tenté de pénétrer les défenses de Londres sur les deux rives de l'estuaire de la Tamise. Des pilotes de la Royal Fighter Command se sont défendus… abattant des Heinkels, des Dorniers, des bombardiers Junker et des avions de chasse Messerschmitt… leur nombre exact n'est pas encore connu. »

Les noms des avions de la Luftwaffe s'égrenaient dans la pièce comme une litanie du mal. J'observai Killer ; il s'était figé, il s'était même arrêté de fumer. Son visage était tendu, il contractait les mâchoires. Quant aux deux autres hommes, ils étaient quasiment au garde-à-vous.

« Radio-Paris signale un regroupement de troupes et d'avions allemands dans les ports français de la Manche. »

– Mon Dieu, c'est l'invasion ! murmurai-je. Ils vont envahir l'Angleterre !

La Marseillaise s'éleva sur les ondes. D'habitude, ce grandiose hymne national me donne des envies martiales, mais cette nuit-là j'avais une boule dans la gorge et, quand retentirent les dernières mesures, je sentis une larme couler sur ma joue.

– Oh, ne pleure pas, me dit doucement Killer, ne pleure pas, mon petit, je n'aime pas te voir pleurer…

La lampe de chevet s'alluma, et la voix du génie de la petite boîte s'éteignit. Je pris l'arrosoir et courus le remplir d'eau fraîche à la salle de bains. Je servis d'autres boissons et les hommes se remirent à discuter. Je ressentis alors un malaise mêlé de peur. J'affirmai qu'il serait plus facile et plus sûr pour Killer d'abandonner ses hommes, quels qu'ils fussent ; de passer simplement la frontière des Pyrénées et de traverser l'Espagne avec Sergent et La Touffe.

– Mais nom de Dieu, douze légionnaires ! Chacun d'entre eux vaut bien cinq soldats ordinaires ! – il se tourna vers Sergent et La Touffe : Qu'en pensez-vous, les gars ?

Ils restèrent silencieux.

– Merde, j'ai bien emmené douze putains à Oran, pourquoi je pourrais pas emmener douze hommes à Gibraltar ?

– C'est ta peau que tu risques, Raymond. Nous ne pouvons décider pour toi. Nous, nous sommes en règle avec l'armée, répliqua La Touffe.

Killer fit les cent pas en marmonnant, puis il s'arrêta brusquement, balançant son verre à moitié plein comme une batte de base-ball, et le lança contre le mur :

– Et puis, merde ! Je le ferai pour ces foutus Anglais !

La Touffe et Sergent s'approchèrent de lui et, lui donnant une tape dans le dos :

– Bonne décision, Killer, dirent-ils. On est avec toi. Jusqu'au bout.

– Oh, Killer, vous êtes complètement cinglé, dis-je en me jetant à son cou et en l'embrassant sur les deux joues.

Miriam se précipita sur lui et m'imita.

Le lendemain après le déjeuner, La Touffe et Raymond partirent s'occuper de certains détails de l'évasion ; Miriam, Sergent et moi, nous retournâmes tranquillement au *Pélican* prendre un café. Miriam avait l'intention de passer ensuite au consulat. Pour ma part, je devais faire renouveler ma carte de résidente étrangère auprès des autorités. Sergent décida de m'accompagner à la préfecture. Nous prévînmes Miriam que nous serions de retour dans moins d'une heure.

Le soleil éblouissait la façade de marbre blanc de la bâtisse, m'obligeant à mettre ma main en visière pour gravir l'escalier du monumental édifice. A l'intérieur, une cour d'honneur à ciel ouvert nous accueillit, entourée d'arcades à colonnades étagées sur trois niveaux.

Quand nous eûmes gravi les trois volées, Sergent se retourna :

– Mais c'est La Touffe !

Il se tenait là, en effet, tout essoufflé en haut des marches, revêtu de son inséparable butin de guerre arraché au cadavre du Norvégien.

– Quelque chose ne va pas, me chuchota Sergent.

– Killer vient de se faire arrêter ! haleta La Touffe en arrivant devant nous.

– Arrêté ? Mais comment cela ? Que voulez-vous dire ? demandai-je, profondément troublée.

– En arrivant devant nos chambres, nous avons trouvé des flics en civil qui l'attendaient.

– Un connard aura trop parlé, murmura gravement Sergent. Certainement l'un de « ses hommes ».

– Ils l'ont emmené au poste de police, poursuivit La Touffe. Il veut vous voir. Il dit qu'il doit vous voir.

– Mais bien sûr !

Nous redescendîmes les escaliers tandis que La Touffe continuait son explication :

– Il est dans un état terrible. Je ne l'ai jamais vu comme ça.

– Que pouvons-nous faire ? demandai-je, pressant la rampe de marbre pour empêcher ma main de trembler.

– Il insiste, il dit qu'il faut absolument qu'il vous voie, aussi ai-je persuadé les flics de venir vous prendre à votre hôtel dans quelques minutes. Ils veulent nous emmener tous au commissariat.

Sergent ne disait pas grand-chose, mais je savais que je pouvais compter sur lui.

Sur le chemin de l'hôtel, La Touffe me confia que Killer avait raconté aux flics que j'étais sa fiancée ; tout d'abord surprise, j'admis l'ingéniosité de son procédé : loin de se contenter d'être un déserteur au passé douteux, il se prévalait d'une fiancée dévouée qui embêterait le monde. J'acceptai cette idée sans la moindre hésitation et montai aussitôt dans ma chambre me transformer en deux temps trois mouvements en désirable future mariée : une légère touche de maquillage sur le visage et, pour m'habiller, un petit tailleur sable de chez Rochas à jupe plissé soleil, qui tournoyait joliment quand je marchais. D'une pochette rangée au fond d'une valise, je sortis deux bijoux : une bague et une broche pavées de diamants.

Je me regardai dans le miroir. J'avais vraiment l'air de revenir d'un déjeuner de dames chic : j'étais la belle-fille rêvée : mignonne, bien élevée, riche. Une petite touche de parfum, et j'étais prête. Je jetai un regard à Dagobert, sachant qu'il avait le cœur gros ; quand je m'aspergeais de ce truc, il n'était en général pas invité.

– Killer est tombé sur un os, lui dis-je. Je reviens dès que possible. S'il m'arrivait quelque chose de grave, tante Miriam s'occuperait de toi.

La queue basse, il disparut sous le lit.

En bas, j'aperçus La Touffe et Sergent qui attendaient dans la rue, flanqués de deux policiers en civil. Une expression de sourcilleuse méfiance se peignait sur leur visage – une expression que j'allais bientôt apprendre à reconnaître. Ils affichaient en outre un aplomb professionnel à peine teinté de courtoisie, qui était la marque de leur espèce : c'étaient bien des flics. La Touffe nous présenta. J'endossai sur-le-champ mon nouveau rôle, comme si j'avais attendu dans les coulisses.

Je demandai pourquoi ils avaient arrêté mon cher fiancé ; comment pouvait-on le considérer comme déserteur alors que la guerre était finie ? Je voulais m'assurer que le pauvre chéri se trouvait bien au commissariat de police ; je tenais à préciser que Sergent et La Touffe m'accompagneraient. Sur cette dernière remarque, le policier en chef se tourna vers les deux autres et articula de façon significative :

– De toute façon, j'ai bien peur que nous n'ayons également quelques questions à leur poser.

– Oh, très bien, très bien, enchantée, acquiesçai-je sur un ton détaché à la Killer.

Tout semblait aller sur des roulettes, n'empêche que me trottèrent dans la tête des histoires de personnes qui disparaissaient dans la rue pour ne jamais réapparaître.

– Excusez-moi, monsieur, mais je ne vous connais pas. Pourriez-vous me montrer une pièce justificative, je vous prie ?

Le plus petit sortit son portefeuille, l'ouvrit et me présenta une carte avec sa photo « barrée », comme diraient les héraldistes, des mots *Sûreté nationale* soulignés. Pas de doute, j'avais bel et bien affaire à un enfoiré de flic ! Il me regarda de cet air arrogant teinté de sournoiserie des petits fonctionnaires qui viennent de marquer un point. Mort à son âme !

– Ah, la Sûreté nationale ! Me voilà rassurée.

Je faisais celle qui est enjouée, mais je ne voyais rien là-dedans qui pût me tranquilliser. C'était dans leurs habitudes de commencer comme des gens du monde.

– On ne sait jamais, par les temps qui courent, appuyai-je, j'ai entendu parler de personnes qui disparaissaient Dieu sait où en Allemagne.

– C'est que nous non plus, nous n'aimons pas les Allemands ! protesta le plus grand.

Leur voiture était garée à quelques pas de là. Nous nous entassâmes tous les trois sur la banquette arrière, les deux garçons m'encadrant.

– Comme c'est agréable, fis-je observer, toujours en français. Cela faisait des lustres que je n'étais pas montée dans une voiture. Ah ! ce que j'aime ça !

La Touffe haussa un sourcil et m'adressa un sourire narquois. Est-ce que je n'en rajoutais pas un peu ?

Par de petites rues de traverse nous débouchons sur notre belle place Castellane, si douce à nos souvenirs. Voici la citoyenne de marbre qui repousse les hordes barbares. La voiture prend à droite et enfile la belle avenue à quatre voies du Prado.

– Nous nous dirigeons vers la plage, dis-je à mi-voix.

Effectivement, après un brusque virage à gauche nous longeons à toute allure la route de la mer, celle-là même que nous avions prise, en jeunes qui ne s'en font pas, il y a quelque chose comme huit jours. Je me carrai dans mon siège, appuyée au moelleux dossier capitonné.

– Bon, du sang-froid, dit La Touffe, autant pour nous rassurer que pour se rassurer lui-même. C'est une arrestation de routine. La Gestapo ne fait pas encore la loi, que je sache ! Restez calme, pas d'énervement !

– Quelle belle vue vous avez, criai-je au conducteur dans sa langue. Vous avez tout, la montagne et la mer.

– Oui, nous autres à Marseille, nous sommes gâtés, c'est une belle ville, convint-il.

Bientôt la voiture s'arrêta, comme s'y attendait Sergent, devant l'une de ces maisons isolées que nous avions remarquées il y avait seulement quelques jours, quand nous nous promenions sur la plage et que Killer nous racontait ses histoires de marin. Le petit bâtiment s'élevait à l'écart de la route, à moitié caché derrière les pins. C'était un de ces mas, somme toute assez plaisants, peints dans les tons beige rosé caractéristiques de la Provence et agrémentés de volets verts. Une fois à l'intérieur, le doute ne fut plus permis : nous nous trouvions dans un commissariat de police. Nos deux gardes du corps nous abandonnèrent dans un large couloir desservant deux rangées de bureaux qui se faisaient face. Les hommes n'eurent pas plutôt disparu de notre vue que Sergent, après avoir jeté des coups d'œil de tous côtés, s'introduisit promptement dans une pièce inoccupée.

– Regardez ! s'exclama-t-il, me désignant une imposte qui donnait sur le jardin. Nous pourrions nous faire la belle par là !

– N'y pensez plus, Sergent. On n'est pas dans un film. Ces hommes doivent être armés.

– Vous avez peut-être raison, répondit Sergent un peu découragé.

– Nous, nous sommes là pour essayer d'aider Killer. Eux, pour essayer de découvrir le plus de choses possible.

– OK, OK, je sais : on est en guerre, je retourne à Chicago, aucun de nous ne connaît bien Raymond, personne ne savait qu'il s'était engagé pour cinq ans, récita Sergent.

– Pas de plan, pas d'Angleterre, rien, absolument rien, insista La Touffe. C'est notre histoire, et il faut nous y tenir. Le coup de la fiancée va l'aider, Mary Jayne. Vous jouez l'idiote, mais avec du style, de la classe. Vous tenez déjà remarquablement votre rôle.

L'intervention de La Touffe apaisa quelque peu les tensions, et je me sentis beaucoup mieux. Puis une porte s'ouvrit, un homme en manches de chemise passa la tête par l'entrebâillement et nous fit signe d'entrer.

Nous trouvâmes Killer debout au milieu de la pièce, flanqué de deux policiers en civil, les joues enflammées et les traits tirés. Il mordait sa lèvre supérieure, et plissait les yeux derrière ses lunettes. Tout son corps était tendu ; il serrait très fort l'un de ses poings. Se préparait-il à frapper l'un de ces hommes ? Il était si imprévisible ! Soudain, contre toute attente il se détacha, fonça sur moi, jeta ses bras autour de mon cou et me plaqua un baiser sur la bouche.

– Mary Jayne, vous ne m'abandonnerez pas ?

Je n'étais absolument pas préparée à de telles démonstrations en public mais, eu égard aux circonstances, je lui murmurai doucement :

– Bien sûr que non, Raymond darling, mon pauvre chéri !

Nous étions collés l'un à l'autre. Il tournait le dos aux policiers. Soudain je le sentis qui resserrait son étreinte et en même temps me glissait sa main entre les cuisses ; était-ce le moment de se lancer dans des jeux érotiques ? J'abaissai la mienne pour faire barrage.

– Mon amour, mon amour ! me susurra-t-il.

– Raymond, Raymond, ma seule joie !

Et voilà qu'il m'embrassait dans le cou, remontait jusqu'à l'oreille, tandis que nos mains, plus bas, se rencontraient : je perçus un froissement entre mes jambes.

– Mes faux papiers de démobilisation… Prenez-les et détruisez-les ! me souffla-t-il.

– Raymond, mon amour, mon unique joie, je ne t'abandonnerai jamais, murmurai-je en faisant passer les documents de sa main dans la mienne pour les y rouler en boule.

Nous relâchâmes notre étreinte. J'essayai de reprendre une contenance. J'avais la Sûreté nationale en demi-cercle autour de moi ; à en juger par leur sourire, tous avaient l'air de comprendre et d'apprécier. À Marseille, l'amour, le sexe, ce n'était pas pour effaroucher. Me tournant vers mes deux complices, je rencontrai leur regard empli de consternation.

Après avoir permis à nos effusions d'opérer cette petite brèche dans la discipline, le chef fit un pas dans notre direction, drapé dans son autorité.

– Bien, sergent Couraud, maintenant ça suffit ! Passez par ici, s'il vous plaît, ordonna-t-il en indiquant le bureau. Suivez-moi.

– Tu ne vas pas me laisser tomber ! me supplia Killer.

– Non seulement il n'est pas question que je t'abandonne, mais je vais te trouver un avocat.

– Ça suffit, maintenant ! Nous avons quelques questions à vous poser ; ainsi qu'à vous, mademoiselle, et à vous également, messieurs, précisa le chef.

– Mais je vous en prie, répondis-je de ma voix la plus aimable.

– Il reviendra vous dire au revoir – il appela deux adjoints : Vous deux, emmenez-le – puis, se tournant vers moi : Il y a une ou deux choses que nous aimerions savoir, me dit-il d'un ton autoritaire.

Un subalterne entra et lui glissa quelques mots à l'oreille.

– Eh bien alors trouvez-les, bon sang ! rugit le chef.

Une petite lueur vacilla dans l'œil de Killer.

– Assez d'histoires ! Emmenez-le.

Killer s'éloigna docilement entre les deux gendarmes.

– Vous n'êtes pas obligé de parler avant d'avoir vu votre avocat, lui criai-je, serrant les faux papiers dans mon poing.

– Le sergent Couraud a beaucoup de chance d'avoir une aussi gentille fiancée, commenta le chef.

– Oh… monsieur l'officier, minaudai-je, crispant davantage le poing.

Ils nous reconduisirent dans le vestibule. Une fois la porte refermée derrière nous, La Touffe s'informa :

– Dites donc, tous les deux, qu'est-ce que vous vous racontiez ? Vous filez le parfait amour, ma parole !

– Ouais, et faut voir comme ! Ça me la coupe, ajouta Sergent, perplexe et quelque peu déconfit.

– Oui, nous sommes vraiment très proches. Il m'a donné ses faux papiers de démobilisation. Regardez, dis-je en ouvrant le poing.

– Tudieu, le mec ! Regarde ça, s'exclama Sergent.

– Maintenant je n'ai plus qu'à les faire disparaître dans les toilettes. Rien de plus facile. Pour des flics, ces types sont plutôt accommodants.

Là-dessus, je me dirigeai d'un pas léger vers l'autre bout du couloir, côté jardin. Un policier avachi était de faction à la porte.

– Où sont, je vous prie, les toilettes pour dames ?

– C'est que... je ne sais pas si... bafouilla le planton.

– C'est pressé ! insistai-je, avec moins de délicatesse.

Il haussa les épaules.

– A l'autre bout du couloir, sur votre droite, répondit-il d'un ton bourru avant de me tourner le dos.

Je passai devant La Touffe et Sergent, faisant claquer élégamment mes hauts talons.

– C'est au bout, leur dis-je avec aplomb.

J'ouvris la porte. C'étaient des cabinets à la turque, des plus effrayants – une cuvette d'environ un mètre carré de diamètre et profond d'une vingtaine de centimètres, avec deux îlots pour les pieds. On se tient debout ou on s'accroupit, c'est selon. Le résultat est alors balayé par de grands flots d'eau qui vous tourbillonnent partout, entre vos pieds, autour de vos pieds... Je n'eus pas plutôt pénétré dans les lieux que, entre les deux îlots, plein nord, un monticule bien pommé de matières fécales frappa ma vue.

– Merde ! proférai-je tout haut – puis, à part moi : Oh ! le cochon qui a oublié de tirer la chasse !

Je tire sec sur la chaîne. Rien. Je tire fébrilement encore et encore, jusqu'au moment où je me rends compte que c'est sans effet sur la trombe attendue. Il ne me reste donc plus qu'à faire disparaître ces papiers en les noyant sous mes propres ressources liquides. Avec précaution j'enlève mon slip, l'accroche à la poignée de la porte, et me mets en position sur le double socle de porcelaine. Accroupissons-nous d'abord, après quoi nous déchirerons les papiers. Je n'avais jamais encore regretté d'être une fille, depuis le jour où mon frère aîné avait cessé de me taper ; mais maintenant, alors que je me baissai prudemment, que les mouches commençaient à bourdonner et que déjà me montaient aux narines des effluves qui, s'ils sont durs à décrire, ne le sont guère à reconnaître, je mesurai pleinement les limites que la nature m'imposait. Une sensation de nausée me saisit, suivie de vertiges. Je tentai de me relever, prenant appui des deux mains sur les murs opposés (ce petit trou infernal avait la dimension d'une cabine de douche); après quoi, recouvrant partiellement mes sens, je me livrai à une nouvelle tentative. C'était pire. Une mouche en mal d'amour ou à l'esprit mal tourné vint se poser sur mes lèvres. Je me relevai. Ce n'était décidément pas possible. J'allais vomir ou tomber dans les pommes. Seigneur, quel cauchemar ! Je voyais déjà mon corps offert dans sa souillure se faire déshabiller puis laver cependant qu'on mettait la main sur les papiers. Inutile d'insister. C'était un boulot pour des garçons. Je regagnai l'entrée d'un pas un peu moins assuré. J'assenai une brève explication à La Touffe et à Sergent, puis tendis à chacun la moitié des papiers.

– Voilà, moi je ne peux pas ! Il faut déchirer les papiers et puis faire chasse d'eau avec votre pipi.

La Touffe eut une expression complètement ébahie, proche de l'idiotie :

– Mais je ne peux pas, je viens juste de faire !

– Espèce d'idiot. Et vous, Sergent ?

Même regard stupide :

– Moi aussi, j'en viens.

Tout l'avenir de Killer était en jeu, et moi j'étais coincée à cause de ces deux mâles impuissants et des limites de mes performances urétrales.

– Mais qu'allons-nous faire ? Ils risquent de venir nous fouiller d'une minute à l'autre, dis-je, au désespoir.

La Touffe avait déjà tourné sur ses talons et se dirigeait à grands pas vers le bureau principal. Il poussa la porte entrouverte et entra, les deux mains levées dans un geste d'universelle amitié :

– Moi, très soif, lança-t-il d'un ton très naturel, essuyant du dos de sa main la sueur de son front. J'invite tout le monde à boire une bière en ma compagnie !

Il sortit un billet de vingt francs.

– Quelle bonne idée, comme c'est gentil de penser à nous ! dit l'un des policiers.

Et tous les autres de s'écrier en chœur :

– Pourquoi pas, il fait vraiment très chaud ! Et venez pas nous raconter qu'on n'a pas le droit de boire pendant le service !

– Je vais chercher les bières, proposa La Touffe, un pied déjà dans le couloir.

– Ah non, impossible ! Désolé, monsieur. Nous devons vous garder ici pour vous interroger. Simple formalité.

On expédia un gratte-papier.

– Et rapportez-en plein. Beaucoup ! fit La Touffe en ouvrant tout grand les bras.

Si ça se trouve, le type allait faire son emplette à l'endroit exact où il y avait tout juste une semaine Killer avait acheté de la bière et nous avait raconté ses histoires de marin.

Au premier verre, Sergent proposa de boire à l'amitié franco-américaine et à La Fayette. Nos invités répondirent en portant un toast à Roosevelt et au général Pershing. On se garda bien de prononcer le nom du Maréchal, quant à celui d'Eisenhower, il était encore inconnu, et une ambiance bon enfant régna en peu de temps. La conversation roulait sur n'importe quoi et, entre deux propos sérieux, les blagues fusaient. Nous parlions de la criminalité à Marseille, pour la comparer à celle de Chicago, nous autres sortions nos histoires de gangsters et eux les écoutaient en professionnels, même si les miennes, avec Al Capone comme héros, remontaient au déluge – mais bref, rien n'était inventé et le pittoresque était garanti –, Sergent, comme ancien journaliste, puisait dans son stock d'informations. Le clou, ce fut quand je racontai qu'un ami à moi avait été témoin auriculaire du massacre de la Saint-Valentin, jour qui avait vu des truands en uniformes de policiers aligner dans un garage puis faucher les membres d'un gang rival : alors, là, ils frôlaient les événements qui ont fait l'histoire !

Puis vint l'heure de passer aux interrogatoires.

– Faites traîner, criai-je à La Touffe au moment où il disparut dans la pièce voisine.

L'idée était de nous permettre, à Sergent et à moi, de continuer à tailler cette bavette. Et en effet, les choses, pour notre confort, se prolongèrent un bon bout de temps, aussi Sergent proposa-t-il une tournée supplémentaire, suggestion qui fut plutôt bien accueillie.

La Touffe nous revint, en bon état somme toute. Je décidai de jouer la montre en faisant circuler la bière, et, me mettant carrément sous le feu des projecteurs, je me lançai dans un reportage sur la vie de mes concitoyens. Tous avaient vu des films américains; ils étaient tout ouïe. On disait *Chicago*, *Milwaukee* ou *Kalamazoo* et ils frissonnaient d'exotisme. Et puis la bière faisait son office : leurs défenses de gardiens de l'ordre s'émoussaient et ils se sentaient prêts à s'amuser un brin. Est-ce que le Far West, demandèrent-ils, était vraiment comme le montrait le cinéma? Nous leur assurâmes que oui, à peu de chose près.

Sergent, acteur dans l'âme, ponctuait mes élucubrations de *Yes, yes, ma'am*, et lança même un retentissant *Yessiree*. A mesure que s'animaient devant les yeux éblouis de la Sûreté nationale les merveilles de l'Ouest, Sergent devenait un Gary Cooper tout craché.

J'étais très tendue quand mon tour arriva, mais je m'en tins à ma version : j'ignorais tout de la désertion de Raymond. A cette époque, *fiancée* était un terme ambigu, signifiant aussi bien « maîtresse » que « promise », aussi laissai-je entendre une fulgurante et intense histoire d'amour qui devrait bientôt se concrétiser en blanc devant l'autel. Mon interrogateur m'insinua alors d'un ton doucereux qu'une fille bien comme moi ne devrait pas se lier à un déserteur, qui par-dessus le marché m'avait menti. Je répondis que pour moi la guerre étant finie, être déserteur ne signifiait rien : c'était une question de pure forme.

– De forme qui touche au fond, me corrigea-t-il d'un ton sévère.

– Pas pour moi; peut-être la loi voit-elle les choses ainsi mais moi, je ne comprends rien à la loi ni à la politique. Tout ce que je sais c'est qu'il est mon fiancé, et que je l'aime… Oh, monsieur, pensez-vous vraiment que c'est grave?

Sur un ton légèrement agacé, il me fit remarquer qu'il y avait une différence entre être volontaire pour la durée de la guerre et signer un contrat en bonne et due forme de cinq ans. Je me fis répéter l'explication tant et plus, ne pensant qu'à laisser de la marge aux reins des copains. Là-dessus il me posa des questions sur moi-même, puis sur Sergent et sur La Touffe : se rendaient-ils en Angleterre? C'était, bien entendu, leur droit le plus strict, il en convenait, et, à vrai dire, il était permis de penser que c'était une chose tout à fait admirable. Je voyais bien qu'il tentait de me tirer les vers du nez : Raymond avait-il l'intention de rejoindre de Gaulle? Aussi écartai-je cette idée comme pure absurdité; mon fiancé, le sergent Couraud, insistai-je, me rejoindrait bientôt aux États-Unis ; en attendant, je lui trouverais un bon avocat. Et afin qu'il me prît pour une stupide petite femme amoureuse, je fis preuve d'une grande sollicitude à l'égard du bien-être de Raymond. Mon policier m'assura que les choses ne tourneraient pas forcément mal pour lui. Il n'était pas loin de se réjouir de cet entretien, et nous nous séparâmes sur une note de compréhension mutuelle.

L'heure, d'interrogatoire en amical bavardage, avait tourné, et l'après-midi était bien avancé. Dehors il faisait déjà sombre. Pour les flics, la journée approchait de son terme. Sergent se leva, s'excusa, disparut, et revint quelques minutes plus tard, l'air très content de lui. La Touffe prit la relève et revint avec la même expression. Braves et vigoureux garçons... Ainsi, la preuve était enfin détruite et voguait en toute tranquillité, réduite en confettis dans les égouts de Marseille. Un grand calme m'envahit.

Après quoi, nous passâmes à la fouille. Sergent et La Touffe furent emmenés, tandis que je jetais mes regards de tous côtés, me demandant lequel de ces plantons allait m'examiner. Enfin... je n'allais pas en faire toute une histoire. A ma grande surprise, on m'envoya une femme mûre et râblée qui se livra à une recherche approfondie sur ma personne.

Puis ils firent entrer Killer pour qu'il me dise au revoir. Il semblait fatigué, avait un air de chien battu. Nous retombâmes une fois de plus dans les bras l'un de l'autre, et cette fois ce fut moi qui, approchant ma bouche de son oreille, lui glissai : « Mission accomplie. » Je sentis tout son corps se détendre :

– Ma chérie, je t'aime. Tu es formidable.

Il m'attribuait tout le mérite de l'exploit, mais comment rétablir la vérité ? Cela l'aurait pourtant bien amusé. Je continuai à lui susurrer – assez fort pour qu'elles soient entendues – de douces paroles en français jusqu'au moment où notre gendarme, s'éclaircissant la gorge, nous pria de nous séparer. Notre petit groupe se vit autoriser quelques brefs échanges, sous la surveillance des policiers. Nous avions peu de chances d'être compris, mais nous faisions tout de même attention à ce que nous disions en anglais. Killer reçut le message : aucun de nous n'avait mangé le morceau, concernant l'Angleterre, le bateau ou les papiers de démobilisation ;

il pouvait donc raconter tranquillement qu'il désertait, un point c'est tout. Soulagé, il rassura Sergent et La Touffe et leur dit de ne pas s'en faire pour lui.

Quand je lui parlai de passer le lendemain au consulat faire appel à un avocat, il me demanda d'attendre son feu vert.

– Tu sais, en prison, on se fait vite des amis. J'apprendrai sûrement quel est le meilleur avocat en la matière.

Il était temps de fermer les bureaux. Les flics commençaient à donner des signes d'impatience. La Touffe s'avança, tendit la main à Killer :

– Eh bien, salut ! Je pars dans quelques jours pour Milwaukee, dit-il en appuyant sur ce dernier mot.

– Et moi, pour Chicago, lança Sergent à son tour.

Ils se serrèrent la main. Enfin Killer se tourna vers moi :

– Et toi, tu restes ? Tu ne vas pas me laisser tomber ?

– Bien sûr que non ! Évidemment, je reste ! Je vais t'aider !

– Il est tellement facile d'oublier quelqu'un, tu sais.

– Pas cette fois, Killer.

Pendant que les légionnaires échangeaient leurs derniers adieux, je remarquai du coin de l'œil que l'un des policiers se démenait à l'intérieur d'un bureau : il ouvrait et refermait des tiroirs, fouillait et renversait les corbeilles. Je m'approchai, jetai un coup d'œil à l'intérieur de la pièce :

– Vous cherchez quelque chose, monsieur ? m'enquis-je.

Il déplaçait, tâtait et retournait tous les papiers qui recouvraient son bureau, soulevait une grande feuille, la reposait d'un geste exaspéré :

– Je les avais pourtant mis là, je m'en souviens très bien ! bougonna-t-il entre ses dents.

– Vous cherchez quelque chose ? répétai-je sur un ton d'innocence.

– Oui, mademoiselle, répondit-il avec aigreur sans lever les yeux.

Je commençai à comprendre que cet homme avait dû fouiller Killer et trouver sur lui ses faux papiers de démobilisation ; il les lui avait confisqués et les avait posés sur le bureau. Killer avait dû se débrouiller pour les reprendre et les acheminer jusqu'à moi. J'étais très fière de lui.

– Oh, c'est terrible ! m'exclamai-je à l'attention du policier. Je sais comment vous devez vous sentir. Je suis moi-même tout le temps en train de chercher quelque chose.

– Moi je suis très ordonné, rétorqua-t-il.

– Ne vous inquiétez pas. Vous remettrez la main dessus. Croyez-moi, on retrouve toujours tout, le réconfortai-je, savourant mon mensonge.

Sur ces paroles, je rejoignis mes amis dans l'entrée.

– Au revoir, ma chérie, me dit Killer.

Nous nous embrassâmes. Puis il tourna les yeux vers Sergent et La Touffe ; un demi-sourire flottait sur son visage. Il fit un bref salut et dit à mi-voix :

– A bientôt, camarades. On se reverra !

Sur ce il tourna les talons et se retrouva entre ses deux gardiens. Nous nous enfonçâmes dans la nuit.

– Je crois bien qu'il a toujours l'intention d'aller en Angleterre, dis-je.

Nous trouvâmes Miriam qui nous attendait impatiemment, assise à la terrasse du *Pélican*. En dehors d'elle, de Dagobert et de Karl, son beau légionnaire, le café était désert. Le temps pour Dagobert de me renifler et de me bondir dessus, fou de joie, Karl se leva et, nous saluant à peine d'un signe de tête, s'éclipsa.

– Mais où diable étiez-vous ? J'étais morte d'inquiétude, nous déclara Miriam.

– Killer a été arrêté. La police nous a interrogés tout l'après-midi, l'informai-je – puis, me baissant vers mon chien : Dago, mon bébé, elle est allée te chercher ! Oh ! merci, Miriam.

Aux questions que se mit à nous poser Miriam, la gorge serrée, nous répondîmes par un bref résumé de la situation.

– Avaient-ils des informations sur l'histoire du bateau, sur le projet de fuite ? demanda-t-elle.

– Ciel, les cartes ! s'écria La Touffe.

– Bon sang ! renchérit Sergent.

Ils ne firent qu'un bond et disparurent dans la nuit, courant à toutes jambes, nous laissant à Miriam et à moi la note des boissons qu'ils avaient commandées et laissées intactes.

Miriam, quand ils eurent le dos tourné, me raconta que Karl

avait fait son apparition peu après notre départ et s'était pendu à ses basques. Même de retour du *Continental*, où elle était allée chercher Dagobert, elle l'avait retrouvé au *Pélican*, en train de l'attendre. Un vrai pot de colle : impossible de s'en débarrasser. Et comme c'était au *Pélican* que nous avions rendez-vous, elle était coincée.

– Il n'a rien appris de moi, ça je peux te l'assurer, mais je ne crois pas qu'il cherchait à savoir. Effectivement, il était peut-être désigné pour suivre les mouvements de Killer, car il était plutôt curieux et savait me flatter. Mais je ne suis pas tombée dans ses pièges.

Pour finir, nous n'avons jamais su quel fut le rôle du beau Karl dans cette affaire. Aucun de nous ne le revit jamais.

Après quelques jours d'attente inquiète, je reçus un appel d'un certain Me Bottaï. C'était l'avocat de Killer. Je me rendis à son bureau dans l'après-midi. Assise dans un vétuste fauteuil de cuir râpé, je promenai mon regard sur le décor de la salle d'attente, banal au demeurant.

Je fus bientôt invitée à entrer. Me Raoul Bottaï, qui se trouvait derrière son bureau, se leva et me pria de m'asseoir. Il devait avoir une quarantaine d'années. Je sentis se poser sur moi son regard sombre, intelligent et scrutateur. Il était à l'évidence curieux de rencontrer l'amie américaine du jeune légionnaire qui avait déserté. Cette affaire sortait du domaine de sa pratique ordinaire.

– Ainsi… Votre ami a des problèmes, mademoiselle ?

– Oh oui, de graves problèmes. J'espère que vous pourrez l'aider.

– Je pense que oui. J'ai déjà parlé au sergent Couraud au fort Saint-Nicolas. Un jeune homme très sympathique.

– La désertion peut constituer une faute grave, n'est-ce pas ? demandai-je.

– Elle le peut. Mais son cas n'est pas désespéré – il ouvrit un classeur et y lut quelques notes qu'il y avait consignées : Excellent dossier militaire. Décoré de la croix de guerre à Narvik. Un peu indiscipliné, peut-être.

– Je suis sûre qu'il a réellement été décoré de cette croix de guerre !

– Évidemment ! Encore heureux… Un dossier militaire est la

chose la plus facile du monde à vérifier ; on ne décerne pas si facilement la croix de guerre aux légionnaires. J'enverrai demain les documents – il leva les yeux : Il y avait aussi un problème de… de papiers de démobilisation, si je ne m'abuse ?

– Détruits ! Pschitt !

D'un petit geste du poignet, je fis mine d'actionner une chasse d'eau.

– Beau travail ! approuva-t-il en riant.

– Oui, du beau travail, fis-je modestement, omettant au nom de la décence les détails scatologiques ayant servi de toile de fond à leur disparition.

Les doutes qui avaient pu m'assaillir furent très vite réduits à néant. Bottaï savait exactement ce qu'il faisait et, en outre, il était intéressé par le cas. Il me prévint que des mois et des mois s'écouleraient avant que Raymond passe en jugement. Nous discutâmes brièvement de ses honoraires et je lui promis de rester à Marseille jusqu'au classement de l'affaire. A la fin de notre entretien, il se leva, me regarda droit dans les yeux et me déclara :

– Je peux vous assurer, mademoiselle, que ce sera un privilège pour moi de défendre un si brave soldat.

C'était la fin de quelque chose. La Touffe et Sergent partiraient dans les prochains jours. J'avais le cœur gros à l'idée que notre petit groupe si resserré se démantelait. Je ne redoutais pas spécialement d'être livrée à moi-même, et je n'avais pas non plus le désir de me replier sur mon petit chez-moi. Déjà se profilaient à Marseille des relations et des amitiés. Miriam me parlait de la situation des réfugiés. Il y avait du pain sur la planche.

Nous étions tous les quatre tristes et abattus en remontant ensemble la Canebière pour la dernière fois. La Touffe me prit à part et, tirant nerveusement sur son pull, me conseilla d'être prudente avec Raymond. C'était un type bien, assurément, mais il n'était pas comme les gens que j'avais l'habitude de rencontrer.

– C'est un… disons qu'il en a vu des vertes et des pas mûres, me déclara-t-il.

– Cela ne m'inquiète pas, le rassurai-je. Je suis une grande fille.

En arrivant à la gare Saint-Charles, nous nous arrêtâmes au pied de l'escalier de marbre monumental. Les rires joyeux de Miriam se tarirent; La Touffe finit par trouver quelques mots à dire :

– Tout va se passer le plus simplement du monde. Nous montons dans le train, nous changeons à la frontière espagnole, et dans une semaine nous serons en Angleterre.

– C'est vrai, mais j'aurais tellement préféré me retrouver sur un bateau avec douze hommes, déclara Sergent en m'adressant un sourire mélancolique.

– Je ne grimpe pas jusqu'à la gare, dis-je pour couper court. Il y a trop de marches.

– C'est ça, disons-nous au revoir ici ! conclut Miriam.

Nous nous serrâmes chaleureusement les mains avant de nous séparer... Tandis que Sergent et La Touffe montaient le vaste escalier, Miriam et moi redescendions la Canebière.

Ils arrivèrent en Angleterre sans incident et rejoignirent la RAF. Quelques années plus tard, après la guerre, je rencontrai La Touffe à New York. Il me dit que Sergent avait été magnifique dans son uniforme, qu'il s'était fiancé à une belle jeune fille anglaise de famille aristocratique et tout le tralala.

Mais au printemps de 1941, dans le ciel de Normandie, Sergent fut exact à son rendez-vous avec la mort – comme il avait désespérément essayé de me l'exprimer le jour de notre déjeuner dans le Vieux-Port.

Je continuai à me rendre de temps en temps chez Me Bottaï. Un jour, il me remit une autorisation écrite : je pouvais rendre visite à Raymond en prison. Il me fit comprendre que le sergent Couraud serait heureux que nous puissions lui apporter un peu de nourriture, car celle qui était servie aux prisonniers était peu substantielle, surtout en ce moment.

Il était encore possible, dans les premiers jours de septembre, de faire plus ou moins son marché, à condition de passer d'un magasin à l'autre. Miriam et moi, après nous être réparti la tâche, devions nous retrouver quelques heures plus tard dans ma chambre.

Les provisions furent entassées sur le lit : il y avait de quoi remplir une petite valise de viande en conserve, de haricots, de biscuits, de chocolat et de vin. C'était un spectacle fort appétissant.

– Mais, Miriam, cela va peser une tonne !

– Gussie nous aidera à transporter la valise jusqu'en haut de la colline. Je garde en quelque sorte un œil sur lui, il est vraiment seul au monde, tu comprends.

Elle me mit au courant de l'histoire de ce garçon. Les parents de Justus Rosenberg, craignant un coup de force sur la ville libre de Dantzig et pensant que leur fils ferait un meilleur chemin dans la vie s'il était éduqué en France, l'avaient envoyé suivre ses études à Paris, au lycée Janson-de-Sailly. Quand la Wehrmacht arriva aux portes de la ville, le jeune Gussie suivit la population dans son exode vers le sud. Le contact avec ses parents était définitivement rompu.

– Tu vois, il pourrait se faire embarquer comme vagabond.

– Il doit avoir peur, dis-je.

– Si c'est le cas, en tout cas il ne le montre pas. Il est en retard : il se fait un peu d'argent en portant des valises à la gare Saint-Charles.

Le fait est que les chances de survie de Gussie étaient minces, mais il ne le savait pas.

On frappa à la porte. Gussie entra.

Le visage du garçon accrochait la lumière de toutes parts, même dans ma petite chambre obscure. Ses pommettes saillantes étaient roses et ses cheveux blond vénitien ; n'eût été son nez pointu, tous ses traits, ses yeux, ses pommettes, jusqu'à ses boucles de cheveux, remontaient ; il ressemblait à un renard, à un joli petit renard. Cela semblait absurde de se faire du souci pour lui. Je sortis une barre de chocolat et la lui offris. Il se mit à la croquer, tout en manifestant son impatience de partir : il avait envie de voir à quoi ressemblaient les murs d'une prison, surtout depuis qu'il avait entendu parler du mystérieux légionnaire et de sa « blonde sculpturale » qu'il se représentait.

Quai de Rive-Neuve, nous portâmes à tour de rôle la valise pour nous rendre le trajet plus facile, mais ce fut Gussie qui y mit le plus de zèle. Les filets de pêche aux couleurs fauves s'entassaient toujours au bord des quais. En passant devant les petits docks, je lui montrai la *Marie-Josette* ; le bateau était toujours à sa place.

Enfin nous arrivâmes au pied de la colline, devant l'entrée des visiteurs ; les contours arrondis de la montagne, hérissés par les formes militaires, cubiques et triangulaires de l'édifice de Vauban, rude par sa géométrie, mais adouci par la couleur beige-rosé de la pierre, offraient un spectacle fantastique.

Les gardiens nous fouillèrent de pied en cap avant de nous diriger vers un âpre sentier de chèvre – ou d'esclave hellène – qui sillonnait le flanc de la colline. Nous le gravîmes, jetant de temps en temps des regards d'espoir vers la rose citadelle qui se dressait devant nous. Le soleil de l'après-midi tapait dur sur nos têtes, tandis que nous déployions de grands efforts et transpirions abondamment ; je voyais, entre ses omoplates, la chemise bleue de Gussie trempée de sueur ; il grimpait sans relâche. J'observais ses jeunes et robustes jambes recouvertes d'un duvet blond, ses pieds chaussés d'espadrilles attaquant la piste abrupte et glissante. Nous ne cessions de nous passer la valise de main en main : tout le monde voulait avoir sa part, sinon que Gussie voulait en faire plus.

Dans la forteresse, le gardien nous présenta à l'officier responsable auquel nous confiâmes notre colis. Il nous reconduisit à l'air libre, jusqu'aux remparts qui formaient à cet endroit une grande plate-forme donnant sur le chenal du port, juste en face du fort Saint-Jean. Puis notre gardien disparut. Nous nous penchâmes pour admirer la vue et regardâmes le cœur serré l'entrée du port. C'était de là qu'ils auraient tous dû partir sur la regrettée *Marie-Josette*.

– Alors, où en sont mes affaires ?

La voix de Killer nous fit nous retourner ; il était derrière des barreaux, dans un petit enclos qui rappelait les cages des fauves du zoo, l'été ; assis sur une sorte de table ou de banc surélevé, il en empoignait les bords comme pour l'alléger de son poids. Les pieds croisés, il balançait ses jambes, un grand sourire lui barrant le visage.

– Oh, Killer, vous êtes là, mon pauvre chéri ! articulai-je dans un souffle.

– Je vais bien. Et vous ?

Nous nous précipitâmes tous en même temps sur le grillage qui nous séparait de la cage. Gussie resta un peu en arrière. Je fis les présentations en bonne et due forme.

– Ah, tu es le Gussie dont Miriam nous parle tout le temps ?

– C'est vrai ? dit le garçon, agréablement surpris.

Killer ne se plaignit pas de ses conditions de détention. La nourriture était aussi mauvaise que rare, mais quoi, la prison, c'était la prison. Il fit remarquer qu'il y avait au moins du bon air. Parfois même, l'odeur de la mer lui montait à la tête d'une façon insupportable.

Miriam et Gussie se retirèrent discrètement de l'autre côté des remparts. Dès qu'ils furent hors de portée de voix, Killer me murmura :

– Je ne pensais pas que vous viendriez.

– Il était hors de question que je ne vienne pas. Que voulez-vous dire ?

– Je ne sais pas… je pensais simplement que peut-être vous ne viendriez pas.

– Les tracasseries administratives, la paperasserie, cela prend beaucoup de temps, vous savez.

– Je pensais que vous ne viendriez probablement jamais. En fait, rien ne vous y obligeait.

Peut-être demandait-il quelque chose d'autre, toujours est-il que je ne trouvai rien à lui répondre que :

– Oh Killer, vous ne devez pas penser des choses pareilles !

– C'est que tout le monde n'est pas comme vous, vous savez, me dit-il doucement.

– On vous a déjà laissé tomber ?

– Eh oui. C'est ça, oui.

– Je suis désolée, Killer.

Cela faisait drôle de nous parler d'une façon sérieuse et intime pour la première fois, à travers ces barreaux.

– Oh, ce n'est rien, une page tournée, m'assura-t-il. Les choses ne vont pas si mal pour moi, après tout. Maintenant, laissez-moi bien vous regarder. Coiffez vos cheveux en arrière.

Il me fixait avec une grande intensité. J'avais perdu mon peigne. Je passai mes doigts dans mes cheveux.

– Voilà, dis-je en lissant mes cheveux en arrière. Alors ? Comment me trouvez-vous ?

– Belle.

Je souris.

– C'est bien, dit-il. Restez comme ça.

Il ne me quittait pas des yeux.

– Dites-moi, qu'est-ce qui vous arrive ?

– Vous n'êtes pas obligée de parler. Je veux simplement m'imprégner de votre image. Les nuits sont longues, ici.

– Oh…

Brusquement son humeur changea :

– Vous savez, on fait ce qu'on peut quand on est prisonnier. Et voilà !

Nous éclatâmes de rire. Puis nous nous mîmes à discuter son cas ; il me remercia de m'être débarrassée de ses papiers de démobilisation. Killer buvait mes paroles en souriant ; les détails scabreux – l'histoire de la merde dans les cabinets à la turque – déclenchèrent un rire homérique. Il apprécia aussi le coup de la bière, d'autant que, lorsqu'il se trouvait enfermé dans sa cellule, de l'autre côté de la cour, il entendait nos rires et nous maudissait de déployer tant d'amabilité à l'égard de la police. Mais aujourd'hui il sautait de joie sur la table qui lui servait de siège et la bourrait de coups de poing au récit de la soirée :

– Vous avez fait du beau travail ! du rudement beau travail ! exultait-il.

Voyant que nous en avions fini avec les échanges intimes, Miriam et Gussie nous avaient rejoints et, tandis que je racontais à Killer de quelle façon La Touffe et Sergent avaient fait disparaître les petits morceaux de papier, Miriam s'était mise à hurler :

– C'est le triomphe du pipi ! Vive le pipi !

Et nous tous de reprendre en chœur ce vivat qui, l'espace de quelques fous rires, nous fit oublier et les barreaux de la prison, et la condamnation imminente, et le déclin apparent de la civilisation occidentale.

Quand il fut temps de nous en aller, le sous-officier, tout en nous reconduisant, nous fit remarquer que les visites aux détenus n'étaient en général pas si gaies et que notre prisonnier devait avoir passé un sacré bon moment en notre compagnie.

La descente de la colline fut beaucoup plus facile. Une petite brise rafraîchissante de fin d'après-midi s'était levée et, derrière le fort Saint-Jean, le ciel s'enflammait sur la crique comme un coucher de soleil à la Turner.

XI

A quelques exceptions près, les dix millions d'êtres humains qui avaient paralysé les routes de France en fuyant aveuglément vers le sud, tels des lemmings lors d'une grande migration, avaient fait demi-tour et étaient revenus. Peu après la fin des combats, les pompes à essence s'étaient miraculeusement remplies – temporairement, il est vrai, mais suffisamment longtemps pour permettre aux voitures et à leurs occupants de regagner leur point de départ.

Pour la population déracinée, cet exode avait été une expérience dramatique. La plupart d'entre eux, à la vue des milliers d'hommes en fuite qui passaient sous leurs fenêtres, avaient été saisis de la même panique et avaient rejoint la ruée, abandonnant maisons et lieux de travail pour sauver leur peau. L'armistice avait été signé, le climat s'était apaisé, mais la panique subsistait chez eux, et ils commençaient à s'inquiéter de ce qui était arrivé à leur maison, à leur ferme, à leur boutique, à leur atelier ; des rumeurs de vandalisme étaient parvenues à leurs oreilles. Mais bientôt ils comprirent que les magasins du voisinage allaient rouvrir leurs portes et que les usines allaient de nouveau fonctionner : il leur fallait rentrer sans tarder. Et, puisque la France avait perdu la guerre, le mieux était d'en prendre son parti. Le pire était derrière eux et, après tout, ils étaient encore en vie. Les Allemands, cela ne faisait aucun doute, s'étaient comportés fort correctement. Toutes ces histoires d'atrocités étaient probablement de la propagande, de la propagande anglaise, exactement comme pendant la dernière guerre.

Le vieux Maréchal inspirait confiance. N'avait-il pas fait cesser le massacre à Verdun, organisé l'arrière-garde, et, en 1916, ne les avait-il pas tirés d'embarras ? Ils lui devaient en quelque sorte loyauté. Certes il y avait eu de nombreuses fautes, mais maintenant, Dieu merci, la guerre était finie. La paix allait être signée et les prisonniers de guerre allaient rentrer chez eux. Le pays allait se remettre en marche, normalement ou presque. Et puis, la France avait encore son rôle à jouer dans le monde.

Les habitants des villes ensoleillées du Midi étaient heureux du départ des envahisseurs. Depuis le Moyen Age, ils n'avaient pas fait l'expérience de la guerre et de ses méfaits sur leur terre. Puis soudain, cet été-là, des foules de gens étaient arrivées chez eux, faisant monter les prix en flèche et semant le désordre. Les intrus avaient occupé leurs hôtels, dormi au bord des routes à l'intérieur de leurs propres voitures, pis encore, dans leurs jardins ou leurs greniers ; dans certaines villes, le maire avait pris la précaution de transformer les salles de cinéma en refuges.

Là-dessus les migrants partirent presque aussi vite qu'ils étaient venus. Les Hollandais, par exemple, envoyèrent des autobus d'Amsterdam jusqu'à Marseille pour rapatrier leurs citoyens bloqués. Il était amusant de voir les couleurs françaises, mais disposées horizontalement, flotter au bout d'une petite perche sur la plate-forme arrière d'un de ces véhicules, comme si elle y avait été fixée de travers. Les Hollandais se contentaient d'en rire et disaient que c'était leur drapeau national. Qui aurait pu croire une chose pareille ?

Il n'empêche que nombre d'anciens citoyens d'Europe de l'Est, d'Europe centrale et méridionale, avaient l'air de vouloir s'installer là pour un certain temps. Et les Juifs, même les Juifs français, choisirent de rester dans le Midi de la France. Ils se tenaient bien, tranquilles et sages pour la plupart. La seule perturbation qu'eût produite dans les premiers temps le déferlement d'intellectuels venus de l'étranger avait été une incroyable ruée sur les bibliothèques municipales. Montauban possédait une salle de lecture particulièrement bien approvisionnée ; le bibliothécaire, qui se trouvait d'ordinaire dérangé une ou deux fois par jour pour la consultation ou l'emprunt exceptionnel d'un livre, était maintenant surmené. Le pauvre homme, derrière son bureau, se trouvait désormais encerclé par des rangées d'hommes et de femmes qui demandaient, en langue étrangère, des livres sur tous les sujets imaginables.

Depuis que la France était une république, elle se montrait terre d'asile politique. Aux tsaristes de la Première Guerre mondiale avaient succédé les membres des partis centristes, à la droite et à la gauche de Kerenski, puis les mencheviks, enfin les trotskistes et tous les bolcheviks qui s'étaient écartés de la règle de fer de Staline et qui étaient parvenus à échapper à l'emprise de la Guépéou. C'étaient les compagnons de route des Kirov, des Kamenev, des Radek, des Boukharine qui vivaient maintenant incognito à Paris, poursuivant leurs discussions et leurs querelles dans les cafés, les appartements de la capitale et leurs gazettes, discutant des points les plus délicats de la dialectique marxiste, cherchant à s'expliquer ce qui s'était passé dans les coulisses des purges de Moscou.

A partir de 1933, les représentants des partis démocrates d'Allemagne et d'Europe de l'Est arrivèrent; puis les communistes; puis les anarchistes; puis les démocrates-chrétiens, les sociaux-démocrates, les socialistes, les socialistes révolutionnaires, les syndicalistes, les spartakistes, en un mot tout le monde politique contestataire : chefs de gouvernement, anciens chefs d'État, chanteurs et écrivains des cabarets de Berlin et de Prague, dirigeants syndicaux travaillistes des usines, petits permanents des grandes organisations du travail, chroniqueurs de journaux alors interdits, bref tous les hommes qui se sentaient chez eux Unter den Linden plus que sur les Champs-Élysées. Eux aussi avaient traversé des fleuves et des frontières au plus fort de la nuit, pour passer clandestinement des documents manuscrits, des directives et des appels au secours aux camarades qui se trouvaient de l'autre côté. Des enseignants des écoles de formation syndicale social-démocrates, des professeurs de Heidelberg, des philosophes, des physiciens, des romanciers, des musiciens et des peintres, connus et inconnus, tous avaient convergé vers Paris, où ils s'efforçaient de survivre et d'obtenir des papiers en règle.

Quand la guerre éclata, des dizaines de milliers d'entre eux furent embarqués par la police française et internés en tant qu'étrangers indésirables et fauteurs de troubles, dans des camps crasseux et infestés de vermine. Les plus jeunes et les plus forts s'engagèrent dans les divisions spéciales de la Légion étrangère, d'autres dans l'armée française de métier. Après l'armistice, beaucoup rejoignirent des camps. La moitié de l'intelligentsia de l'Europe centrale, en même temps que des criminels de droit commun, tous étrangers bien sûr, plus ce qui restait de l'armée républicaine espagnole défaite, finit dans les quatre-vingt mille réfugiés des camps, selon l'estimation commune.

Ceux qui étaient encore libres fuirent comme tout le monde en mai et en juin devant l'avancée de la Reichswehr. La chance, les relations et l'argent furent les agents déterminants qui distinguèrent ceux qui devaient être internés de ceux qui devaient arpenter quelque temps encore en liberté provisoire les rues de Marseille, de Toulouse ou de Montauban.

Dans les camps, les pronazis des pays étrangers ennemis brillaient par leur absence. On avait plus de chance de les rencontrer dans les couloirs des administrations de Paris, comme plus tard à Vichy.

Bien que les Juifs fussent éminemment représentés dans tous les champs politiques, intellectuels et artistiques, ils constituaient une catégorie à part. Jeunes ou vieux, riches ou pauvres, idéologiquement engagés ou indifférents à la politique, hommes de talent ou tout-venant, peu importait. On ne leur laissait pas le choix. Par quelle cruelle ironie le peuple élu de Dieu avait-il aujourd'hui l'exclusivité de jouir d'un tel traitement ?

L'extrême droite en France avait été notoirement antisémite, mais le spectre de l'antisémitisme avait été exhibé et enterré avec l'affaire Dreyfus il y avait plus d'une génération. Il en survivait cependant quelques vestiges sous la forme d'un mépris modéré, d'une petite obsession inoffensive censée procurer une grande satisfaction aux moi fragiles de ceux qui la nourrissaient. Du moins est-ce ainsi qu'on se plaisait à le penser.

En France, les mesures contre les Juifs s'étaient annoncées doucement, insidieusement. D'abord, la loi qui interdisait toute attaque publique contre un citoyen en raison de sa race ou de sa religion fut abrogée. Ensuite, les Juifs étrangers vivant en zone occupée furent raflés et envoyés en détention préventive – par mesure de protection – dans des camps d'internement. Les Juifs qui résidaient en zone non occupée ne seraient pas importunés, disait-on. Cependant, en octobre, le gouvernement de Vichy édicta une loi leur interdisant d'exercer une activité quelconque dans la fonction publique, y compris d'accéder au grade d'officier de l'armée. Dès lors, les Juifs devaient être relevés des fonctions de quelque importance qu'ils exerçaient dans la presse, à la radio, au théâtre et au cinéma. Les Juifs algériens ne furent plus considérés comme citoyens français, et aucun Juif, quelle que fût son origine, ne fut autorisé à retourner en zone occupée.

Tous eurent l'impression qu'ils tombaient dans un filet dont les mailles se resserraient de jour en jour davantage. Quelques-uns d'entre eux avaient déjà vécu l'expérience de la persécution et un grand nombre avaient entendu parler de ce genre de traitement par leurs parents ou leurs grands-parents ; mais aujourd'hui, en 1940 et en France, pareille chose était inconcevable. Peu à peu, la peur faisant place à l'horreur du vécu, chacun se comporta selon sa nature, survolant toute la gamme des réactions humaines face à l'adversité et à la tragédie, qui allèrent du courage et de la dignité à l'indignation et à la panique. Je rencontrai principalement les Juifs étrangers, ceux qui, doués de conscience politique, avaient délibérément fait un choix dangereux. Les autres, les hommes et les femmes ordinaires qui avaient simplement souhaité continuer de gérer leurs affaires, ne s'y retrouvaient plus du tout. On ressentait leur perplexité et leur vulnérabilité.

Si je ne fus pas témoin du pire, mais seulement du début des événements, il n'en est pas moins vrai que déjà je me surpris à être la proie d'une forme de dégoût envers l'espèce humaine, à laquelle j'avais honte d'appartenir. Par bonheur, à l'époque dont je parle, aucun de nous ne pouvait imaginer ce qui allait se passer. Ignorants que nous étions du point jusqu'où pouvait se porter la dépravation humaine, nous prenions le temps de rire et de nous amuser. C'est pourquoi, quand j'essaie de me souvenir et de raconter ce qui s'est passé, ce à quoi j'ai assisté, apparaît dans mon esprit une série d'images en surimpression que je dois dissocier et placer côte à côte pour les comprendre. Une série date des années

1940-1941 : ce sont des images qui se détachent souvent avec une précision quasi photographique. Ailleurs, les négatifs se trouvent superposés aux originaux, colorés par les statistiques brutes, les atrocités à venir et par toute l'histoire de ces années noires qui nous attendaient. Six millions de Juifs exterminés, sans compter les autres millions de gens raflés qui sont allés mourir dans les camps de concentration allemands – les résistants, les fauteurs de troubles, les otages tués pour l'exemple, les hommes et les femmes torturés par la milice française et par la Gestapo.

Heureusement que l'on ne peut pas mettre de visages sur ces statistiques, que l'empathie ne croît pas en proportion du nombre, que l'esprit humain ne peut appréhender cela. Pourtant ils sont tous là – les visages que je n'ai jamais vus, et ceux dont je ne me souviens plus. Merci à Dieu pour ceux dont je me souviens, pour ceux qui en ont réchappé. Et tout particulièrement merci à Dieu pour le souvenir que j'ai gardé de la petite bande d'irréductibles qui les a aidés à organiser leur passage.

Cet été-là, après la défaite de la France, la fortune et le moral des réfugiés politiques semblaient au plus bas ; ils avaient l'air aussi perdus que la cause pour laquelle ils avaient combattu. Plus tard, Victor Serge, écrivain révolutionnaire professionnel, me dit avoir revu à Marseille des hommes qu'il avait rencontrés à Leningrad, à Moscou et à Berlin ; que ces mêmes hommes, qui là-bas supportaient le danger et la défaite avec détermination, avaient maintenant le visage tordu par l'angoisse et par la peur. Dans *Mémoires d'un révolutionnaire*, il écrivait : « Ils vous ont accueillis avec le sourire et vous ont tendu une main froide et molle. Après quoi ils se sont hâtés de tourner les talons, craignant que vous ne leur demandiez de l'aide. Ils ne voulaient pas partager une cachette prudemment gardée, un contact potentiel, une source d'argent, un moyen d'évasion, ou l'espoir d'un visa. La vieille solidarité contre l'ennemi s'était décomposée ; on se serrait les coudes entre amis, chacun agissant pour son petit groupe. Le bateau s'engloutissait rapidement, et les places étaient comptées dans les canots de sauvetage. »

Miriam connaissait quelques écrivains allemands. Elle avait reçu une lettre de Konrad Heiden, auteur de la première biographie d'Hitler. Il l'avertissait que, si aucun secours n'arrivait, ils seraient tous bientôt expédiés dans les camps de concentration en Allemagne. Miriam était également en contact avec Walter Mehring, dont la notoriété avait commencé à Berlin, lorsqu'il avait inventé pour l'opéra une nouvelle écriture de la musique et de la voix dont Brecht allait plus tard faire son profit. Après une visite d'une journée à Vienne, il décida d'y rester, y vécut plusieurs années et ne cessa de s'élever, par ses écrits provocants, contre le national-socialisme, jusqu'au jour où les Allemands arrivèrent aux portes de la ville. La Gestapo se présenta chez lui à quatre heures de l'après-midi, mais des amis l'avaient déjà poussé dans le dernier train reliant Vienne à Paris via Zurich.

A Paris, il avait continué de mener sa vie d'artiste fréquentant les cafés d'écrivains jusqu'au jour où la guerre éclata. Il fut envoyé dans un camp d'internement en tant qu'étranger indésirable. Il n'était décidément pas fait pour la Légion et ne se porta pas non plus volontaire pour l'armée. Mais le Pen Club français envoya un si grand nombre de courriers aux autorités compétentes qu'il finit par être relâché. Il quitta Paris quand les tanks allemands apparurent dans les télescopes de Montmartre. Accompagné de son amie Hertha Pauli, il descendit en auto-stop jusqu'à Marseille. Ils échappèrent de justesse à l'armée allemande.

C'était un tout petit homme avec une mèche de cheveux qui lui tombait sur le front. Ses amis le raillaient pour ce détail qui le faisait ressembler à Hitler. Doué d'un tempérament caustique, il avait écrit durant des années des poèmes féroces contre le nazisme :

… Leur idéal sacré
Est planté dans le fumier.
Ils égratignent et jettent l'âme étoilée
Par-dessus leur croix recroquevillée.

Ce petit semeur de discordes, pauvrement habillé, mal coiffé, arpentait la Canebière, le dos voûté, tournant la tête de tous côtés comme un coupable. Quand on l'exhortait à se tenir plus droit et à faire un effort pour éviter d'être pris pour un vulgaire vagabond, il répondait en se passant les doigts dans les cheveux : « Je ne peux pas me permettre de me faire arrêter avec de faux papiers. Cela fait trop longtemps qu'ils me cherchent. J'intéresse personnellement Joseph Goebbels. Il l'a dit lui-même. » Sur ce, il retournait chez lui, à La Pointe-Rouge, sur la Corniche, à la limite extérieure de la ville, et écrivait un poème encore plus provocant :

J'ai vu la boue primordiale
Remplir leurs veines exsangues...
Le muscle gonflé, l'œil exorbité,
L'expression sournoise et lubrique du démon,
Le regard tueur, l'insolence porcine,
Surgis d'un cauchemar, aujourd'hui ont un sens imposé.

Comme les autres, il pensait qu'il serait pris un jour, à moins de pouvoir obtenir un faux passeport et des visas.

Le bruit se répandit, venu de plusieurs sources, qu'un jeune Américain était arrivé, ou était sur le point d'arriver, les poches pleines de dollars et de visas américains. Personne ne connaissait son nom, du moins tout le monde le gardait secret, jusqu'au jour où, à Toulouse, d'après la rumeur, un type vénal vendit son nom et son adresse pour cinquante francs : Varian Fry, *Hôtel Splendide*, Marseille.

Fry téléphona à M. et Mme Franz Werfel le soir même de son arrivée et les invita à dîner. Franz Werfel était un écrivain connu, d'origine juive, de nationalité tchèque. Il était recherché par la Gestapo pour ses attaques directes contre les théories et les personnalités du régime nazi. Aux yeux de Fry, jeune homme américain aux lunettes cerclées d'écaille, Werfel semblait un peu mou et joyeux à la fois pour un militant en lutte contre l'hitlérisme. L'homme était obèse, transpirait beaucoup et, à la façon dont il engloutissait son dessert et sa bénédictine, il était évident qu'il aimait trop les sucreries. Sa femme, Alma, était une forte et imposante Viennoise d'une soixantaine d'années qui bougeait et souriait avec l'assurance et le charme qu'elle tirait d'une beauté encore bien présente. M. Fry sentit qu'ils allaient lui donner du fil à retordre. De leur côté, les Werfel, même après plusieurs contacts, demeuraient tous deux très circonspects sur ce curieux bonhomme pince-sans-rire qui leur offrait, à titre officieux, ce qu'ils ne comprenaient pas vraiment : la vie, la liberté et la poursuite du bonheur sous forme de visas américains, ainsi que la promesse prudente mais encourageante qu'il allait leur donner les moyens de sortir de France. Vu du haut de leur perchoir d'Europe centrale, cet individu était un drôle d'oiseau, en vérité. Il était tellement froid, tellement « protestant » ; il faisait son travail « d'un ton bourru et comme à contrecœur », pensait Mme Werfel. Ils ne comprenaient simplement pas qu'un homme pût offrir la liberté à des vagabonds politiques désespérés comme on propose une cure à Karlsbad hors saison à prix réduit. Au premier dîner, Frau Werfel pensa bon d'avertir son expansif et naïf mari de ne pas en dire trop, ce jeune homme pouvant bien être une taupe nazie. Le jeune Fry l'interrompit aimablement et lui dit dans son meilleur allemand :

– Veuillez m'excuser, Frau Werfel, mais je comprends un peu l'allemand.

Dès qu'ils apprirent l'arrivée de Varian Fry, Hertha Pauli et Walter Mehring se rendirent droit au *Splendide*. Mehring fit demi-tour quand il aperçut cet après-midi-là les grosses voitures noires de la Commission allemande de l'armistice garées devant la marquise de l'hôtel ; Hertha, pour sa part, pensa qu'elle pouvait tenter le coup toute seule : c'était une jeune romancière très prometteuse, mais son visage était moins connu que celui de Mehring. Elle traversa le hall et demanda au concierge de l'annoncer au téléphone. Le cœur battant, elle se retrouva devant la chambre de M. Fry, au cinquième. Faisant appel à tout son courage, elle toqua à la porte. L'instant d'après, elle se trouvait devant un jeune homme en manches de chemise, qui était en train d'écrire sur un bureau qu'aucun dossier n'encombrait.

– Ah oui, Hertha Pauli. Vous êtes sur ma liste. Asseyez-vous, je vous en prie.

Après quelques mots d'introduction, il lui posa plusieurs questions, comme s'il lui faisait passer un entretien pour un travail dont il était couru d'avance qu'elle l'obtiendrait. Une fois celui-ci terminé, il lui montra une liste de noms et lui demanda si elle savait où se trouvaient les personnes. Hertha reconnut les noms de presque toute l'élite intellectuelle de l'Europe. Douée d'une perception aiguë propre à sa nature d'écrivain, elle comprit que, en parlant de sa voix basse et monotone, Fry essayait de contrôler ses émotions et que, s'il prenait un air détaché, c'était tout à la fois pour donner du courage aux réfugiés traumatisés et minimiser son importance à leurs yeux.

Sans hésiter, elle lui livra toutes les informations qu'elle avait en sa possession. Elle dut lui apprendre qu'Ernst Weiss, le romancier tchèque, s'était empoisonné le jour où les Allemands étaient entrés dans Paris ; que Walter Hasenclever, l'auteur dramatique allemand, s'était suicidé en avalant une dose mortelle de véronal au camp d'internement des Milles, à l'approche de l'armée allemande ; enfin que Karl Einstein, critique d'art et spécialiste de la sculpture nègre, s'était pendu à la frontière espagnole quand il s'était rendu compte qu'il ne pourrait pas la franchir.

Fry soupira et traça une croix sur ces noms.

– Eh bien, maintenant j'ai trois places vacantes, dit-il. Et Walter Mehring ? Son nom est sur la liste, voyez-vous ? Savez-vous où il se trouve ?

Hertha répondit qu'elle savait effectivement où il habitait : à la Pointe-Rouge, au bar *Mistral*, qui surplombait la mer sur la corniche du Prado, avec elle et d'autres personnes, qui pour la plupart se trouvaient sur la liste de Fry. On aurait presque pu dire que c'était une bonne aubaine.

– La prochaine fois, amenez-moi Mehring, lui cria joyeusement Fry quand elle sortit de sa chambre.

Dès qu'elle fut de retour, Hertha raconta sa visite à la bande du *Mistral*.

La nouvelle se répandit comme une traînée de poudre. Fry eut à peine le temps de se rendre au consulat américain, de prendre contact avec Frank Bohn, qui se disait représenter la centrale syndicale American Federation of Labor et était arrivé avant lui, que déjà les réfugiés s'infiltraient dans l'*Hôtel Splendide* puis se déversaient à flots pour le voir. Il renonça aussitôt à son projet initial d'acheter une bicyclette pour faire le tour de la France à la découverte des planques des membres de l'intelligentsia européenne : ils étaient là dans le couloir, en train de toquer à sa porte ; tant et si bien qu'à la fin de la première semaine ils faisaient un tel vacarme dans son vestibule, qu'il dut leur demander de bien vouloir attendre dans le couloir qu'il les appelât individuellement.

Puis, un jour, une voiture cellulaire arriva devant l'*Hôtel Splendide*. Les policiers les réunirent tous dans le hall et les conduisirent au poste, où il fut procédé à la vérification de leurs papiers. Personne ne fut arrêté à cette occasion-là, mais, dans la situation qui était la leur, les réfugiés passèrent un très mauvais quart d'heure.

A la suite de cet incident, Mehring hésita à se présenter à l'*Hôtel Splendide*. Par mesure de précaution, il envoya sa nouvelle amie Miriam Davenport au-devant de Fry.

Varian et Miriam reconnurent immédiatement l'authenticité de chacun et Miriam s'empressa d'informer Mehring et Heiden que des visas américains les attendaient au consulat – non pas des visas de sortie, bien sûr, car les faire sortir du pays était une autre histoire. Quelques jours plus tard, Miriam fut engagée dans le groupe de Fry en qualité d' « interviewer », travail pour lequel sa connaissance du français et de l'allemand autant que celle de l'art moderne se révélaient inestimables.

Mehring finit par devenir l'un des protégés favoris de Fry.

J'étais moi-même très impatiente de rencontrer Fry et trouvai un peu bizarre que Miriam ne m'emmenât pas tout de suite à l'*Hôtel Splendide*. Devant sa mauvaise volonté, je ne la pressai pas, mon temps étant à ce moment-là en partie occupé par mes visites à Me Bottaï.

Puis un jour, au *Pélican*, Miriam nous informa que les réfugiés arrivaient en nombre croissant. Elle fit observer qu'ils avaient les poches aussi vides que les coffres de l'Emergency Rescue Committee. Je lui rappelai qu'ils pouvaient disposer des quelques milliers de dollars qui auraient dû servir à l'acquisition de notre pauvre petit bateau d'évasion. Je pourrais m'en procurer davantage, surtout si Fry m'aidait à les changer au noir. L'idée de porter secours aux antinazis et de gruger la Banque de France en changeant mon argent au noir, me semblait une façon de gagner sur les deux tableaux. Miriam ne répondit pas à cette proposition et se contenta de rester assise sur sa chaise à tirer sur sa cigarette, les yeux fixés sur l'imposante façade de la préfecture, de l'autre côté de la place.

– En plus, je vais rester ici assez longtemps, du moins jusqu'à ce que Killer sorte de prison. Je pourrais être une donatrice régulière, dis-je en jetant un nouveau coup d'œil à Miriam.

Silence.

– Je pourrais même mener des interviews ou me rendre utile autrement, tu ne penses pas ? Mais dis-moi quelque chose, pour l'amour du ciel !

– Varian, énonça-t-elle enfin, prétend que les gens comme toi n'existent pas. Il affirme que les gens ne se précipitent pas pour offrir de grosses sommes d'argent sans raison.

– Se précipiter pour offrir de l'argent, répétai-je. Pense-t-il donc que j'essaie de m'infiltrer par ce moyen-là ?

– C'est comme ça que ces gens s'y prennent, m'a-t-il dit.

Je tirai une grande bouffée de ma cigarette.

– Eh bien, je ferai comme eux ! Miriam, il faut que je le voie.

– C'est ce que je lui ai dit, me déclara-t-elle.

Elle me mit au courant de sa formation peu orthodoxe d'agent secret.

– Il ferait mieux d'être sacrément prudent, remarquai-je. Dis-le-lui de ma part. Dis-lui : « *Timeo Danaos et dona ferentes.* »

– Dois-je le lui dire en latin ?

Je crois bien que c'est ce qu'elle fit.

En dépit de sa préparation qui laissait à désirer, Fry se révéla un être exceptionnellement habile et courageux. Le premier jour, il se mit en contact avec Bohn, qui l'informa de la situation : certains, sortis de camps d'internement, se trouvaient dénués d'argent et n'avaient nulle part où aller ; d'autres avaient été pris dans des rafles ; ceux qui avaient tous leurs papiers en règle ne couraient aucun risque ; ceux qui n'avaient pas de papiers du tout et ceux qui possédaient des passeports qu'ils n'osaient pas montrer se trouvaient en danger ; les Français ne distribuaient pas de visas de sortie ; même les visas de transit portugais ou espagnols étaient parfois difficiles à obtenir, quand on voulait éviter les contrôles à la frontière française et quitter le pays de façon illégale. La police locale refusait de délivrer le fameux sauf-conduit, qui était le laissez-passer que tous les étrangers étaient censés posséder pour pouvoir voyager en France. Cependant, celui-ci n'était pas vraiment obligatoire. Un homme qui venait à Marseille voir le consul américain au sujet de son visa ou pour s'entretenir avec Bohn ou avec Fry ne courait alors aucun danger : la police française ne semblait pas observer scrupuleusement les règles, soit par sympathie, soit par laxisme, comment savoir ? Elle les appliquait de façon sporadique et imprévisible. Bref, la situation était encore floue.

Il fallait, selon Bohn et Fry, faire sortir certains individus du pays le plus vite possible. Il s'agissait d'hommes qui, par leur visage ou par leur nom, pouvaient se faire repérer par les Allemands. Par exemple, Rudolf Breitscheid et Rudolf Hilferding. Le premier des deux, chef du bloc social-démocrate au Reichstag, était depuis des années l'un des hommes les plus importants d'Allemagne. Il s'était depuis toujours et jusqu'au bout ouvertement opposé au national-socialisme, à la Chambre et ailleurs. Malheureusement, lui et son parti s'étaient davantage inquiétés des communistes que des nazis. Dans son combat contre Hitler il était toujours resté dans les limites de la loi et avait toujours respecté la façon dont la démocratie parlementaire avait équipé les troupes paramilitaires SA et SS.

A présent, en août 1940, on pouvait le voir presque tous les jours en compagnie de son ami Rudolf Hilferding, ancien ministre allemand des Finances, attablé au *Sélect* du boulevard d'Athènes. Il était habituellement accompagné de Mme Breitscheid et de sa secrétaire, Erika Bierman (Mme Hilferding se cachait encore à Paris). Là, ils restaient assis à la vue de tous, face à l'escalier monumental. Un agent nazi venant de la gare Saint-Charles aurait pu les repérer avant même de poser le pied sur la Canebière. Certains membres de l'immigration allemande y voyaient une provocation directe.

Ils ne voulaient pas quitter le pays illégalement, de peur d'être reconnus et arrêtés en Espagne. Ils comptaient sur le consulat américain et sur le consulat français à la fois, le premier parce qu'ils en espéraient sinon des passeports du moins les papiers nécessaires qui leur permettraient de voyager sans être inquiétés, le second parce qu'ils en attendaient des visas de sortie – cette dernière éventualité étant fort peu envisageable, comme l'assurait

Bohn à Fry. En tant qu'anciens responsables nationaux de la social-démocratie, ils pensaient que fuir clandestinement était en deçà de leur dignité. Avec cela, ils se figuraient – ou souhaitaient – être intouchables. Peut-être avaient-ils simplement dépassé l'âge où l'on tient pour une grande aventure de voyager avec un faux passeport et une fausse barbe.

Bohn et Fry se répartirent le travail : Bohn s'occuperait des cas politiques, Fry des écrivains et des artistes. Ils installèrent leurs bureaux improvisés dans le même couloir de l'*Hôtel Splendide*.

Entre la source des faux passeports et Fry, l'intermédiaire était Donald Lowrie, représentant des YMCA en France et autrefois membre d'un groupe travaillant en collaboration avec les quakers de Tchécoslovaquie, lesquels avaient servi de relais dans l'évasion de nombreux Praguois à l'arrivée des nazis. Il connaissait le consul tchèque à Marseille, Vladimir Vochoč, qui était prêt à remettre des passeports tchèques authentiques à quiconque voulait participer en retour au renversement de l'ennemi commun en même temps qu'à la libération de son pays. Vochoč avait déjà fait passer en fraude le plus de compatriotes possible, qui allaient rejoindre les Anglais. Ni Fry ni Vochoč n'étaient habitués à ce genre de travail, mais ils y prirent rapidement goût et surent s'apprécier mutuellement. Fry ne pouvait s'empêcher d'admirer ces charmants passeports roses avec leurs vrais tampons et la photo de ses faux voyageurs tchèques.

L'une des premières personnes qui travailla aux côtés de Fry fut Albert Hermant, de son vrai nom Albert Hirschman. Il arriva soigneusement pré-conditionné, bien protégé par de faux papiers desquels il était extrêmement fier. C'était un beau jeune homme d'environ vingt-cinq ans et il était recommandé par le groupe Neu Beginnen, une ramification du parti socialiste allemand. C'était un vétéran de la guerre civile espagnole engagé dans l'armée française au début des hostilités. Alors que la Reichswehr approchait de sa compagnie assiégée, un jeune et fraternel lieutenant français appela tous les volontaires étrangers et leur délivra des papiers de démobilisation aux noms de leur choix. Chacun devait détruire son livret militaire, qui comportait son vrai nom ainsi que son pays d'origine. Puis le lieutenant leur demanda de se dépêcher de filer : si les Allemands ou les Italiens les rattrapaient sous leur vrai nom et leur vraie nationalité, ils seraient forcément arrêtés et fusillés comme traîtres à la nation. Plus tard, Albert Hermant – c'était là le nom qu'il avait choisi – se vit délivrer un certificat de vie tenant lieu d'acte de naissance. Sur celui-ci était écrit : « Nous, Untel, maire de Nîmes, certifions qu'Albert Hermant est en vie, parce qu'il s'est présenté devant nous ce jour. »

Environ une semaine après Hermant, Franz von Hildebrand rejoignit le groupe ; il avait travaillé dans l'antenne parisienne d'une organisation humanitaire autrichienne, aussi savait-il comment s'y prendre. Il ne tarda pas à apparaître que les réfugiés avaient besoin d'une aide financière et que l'opération humanitaire fournirait l'écran indispensable au travail clandestin. Franz avait l'avantage supplémentaire d'être catholique, ce qui se portait bien et donnait au groupe des airs d'impartialité. Certains catholiques se trouvaient également en danger, comme Klaus Dohrn, du groupe monarchiste autrichien, qui s'était opposé à Hitler et avait tout autant besoin d'aide que n'importe qui.

Pendant qu'Hermant aidait à examiner le cas des socialistes et que Franz s'occupait des factions les plus conservatrices, Bohn travaillait dans l'entrée aidé de ses deux assistants : dans les cercles militants politiques et intellectuels, comme dans la haute société, tout le monde connaît tout le monde et il est presque impossible d'y entrer sans présenter ses propres lettres de créance. L'objectif était, bien sûr, de filtrer les nazis, les communistes et les agents secrets, autant que de résoudre la bien plus délicate question de décider à qui porter secours, du moins à qui tenter de le faire.

Par chance, parmi les premiers réfugiés qui se présentèrent, il y eut des jeunes gens du Neu Beginnen. La plupart avaient déjà leur « affidavit tenant lieu de passeport », ainsi que leurs visas américains, et n'avaient besoin que d'un peu d'argent pour mener leur voyage à terme. Ils possédaient une carte routière de la petite ville côtière de Cerbère, dernier poste avant la frontière espagnole. Une croix soigneusement tracée signalait la frontière et des flèches indiquaient le petit chemin qui longeait le mur du cimetière, grimpait sur la colline et redescendait de l'autre côté jusqu'au poste de la sentinelle espagnole, permettant ainsi d'éviter le contrôle militaire de la frontière française, puisque les autorités refusaient des visas de sortie aux antinazis. Les jeunes gens expliquèrent qu'il fallait se diriger vers les petites cabanes où étaient postées les sentinelles espagnoles coiffées de leurs drôles de chapeaux à la Napoléon et leur présenter les visas espagnols.

Ce petit plan avait l'air de très bien marcher. Varian les remercia, leur donna les fonds nécessaires et cacha la carte derrière le miroir de sa salle de bains s'il venait à en avoir besoin ultérieurement.

Le travail s'amplifiant et le nombre de réfugiés augmentant, Varian trouva une infatigable et polyglotte secrétaire en la personne de Lena Fishmann, et un expert comptable en celle de Heinz Ernst Oppenheimer, lequel savait même comment cacher et déguiser les sommes utilisées à certaines fins. Hermant découvrit d'autres moyens pour se procurer des passeports dans les consulats du Danemark, de Norvège, de Pologne et quelques autres qui pratiquaient volontiers le même système en donnant leurs propres papiers aux anciens citoyens des pays d'Europe de l'Est et d'Europe centrale sous le contrôle de l'Allemagne qui tentaient de sortir de France. Cependant, les visas pour l'outre-mer allaient bientôt devenir problématiques parce que l'Espagne et le Portugal refusaient des visas de transit aux individus qui ne présentaient pas déjà des moyens visibles et légaux de quitter leurs pays.

Même la Chine, pendant les premiers temps, fournissait des visas pour l'étranger sous lesquels, du moins c'est ce que l'on dit, était écrit en minuscules idéogrammes : « Cette personne ne peut, en aucun cas, être autorisée à entrer en Chine. » Mais, pendant un temps, il suffisait d'avoir un visa chinois pour obtenir des visas portugais et espagnol.

En général, les choses se passaient bien. Il y avait des consulats qui ne manquaient ni de courage ni de générosité, des douaniers peu regardants et des fonctionnaires français sympathiques voire obligeants. Un grand nombre de réfugiés dont Fry s'était occupé avaient déjà obtenu des visas pour l'outre-mer, américains ou mexicains. Il pouvait encore télégraphier tous les soirs des messages à peine chiffrés au bureau de New York, indiquant les noms des nouveaux réfugiés qui avaient besoin de visas américains.

Il n'avait pas oublié que la police était venue rafler ses clients dans le hall de l'hôtel. Or un soir, alors qu'Hermant et lui rentraient au *Splendide* après avoir expédié tous leurs messages au ministère de l'Intérieur, ils trouvèrent deux officiers allemands en uniforme postés devant le bureau du concierge. La vue de ces deux hommes en uniforme vert, « avec leurs vestes trop courtes et leurs manteaux trop longs », comme dit la chanson, avec leurs képis et leurs poitrines scintillantes de svastikas dorés, suffit à faire courir un frisson le long de leur démocratique échine. Ils s'esquivèrent dans le bar, descendirent deux cognacs et se rassurèrent mutuellement : la commission allemande de l'armistice n'était, pour le moment, intéressée par nulle autre chose que de rassembler sous son contrôle le maximum de produits français, de veiller à ce qu'ils soient acheminés vers l'Allemagne, et de contrôler le chargement des marchandises importées d'Afrique du Nord ou exportées dans ces régions. Il n'empêche que Varian Fry et Albert Hermant voulaient éviter, dans la mesure du possible, de fréquenter les représentants du Troisième Reich.

Comme un échantillonnage complet des émigrés politiques et intellectuels faisait la queue dans le couloir devant la porte de sa chambre et de celle de Bohn, Fry s'avisa que le nombre de personnes en danger excédait de loin celui des noms consignés sur sa liste secrète, lesquels noms avaient été choisis par le Comité de New York conjointement avec l'American Federation of Labor et le Museum of Modern Art. Il ne faisait aucun doute que des personnalités telles que Breitscheid et Hilferding, des sommités comme le grand mathématicien français Jacques-Salomon Hadamard, le philosophe Walter Benjamin, les deux grands écrivains Lion Feuchtwanger et Franz Werfel, Heinrich Mann (écrivain et frère de Thomas), le jeune Golo Mann (le fils de Thomas et futur historien), des célébrités telles que Jacques Lipchitz et Marc Chagall, André Breton, de même que des centaines d'autres sur la liste – que tous ces artistes et intellectuels illustres obtiendraient de l'aide. Mais à présent, Fry rencontrait les activistes de la base, des intellectuels moins connus. Or on l'avait chargé d'une mission précise et il n'avait ni l'argent nécessaire ni les autorisations qu'il fallait pour s'occuper de personnes non recommandées par l'ERC.

Son travail était bien défini et l'argent qui lui était confié était destiné à cette action. Cet aspect lui posait un problème pratique et moral.

Pendant ce temps, il faisait connaissance avec les principes élémentaires et les pratiques de l'opération clandestine. Hermant, démon d'ingéniosité au sourire espiègle, avait déjà de bons contacts avec le marché noir. Le franc était indexé très haut et nombreux furent ceux qui, juifs pour la plupart, désespérément anxieux d'expédier le plus d'argent possible aux États-Unis, étaient prêts à échanger le franc contre cinq à huit fois sa valeur officielle. Fry n'hésita pas à changer chaque dollar de la façon la plus avantageuse possible pour le bénéfice de ses clients menacés. Dans le monde frauduleux et risqué du change illégal, les messages de l'ERC étaient toujours compris et la somme de dollars promise était déposée en sûreté aux États-Unis sur le compte bancaire désigné.

Les fonds étaient en baisse et, même si toujours plus d'argent arrivait d'Amérique, il semblait qu'il n'y en aurait jamais assez. Les garants de l'ERC, qui comprenaient Thomas Mann, John Dewey et une foule d'autres sommités comme Raymond Gram Swing (le célèbre journaliste de la radio), Frank Kingdon (le brillant pasteur méthodiste), le Dr Reinhold Niebuhr (le théologien), Janet Flanner et Dorothy Thompson, pour ne nommer qu'eux, se mobilisaient tous pour, à travers une campagne de collecte de fonds, attendrir les cœurs et vider les portefeuilles des citoyens concernés. Mais l'argent était long à venir.

XII

Miriam, qui avait prouvé à Varian qu'on pouvait se fier à elle sur tous les autres points, passait maintenant à l'offensive : pourquoi ne me rencontrerait-il pas, le harcelait-elle, moi qui inspirais une confiance aveugle et disposais, ce qui ne gâtait rien, de quelques milliers de dollars ? Miriam, dans son enthousiasme, et peut-être dans sa candeur, s'était laissée aller, je le crains, à décrire ma personne sous des couleurs un peu vives : jeune femme expatriée, passant ses hivers à skis, ses étés à Biarritz et sur la Côte d'Azur, courant des salons du *Ritz* à ceux du *Carlton* et pilotant son monoplan privé, autant de traits qui, pour lui, avaient un parfum de frivolité ; aussi déclara-t-il à Miriam que je devais être en plein le genre d'Américaine à s'entourer d'Européens réactionnaires, pourvus de noms à rallonge. On ne pouvait pas me faire crédit. Miriam lui assura que je comptais bon nombre de socialistes parmi mes amis, que je ne buvais jamais assez pour rouler sous la table, et que je ne confondais pas Rosa Bonheur et Rosa Luxemburg. Rien n'y fit, il ne voulut pas en démordre.

Comme les restaurants proposaient de plus en plus des cartes étiques, les fins de journée me trouvaient en proie à des hallucinations à base de savoureux mille-feuilles et autres appétissants gâteaux exposés dans la vitrine de la pâtisserie *La Marquise*, établissement où il était possible de voir après les heures de bureau deux habituées dans la douzaine de chalands : Miriam et moi. Nous nous contentions de rester là, debout, à manger nos douceurs : nous enfournions pets-de-nonne, palmiers et financiers sans scrupule aucun, non seulement parce que notre ventre affamé nous dirigeait droit sur cette seule source de calories d'appoint, mais encore en raison du cran ou deux dont nous nous étions littéralement serré la ceinture.

Un jour, en sortant de la boutique, j'entendis Miriam me dire :

– Regarde. Les voilà !

Elle me désignait deux hommes plutôt jeunes qui débouchaient sur la Canebière juste devant nous, venant de la rue Saint-Ferréol. Me prenant par le bras, elle m'entraîna à leur poursuite et, légèrement essoufflée, me présenta Albert Hermant et Varian Fry. Celui-ci, avec son sourire le plus poli, me serra la main.

– Miriam m'a souvent parlé de vous.

Je le vois encore, debout, le corps très droit, les épaules rejetées en arrière ; le mistral lui soufflait dans le visage. Il avait une petite trentaine d'années, le visage carré, et portait des lunettes à monture d'écaille. Je lâchai d'une façon un brin ambiguë que j'avais entendu dire qu'il y avait de quoi faire ; je me félicitais de savoir quelqu'un dans cette ville capable de faire face à ce travail. Il convint du fait avec un petit rire et coupa court :

– Oui, d'ailleurs il faut que j'y aille…

Hermant, un bel homme au regard passablement mélancolique, se tenait silencieux, ne perdant rien de la conversation, la tête inclinée de côté. Le genre d'intellectuel allemand, me dis-je, qui souhaite toujours que rien ne lui échappe.

– Voyons-nous tous *chez Basso* dans une demi-heure pour l'apéritif, proposa-t-il contre toute attente, lançant un regard à Miriam.

– Oui, c'est une excellente idée, approuva-t-elle.

– Avec plaisir, j'en serai ravie, acquiesçai-je.

Et Varian ne put rien dire d'autre que :

– Eh bien soit, dans une demi-heure.

Lorsque Miriam et moi arrivâmes *chez Basso*, à quelques pas de là, des paravents de verre étaient déjà installés autour de la terrasse pour protéger les consommateurs du froid mistral qui, depuis quelques jours, soufflait dans la vallée du Rhône. Le ciel était d'un vert lumineux; les dernières lueurs du jour s'éteignaient. Même le vieux fort Saint-Nicolas, qui perdait sa couleur rose, avait l'air d'une forteresse argentée sur la lune. Les ultimes rafales faisaient claquer les sarouals sur les jambes des zouaves.

L'armée n'était pas trop mal représentée sur la promenade, des Sénégalais avec leurs turbans aux vives couleurs aux légionnaires en passant par les soldats de métier vêtus de kaki et les officiers dans leurs élégants uniformes. Marseille devait être leur dernière étape avant l'Afrique du Nord. Moins d'une semaine auparavant, l'Afrique-Équatoriale française, sans oublier le Tchad, le Cameroun et, dans le Pacifique, la petite île de Tahiti, étaient passés dans le camp du général de Gaulle. Désormais, ces immenses territoires africains formaient une barrière impénétrable entre l'Afrique-Occidentale française contrôlée par Vichy, d'une part et, de l'autre, la Libye et la côte Est sous le contrôle des Italiens.

Ainsi, pendant que la presse et la radio de Vichy se déchaînaient, le gouvernement, avec la permission de l'Allemagne, envoyait d'urgence des troupes en Algérie, au Maroc et en Tunisie, ces territoires essentiels, ces atouts majeurs dans la lutte incessante pour la maîtrise de la Méditerranée.

Silencieuses, nous les regardions passer. Puis Miriam me demanda ce que je pensais de Varian. Elle le trouvait terriblement séduisant. Moi aussi, n'est-ce pas ?

– Pas spécialement ! énonçai-je délibérément. On dirait un jeune officier de l'Armée du Salut : bien sérieux et bien comme il faut.

– Oh, Mary Jayne, s'indigna-t-elle, il n'est pas du tout comme tu le dis ! Il peut être très drôle quand il en a envie !

Fry et Hermant nous rejoignirent de fort bonne humeur. Ils avaient trouvé un local tout près de là, rue Grignan, pour installer leur bureau. Un maroquinier juif, voyant venir le pire, pliait bagage avant d'être forcé de vendre à plus vil prix encore. Pauvre homme, ce n'est pas juste, pensai-je. Je demandai à Hermant comment les nazis pratiquaient de telles confiscations en Allemagne. Il m'expliqua qu'en premier lieu ils obligeaient le propriétaire à accrocher, dans la vitrine de sa boutique, une pancarte portant obligatoirement l'inscription « Commerce juif », et qu'ensuite ils venaient exiger un dessous-de-table pour l'autoriser à garder son activité ; que, en fin de compte, le local était de toute façon confisqué et qu'un membre du parti héritait de l'affaire. Hermant était en train de me faire un premier exposé sur l'antisémitisme appliqué.

– C'est la façon dont les gangsters travaillent chez nous, observai-je.

– Alors, les gangsters et le gouvernement, c'est bonnet blanc et blanc bonnet, commenta Hermant.

Varian et Hermant discutèrent de la situation des réfugiés en termes très généraux. Hermant coopérerait avec Hicem, une organisation juive, avec les quakers et aussi avec l'Unitarian Service Committee, l'association de secours unitarienne. Tous étaient impliqués dans des organisations d'aide et quelques-uns aménageaient parallèlement des voyages. Hermant allait faire enregistrer officiellement le Comité sous le nom de Centre américain de secours – le mot *secours* en français possédant une nuance sociale que n'avait pas la traduction littérale d'*Emergency Rescue* (« sauvetage d'urgence »), plus compromettante.

Nous commençâmes à parler en personnes qui partageaient les mêmes idéaux ; nous spéculâmes sur le sort d'Édouard Daladier, de Léon Blum, de Paul Reynaud et de quelques autres chefs de la Troisième République « administrativement internés » quelque part en Auvergne, qui étaient en instance de jugement pour avoir entraîné la France dans la guerre – comme ils le furent plus tard, pour avoir perdu la guerre.

– J'espère que la justice française tiendra le coup plus longtemps que l'armée française, fis-je remarquer.

Là-dessus, Varian me demanda si j'avais participé au fameux exode ; ma description très critique de la personne de Mme Leroi dut le convaincre que j'étais du bon côté, parce que, dès ce moment-là, je sentis qu'il ne m'était plus nécessaire de mettre en avant mes opinions libérales. Il ne tarda pas à me proposer de faire un tour dans leur nouveau bureau dans les prochains jours, quand ils s'y seraient installés, ajoutant qu'à l'*Hôtel Splendide* sa secrétaire occupait déjà le bidet, sa machine à écrire installée sur ses genoux. Comme je n'avais jamais songé à évincer quiconque, je lui répondis que je pouvais attendre.

– Miriam a dû vous le dire, j'ai quelques milliers de dollars qui me permettraient d'aider votre cause, surtout si je peux changer les devises au taux non officiel.

Il me regarda.

– C'est très gentil de votre part, mais je n'ai pas de contacts en ce moment.

– Méfiez-vous de l'ennemi qui vous apporte des cadeaux! Méfiez-vous ! plaisantai-je.

Varian, se rappelant mon message, partit d'un grand éclat de rire :

– Ah, oui ! *Timeo Danaos et dona ferentes*! s'esclaffa-t-il, si fort que tout le monde se retourna, sans comprendre d'ailleurs. Eh bien, dit-il pour conclure, passez dans quelques jours et nous verrons, Mary Jayne.

L'ascenseur de l'*Hôtel Continental* s'arrêtait à l'entresol, en haut d'une large volée d'escalier qui descendait dans le hall. C'était une fin d'après-midi : je venais de poser le pied sur le palier, quand, en haut des marches, l'apparition d'une redingote kaki de coupe manifestement militaire, longue au point de balayer le sol, attira mon attention. Elle enveloppait un très grand jeune homme aux cheveux de même couleur. Un autre homme le suivait, d'une taille et d'une mise plus habituelles. Instinctivement, je reculai de quelques pas. Le plus grand se présenta : Charles Fawcett, avant de me présenter son ami : Leon Ball. Jetant des coups d'œil autour de lui afin de s'assurer que nous étions hors de portée de voix, il me fit marcher à reculons jusqu'au mur contre lequel il me coinça presque. Puis, se penchant vers moi dans l'attitude d'un homme traqué par la police, il me dit avoir appris que j'avais un avion; il était accouru aussitôt. J'observais son visage d'adolescent aux traits réguliers et ses cheveux blonds bouclés tandis qu'il me révélait avec un léger accent géorgien que lui et son ami désiraient s'envoler pour Gibraltar. Il fut visiblement très déçu quand je lui dis que j'avais laissé mon avion à Paris.

Il me raconta qu'après la Pologne il avait servi dans le corps des ambulanciers volontaires américains en France. Miriam l'avait rencontré et présenté à Fry, lequel l'avait recruté comme portier et réceptionniste au nouveau bureau de la rue Grignan.

– En fait, ajouta-t-il avec un sourire, je maintiens l'ordre, en quelque sorte. Vous comprenez, les gens s'énervent un peu, parfois – s'inclinant, il ajouta à voix basse : Je vide ceux qui s'introduisent sans rien avoir à faire là.

Il se redressa et rapprocha les pans de son magnifique manteau d'ambulancier.

– Vous voyez ? Il impressionne toujours plus ou moins. J'ai dû enlever les boutons de cuivre, mais il fait quand même encore très officiel.

– Sans aucun doute, dis-je.

– Ils font du joli boulot. Ils sont envahis, vous pouvez me croire ; vous devriez aller leur donner un coup de main. Miriam dit que vous devriez passer demain.

Vingt ou trente personnes étaient déjà groupées devant le numéro 60 de la rue Grignan quand j'arrivai le lendemain, autour de neuf heures et demie du matin. C'était une foule plutôt bien élevée dans l'ensemble ; cependant, lorsqu'on s'approchait, on sentait affleurer une certaine tension.

Charlie Fawcett apparut sur le seuil, resplendissant dans son manteau kaki, bien qu'il fît passablement chaud. Il lançait aimablement en anglais des ordres qui résonnaient à mes oreilles comme de douces paroles aux accents de Georgie.

– Reculez ! Du calme ! Tout le monde passera ! Ça va être bientôt votre tour !

Dès que Charlie m'aperçut, il me fit signe d'avancer. Comme je me faufilais parmi les gens pour atteindre la porte, je sentais des regards d'envie se poser sur moi. Je restai un moment sous le portique à échanger quelques mots avec Charlie et jetai un regard à la foule qui se pressait derrière moi. Les visages avaient l'air de ne jamais avoir connu le soleil, bien qu'on fût à la fin de l'été. Peut-être les voyais-je ainsi parce que je les imaginais terrés, ou avançant furtivement dans l'ombre. Je savais qu'ils avaient formé tellement d'espoirs demeurés vains d'une façon ou d'une autre ! Il ne leur restait plus qu'à souhaiter la fuite et la survie pour eux-mêmes. A les voir ce matin-là, on pouvait deviner qu'ils avaient passé de nombreux jours dans les mêmes vêtements, et autant de nuits d'un hôtel à l'autre.

J'avais amené Dagobert avec moi, ne sachant trop quoi en faire. J'espérais que personne ne trouverait cela trop frivole. Il était loin de ressembler à l'un de ces caniches chic, narcissiques et bichonnés – d'ailleurs je ne le brossais que rarement. En fait, lui aussi dormait dans ses vieux vêtements, et cela se voyait.

Arrivée en haut de l'escalier, je découvris les nouveaux locaux ; deux ou trois pièces occupaient toute la longueur et la profondeur du bâtiment ; au fond se trouvait le cabinet de Varian, déjà équipé d'un grand bureau et de quelques classeurs à tiroirs. Dans la pièce de devant, plusieurs tables étaient alignées à quelques centimètres du mur. Derrière chacune d'elles, sur une chaise de bois pliante, était assis un interviewer, en face du candidat au voyage. Je pénétrai dans la pièce du fond ; là se trouvaient les vestiges du commerce d'articles de cuir qu'avait exercé le petit Juif. C'était un triste spectacle. Sur les rayons presque vides et sur le plancher étaient éparpillés des sacs à main, des portefeuilles, des valises. Dans un coin se trouvaient deux cartons d'emballage à moitié pleins. Je vis Gussie, occupé à donner un coup de main à Fry. Nous échangeâmes un signe de tête.

– Ils vont débarrasser le reste ce soir, me dit Fry, qui faisait très américain dans son costume écossais de coton gaufré. Venez, je vais vous présenter à Franzi. Il va vous montrer comment remplir les formulaires.

Quand nous entrâmes dans la pièce de devant, les voix se turent. Les réfugiés suivaient Varian des yeux comme s'il était le Messie ou le prince de Galles. Ignorant complètement son entrée remarquée, il me présenta de façon expéditive à Franzi von Hildebrand.

Franzi avait des yeux bleus vifs, un merveilleux sourire, et parlait anglais comme un natif. Aristocrate autrichien jusqu'au bout des ongles, il était cependant plus exubérant que les nobles ont généralement coutume de l'être. Il me montra comment on remplissait les premières feuilles de renseignements et en un clin d'œil fit de moi une intervieweuse confirmée. La première chose qu'il fallait demander, c'était si l'individu avait un passeport en cours de validité ou d'autres documents de voyage, et s'il – ou elle – avait un visa pour l'outre-mer, préférable au visa américain ou mexicain. Avait-il l'argent et les contacts nécessaires pour s'en procurer un par ses propres moyens ? N'importe quel visa pour l'étranger, pour n'importe quelle destination faisait l'affaire. S'il n'avait ni ces papiers ni ces visas, le Centre essaierait de les lui fournir. Je devais lui demander discrètement si ses documents étaient faux ou authentiques. J'inscrivais alors la réponse en langage codé. Pour ce qui était des démarches à entreprendre en vue d'un visa américain, avait-il des garants ? Si tel n'était pas le cas, le bureau de New York lui en trouverait. Les visas de transit portugais et espagnols étaient plus difficiles à obtenir en l'absence de papiers officiels. Son permis de séjour était-il réglementaire, en cours de validité ? Et son permis de travail ? Quelle était sa situation financière ? Dans le cas où visas et permis étaient expirés, comme il était impossible de les renouveler tous en même temps, le réfugié pouvait se faire coffrer comme un rien pour vagabondage. On pouvait toujours solliciter le tristement célèbre visa de sortie français, mais à cette époque il n'était jamais accordé.

Ensuite je devais demander au candidat de quelle façon il s'était opposé au nazisme et ce qu'il avait fait pour se trouver en danger de représailles ou d'extradition.

– C'est l'étape la plus difficile. Essayez de comprendre les faits et de percer les tendances politiques. Ces informations seront toutes tenues secrètes, mais obtenez-en tout de suite le plus possible, me dit Franzi.

Tout cela me parut soudain trop lourd et trop angoissant ; j'avais l'impression de tenir le destin d'un être humain entre mes mains. Je dus montrer quelque appréhension, car Franzi devina mes dispositions.

– Allez, vous allez y arriver ! Je le sais. Maintenant, au travail.

Franzi lui-même avait eu du mal au début, d'autant que certains reconnaissaient en lui un ancien membre de la *Heimwehr*, ou milice autrichienne, qui avait combattu les socialistes. Depuis, il avait épousé des idées plus démocratiques, et sa gaieté contagieuse associée à sa bonne volonté remontait le moral des marxistes les plus doctrinaires et les plus abattus. Il partit rapidement pour l'Amérique, mais on ne put jamais l'oublier, non plus que son sourire. Soit dit en passant, von Hildebrand était également le seul homme que j'aie jamais connu qui figurait à la fois dans le Gotha et sur la liste noire de la Gestapo.

Une fois que Franzi m'eut instruite et m'eut donné ses directives, on me présenta mon premier réfugié, Gerhardt X. Comme il ne restait plus de place pour nous à la grande table, nous allâmes nous asseoir au soleil sur le rebord de la fenêtre et je commençai mon questionnaire.

Gerhardt X, né à Francfort avait environ trente-six ans. C'était un homme trapu et vigoureux, habillé sans recherche, qui parlait français avec un fort accent germanique. Ayant débuté comme soudeur dans les usines d'acier de Düsseldorf, il avait suivi les cours du soir organisés par les syndicats ouvriers, se spécialisant dans les sujets économiques et sociaux. Il combattait les nazis depuis 1923 et, très jeune, avait commencé à distribuer la littérature et la presse antinazies. Il avait continué à mener cette activité clandestine jusqu'à l'arrivée au pouvoir des hitlériens en 1933. Lorsque quelques-uns de ses camarades s'étaient fait arrêter en 1937 pour s'être syndiqués de façon illégale, Gerhardt s'était enfui en France. A l'automne de 1939, il s'était engagé dans la Légion étrangère pour la durée de la guerre afin d'éviter l'internement, et parce qu'il avait à cœur de continuer le combat contre le régime fasciste.

L'homme racontait son histoire lentement et posément. Ce n'était certainement pas la première fois qu'il avait dû répondre à ce genre de questions. Mais là il savait qu'une oreille amicale l'écoutait et qu'il n'avait rien à cacher. Il semblait apprécier l'entretien et ne me lâchait pas du regard sous ses sourcils mobiles et broussailleux, expliquant ce qu'il en était, avec une objectivité toute marxiste, à l'Américaine compatissante mais bourgeoise qu'il avait en face de lui.

C'était un compte rendu honnête et courageux, peut-être pas aussi brillant que certains autres, mais qui m'offrait pour la première fois un aperçu direct de la grande armée vaincue des socialistes militants de la base.

Miriam arriva bientôt. Je sortis déjeuner avec elle et Charlie Fawcett. Je la complimentai d'avoir fait entrer Gussie aussi rapidement dans le groupe, bien qu'il ne fût sur la liste de personne.

L'après-midi, je m'entretins avec Hilda X. Institutrice en Allemagne, elle avait délibérément choisi une école dans un quartier ouvrier. Son mari, Hans, était parmi les premiers inscrits sur la liste noire des nazis en Bavière. C'était un journaliste connu et ses articles attaquaient de façon virulente le national-socialisme et ses leaders. A l'arrivée d'Hitler au pouvoir, il avait frôlé la mort de peu. Il s'était enfui à skis par les montagnes jusqu'à Prague. De là, il avait gagné la Suisse, cependant qu'Hilda, quant à elle, demeurait à Berlin. Après la naissance de son bébé, plusieurs SS vinrent la harceler tous les deux jours. Elle connaissait le programme : elle était autorisée à s'occuper de son bébé pendant trois mois, à la suite de quoi ce dernier lui serait enlevé et donné à des étrangers pour être éduqué en vrai nazi, tandis qu'elle croupirait en prison. Elle alla chercher asile chez sa sœur à Francfort, et de là s'enfuit clandestinement en Suisse pour rejoindre son époux. A leur arrivée en France en 1933, ils s'étaient tout d'abord installés à Lyon puis dans la banlieue parisienne, à Arcueil, où ils avaient trouvé une maison de cinq pièces. Pour gagner leur vie – son mari, malade, ne pouvant plus travailler –, ils avaient accueilli des orphelins et s'étaient institués « famille de placement ». Dès la déclaration de la guerre en 39, Hans fut interné comme étranger indésirable dans un camp où il trouva la mort peu de temps après. Par la suite, Hilda elle-même fut envoyée dans le camp d'internement de Gurs, dans le sud de la France – l'enfant, Lisa, avait été placée dans un foyer pour enfants de réfugiés dans le centre du pays. Libérée en juillet, Hilda retrouva sa fillette. Elle pensait pouvoir, par l'intermédiaire d'amis de son mari qui étaient partis s'installer aux États-Unis dans les premières années de la prise du pouvoir par Hitler, trouver des garants officiels pour son visa américain. Elle habitait avec d'autres réfugiés dans les faubourgs de Marseille.

Les faits bruts que mes deux candidats me révélaient étaient éloquents. Les deux, traqués chacun à sa façon, avaient fui de cachette en cachette, d'un pays à l'autre. Ils avaient persévéré dans la recherche du seul but qu'ils pensaient compatible avec la dignité humaine.

J'allais bientôt me rendre compte que la plupart de ces exilés vivaient dans une zone d'ombre et d'illégalité. Indésirables et à peine tolérés dans les républiques libérales où leur fuite les avait conduits, ils étaient sans cesse sujets au caprice de quelque bureaucrate responsable des étrangers, ou bien se trouvaient dépendants du tour que pouvaient prendre les événements.

Mais aujourd'hui, assise sur le rebord de la fenêtre qui donnait sur la rue Grignan, Hilda sentait que les choses pourraient se passer enfin différemment. Je n'essayais pas de la piéger sur quoi que ce soit, sans pour autant me montrer indulgente. Derrière mon apparente neutralité, une pointe d'admiration devait percer. Le regard de Hilda X alla se poser sur le mur, de l'autre côté de la pièce : au-dessus de la tête de Franzi von Hildebrand se déployait la bannière étoilée. Varian avait été prompt et habile à présenter les choses sous un bon jour : à cette époque, on regardait le drapeau américain avec une grande estime. La bannière étoilée rappelait de bons souvenirs et représentait un objectif élevé, difficile à définir certes, mais il était là tout de même, ne serait-ce que pour les ennemis jurés de la bourgeoisie.

Je retournai au bureau presque tous les jours et continuai à m'instruire sur les hasards et les complications de la vie des réfugiés. Il était éclairant de s'entretenir avec quelqu'un qui avait été interné dans un, parfois deux camps, ou dont le mari avait été embarqué parce que son visa de visiteur français était périmé et parce que, étant étranger, il n'avait pas de visibles appuis. Je ne faisais pas partie de ce monde étrange, qui contrastait radicalement avec le mien, mais je le jugeais proche. Je me sentais un lien avec des hommes et des femmes qui avaient accompli certaines choses que, en des circonstances similaires, j'aimerais me croire capable de faire.

En la personne d'un réfugié qui connaissait pas mal de combines et était habile dans l'art subtil de la contrefaçon – il était également caricaturiste –, Hermant trouva un expert en falsification de cartes d'identité. A celles-ci, qu'on pouvait se procurer pour quelques francs dans n'importe quel bureau de tabac, ne manquaient qu'une photographie et le tampon de la préfecture pour avoir un air officiel. Le faussaire viennois d'Hermant était un artiste si consommé qu'il pouvait imiter, en quelques coups de crayon, un tampon à la perfection, de sorte que seule la loupe d'un expert aurait pu en détecter la fausseté. Après avoir achevé son œuvre, il apposait une signature qui avait l'air des plus authentiques, et vendait la carte à Hermant très bon marché. Ainsi subvenait-il à ses besoins tout en venant en aide à ses camarades.

Varian appelait le dessinateur « Little Bill Frier » en raison de sa toute petite taille. Celui-ci avait une fiancée encore plus minuscule que lui, qui répondait au nom de Mina. Ils vivaient ensemble près de Cassis. Varian disait qu'on avait du mal à les oublier, tant un si petit couple était uni par un si grand amour. Bill et Mina espéraient émigrer aux États-Unis, et Varian essayait de leur obtenir un visa auprès du Département d'État. Quand, plus tard dans l'année, Little Bill fut arrêté dans son établi, entouré de tout son matériel de contrefaçon, Varian engagea un avocat – officieusement, il va sans dire. Il se démena si bien que le tribunal libéra Bill Frier en mars de l'année suivante. Mais le gouvernement prit la relève et l'interna « administrativement ». Il fut envoyé dans le camp d'internement du Vernet. Le Comité ne parvint jamais à l'en faire sortir. Après la guerre, nous apprîmes qu'il avait fait partie de ceux qui furent transportés en convoi de marchandises du Vernet jusqu'en Pologne en direction des chambres à gaz. Puis, des années plus tard, nous parvint l'information qu'il avait survécu. On entend pas mal d'histoires de ce genre, des histoires d'évasion miraculeuse d'Auschwitz, de Bergen-Belsen, parce que ceux qui ont vécu ces évasions sont là pour les raconter. C'est pourquoi j'aime rappeler la bonne fortune de Little Bill Frier, ne serait-ce qu'en mémoire de tous ceux qui ont péri et qu'on a oubliés.

Quand je téléphonai à Hans Sahl, romancier, poète et traducteur de poésie, pour lui demander s'il accepterait que nous parlions ensemble du passé, il me répondit qu'il travaillait à une traduction de Thornton Wilder en allemand et qu'il avait un délai à respecter. En tout état de cause, son roman *The Few and the*

Many décrit mieux qu'il n'aurait pu le faire alors ce que c'était que d'être un client du Centre américain de secours.

Le livre m'arriva quelques jours plus tard. Il avait écrit sur la page de garde : « A Mary Jayne, en souvenir des étranges, fatales mais néanmoins passionnantes années 40, avec toute mon amitié, Hans Sahl, New York, 1974. »

Hans Sahl, d'origine allemande, se trouvait à Marseille cet été-là, dépourvu du moindre papier. Il fut arrêté par la police et détenu plusieurs jours en prison. Quand il fut emmené devant le gradé, au moment précis où celui-ci lui demandait de montrer ses papiers, des cris et des hurlements s'élevèrent ; un grand tapage se faisait dans la cour. Un policier ouvrit la porte, entra précipitamment et murmura quelques mots à l'oreille de l'officier. Celui-ci se leva brusquement et se précipita dans la cour, suivi par Sahl.

Un homme, debout au milieu de la cour de la prison, criait en espagnol :

– Pourquoi m'avez-vous mis des chaînes ? Je me suis battu pour vous dans les montagnes. Je me suis battu pour vous dans l'armée républicaine !

Un gardien le frappa d'un coup de chaîne au visage tandis que deux autres s'emparèrent de lui et l'emmenèrent.

Au moment où l'officier, fou de rage, était sur le point de questionner Sahl sur l'absence de ses papiers, celui-ci, dans un moment d'inspiration, s'entendit dire :

– Mais, monsieur l'officier, vous les avez déjà examinés. Ils étaient en règle. Vous ne vous en souvenez pas ? Mais si vous voulez les examiner encore une fois…

Il fit mine de vouloir sortir ses papiers.

– Effectivement, c'est exact, répondit l'officier, dans l'égarement de sa colère. Vous êtes libre.

Il sortit un document d'un tiroir de son bureau, y apposa un tampon, le signa et le tendit à Sahl.

– Et maintenant, dégagez ! J'en ai assez vu pour aujourd'hui !

Grâce à ce papier, Sahl passa sans encombre devant les gardes et se retrouva dans la rue, libre. Il sauta dans un tramway et, se gardant bien de retourner dans son bouge du quartier arabe de la ville, se rendit directement à un hôtel de catégorie moyenne où habitait l'un de ses amis. Il resta au lit deux jours et deux nuits. Le troisième jour, il se sentit des fourmis dans les jambes et retourna à ses vieilles habitudes, à savoir dans les cafés. Ce soir-là, alors qu'il sirotait son apéritif sur une terrasse de la Canebière, il vit passer une troupe de prisonniers enchaînés traînant les pieds vers Dieu sait quelle destination et reconnut le visage tuméfié et lacéré du soldat espagnol républicain qui avait fait du grabuge dans la cour de la prison trois jours auparavant.

Dans *The Few and the Many*, Sahl écrivait :

« Nous vivions dans les cafés, dormions dans les cafés, écrivions des lettres d'adieux dans les cafés. Or il arriva qu'un ami, un homme d'esprit, vint à ma table, et me confia à voix basse qu'un homme était descendu au *Splendide*, un certain M. Fry, un Américain qui possédait, outre des liasses de dollars, une liste de personnes à sauver. "Votre nom se trouve sur la liste. Appelez-le tout de suite." Je lui dis que je n'avais pas le cœur à plaisanter, mais l'instant d'après je téléphonai au mystérieux Américain, que j'eus directement en ligne. "Comment dites-vous vous appeler? Sahl, effectivement. Venez tout de suite. Je vous attends." Dix minutes plus tard, j'arrivai à l'hôtel. Deux officiers allemands étaient postés dans le hall de réception. Je passai devant eux pour prendre l'ascenseur, montai jusqu'à l'étage; un jeune homme sympathique, en manches de chemise, m'ouvrit la porte; il m'accueillit chaleureusement, passa son bras autour de mes épaules, me mit de l'argent dans la poche, m'attira vers la fenêtre et me chuchota du coin des lèvres, tel un mauvais acteur dans le rôle d'un conspirateur : "Si vous avez besoin de plus d'argent, revenez. En attendant, je vais communiquer votre nom à Washington. Nous allons vous tirer de là. Il y a des solutions. Vous verrez. Il y a des solutions."

« Il me versa un whisky. "A propos, vous avez besoin de vêtements décents. Vous ne pouvez pas vous promener dans cette tenue. Nous allons dès demain vous acheter un costume d'été." Entre chaque gorgée de whisky, j'articulais alternativement : "*Thank you very much, sir, Danke vielmals, merci, monsieur.*" Imaginez la situation : les frontières bloquées, vous êtes coincés, vous pouvez vous faire arrêter à n'importe quel moment, votre vie est quasiment perdue, et soudain un jeune Américain en manches de chemise vous fourre plein d'argent dans les poches, passe son bras autour de votre cou et vous murmure, sur le ton de conspiration d'un cabotin : "On va vous tirer de là", tandis que, zut alors, les larmes inondaient mon visage, comme elles roulent sur mes joues à l'heure où j'écris ces mots, de grosses larmes bien rondes et bien mouillées; et ce charmant jeune homme – sorti de Harvard, par parenthèse – tire un mouchoir en soie de la poche de sa veste et me dit : "Tenez, prenez-le. Je suis désolé qu'il ne soit pas plus propre." Alors depuis ce jour-là j'aime l'Amérique, parce que de tels gestes, qui sont rares dans la vie, dans ce pays les hommes les font avec tact et bon sens, et parce que, chaque fois que vous avez l'impression d'être dans l'impasse, un homme en manches de chemise apparaît devant vous et vous dit : "Mais il y a des solutions, vous savez!"»

En septembre, les plus jeunes résistants de la première heure venus d'Allemagne et d'Europe centrale s'acheminaient en petits convois vers la frontière franco-espagnole par les collines bordant la côte, sous l'escorte, jusqu'au bout, de Leon Ball ou de Charlie Fawcett. Quant aux réfugiés mondialement célèbres et d'âge mûr, ils présentaient un problème différent. Les Werfel par exemple, qui avaient enfin reconnu en Fry un homme sincère, se retrouvaient déçus et contrariés parce que pendant un certain temps rien ne semblait arriver.

Un jour, Walter Mehring, sentant que sa bonne étoile s'était levée, se mit en route, seul, car il ne voulait pas faire partie d'un convoi de Leon Ball : sachant qu'il était sur la liste noire de la Gestapo, il traverserait l'Espagne et le Portugal muni d'un passeport tchèque et sous un nom d'emprunt puis, une fois à Lisbonne, il se présenterait au consulat américain avec son « affidavit tenant lieu de passeport », sur lequel était tamponné le tant convoité visa à son vrai nom. Il était très content de lui. Fry lui avait donné de l'argent et des morceaux de papier déchirés, qu'il devrait assembler avec leurs autres moitiés, lesquelles se trouvaient dans les mains des guides de confiance que Fry avait postés le long du chemin. C'était la pratique habituelle du Centre américain de secours, à l'époque.

Walter Mehring n'appréhendait pas le moins du monde la pénible montée des Pyrénées, malgré sa constitution fragile. Il prétendait n'être jamais fatigué ; il soutenait que, n'ayant jamais pratiqué le moindre exercice, il avait accumulé pendant des années des forces non dépensées. Il ne craignait qu'une seule chose : être arrêté et fusillé. Or tout se passa comme sur des roulettes : à Perpignan, non loin de la frontière, au changement pour Cerbère, il alla prendre un petit café au bar de la gare ; il n'avait pas bu la moitié de sa tasse que la police lui tombait dessus et l'entraînait au poste de police. Il fut terrifié à l'idée de s'être fait prendre en train de voyager avec ses deux jeux de papiers. La police fut étonnée de découvrir qu'il était étranger, car avec son béret, ses vêtements usés et son air sournois, il représentait, aux yeux d'un flic, l'archétype du pickpocket.

En tant qu'étranger et apatride voyageant sans sauf-conduit, il fut expédié au camp de Saint-Cyprien, un vrai trou à rats. Heureusement, ils ne l'avaient pas encore fouillé, aussi joua-t-il le coup des toilettes et fit-il disparaître dans les canalisations le précieux passeport tchèque.

C'est en ces propres termes – traduits – qu'il décrit le camp de Saint-Cyprien :

Je tâtonne au fond du grand cloaque
Parmi les corps répandus dans la fange et le fumier…
La chair affamée s'enfièvre et suinte,
Brume humaine, acide et moite…

Nous geignons et nous battons
Au-dessus de poisseux ragoûts,
Et la peste dort avec nous.
Ceux qui ne boivent pas l'eau croupie
Seront livrés à la soif et à l'aube étendus parmi les morts…

On lui permit de télégraphier à Fry, qui engagea sur-le-champ un avocat corse. Quelques jours plus tard, le commandant du camp fit venir Mehring dans son bureau et lui présenta un document d'élargissement non signé ; il lui expliqua qu'il était tout de même valable et que de cette façon lui, le commandant, serait moins compromis au cas où Mehring se ferait prendre. Celui-ci, comprenant l'allusion à peine voilée, prit le papier sans se faire prier, passa le contrôle en tendant rapidement le papier non signé, le rempocha sans demander son reste et retourna d'un trait à Marseille pour se jeter dans les bras protecteurs du Centre américain de secours. A ce moment-là, son permis de séjour n'était plus valable.

Varian rendit alors visite à l'aimable M. Barellet, chef du service des Étrangers à la préfecture. Il apprit qu'il suffisait à Mehring d'obtenir un certificat médical attestant que son état de santé ne permettait pas une incarcération ou un internement dans un camp. Plus tard, Barellet s'occuperait de son permis de séjour. M. Barellet, fit observer Varian, était particulièrement efficace. A la fin de la conversation, Barellet fit savoir que des agents de la Gestapo – faisant partie de la commission Kundt de sinistre mémoire – étaient venus ce matin-là fourrer leur nez dans ses dossiers, en cherchant à savoir où se trouvaient certaines personnes. Lesquelles, il l'ignorait. La commission avait pour but de récolter des informations et de repérer les cachettes des ancien antinazis pour leurs annales futures. Il ignorait quand ils iraient cueillir les personnes. Il trouvait cela inadmissible – mais in-ad-mis-sible – qu'un intermédiaire étranger pût avoir accès aux dossiers de la police française. Enfin, en cette triste époque, il fallait s'attendre à tout de la part d'un officier de police français, hélas ! Cependant l'on pouvait aussi accorder son aide, si infime soit-elle, ajouta-t-il, et il donna le nom du médecin à qui M. Fry devrait s'adresser pour obtenir son certificat de santé.

Varian prit congé de M. Barellet et quitta son bureau après l'avoir remercié chaleureusement, souhaitant vivement que Vichy ne se mît pas en tête d'éliminer trop vite ce genre de fonctionnaires.

Et c'est ainsi que Mehring se vit fourrer au lit dans une chambre voisine de celle de Varian à l'*Hôtel Splendide*, pourvu de son certificat de santé en règle. Tout le monde trouva normal qu'il restât cloué au lit, vu qu'on le surnommait déjà « le bébé » en raison de sa petite taille et parce qu'il avait une certaine propension à se fourrer dans de beaux draps. Au bout de quelques jours, une fois remis de sa frayeur initiale, il se glissa régulièrement dans la chambre de Varian pour assister à la commission de contrôle. Il était dans le secret des dieux.

Mais Fry nous rapporta de mauvaises nouvelles : c'était pour chercher les noms de Breitscheid et de Hilferding que la Gestapo était venue fouiller dans les dossiers de la police, et il les encourageait à accepter son aide pour sortir à n'importe quel prix du pays. Ils refusèrent de bouger : selon eux, Vichy n'oserait jamais les extrader. Toujours est-il qu'à partir de ce moment-là tous deux ne sortaient jamais sans leur fiole de poison dans la poche.

Ce fut à peu près à cette époque-là que Bohn trouva un vieux chalutier, pareil à celui que nous avions déniché, Killer et moi, si ce n'est qu'il était beaucoup plus gros. Il en avait besoin pour y embarquer certains de ses protégés politiques, pour la plupart des insurgés italiens et espagnols qui risquaient leur peau s'ils se faisaient reconnaître en Espagne. Fry, bien que ne s'étant en rien occupé de ces accords, souhaita cependant que la navire emmène quelques-uns de ses réfugiés. Mais la Commission italienne de l'armistice, ayant remarqué que le ravitaillement en eau et en nourriture dépassait largement les normes autorisées pour un bateau de pêche censé effectuer un petit trajet, mit fin à l'aventure. Bohn et Fry étaient assez inquiets ; toutefois, à leur grande surprise, ils ne furent jamais convoqués pour être interrogés ; peut-être un officier accommodant avait-il décidé d'en rester là, à moins que les autorités n'eussent pas fait le lien entre cette affaire et le Centre américain de secours. Le plan échoua donc, mais le rêve d'évasion par la mer, le beau rêve des Anglais envoyant un sous-marin qui remonterait quelque part au large de l'océan pour prendre à son bord les réfugiés en rade, les obséda pendant des mois.

XIII

Il suffit de prononcer le nom d'Alma Werfel, ex-Mahler, en présence de personnes appartenant à l'ancienne génération de l'Allemagne et de l'Autriche d'avant-guerre pour voir les visages s'éclairer et les yeux briller. Qu'ils soient riches ou pauvres, bourgeois ou poètes, acteurs ou musiciens – et surtout musiciens – vieux royalistes, trotskistes, spartakistes ou chefs syndicalistes, la réaction est toujours la même, toutes les têtes se retournent : « Ah, Alma Mahler. Quelle femme ! » Et les plus vieux d'ajouter d'un air entendu : « Si vous saviez comme elle était belle, dans sa jeunesse ! » et de poursuivre invariablement en déroulant une série de souvenirs et d'anecdotes, comme si ce seul nom ranimait magiquement les dernières grandes heures de la musique allemande, évoquait les multiples épisodes de la très courte République de Weimar et ressuscitait les derniers jours de Prague et de la Vienne d'avant l'Anschluss. Et sur les scènes changeantes et agitées qui défilaient, l'amour dont tant d'hommes brûlèrent pour Alma et celui dont elle brûla pour tant d'hommes jetaient une joyeuse lueur incandescente.

Après que j'eus fait cette constatation et entendu plusieurs fois son nom cité par le Comité, ma curiosité fut éveillée, d'autant que mon chemin croisa, encore que brièvement, celui d'Alma à Marseille.

J'interviewais les réfugiés qui espéraient devenir les protégés du Centre, ayant prouvé que j'étais digne de confiance et non pas à la solde de Vichy, voire du Département d'État. Je remplissais avec zèle les formulaires, obtenais le plus possible d'informations et, la plupart du temps, demeurais bouche cousue.

Puis un jour on me demanda d'aller délivrer un message. Quelqu'un, en décrochant le téléphone du bureau de la rue Grignan, avait entendu un bourdonnement insolite dans l'appareil suivi d'un petit déclic. Varian Fry alla voir un haut fonctionnaire de la Préfecture qui le renseigna aimablement et lui confirma que notre ligne avait bien été mise sur écoute. Il faudrait donc désormais transmettre les messages en main propre ; d'autant plus que toutes les chambres n'avaient pas le téléphone et que les téléphones des hôtels étaient très faciles à surveiller. Je fus donc amenée à faire quelques déplacements.

Je devins l'émissaire des dieux et, en conséquence, mes mots étaient accueillis avec une joie mêlée d'appréhension : « Votre passeport est prêt. Appelez le bureau », disais-je. Ou bien : « Karl est arrivé à bon port à Lisbonne. » Ou encore : « Rendez-vous avec Hermant au *Rosbif*, quai de Rive-Neuve, demain à 16 heures. » Ou encore : « Il y a un petit retard. Gardez un profil bas pendant un certain temps. Nous vous joindrons plus tard. »

C'était un travail intéressant et j'étais toujours traitée avec respect. Je dois dire que je regrette de n'avoir jamais eu à annoncer les grandes nouvelles comme : « Un petit convoi part demain pour la frontière. Vous partirez par le premier train pour Cerbère accompagné de Leon Ball. » J'aurais tellement aimé voir les visages s'illuminer à l'annonce que la longue attente arrivait enfin à son terme et que la petite aventure du passage de la frontière espagnole commençait – l'aventure de la liberté ! Mais ce genre de secret était soigneusement gardé et, comme il est de règle pour tout groupe engagé dans des activités clandestines, personne n'était tenu au courant de ce qu'il n'était pas absolument nécessaire de savoir.

J'en vins à connaître Marseille et ses lignes de tramway comme je n'ai jamais connu Paris ni New York, de la plage du Prado aux quartiers excentrés derrière le cimetière Saint-Pierre, les rues bondées du centre-ville, les ruelles étroites et les maisons closes sur la rive droite du Vieux-Port. Heureusement que Dagobert était autorisé à monter dans les tramways car, pour les trajets de routine, je l'emmenais toujours avec moi. Mais quand le client se terrait, je laissais Dago à l'hôtel, car dans ce cas je devais m'esquiver au plus vite pour semer un éventuel flic en civil : il me fallait prendre mes jambes à mon cou pour me précipiter sous un porche, attraper un tramway en marche et en descendre de la même façon, lancer des regards par-dessus mon épaule pour m'assurer que je n'étais pas filée. C'était très amusant, et j'acquis bientôt une certaine expertise. Mais la plupart du temps, de façon plus banale, je faisais des kilomètres dans les rues de la ville, si bien que je dus bientôt apporter toutes mes chaussures à ressemeler, la bonne qualité ayant disparu du commerce. Je ne vérifiais que rarement l'état des coussinets de Dagobert : la nature se chargeait de renouveler ses semelles naturelles, en dépit de son alimentation pauvre en protéines.

Puis un jour, on m'envoya au *Grand Hôtel du Louvre et de la Paix* sur la Canebière, pour transmettre un message à M. et Mme Franz Werfel ; c'étaient des personnes très en vue, qui évoluaient sous leur vrai nom en plein cœur de la ville. Les Werfel voulaient jouir de leur confort et se trouver au centre des événements. L'hôtel, réputé de qualité, était fréquenté de temps à autre par la Commission allemande d'armistice. En ces circonstances, le concierge les prévenait que les membres de la commission étaient dans le hall et qu'ils devaient rester dans leur chambre ou bien emprunter, s'ils devaient entrer ou sortir, l'entrée de service. C'était un couple très sociable et on les voyait souvent attablés aux terrasses des meilleurs bistrots, devant leur ersatz de café ou leur bénédictine. Aux signes qu'ils échangeaient avec les émigrés germanophones, on pouvait penser qu'ils les connaissaient tous.

Cet après-midi-là, en remontant la Canebière sur le chemin de l'hôtel, je n'avais aucune idée préconçue sur leur compte. Je savais que Franz Werfel était un romancier célèbre, mais je n'avais jamais lu aucun de ses livres ; et puis, tant de nos protégés étaient connus à un titre ou à un autre ! J'étais blasée. Après de longs palabres au téléphone, le concierge finit par les convaincre que

Mary Jayne bébé,
avec sa gouvernante Boodie
à Palm Beach

Mary Jayne à 5 ans,
avec son frère aîné Dick
devant le yacht familial
Marigold

Mary Jayne
sur le Président-Harding,
à destination de l'Europe

Raymond Couraud, dit «Killer»

Le café Le Pélican *et la préfecture, vus du consulat américain*

Hiver 1940-1941. Rafle dans le Vieux-Port devant
Le Brûleur-de-Loups, *café des surréalistes*

L'avenue du Prado déserte en 1940-1941

Sur Le Duc-d'Aumale, *Victor Serge, Wifredo Lam et plusieurs familles de réfugiés ayant bénéficié du secours de l'ERC*

La villa Air-Bel

Varian Fry et un villageois de Revest-des-Brousses

Varian Fry;

à droite,
buvant du vin
à la bouteille
à Air-Bel, 1940-1941

Max Ernst, Jacqueline Lamba Breton, André Masson,
André Breton et Varian Fry dans le bureau de ce dernier

André et Jacqueline Breton avec leur fille Aube à Air-Bel

*Varian Fry dans
le bassin aux crapauds,
Jean Gemähling à gauche,
Victor Serge
et André Breton
debout au fond,
Vladi Serge et Aube Breton*

*Pseudo-vente aux enchères à Air-Bel : André et Jacqueline Breton,
Benjamin Péret, Varian Fry...*

Marc Chagall chez lui en 1940-1941, à Gordes

Jacques Hérold;
Daniel Bénédite et Max Ernst dans l'arbre : préparation d'une pseudo-vente aux enchères

Daniel Bénédite, août 1941, lors d'une visite à Monte-Carlo

Le légionnaire Sarge Newman dit «Sergent»

Charles Wolff, Victor Serge, Benjamin Péret et André Breton à Air-Bel

De gauche
à droite :
Robert Selmer,
dit «La Touffe»,
Miriam Davenport,
Mary Jayne,
Raymond Couraud,
dit «Killer»,
et Sarge Newman,
dit «Sergent»
dans un restaurant
de Marseille, été 1940

L'équipe
du Centre américain
dînant au buffet
de la gare de Cerbère
lors de l'expulsion
de Varian Fry

Heinz Oppenheimer
et Daniel Bénédite
au comptoir
d'un bar marseillais,
1940-1941

Marseille, 1940-1941.
Séance de travail le soir
au Comité, bd. Garibaldi

Jean Gemähling
et Consuelo
de Saint-Exupéry
dans un restaurant
de Marseille, 1940-1941

Justus Rosenberg
(Gussie) ramant
dans le Vieux-Port

Portrait de groupe officiel
du consulat américain à Marseille

Les réfugiés allemands sociaux-démocrates Bedrich Heine et Albert O. Hirschman travaillant au Centre américain de secours

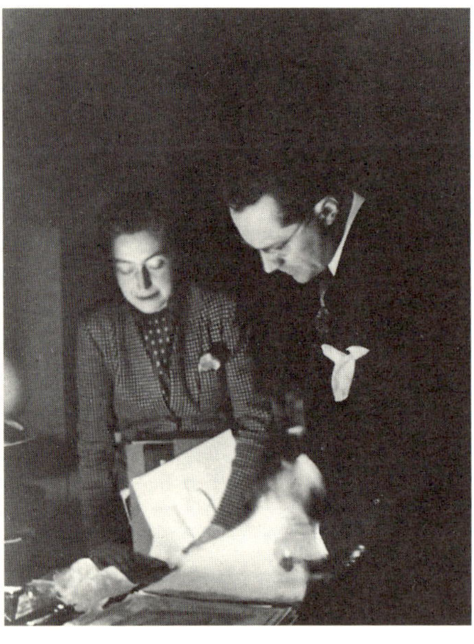

Miriam Davenport et Varian Fry dans le bureau du CAS

L'entrée du camp d'internement du Vernet (1940)

En gare de Cerbère, les adieux de l'équipe à V. Fry

Fry (ici sans lunettes) escorté par un policier en route pour Cerbère

Mary Jayne Gold dans les années soixante

j'étais un membre du Centre américain de secours et je fus autorisée à monter dans leur chambre. Je me tins au début à distance respectueuse : je compris qu'ils étaient des gens très importants et quelque peu difficiles. Comme, d'habitude, c'était Varian qui se déplaçait, je devais leur expliquer que M. Fry était très occupé ce jour-là. Ils étaient de toute évidence habitués à recevoir un traitement de faveur. Je devais également leur annoncer qu'il y avait un retard et que les choses ne se passaient pas exactement comme elles étaient prévues. J'omis de leur mentionner, n'ayant pas reçu l'ordre de révéler l'incident et n'étant pas non plus censée en avoir eu connaissance, que le bateau secret avait été découvert par la Commission italienne de l'armistice. Frau Werfel déclara qu'elle pouvait comprendre que M. Fry soit fort occupé, mais enfin, tous ces atermoiements mettaient sa patience à rude épreuve. Elle ne concevait pas que l'on pût rencontrer des difficultés et semblait ne pas se rendre compte que le projet du bateau ayant échoué, un grand nombre d'autres réfugiés se trouvaient dans la même situation.

Frau Werfel était une personne imposante, grande et forte, d'une soixantaine d'années, avec des cheveux blonds qui encadraient soigneusement son grand front. Elle avait les pommettes saillantes, les traits réguliers, un tantinet lourds peut-être. Quelque chose, dans la ligne de son menton, dans son port de tête et dans un petit mouvement impérieux des épaules, lui donnait une grande présence. Et ses yeux ! Grands et sombres, ils jetaient tantôt des étincelles de joie, tantôt se recouvraient d'un voile morose. C'étaient des yeux dont la gamme d'expressions était infinie.

A l'annonce de la mauvaise nouvelle, son attitude fluctua entre l'exigence à laquelle ses privilèges l'avaient habituée et un nouveau sentiment de dépendance. Rien en effet ne l'avait préparée à se retrouver piégée et traquée dans un hôtel de Marseille.

– *Ach, Fräulein*, M. Fry va nous aider, n'est-ce pas ? disait-elle, le visage tourné vers le pauvre Franz Werfel affalé sur une chaise grêle et dorée qui lui résistait miraculeusement.

Puis le regard de Frau Werfel errait dans la chambre-salon, sur son mobilier composite de provenance douteuse mélangeant les styles de la grande époque, sur ses lambris dorés écaillés, comme n'en revenant toujours pas d'un tel mauvais goût, avant de revenir se poser sur son mari. Werfel était un peu plus jeune qu'elle, mais beaucoup plus gros. Quand il se leva, ce qui était exceptionnel chez lui, je pus voir qu'il avait une tête de moins que sa femme. Il se dégarnissait sur le sommet de la tête et portait ses cheveux assez longs sur les oreilles – en tout cas pour l'époque.

Werfel était sérieusement cardiaque et, la perspective du bateau s'étant évanouie, il m'apparut qu'il n'allait pas être de tout repos ni sans danger de lui faire franchir les Pyrénées à pied.

Son roman le plus célèbre, *Les Quarante Jours de Musa Dagh*, qui retraçait l'héroïque résistance arménienne devant les persécutions turques, avait été interdit et brûlé en Allemagne. *Musa Dagh* était un livre d'autant plus extraordinaire qu'il avait été écrit en 1933 par un Juif, à l'époque où, avec l'arrivée des nazis au pouvoir, une propagande intensive essayait d'abuser un peuple en difficulté et en état de choc. Le roman fit un petit scandale dans les pays germanophones et fut immédiatement traduit dans une douzaine de langues. Les événements décrits dans *Musa Dagh* annonçaient la « Solution finale » avec une étonnante prescience. Les nazis se reconnurent dans cette sinistre avant-première et le nom de Franz Werfel fut couché en tête de liste de la Gestapo.

Au même titre que tous les autres réfugiés, artistes ou politiques, les Werfel n'avaient pas la moindre chance de se voir gratifier d'un visa de sortie français. Thomas Mann, déjà aux États-Unis, avait obtenu pour eux des visas de secours spéciaux accordés par Roosevelt, alors que Varian essayait de les faire sortir clandestinement du pays en évitant de faire escalader des montagnes à ces personnes d'un certain âge. Quand je prononçai le mot « retard », les Werfel, comprenant immédiatement que le projet du bateau avait échoué, devenaient de plus en plus nerveux ; mais je ne pus m'empêcher de penser qu'ils auraient mieux fait de s'entraîner à faire quelques bonnes marches au lieu de se contenter de traverser la ville en taxi ; et puis, boire autant de bénédictine n'allait pas forcément les aider à se mettre en forme pour gravir le petit sentier de montagne qui contournait le poste de police français.

C'était un couple étrange que cette tendre walkyrie et son illustre mari. Mais une fois qu'ils furent partis, j'oubliai tout d'eux, tant, au cours de l'année qui suivit, je rencontrai de gens bizarres dans des situations qui ne l'étaient pas moins. C'est seulement à force de voir ces regards qui s'enflammaient de nostalgie à la mention du nom d'Alma que je m'intéressai plus précisément à son cas. En posant un certain nombre de questions, en cherchant dans l'almanach du Gotha, dans les fichiers de la grande bibliothèque de la 42e Rue de New York, et en parlant à quelques immigrants germanophones, j'appris que cette réfugiée plutôt exigeante avait rempli un chapitre important des annales amoureuses de son temps. J'appris ainsi qu'Alma Werfel s'était mariée avec les trois hommes les plus talentueux du monde germanique de l'époque : Gustav Mahler ; Walter Gropius, le fondateur du Bauhaus ; et enfin Franz Werfel, romancier et dramaturge. Je laisse de côté le peintre et auteur d'œuvres théâtrales Oskar Kokoschka, qui fut son amant pendant trois ans.

Elle naquit dans le monde aristocratique et artistique de la Belle Époque de Vienne. Dès qu'elle fut autorisée à participer aux dîners que donnait sa mère, les hommes se pressèrent autour d'elle. « Je savais que je pouvais être la reine de n'importe quel bal que je déciderais d'honorer de ma présence. » Mais, merveilleusement douée musicalement, elle choisissait souvent de rester chez elle à travailler le contrepoint et la composition ou bien à « courir par toute la maison en chantant à tue-tête des airs de Wagner ». Elle se maria peu après avec Gustav Mahler. Elle avait vingt ans.

Jeune fille, elle imaginait sacrifier sa vie au bonheur de l'homme qu'elle aimerait ; avec Mahler, elle trouva largement l'occasion de donner libre cours à son désir. Elle se révolta bien contre sa tyrannie, mais pour admettre au bout du compte que sa dévotion avait reçu sa récompense ; car, bien que ses talents musicaux eussent été éclipsés par le génie de son mari et que sa belle jeunesse se fût passée à se soumettre à ses excentricités et à soigner ses maladies, elle ne se sentit jamais de sa vie aussi proche de quelqu'un. En outre, elle eut le privilège de suivre ses symphonies, de la cinquième à la dixième (inachevée), du matin de leur création au soir de la première.

Après la mort de Mahler, Alma, au fil d'une série d'histoires d'amour hautement sélectives – dans le mariage comme en dehors –, se réalisa pleinement dans son rôle de maîtresse et de muse. Les hommes ne pouvaient jamais la quitter, car ils s'épanouissaient en sa compagnie. Elle possédait un pouvoir érotico-artistique et détenait la formule alchimique qui transformait leur travail en or – du moins le croyaient-ils, ce qui revenait au même; elle était le catalyseur d'une expérience supérieure; elle irradiait une chaleur protectrice qui stimulait le processus créateur.

Et ils aimaient cela : Kokoschka racontait avec tendresse comment « elle l'avait initié à ses mystères ». Un personnage féminin de l'une de ses pièces ne dit-il pas à son amant : « Allumez votre lumière à mon amour, et mon corps vous nourrira »? Quand Alma ne supporta plus la tyrannie possessive de ce jeune homme « mortellement amoureux », comme il se définissait lui-même, elle le quitta. Un autre homme aurait gardé un certain temps sur lui la photo de son aimée au lit dans une pose lascive, mais le jeune Oskar, lui, ne se contenta pas de ce banal ersatz : il fit fabriquer une poupée à la ressemblance d'Alma, trait pour trait et à sa mesure exacte, y compris celles de ses parties honteuses, etc. A Dresde, il s'afficha deux ans durant avec sa chérie de chiffon, jusqu'au jour où l'on trouva le mannequin égorgé sur sa pelouse, sa généreuse poitrine rembourrée de sciure de bois souillée de vin. « L'image de mon amour perdu, qu'aucun Pygmalion ne pouvait ressusciter », devait écrire Kokoschka une soixantaine d'années plus tard.

Werfel, lui aussi, sut apprécier les talents particuliers d'Alma. Tous les soirs il lui lisait ce qu'il avait écrit dans la journée, et il tenait grand compte de son avis. « Ses intuitions fulgurantes ont une source mystérieuse. Elle est l'une des rares femmes magiques au monde. »

En revanche avec Walter Gropius, architecte génial, cela ne marcha pas très fort. Bien qu'elle eût entrepris, pour ne pas déroger à la règle, de se dévouer corps et âme au bonheur de son nouvel amant, le fait – impressionnant s'il en est – qu'il eût éliminé la nécessité de murs de soutènement la laissa froide, de même qu'elle n'eut que faire de ses maquettes d'usines et de ses logements ouvriers. De plus, en matière de musique, il ne lui arrivait pas à la cheville. Or Franz Werfel, qu'elle venait de rencontrer, était, lui, à sa hauteur en la matière ; leur liaison débuta d'ailleurs lors d'un concert de Mahler.

Durant l'entre-deux-guerres, au bras de Franz Werfel, elle devint la protectrice des arts et des lettres et l'hôtesse la plus importante de Vienne. Car si Alma était une parfaite amante au lit, elle n'en avait pas moins les pieds bien sur terre. A telle enseigne que tous ceux qui avaient un nom dans la société venaient à ses dîners et s'y divertissaient beaucoup – en particulier ses amis musiciens : Maurice Ravel, Alfredo Casella, Arnold Schönberg, Darius Milhaud et Francis Poulenc comptaient parmi ses intimes. Werfel agrandit le groupe avec ses camarades socialistes, parmi lesquels Rudolf Breitscheid et Rudolf Hilferding, mélange qu'Alma pimenta d'une petite pincée de jeunes talents comme Walter Mehring et Hertha Pauli et d'une bonne dose d'aristocrates parmi les plus riches : ils pourraient être utiles. Les Werfel, gens très recherchés, étaient invités tous les soirs à des dîners, à des concerts et à des soirées d'après-concert avec le chef d'orchestre.

Au bout de dix ans de vie commune, Franz et Alma se marièrent. Elle avait cinquante ans, s'était empâtée et prenait des bains de boue à Abano près de Venise pour soigner son arthrite. Franz avait dix ans de moins qu'elle. Elle se plaignait, disant adieu à l'espoir de se reposer dans ses vieux jours. Comme si cela, elle l'avait jamais voulu !...

Durant ces années dorées, Franz Werfel devint l'un des romanciers et dramaturges européens les plus importants. *Le Chant de la chèvre*, *L'Homme au miroir*, *Juarez et Maximilien* furent traduits et montés à New York. *Juarez et Maximilien*, ainsi que *L'Éternel Voyage*, furent l'un et l'autre mis en scène par Max Reinhardt, et la seconde de ces deux pièces servit de livret à un opéra de Kurt Weill. Les Werfel, en général, assistaient aux premières.

Puis tout commença à se dégrader. A la première représentation à Prague du *Wozzeck* d'Alban Berg, dédié à Alma, Franz fut hué : « Racaille juive, racaille juive ! » criait la foule alors qu'il était assis à la place d'honneur dans la loge royale. Quelques années plus tard, *Musa Dagh* fut interdit et brûlé en Allemagne. Les revenus du ménage diminuèrent. Les œuvres du « Juif Mahler » leur procurèrent toutefois quelques royalties. Ils vendirent leur grande maison de Vienne et leur petite maison de Venise. Les activités politiques de Franz s'intensifièrent, faisant grossir d'autant le dossier Werfel aux quartiers généraux de la Gestapo.

Après l'Anschluss, ils s'installèrent à Paris, où ils représentaient la fine fleur des exilés germano-autrichiens. D'anciens visages réapparurent, quelques nouveaux se présentèrent. Ils formèrent un petit cercle, essayant de remonter le moral de tout le monde, pas toujours avec succès. En certaines occasions demi-officielles, ils chantaient le « Chant de l'émigrant » de Mehring :

Revenir au foyer, patrie en raccourci –
L'exil n'est pas fini. Que de cols vous ravagent,
De sentiers escarpés, de chemins sans merci;
Et puis, sur votre vie on imprime : « A péri »,
Inutile visa pour l'ultime voyage.

Pour un exilé, aucun lieu n'est le bon. A Paris, Werfel languissait de la Méditerranée; le couple faisait naguère encore de nombreux séjours sur la Riviera italienne et à Capri. Alma descendit directement dans le Midi et découvrit une charmante tour de guet à Sanary, petit village de pêcheurs proche de Toulon. Alors qu'elle préparait la maison pour l'arrivée de Franz, ce dernier fut terrassé par une crise cardiaque. Alma regagna donc aussitôt Paris pour prendre soin de lui. Il se remit lentement et péniblement. A partir de là, Alma ne cessa plus de se faire du souci pour lui.

Au cours de l'année de la drôle de guerre, ils firent une douzaine d'allers et retours à Sanary. C'est dans leur vieille tour de guet qu'ils apprirent l'attaque de la Hollande, et au *Grand Hôtel du Louvre et de la Paix*, à Marseille, où ils s'étaient rendus pour écouter un opéra, qu'ils apprirent la reddition de Paris. A la nouvelle que le gouvernement avait fui à Bordeaux, ils eurent la malencontreuse idée de vouloir s'y rendre, pensant que le vieux Maréchal ne permettrait jamais aux Allemands d'occuper ce qui leur semblait être la nouvelle capitale de la France.

Ils entassèrent leurs valises dans un taxi et foncèrent droit en direction de l'ouest. Le chauffeur les déchargea sans cérémonie à

Carcassonne, à peu près à mi-parcours. Ils continuèrent la route en train, debout dans le couloir pendant la plus grande partie du trajet, qui dura des heures.

A la gare de Bordeaux régnait le plus grand désordre : la moitié de la ville était sur le départ. Ils perdirent leurs bagages – « J'ai surtout pleuré les manuscrits de Gustav (Mahler) et celui de la troisième symphonie de Bruckner », écrit Alma dans ses carnets. Ils passèrent une excellente nuit dans un bordel vide, puis le lendemain matin, ils reprirent un taxi en direction de Biarritz et de Bayonne. Là, pendant plusieurs jours, ils tournèrent en rond à la recherche d'introuvables consuls américains et visas portugais.

L'armée allemande continuait d'avancer. Quand ils apprirent que toute la côte française était occupée jusqu'à la frontière espagnole, ils roulèrent toute la nuit en taxi sur des routes secondaires, cette fois droit vers l'est. A Orthez, ils furent arrêtés par des officiers de l'armée française, qui leur expliquèrent qu'ils étaient en zone non occupée. L'armée allemande était attendue à l'aube : ils l'avaient échappé belle.

Le lendemain, ils arrivaient à Lourdes. Là ils descendirent dans une misérable petite chambre qu'Alma se plut à comparer à la pauvre cellule dans laquelle Bernadette Soubirous, la future sainte, avait passé son enfance. Cette nuit-là, en fermant les yeux, Alma sentit une étrange paix descendre sur elle. Ils firent plusieurs visites à la grotte de Massabielle où « la Dame », comme l'appelait Bernadette, lui était apparue. C'est au cours de l'une de ces visites que Franz promit à Bernadette d'écrire son histoire, si Alma et lui sortaient vivants de cette aventure.

Deux semaines plus tard, toujours à Lourdes, ils rencontrèrent dans la rue Walter Mehring et Hertha Pauli. Le couple avait traversé la Loire à Orléans, où ils avaient échappé de justesse à la mort : les Allemands avaient mitraillé les réfugiés qui s'enfuyaient.

Alma déclara que c'était un miracle que tous les quatre fussent sains et saufs ; il fallait fêter cela : champagne ! Quand elle leur parla de la promesse que Franz avait faite à sainte Bernadette, Mehring lui confia que, de son côté, il avait tenté sa dernière chance en jetant une bouteille à la mer sous la forme d'un télégramme au nom de nous tous à l'adresse de Thomas Mann à Princeton, dans le New Jersey. Ils décidèrent alors que la seule façon de savoir si le télégramme était arrivé était d'aller trouver un consul américain. Hertha et Walter étaient jeunes : eux se rendraient en auto-stop à Toulouse pour rencontrer le consul.

Or ce ne fut pas le consul américain qu'ils rencontrèrent, mais une jeune femme du nom de Miriam Davenport, qui leur dit que leur idée était excellente. Elle était sûre de pouvoir faire quelque chose. Ils la trouvèrent bien assurée, cette jeune femme américaine, de prétendre que certains de ses compatriotes verraient leur problème résolu. C'était en 1940.

Les Werfel attendirent prudemment leur sauf-conduit à Lourdes avant de regagner Marseille. Chargés de leurs valises, ils descendirent la Canebière jusqu'à leur vieil hôtel, où, devant la marquise, étaient garées six limousines noires décorées de leurs étincelantes croix gammées. Le bienveillant directeur les poussa dans l'ascenseur de service, qui les déposa devant leur chambre.

Sitôt la porte refermée, Franz s'effondra sur le lit et déclara dans un éclat de rire :

– C'était vraiment la peine de faire le tour de France pendant sept semaines pour venir se jeter dans les bras des nazis !

Pour Alma et pour Franz, l'expérience avait été plus déconcertante qu'effrayante. Depuis le début, en effet, leur position contre le national-socialisme était inébranlable, et ils affichaient leurs opinions sans réserve et sans équivoque dans les cafés et aux tables des gens célèbres, où on les écoutait poliment. Et puis, comment pouvaient-ils s'attendre à être pourchassés à travers toute la France et à se retrouver maintenant entre les quatre murs d'une chambre d'hôtel marseillais dans l'attente d'un visa de sortie : cela faisait si longtemps qu'ils étaient des gens importants !

A Marseille comme à Paris, ils retrouvèrent des visages familiers mais aux traits tirés par l'angoisse. Ils s'attablaient souvent devant un verre, boulevard d'Athènes, en compagnie de Breitscheid et Hilderfing. Devant le consulat portugais, ils tombèrent une nouvelle fois sur Mehring et Hertha Pauli. Cette dernière, inquiète à la vue du pauvre Franz s'épongeant le front sous le soleil brûlant, partit comme une flèche téléphoner au consul pour l'informer que Franz Werfel avait besoin d'un visa de transit; le consul Hiram

Bingham IV, grand admirateur de Werfel, donnait à celui-ci rendez-vous pour le lendemain à 16 heures, leur annonça-t-elle quand elle les rejoignit dix minutes plus tard.

– Le seul ennui, s'excusa-t-elle, c'est que j'ai dû lui dire, avec mon plus bel accent viennois, que j'étais Frau Werfel.

Ils éclatèrent de rire.

– Il faut fêter cela, déclara Alma, qui les emmena dans le bar le plus proche. Garçon, une bouteille de champagne, s'il vous plaît : Cordon Rouge !

Au début du mois d'août, Mehring reçut un bref et énigmatique coup de fil des États-Unis : « Visa en route avec messager peut-être », lui fut-il communiqué. Lui et son amie glosèrent avec une minutie toute germanique sur la signification de ce *peut-être* : serait-ce que le visa allait sûrement arriver et le messager peut-être ? Ce peut-être était-il positif ou négatif ? Ils en arrivèrent à la conclusion qu'il signifiait plus oui que non – enfin, peut-être. En tout cas, ce message avait certainement un rapport avec le télégramme envoyé à Thomas Mann, ce qui ranima la rumeur que quelqu'un allait venir les aider. Mais personne n'arriva.

Jusqu'au jour où Varian Fry en personne fut à Marseille. Mais rien ne se passa pour autant car, après les avoir fait attendre un mois, il leur envoyait cette jeune Américaine leur annoncer qu'il y avait du retard. Certainement, le projet du bateau avait capoté. Dieu sait comment cela finirait. Et penser que tout le monde disait en plaisantant que Franz devait être le numéro 1 sur la liste de la Gestapo… Alma n'osait y songer davantage. Mieux valait héler ce taxi et se rendre à la plage du Prado pour regarder les mouettes s'élancer, de toute la force de leurs ailes vers le large.

L'affaire du bateau avait fait chou blanc, Fry savait que la Gestapo avait accès aux informations de la police française et, pour couronner le tout, de mauvaises nouvelles arrivaient d'Espagne : plusieurs de ses collaborateurs avaient été arrêtés en traversant ce pays. Quelqu'un était-il en train d'avertir la police espagnole ? Le sentier des Pyrénées fonctionnait toujours ; mais les autorités espagnoles laissaient-elles passer les réfugiés pour pouvoir mieux les cueillir une fois arrivés sur leur sol ? Après tout, l'Espagne était fasciste, et plus favorable à Hitler et à Mussolini qu'aux démocraties. Mais les victimes de ce pays pouvaient être extradées sans attirer autant l'attention qu'elles le feraient en France. Cependant le risque demeurait, qui préoccupa le Comité jusqu'à la fin.

Varian décida de se rendre à Lisbonne ; en chemin, il vérifierait ce qui se passait vraiment. Il y avait plusieurs raisons à ce voyage : d'une part les Anglais qui poireautaient dans le Vieux-Port lui avaient suggéré de prendre contact avec les agents de l'Intelligence Service à Madrid – peut-être ceux-ci pourraient-ils organiser un système d'assistance mutuelle. Il y avait encore des hommes du corps expéditionnaire britannique à Marseille, et de nouveaux réfugiés tombaient du ciel à chaque instant. D'autre part, Fry pourrait, de Lisbonne, communiquer directement et ouvertement avec le bureau de New York sans craindre que la police n'ouvrît ses lettres.

Il avait besoin d'un chemin d'évasion par la mer pour ceux qui risquaient de se faire reconnaître en Espagne, à savoir : Francisco Largo Caballero, qui fut un temps premier ministre de la république espagnole à présent vaincue ; Giuseppe Modigliani, frère du peintre et chef du parti socialiste italien ; Léon Jouhaux, président de la CGT française qui, si toutefois l'on pouvait le faire parvenir jusqu'à Londres, galvaniserait le peuple ouvrier français sur les ondes de la BBC. Peut-être les Anglais aideraient-ils Varian à faire partir ces hommes par la mer.

Varian profiterait de son voyage en Espagne à destination de Lisbonne pour accompagner à la frontière des individus qu'il estimait les plus menacés dans l'immédiat et qui pouvaient tenter de traverser ce pays dans la mesure où lui, Fry, était à même d'alerter la presse américaine et les autorités en cas de problème. Il garderait avec lui jusqu'à Lisbonne ceux qui couraient les plus grands dangers.

Lion Feuchtwanger et sa femme, Marta, faisaient partie du groupe. Ils avaient tous deux fait des séjours, depuis le début de la guerre, dans des camps. Actuellement Lion se terrait tout en terminant le manuscrit de son récit *Le Diable en France*, qui traduit l'atmosphère de l'époque, raconte la saleté et la tristesse des camps et le nuage de peur que faisait planer au-dessus des têtes la monstrueuse machine nazie.

Feuchtwanger était un petit homme sec et nerveux, dur et musclé. Il portait des lunettes rondes non cerclées, placées bas sur son long nez, et au-dessus desquelles se plissait et se déplissait son front d'intellectuel quand il s'animait sur un sujet quelconque.

Il était l'auteur de nombreux romans, historiques et autres, dont *Le Juif Süss* et *Paris Gazette*, et avait rédigé nombre d'articles politiques. En 1933, il avait été déchu de sa nationalité allemande. Son appartement et ses biens avaient été saisis, mais il avait réussi à passer la frontière à temps. Il avait été interné en tant qu'étranger indésirable pendant la guerre et il aimait à raconter ceci : un jour, un prisonnier lui avait glissé un bout de papier tombé d'un avion de la RAF; quelles ne furent pas sa surprise et sa joie d'y lire ses propres mots, utilisés aux fins de la propagande britannique !

Son épouse, Marta, femme athlétique et séduisante d'une quarantaine d'années, fut très ébranlée par les longs mois qu'elle passa à Gurs. Libérée après l'armistice, elle prit contact avec Lion, en femme énergique et combative qu'elle était, lui rendit visite dans son camp (le camp de Saint-Nicolas près de Nîmes) et entreprit d'organiser son évasion avec la complicité du commandant et l'aide de Harry Bingham, Yankee du Connecticut et vice-consul des États-Unis à Marseille.

Saint-Nicolas était la station thermale des camps d'internement. Pourquoi était-on affecté ou non dans cette ville d'eaux, je n'en sais strictement rien. Le camp était surveillé de façon assez lâche, et les pensionnaires y restaient parce qu'ils se sentaient plus en sûreté parqués dans ce camp qu'en liberté mais dépourvus de papiers en règle, et susceptibles d'être enfermés dans un endroit plus infernal encore. A Saint-Nicolas, les prisonniers avaient le droit de recevoir des visites de leur femme ou de leur petite amie. Quand leurs dulcinées arrivaient, ils se voyaient poussés dans les buissons par d'aimables gardiens un tantinet paillards.

Les jours d'été, ils pouvaient marcher pendant près de huit kilomètres sur la route sans la moindre garde et pouvaient même piquer une tête dans la rivière. Ce fut précisément lors d'une telle promenade qu'une femme sortit de derrière les buissons, à la fin d'un après-midi d'août, alors que Feuchtwanger et quelques-uns de ses amis revenaient d'une baignade. Il reconnut Mme L., une amie de Marta.

– On m'a dit que vous étiez allés vous baigner, lui dit celle-ci. J'ai attendu tout l'après-midi. Voici. Elle lui tendit une lettre.

Feuchtwanger demeura un instant interdit.

– Oh, merci, dit-il, faisant le geste de vouloir ranger la lettre dans sa poche.

– Lisez-la vite ! lui ordonna-t-elle.

Il ouvrit la lettre. Elle était écrite en français, de la main de Marta : « Faites exactement ce que l'on vous dit de faire. Ne vous arrêtez pas à réfléchir. Tout est simple et parfaitement sûr. »

Il lut le message jusqu'au bout, puis regarda Mme L. Elle lui montra la route, à une trentaine de mètres, sur laquelle était garée une limousine. Lion prit congé de ses compagnons ; ils lui souhaitèrent bonne chance tandis qu'il se hâtait vers la voiture. Un jeune homme en habits élégants – costume blanc et gants de cuir et fil – descendit de la voiture. C'était Myles Standish, vice-consul travaillant avec Harry Bingham.

– Montez vite. Je vous expliquerai tout en route, lui dit-il.

Quand ils eurent démarré, Mme L. tendit à Feuchtwanger une paire de lunettes noires, lui fit enfiler un manteau de femme et le coiffa d'un châle. Ainsi déguisé en tante Mathilde, Lion Feuchtwanger échappa aux griffes de la Gestapo. Ils foncèrent vers Marseille, où il resta caché dans la maison de Harry Bingham près du Prado pendant de nombreuses semaines, en compagnie de son adorée et intrépide Marta.

Fry aurait souhaité les emmener dans son convoi personnel. Mais il s'était engagé envers les autres personnalités en danger prévues sur le bateau dont le projet avait avorté. Or on s'était passé le mot : l'Espagne n'acceptait plus les apatrides sans visa ; les Feuchtwanger étaient justement des ex-Allemands voyageant avec un « affidavit tenant lieu de passeport » : la police frontalière espagnole les renverrait. Lion Feuchtwanger ne manquerait pas d'attirer l'attention, non seulement sur lui, mais sur ses compagnons de route. Varian dut prendre le tram jusqu'à chez Bingham pour annoncer que le marché était annulé. Après l'effondrement du rêve d'évasion par le bateau, c'était la deuxième fois que Fry les décevait. Marta et Lion Feuchtwanger, faisant contre mauvaise fortune bon cœur, déclarèrent qu'il était certain que leur chance tournerait et qu'ils s'en sortiraient. Fry promit d'examiner personnellement la question des apatrides non autorisés à passer en Espagne et de les avertir en conséquence, en même temps que le Comité. Le message serait un peu énigmatique et ferait allusion aux « amis de Harry » ; ce qui fit sourire Harry Bingham et les Feuchtwanger.

Les Werfel étaient dans une meilleure position : ils avaient d'authentiques passeports tchèques. En outre, Franz avait pardevers lui une lettre de Cordell Hull, qui, outre qu'il était notre ministre des Affaires étrangères, avait l'avantage d'être catholique. La lettre, à l'évidence obtenue par l'entremise de Frau Werfel, déclarait que Werfel était l'un des plus grands écrivains catholiques d'Europe ; elle était adressée à certains prélats espagnols de haut rang ; elle demandait courtoisement de prêter entière assistance à Herr Werfel pour le cas où il en aurait besoin. Werfel n'était pas devenu membre de l'Église – probablement en raison de quelque loyauté obstinée envers son peuple qui traversait actuellement de dures épreuves ; mais, sous les ailes d'Alma et de sainte Bernadette, il était aussi proche de devenir catholique que n'importe quel Juif non baptisé. Toujours est-il que la lettre serait une excellente sauvegarde s'ils avaient des ennuis.

Fry proposa aux Werfel de les accompagner en train de Marseille jusqu'à Cerbère. Puis, sait-on jamais, les douaniers français les laisseraient peut-être passer sans le précieux visa de sortie : de telles choses s'étaient, paraît-il, déjà produites. Dans le cas contraire, ils devraient gravir le petit sentier montagneux guidés par Leon Ball, pendant que Fry voyagerait légalement par le train avec leurs bagages, pour les retrouver du côté espagnol à Port-Bou. De là, ils traverseraient l'Espagne ensemble.

Les Werfel acceptèrent sans la moindre hésitation.

Heinrich Mann, frère de Thomas Mann – lui-même connu en tant que biographe et auteur de romans historiques –, ainsi que sa femme feraient partie du groupe. Les Mann avaient été déchus de leur nationalité allemande à cause de leur position antinazie affichée de longue date, et la Tchécoslovaquie les avait fait citoyens d'honneur en hommage à leur notoriété. Ils avaient donc deux papiers d'identité : des passeports tchèques sous leur vrai nom et leur affidavit américain au nom de M. et Mme Heinrich Ludwig. Frau Mann était aussi décidée à prendre soin de son Heinrich que Frau Werfel était décidée à le faire de son Franz, mais la ressemblance s'arrêtait là ; Nelly Mann était une femme mince, nerveuse, aux airs pincés. Les Mann acceptèrent l'offre de Fry avec une certaine appréhension. Ils demandèrent que le jeune Golo Mann, le fils de Thomas, fît partie du voyage car, ajoutèrent-ils, en qualité de fils de son illustre père, il était en grand danger. Tous, en possession de visas américains spéciaux, et de visas de transit espagnols et portugais, finiraient par être « recherchés » par les Allemands. Seul Fry avait en main le très convoité visa de sortie français.

Le groupe hétéroclite de voyageurs se retrouva à la gare Saint-Charles à cinq heures du matin. Frau Werfel était déjà fatiguée : elle avait fait ses valises toute la nuit. Le dernier de ses bagages perdus était miraculeusement arrivé de Bordeaux, annonça-t-elle. Fry fut frappé de consternation en la voyant venir suivie de ses douze valises. Mais, dans l'intérêt général et pour préserver l'harmonie du petit groupe, il ne fit aucun commentaire.

Les trains avançaient poussivement, suivaient la côte méditerranéenne en direction de l'ouest, quittaient ses collines calcaires pour traverser les basses terres du Languedoc, et longer les bancs de sable et les minuscules marais qui bordaient la mer. Ils atteignirent Perpignan dans l'après-midi, descendirent et enregistrèrent les bagages à la gare – tous sauf une valise que Frau Werfel ne voulait pas quitter des yeux : celle qui contenait de précieux manuscrits originaux : symphonies de Mahler, la troisième de Bruckner, sans oublier la première mouture de *La Chanson de Bernadette* de Werfel. Varian et le jeune Golo la portèrent chacun à leur tour sur leurs épaules, parcourant le boulevard principal de la ville pour se dégourdir les jambes en attendant le train qui les emporterait vers le sud jusqu'à la frontière.

Quand ils atteignirent la gare de Cerbère, ils s'attendaient à ce qu'on leur permît de sortir et de se promener dans la ville comme on le leur avait permis à Perpignan. Quelle ne fut pas leur terreur quand ils apprirent que tous les passagers devaient faire la queue devant les bureaux de la police frontalière française pour montrer leurs documents de voyage ! Le malheureux petit groupe demeura cloué sur place, paralysé par la peur ; Frau Werfel rejetait la faute sur cet empoté de pince-sans-rire américain qui les avait fait malgré lui tomber dans un piège ! C'est alors que Leon Ball, ce vendeur de saindoux transfiguré en preux chevalier de la montagne, réunit tout simplement leurs papiers et, après quelques mots destinés à les rassurer, avança d'un pas résolu vers les bureaux de la police. Ce fut d'un pas un peu moins assuré qu'il revint, leur annonçant que l'officier allait garder leurs papiers toute la nuit et décider le lendemain s'il les laisserait ou non passer sans visa de sortie.

Ball se leva à l'aurore. Il prit un petit déjeuner avec Varian, puis retourna à la gare dès son ouverture. Il ne fut pas long. Fry, qui n'avait pas encore fini de boire son café, le vit traverser la place dans sa direction. A la façon dont son collaborateur se déplaçait, Fry comprit qu'il avait perdu son pari.

– Comprenez, maugréa Ball, y a son connard de collègue commissaire qui travaille avec lui aujourd'hui. Mon type, il aurait fermé les yeux, s'il avait été seul, mais il pouvait pas, avec ce salopard qui le surveillait – puis, après un temps d'arrêt, il ajouta : Mon commissaire dit qu'ils feraient mieux de passer par la montagne. Il est même sorti de la gare pour m'indiquer la meilleure route à suivre. C'est un type bien. Si seulement cet autre enfoiré n'avait pas été là !...

Fry leva les yeux vers la montagne. Elle était passablement abrupte, pour Franz Werfel et ses problèmes de cœur, de même que pour Heinrich Mann et ses soixante-dix ans. Toutefois, Ball persuada ce dernier que c'était le meilleur choix, ajoutant que le commissaire l'avait prévenu que, comme ils ne savaient jamais quand un nouvel ordre de Vichy allait leur tomber dessus, il ferait mieux en conséquence d'emmener ses voyageurs pendant qu'il était encore temps ; les choses pourraient tourner plus mal.

Fry exposa la situation à ses protégés, qui décidèrent de tenter leur chance. Les Mann passeraient sous les noms de M. et

Mme Heinrich Ludwig, les noms d'emprunt inscrits sur leur affidavit. Ils remirent leurs passeports tchèques à Fry et vidèrent leurs sacs et leurs poches de toutes leurs lettres, carnets, et cartes sur lesquels était écrit le nom de Mann ; on gratta les initiales H. M. sur le ruban du chapeau de M. Ludwig. Quelqu'un fit remarquer que Frau Werfel portait des sandales et lui suggéra de les changer contre des chaussures plus robustes, mais les sandales étaient le matériel de marche le plus approprié que possédât Alma Mahler-Gropius-Werfel. Elle insista pour porter elle-même son cartable à bandoulière ; il contenait son argent, ses bijoux, et les précieux documents retrouvés, y compris la partition de la dixième symphonie de Mahler, inachevée. Les autres manuscrits de Mahler étaient rangés dans l'une des valises confiées à Varian.

Au dernier moment, Werfel et Frau Mann se rendirent brusquement compte qu'on était un vendredi 13. Werfel se mit à trembler de tout son corps, et la pauvre Nelly Mann pensa que, pourquoi pas, Varian Fry était un agent nazi sur le point de les livrer à la mort. La pauvre femme était bouleversée, mais personne d'autre n'ajouta foi à leur sottise et Frau Werfel les fit taire tous les deux. Tous adressèrent à Fry un au revoir plein d'espoir ; là-dessus, ils partirent.

Bien qu'il fût encore très tôt, le soleil était déjà brûlant. Fry les regarda s'éloigner péniblement dans les champs caillouteux à flanc de colline, jusqu'au moment où ils pénétrèrent dans un petit bois d'oliviers et disparurent dans le lointain.

Après quoi il rentra à son hôtel où il brûla les passeports tchèques et les quelques papiers que les Heinrich Mann lui avaient confiés.

Leon Ball conduisit le petit cortège sur un étroit sentier de chèvres, âpre et rocailleux. Le vieux Heinrich Mann le trouva si difficile à gravir qu'il fut autorisé à marcher à une allure plus lente, derrière Ball et les Werfel, eux-mêmes en tête du cortège. Alma décrit ainsi leur escalade : «(C'était un) sentier glissant, taillé à pic et bordé de précipices ; si l'on dérapait, il n'y avait que les chardons pour vous retenir. » Franz devait s'arrêter souvent pour reprendre son souffle, tandis qu'Alma enlevait ses sandales pour les vider des petits cailloux qui venaient s'y glisser. Lorsqu'ils atteignirent le sommet de la montagne, Ball s'orienta, balaya du regard le paysage qui s'étendait à ses pieds et montra au loin la frontière espagnole. Il demanda au petit groupe de l'attendre pendant qu'il rebroussait chemin pour aller chercher les Mann. Ces six kilomètres, dont la plus grande partie avait été parcourue en montagne, s'étaient révélés une épreuve terrible. Or ils n'étaient qu'à mi-distance de Port-Bou en Espagne.

C'est alors que le regard des Werfel tomba sur un petit point blanc isolé qui luisait dans la brume de l'été : c'était la guérite de la sentinelle devant laquelle ils devaient se présenter. Ils jetèrent un regard au long et dangereux chemin qu'ils venaient d'accomplir, puis considérèrent la petite cabane qui les appelait, là-bas, tout en bas. Peut-être auraient-ils plus de chance de passer en couple, juste tous les deux, plutôt que d'arriver en convoi avec leurs gros sabots.

Ils décidèrent de continuer la route seuls. Ils attendraient leurs compagnons de voyage de l'autre côté de la frontière, en Espagne. Après qu'ils eurent descendu la montagne, plus souvent assis que debout, ils arrivèrent devant le petit bâtiment blanc. Ils toquèrent à la porte. Un soldat catalan apparut. Celui-ci accepta avec reconnaissance les paquets de Gauloises bleues qu'ils lui tendirent et, en retour, leur fit très aimablement retraverser la frontière française : ces généreux étrangers s'étaient probablement perdus dans la montagne ! pensait-il.

Derechef sur le sol français, ils se trouvèrent nez à nez avec les gardes mobiles, ces fidèles gardiens des valeurs françaises. Werfel savait qu'ils étaient à tous les coups pétainistes. Mais il était trop tard pour reculer, quand bien même ils auraient été encore capables de courir.

– Vous cherchez l'Espagne ? demanda l'un des gardes.

– Oui, répondit Alma.

Le garde leur dit qu'ils devraient rebrousser chemin (celui qui grimpait !) et que, à la bifurcation du sentier, ils devraient tourner à gauche. Le chemin de droite conduisait au poste français, qu'ils devaient éviter à tout prix, surtout s'ils n'avaient pas de visas de sortie. Fort aimablement, il leur indiqua quelle route ils devraient prendre après la guérite pour passer en Espagne.

Ils grimpèrent une seconde fois la montagne et, suivant les instructions du gendarme, prirent le sentier de gauche. Frau Werfel trouva un fer à cheval par terre, qu'elle ramassa et rangea dans son sac avec ses bijoux. Ce petit événement eut pour effet de leur remonter considérablement le moral. Cette fois, lorsqu'ils articulèrent : « España, España », la sentinelle accepta leurs papiers. La douane n'était pas loin. Bientôt, les Mann arrivèrent.

Leur voyage s'était passé sans encombre. Parvenu en vue de la guérite des sentinelles, Ball s'était arrêté, leur avait montré le chemin puis demandé la permission de partir. Il ne voulait pas que la sentinelle pût voir son visage.

Les yeux de la pauvre Nelly Mann se remplirent de larmes de gratitude quand le temps vint de prendre congé, de dire *auf Wiedersehen* au brave homme :

– *Danke*, Herr Ball. Adieu.

– Oh, de rien, madame Mann. A bientôt, mes amis, dit-il en agitant la main.

Puis il repartit vers Marseille afin d'accompagner le convoi suivant.

Les douaniers espagnols avaient l'air très aimables. La plupart d'entre eux avaient été républicains pendant la guerre civile. Ils offrirent du vin aux voyageurs. Le contrôle du passeport, épreuve que tous avaient tant redoutée, passa comme une lettre à la poste, ou presque. L'un des officiers, qui semblait particulièrement intéressé par les papiers de Golo Mann, lui demanda s'il était vraiment le fils de Thomas Mann. Golo décida séance tenante de s'en sortir avec panache ; il redressa le buste :

– Oui, ne vous en déplaise !

– Oh, mais détrompez-vous, repartit l'officier de l'Espagne franquiste. Je suis au contraire fort honoré de faire la connaissance du fils d'un si grand homme.

Sur ces paroles, il serra chaleureusement la main de Golo :

– Attendez. Je vais téléphoner à la gare pour demander qu'une voiture vienne vous chercher !

Quand ils arrivèrent à la gare de Port-Bou, pas de Fry à l'horizon. Pourtant, d'après les renseignements qu'ils recueillirent, son train avait bien quitté Cerbère cet après-midi-là et le trajet était court jusqu'à Port-Bou. Il avait eu tout son temps. Quelque chose de terrible avait dû arriver.

Varian avait passé la douane sans encombre. Personne ne lui avait demandé pourquoi lui, un homme seul, voyageait avec dix-sept valises. Il demanda si des voyageurs apatrides sans passeports étaient passés : on le lui confirma. Quand il constata qu'il avait échappé au contrôle, il poussa un soupir de soulagement : il s'était fait du souci pour le plan des champs de mines au large de la côte méditerranéenne française que l'un de ses collaborateurs, socialiste italien, lui avait procuré. C'est avec un sourire plutôt satisfait qu'il donna un bon pourboire au porteur. Cette carte serait son cadeau aux services de renseignements britanniques. Il continua jusqu'à la gare.

Or les Mann et les Werfel ne s'y trouvaient pas. Il n'étaient ni sur le quai, ni au buffet, ni devant la gare. Il demanda au poste de police si un gros monsieur, un vieux monsieur à la démarche voûtée, une femme mince, une dame blonde corpulente, et un jeune homme brun, avaient passé la frontière ce jour-là. Il n'en était rien. Il demanda autour de lui si quelqu'un avait été arrêté. Rien non plus. Très inquiet, il partit à leur recherche, grimpa précipitamment la montagne jusqu'à la guérite, où il trouva un soldat en train de fumer tranquillement une Gauloise bleue. C'était bon signe. Mais le type semblait assez stupide et ne parlait que le catalan. Il dévala la montagne jusqu'au poste de douane, où quelqu'un lui apprit que ses amis se trouvaient déjà à la gare en train de l'attendre. Fry redescendit à toute allure la montagne jusqu'à la gare et ils tombèrent tous dans les bras les uns des autres. Il avait dû les croiser quand ils roulaient en voiture de la douane à la gare.

Au crépuscule, le petit cortège traversa la ville saccagée par les bombes. Port-Bou n'avait pas été reconstruit depuis la guerre civile. Ils longèrent, en procession sinistre, les décombres des murs blanchis à la chaux d'un petit village de pêcheurs naguère pittoresque. Ils se rendirent dans la salle à manger, triste vestige de l'hôtel bombardé. Affamés, assoiffés, épuisés, ils commandèrent un repas simple mais bien arrosé, avec du xérès et ce semblant de cognac espagnol de la marque Tres Cepas.

Ils avaient réussi. Le vin et l'eau-de-vie coulèrent à flots; ils relâchèrent leur prudence, devinrent exubérants et, malgré le serment de ne jamais prononcer les noms proscrits de Mann et de Werfel durant tout le voyage, ils portèrent et reportèrent des toasts à l'allemande :

– Herr Werfel, Herr Mann, Frau Mann, Herr Fry, *Prosit!*

Un étranger s'avança d'un pas nonchalant vers la table et, posant sa main sur l'épaule de Varian :

– Je peux vous dire un mot, mon vieux?

Fry se leva; les deux hommes s'éloignèrent de quelques pas.

– Services secrets britanniques! J'ai entendu parler de vous…

Varian reçut le compliment et s'inclina légèrement.

– Le type qui est avec vous, c'est bien Heinrich Mann, n'est-ce pas?

– Parfaitement.

D'un mouvement du menton, l'homme lui désigna un homme, à l'autre bout de la salle.

– Ce type là-bas, en uniforme, c'est le chef de la police secrète espagnole de la province. Il n'est pas très sympathique. A votre place, je serais plus prudent.

Fry rapporta à ses évadés son petit aparté avec l'Intelligence Service et la soirée s'acheva cinq minutes plus tard sur quelques *Gute Nacht Herr Ludwig* bien sonnés. Tout le monde se retira dans sa chambre, excepté Varian et Golo, qui se rendirent à la poste; Varian télégraphia à sa secrétaire, Lena Fischman, que les « amis de Harry » pouvaient venir, puisque l'Espagne acceptait encore les « affidavits tenant lieu de passeports ». Ceci fait, avant d'aller dormir, ils piquèrent un petit plongeon dans la mer.

Une fois encore, dans un étroit petit lit à une place, tout contre son bien-aimé Franz, Alma, qui n'avait jamais été une grande marcheuse, dormit comme jamais elle n'avait dormi jusque-là – plus exactement jusqu'à quatre heures du matin, heure à laquelle Fry frappa à leur porte pour leur dire qu'il était temps de se lever : il fallait prendre le train pour Barcelone. Elle ne comprit jamais pourquoi, au cours de leurs nombreuses fuites cette année-là, tous les trains qu'ils prenaient partaient toujours avant l'aube.

Les plaies de la guerre civile étaient encore à vif à Barcelone, ville de ruines et d'enfants faméliques. Quand les Werfel purent se faire enfin servir une vraie glace dans l'un des cafés de la plaza de Cataluña, la vue des petits enfants qui assiégeaient leur table pour demander la permission de lécher leurs assiettes les scandalisa.

Dans les jours qui suivirent, les Heinrich Mann, considérés comme les personnes les plus en danger, se virent attribuer les premières places disponibles dans un avion pour Lisbonne. Frau Werfel ne fut pas vraiment ravie de cet arrangement, mais elle ne put rien y faire. Elle, Franz, Varian et Golo poursuivirent leur route en train jusqu'à Madrid le lendemain, entassés à huit dans un compartiment, suffoquant, traversant de multiples tunnels enfumés, au point que les cheveux de Frau Werfel, de blonds qu'ils étaient, arrivèrent quasiment noirs à Madrid. Mais elle ne s'en soucia guère : les Werfel s'envolèrent pour Lisbonne le lendemain, et Golo les suivit un peu plus tard.

De son côté Varian Fry s'en alla vaquer à ses occupations, se renseignant auprès de ses contacts, essayant de comprendre comment fonctionnait l'infrastructure clandestine. Il fit une enquête, qu'il poussa le plus loin possible, sur la façon dont opérait la police espagnole. Il prit rendez-vous avec Sir Samuel Hoare à l'ambassade britannique et passa avec lui un accord d'assistance mutuelle quant à l'évacuation des soldats britanniques et des réfugiés politiques. Puis il fit un petit voyage à Lisbonne et téléphona à New York avant de regagner Marseille.

Voici quelques extraits du *New York Times* :

18 septembre 1940. – *L'arrestation de Lion Feuchtwanger à Paris démentie par la police parisienne. Confirmation officielle de sa détention n'a pu être obtenue.*

20 septembre. – *Lion Feuchtwanger arrivé à bon port à Lisbonne.*

6 octobre. – *FEUCHTWANGER DÉCRIT SA FUITE. Des Américains l'ont « kidnappé », lui ont remis des habits de femme pour échapper aux nazis. Lion Feuchtwanger... est arrivé ici hier par le paquebot américain* Excalibur...

L'auteur nous a parlé à plusieurs reprises d'amis américains non identifiés qui semblaient miraculeusement arriver à point nommé de tous les coins de la France pour l'aider dans les moments décisifs de son évasion. Il a gardé secrets les noms de ces personnes… expliquant qu'il ne voulait rien dire qui pût entraver leur travail de sauvetage en France.

14 octobre. – *LES AUTEURS QUI ONT FUI LES NAZIS ARRIVENT. Franz Werfel, Heinrich Mann parmi quinze écrivains réfugiés amenés ici par paquebot (le paquebot grec* Nea Hellas*)… Le bateau… a accosté quai n° 4, à Hoboken, à 9 heures du matin.*

Les écrivains réfugiés ont été accueillis par le Dr Frank Kingdon, président de l'Emergency Rescue Committee, qui a aidé de nombreux intellectuels à s'évader d'Europe.

M. Werfel, dont le roman épique Les Quarante Jours de Musa Dagh *figurait sur la liste des œuvres jugées « indésirables » par les nazis… était accompagné de sa femme, Alma…*

Il manqua perdre tous ses manuscrits, raconte-t-il, mais lui-même et Mme Werfel en retrouvèrent quelques-uns, dont celui de son nouveau roman (La Chanson de Bernadette)…

Heinrich Mann, qui voyageait avec son neveu (Golo) Mann, a été accueilli par le Dr Thomas Mann…

XIV

Ce fut à l'époque où Fry emmenait les Werfel et les Mann en Espagne et à Lisbonne que j'attrapai une bronchite. Je ne peux jamais avoir un simple rhume. La gravité du mal est directement proportionnelle aux efforts que je déploie pour la combattre : à vous dégoûter de la psychosomatique ! Or je mis plusieurs jours à dévaler la Canebière, enfilant les rues de moindre importance, revenant sur l'artère principale, pour rendre visite aux réfugiés dans leurs hôtels ou dans leurs planques – tout cela sans cesser de renifler. A la lecture du télégramme chiffré de Fry donnant de bonnes nouvelles des amis de Harry, je compris que les Feuchtwanger et plusieurs autres apatrides étaient partis sans plus attendre. A leur suite, Hertha Pauli, en compagnie de certains de ses jeunes amis, traversa le sentier de montagne sans incident. Hermant, qui gérait le bureau en l'absence de Varian, voulait faire franchir la frontière au plus de gens possible ; autrement ils en seraient empêchés par une situation qui ne pouvait qu'empirer. Un sentiment d'urgence s'était emparé de moi, qui me gardait debout, contrairement à mes habitudes d'avant-guerre : voilà belle lurette que j'aurais normalement tout lâché pour me glisser sous l'édredon en attendant la fin de ma grippe. Mais, pour une fois que je faisais quelque chose d'utile et même d'important, il était temps que je me contente d'avoir le nez qui coule comme tout le monde. Donc je tenais le coup, et comment !

Mais un après-midi, je sentis une pénible sensation d'oppression, proche de la douleur, au milieu de la poitrine, exactement au creux des seins, qui s'accentua au fur et à mesure que le jour s'avançait ; et quand je me mis au lit, j'avais 39,5 ° de température. Cette nuit-là, je pus sentir la Chose assise sur ma poitrine, tel un incube qui aspirait mon souffle. Le lendemain matin, je descendis les escaliers en titubant et annonçai d'une voix rauque au téléphone que je ne pourrais pas venir au bureau pendant quelques jours. Avec le peu de forces et de présence d'esprit qu'il me restait, je pus prendre des dispositions auprès du seul et unique groom de l'hôtel : il sortirait Dagobert plusieurs fois par jour et nous apporterait à tous deux nos repas respectifs d'un restaurant voisin. Miriam arriva à l'heure du déjeuner avec du whisky, une bouteille de sirop pour la toux et des aspirines. Je ne sais quel fut le bénéfice de tout ce mélange pour mes poumons, toujours est-il que je restai plongée toute la journée dans un état proche de la béatitude ; il devait y avoir de la codéine dans cette potion. En fin de journée, elle revint avec une sorte de cataplasme à la moutarde dont elle me recouvrit la poitrine. Puis, après m'avoir bordée bien serré pour éviter la déperdition de chaleur, elle me souhaita une bonne nuit. Elle repassa le lendemain matin prendre de mes nouvelles. Je me sentais beaucoup mieux et me répandis en remerciements, autant que me le permettaient l'état de mon larynx et mon caractère naturellement réservé. Elle fit quand même venir un certain Dr Alsace, qui diagnostiqua un sévère cas de bronchite et me donna un flacon de grosses pilules jaunes, un nouveau médicament, « radical » à l'en croire : c'étaient mes premiers antibiotiques. Avec cela, je devais garder le lit pendant une dizaine de jours.

Bientôt ma température baissa et je me sentis capable d'écouter la TSF. La bataille d'Angleterre s'était encore intensifiée durant ces deux premières semaines d'octobre. De fait, la chance avait déjà tourné en faveur de la RAF, mais nous ne le savions pas encore. La Luftwaffe continuait à pilonner la Grande-Bretagne, qui enregistrait des pertes considérables. J'écoutai jusqu'à n'en pouvoir supporter davantage.

C'est à ce moment-là qu'une merveilleuse chansonnette parvint à mes oreilles, sur les ondes de Londres, chantée sur l'air de « La Cucaracha », cette rumba si populaire dans l'entre-deux-guerres.

Radio-Paris ment,
Radio-Paris ment,
Radio-Paris est allemand,
Radio-Paris ment,
Radio-Paris ment,
Radio-Paris est allemand.

Je me souvenais bien de m'être déhanchée sur son rythme caraïbe au bar du *Palace Hôtel* de Saint-Moritz, il y avait des siècles. Le rythme à présent en était ralenti, de sorte que la chanson semblait chantée par une petite voix plaintive et enfantine, ce qui était exactement ce que méritaient ces mensonges. La petite ritournelle fit beaucoup pour apaiser ma toux et panser mon cœur en berne. Je me mis à songer amoureusement à Killer, me rêvant dans ses bras, imaginant comment il pourrait aider le Comité.

Quand Miriam vit que j'étais en état de supporter ce qu'elle allait me dire, elle m'apprit la nouvelle : les Breitscheid et les Hilferding avaient été mis en résidence surveillée à Arles, en même temps qu'Arthur Wolff. Ce dernier avait été l'un des avocats d'assises les plus importants et il avait assuré la défense des chefs de l'opposition au nazisme devant les tribunaux. Il avait rendu à Fry de signalés services dans les débuts, lui donnant de sérieux tuyaux sur les milieux de la clandestinité de Marseille.

Miriam me raconta que la police avait fait une descente à l'*Hôtel Splendide* et tenté d'emmener Mehring. Lena Fishmann, la secrétaire de Varian, lui avait fait barrage de son corps en se dressant devant le lit où était étendu le poète, invoquant à grands cris l'honneur français et la presse américaine. Tant et si bien que plusieurs personnes s'étaient arrêtées dans le couloir, se demandant ce qui ce passait. La police, soucieuse d'éviter un scandale, l'avait finalement laissé tranquille en sauvant la face par une pirouette technique : ils tenaient compte du précieux certificat attestant sa mauvaise santé. Après tout, un poète, ce n'était pas si important que cela. Toutefois, avant de partir, l'un des policiers s'était penché sur le pauvre Walter tremblant de peur sous ses draps pour lui murmurer :

– Vous savez, l'ordre vient de vos compatriotes !

Tout le monde le comprenait : l'ordre émanait de Berlin. Ce qui ne l'avait pas empêché de transiter par Marcel Peyrouton, le nouveau ministre de l'Intérieur du maréchal Pétain, censé devoir offrir plus de résistance aux Allemands. Ce qui signifiait que Vichy ne voulait ou ne pouvait pas s'opposer aux exigences des Allemands ; c'était une triste perspective pour les clients du Centre.

Malgré des protestations officielles auprès du chef de l'État, Breitscheid et Hilferding, ainsi que Mme Breitscheid, Wolff et sa femme, furent conduits sous bonne garde à Arles et installés dans un hôtel confortable, l'*Hôtel du Forum*, et attentivement surveillés. Ces nouvelles semèrent la panique parmi les émigrés de tous les pays ; chacun était persuadé que c'était le commencement de la fin.

Miriam me précisa que ces événements remontaient à une semaine, mais qu'elle ne m'en avait rien dit parce que je n'avais pas alors tous mes esprits et qu'il valait mieux que je m'en tienne aux nouvelles déjà suffisamment troublantes de la radio.

Nous attendîmes la suite des événements, mais rien ne sembla bouger. Les Breitscheid, les Wolff, et Hilferding restèrent dans leur hôtel d'Arles, et Mehring dans son lit au *Splendide*. Il y eut de nombreux changements d'adresses et des demandes de nouvelles fausses pièces d'identité.

Georg Bernhard, ex-rédacteur du *Pariser Tageszeitung*, le journal des émigrés germanophones publié à Paris, vivait à Narbonne. Un quidam qui travaillait dans la police avait averti Varian que Bernhard était aussi sur la liste noire : on le conduisit donc à Marseille où lui et sa femme établirent leur résidence dans une maison de passe. La tenancière s'étonna de voir ce couple d'âge moyen fréquenter son établissement mais, quand le jeune homme qui les accompagnait expliqua que ceux-ci aimeraient louer une chambre pour la semaine, elle comprit aussitôt, leur fit un prix raisonnable et leur assura que chez elle ils seraient en sécurité. Elle était personnellement protégée par les frères Guérini, les maffiosi qui se trouvaient dans le camp gaulliste.

Pendant ma maladie, des tickets de viande et de pain étaient distribués aux citoyens ordinaires, mais le rationnement n'affectait pas encore ceux qui mangeaient au restaurant. La nourriture devenait plus rare et moins savoureuse. Peu importe, je n'avais pas faim. Je me sentais faible et n'étais pas mécontente de rester un peu au lit.

Comme je recouvrais peu à peu la santé, les vieux amis commencèrent à montrer le bout de leur nez; mon nom circulait à la ronde, si bien que le téléphone sonnait pratiquement tous les jours et que le concierge m'annonçait que l'un ou l'autre désirait me voir. Un jour s'annonça un jeune homme du nom de Jean Gemähling, qui se présenta comme envoyé par mes amis Bénédite. Il était très blond, avait les yeux bleus et le teint vermeil. De profil, il ressemblait étonnamment à Louis XIV jeune, sans l'arrogance. J'étais ravie d'avoir des nouvelles des Bénédite. Éva vivait dans de la famille près d'Antibes tandis que Danny, Theo et Peterkin habitaient à Villetelle, dans l'Hérault.

Ils n'avaient pas l'intention de revenir à Paris. Ils allaient essayer de trouver un travail en zone libre. Il m'apparut soudain que Danny serait un homme parfait pour le Comité. Puisqu'il s'était occupé des réfugiés au service des Étrangers à la Préfecture de police de Paris, il avait probablement accordé des permis de séjour à un grand pourcentage de notre clientèle actuelle. Il avait un grand courage moral et était têtu comme une mule. En outre, ce serait amusant de les avoir avec nous, lui et Theo. Mais Peterkin ? Qu'à cela ne tienne, on se débrouillerait.

Je dis à Jean que j'étais en contact avec une sorte de comité de secours américain qui prêtait assistance et conseil aux réfugiés intellectuels et politiques, me gardant bien de toute allusion au travail illégal. Jean, qui était plutôt timide et avait tendance à garder les yeux fixés au sol, les leva soudain vers moi et me dit : «*Oh, I see*», avec un accent anglais presque parfait. Puis, il ne tarda pas à suggérer que, au fond, il pourrait peut-être trouver sa place lui aussi au sein du Comité. La seule chose que je pus lui suggérer, c'était d'attendre que Fry rentrât de Lisbonne : ce n'était pas moi qui prenais les décisions. Puis, comme je le complimentais sur son accent, il m'apprit qu'il avait été éduqué dans un collège anglais. Il exerçait le métier de chimiste. Je me plus à penser que, quand on sortait d'une école anglaise qu'on portait un nom alsacien, on avait deux bonnes raisons d'être pour les Anglais contre les nazis. Mais, bon, je lui arrangerais un rendez-vous avec Varian.

Autant qu'il m'en souvienne, je ne lui ai pas proposé de prendre un bain : il était si réservé !

Miriam arriva peu après et l'emmena. Elle lui trouva un lit – disons un sac à puces – dans son *Hôtel Paradis Bel-Air*, et finalement un travail au Comité.

Une semaine plus tard, je pouvais me lever, marcher dans ma chambre pour me dégourdir les jambes, arpenter le couloir pour me refaire un peu. Hermant décida que je devais reprendre mes interviews et m'envoya quelques-uns des réfugiés nouvellement arrivés. Me rencontrer à l'hôtel leur plaisait beaucoup : il y en avait un certain nombre qui trouvaient compromettant de se rendre dans les bureaux de la rue Grignan. Tous les après-midi, deux ou trois hommes d'âge, de poids et de taille variés venaient me voir. Je remplissais les formulaires et posais les questions pertinentes. Je me familiarisais peu à peu avec de nombreux sigles de groupes politiques, qui du reste, en ces temps troublés, n'étaient pas forcément étanches entre eux. C'est par cette première étape qu'on devait passer pour être sélectionné, et je m'efforçais de faire des rapports impartiaux.

On s'adressait à moi comme à quelqu'un qui devait comprendre, et je ne pouvais au mieux que montrer une écoute bienveillante. Ils déroulaient le récit de leurs activités dans un français rude, plein de sons plus gutturaux les uns que les autres, l'accent que j'avais précisément appris à détester depuis que ma gouvernante m'avait raconté des histoires de Boches pendant la Première Guerre mondiale. Progressivement, leur timbre si peu mélodieux résonna à mes oreilles comme une simple variante de la langue française, une sorte d'accent régional de quelque province de France non spécifiée où je me sentais chez moi et où j'avais des amis.

Ma petite chambre de l'*Hôtel Continental* les voyait défiler, habités de la demi-espérance seulement de trouver enfin la sortie du tunnel. Leurs vêtements n'étaient pas repassés et leurs pantalons faisaient des poches aux genoux, mais ils étaient toujours rasés de près et avaient l'air plutôt propres. Toutefois ils m'apparaissaient fatigués et abattus ; sous la philosophie avec laquelle ils se résignaient à leur sort se cachait l'inquiétude. C'étaient des hommes qui, habitués au danger, savaient maîtriser leur peur.

Je me souviens d'une exception : il s'agissait d'un journaliste presque quadragénaire dont personne n'avait entendu parler. Il était blond et frisé comme un mouton, phénomène qui éclôt sur les têtes allemandes comme les cheveux roux sur les têtes irlandaises. Au demeurant, le Français, à ses heures de grande tolérance, appelle les Allemands les Frisés. Ainsi donc mon journaliste était un Fritz vraiment frisé.

Après qu'il m'eut établi son curriculum vitae, je ne vis rien de remarquable dans son compte rendu et lui demandai, comme on m'avait appris à le faire dans de tels cas, ce qu'il avait fait pour encourir le mécontentement des nazis et ce qui l'avait mis en danger. Une expression de peur se peignit sur son visage et il me chuchota pour ainsi dire dans le creux de l'oreille qu'il avait écrit un article en 1931, avant leur arrivée au pouvoir. L'article en question attaquait personnellement Hitler. Il mentionna le nom d'un journal régional allemand. Avec quelque hésitation, je lui demandai si cette petite imprudence pouvait réellement le mettre en danger. Il continua dans la même veine, la voix tremblotante :

– Hélas oui, la Gestapo sait tout, ils sont au courant de tout !

Je fis un compte rendu objectif des faits que l'homme m'avait exposés, le jugeant à part moi un brin paranoïaque. Je me souviens de lui parce que cet incident m'est revenu plusieurs fois à l'esprit, quand je le comparais aux autres, ceux qui avaient été dans les sanglants combats de rue avec les SS, ceux qui s'étaient ouvertement opposés au national-socialisme au Reichstag, ceux qui avaient été internés à Dachau, ceux qui avaient franchi la frontière à skis, slalomant sur les pentes, esquivant les balles des SS avec un message ou un manuscrit sur eux. Le sang-froid, le courage m'impressionnaient. Fritz le Frisé, lui, en était totalement dépourvu.

Autant il m'avait frappé à Marseille, autant il quitta durablement mon souvenir ; je ne repensai à lui que plusieurs années après, pour mesurer mon erreur. Tous en effet nous nous figurions que, lorsqu'on n'était pas sous les feux de la rampe, pour s'être distingué à un titre ou à un autre dans la résistance, on passait aisément entre les mailles du filet. Les événements ultérieurs nous donnèrent tort. La plupart de ces gens, tôt ou tard, moins à cause d'un article écrit en 1931 que pour la simple raison qu'ils étaient juifs ou étrangers, furent déportés dans les camps de travail ou envoyés directement dans les camps de la mort. Nous pensions à ce moment-là que la Gestapo serait plus sélective et les Français plus protecteurs.

En tout état de cause, le Centre n'aurait pas pu sauver les millions d'hommes qui périrent. La liste de Varian, qui comptait au début une centaine de noms, atteignit les deux mille. Je me félicite de pouvoir dire que ma contribution monétaire rendit possible le fonctionnement immédiat du Centre, dont les besoins se faisaient cruellement sentir à son commencement. Miriam avait convaincu Varian que j'étais réglo, aussi m'avait-il emmenée chez le petit Boris Kourillo, le changeur. Plus tard, de fortes sommes d'argent m'arrivèrent des États-Unis et de Grande-Bretagne, qui me permirent de continuer à apporter mon écot autant qu'il m'était possible.

En dépit des mesures de restrictions alimentaires, on pouvait encore prendre des repas corrects dans deux restaurants. Le premier était le luxueux *Beauvau* tout près de mon hôtel, qui déployait, quai des Belges, sa belle terrasse sur le Vieux-Port. Le *Beauvau* était géré par le célèbre Sabiani, chef corse du gang le plus puissant de Marseille qui tenait le Maréchal en haute estime. Au *Beauvau*, pour une somme rondelette, on pouvait prendre un repas d'avant l'armistice. La *Dorade*, le second et hélas bien plus modeste établissement, situé dans une petite rue, était tenu par les frères Guérini, également corses et chefs de la bande rivale – mais favorables à de Gaulle et aux Alliés. Miriam me déclara que si l'on était « au parfum », on pouvait reconnaître les escrocs, les trafiquants de drogue, les maquereaux et les huiles du proxénétisme, parfois accompagnés de l'une de leurs plus ravissantes protégées. A partir du moment où je fus de nouveau sur pied, j'y allai avec Miriam sans reconnaître personne, naturellement, ni être reconnues.

Les rares fois où j'y dînais, j'observais Charles, le barman, qui supervisait le théâtre des opérations, préparant ses cocktails sans rien dire ou presque, son œil aigu posé sur tout ce qui se trafiquait là. Je me rendis alors compte que, noyés dans la foule des clients ordinaires, un tel pouvait être un agent britannique, un autre un soldat anglais, un autre encore un pilote mis au secret au fort Saint-Jean ; on y voyait même des membres de l'Emergency Rescue Committee en dîner d'affaires. Sans oublier le menu fretin de la pègre de Marseille qui était simplement là pour faire la fête.

Quand Varian revint de Lisbonne, il trouva un autre contexte : non seulement de nouvelles restrictions étaient intervenues, rendant fragile la survie de quelques-uns de ses plus éminents clients, mais encore les déplacements étaient soumis à des règles qui les compliquaient sérieusement. Vochoč, le consul tchèque, dut cesser de distribuer généreusement ses beaux passeports roses ; d'autres consulats devinrent également l'objet d'une stricte surveillance. A présent, le consul portugais devait télégraphier les noms des voyageurs potentiels pour Lisbonne : ils pourraient très bien y être l'objet d'une inspection de la part des Allemands. Avec cela, le Portugal exigeait de vrais billets pour les destinations étrangères. Auparavant, ceux qui n'avaient pas pu se procurer des visas américains ou mexicains obtenaient des visas pour le Congo belge, pour la Chine, pour le Siam ou pour Panamá, ou pour Dieu sait où. Après quoi les voyageurs se procuraient le visa portugais et partaient pour Lisbonne, où ils pouvaient prendre d'autres arrangements. Or ces dispositions étaient caduques. Maintenant les Portugais exigeaient un vrai billet pour Tombouctou, où les voyageurs n'avaient nullement l'intention de se rendre – l'auraient-ils eue, les départs organisés pour des destinations aussi exotiques auraient été, même sur le papier, fort difficiles à mettre en place. Couronnant le tout, l'Espagne fermait et ouvrait les frontières de manière imprévisible. Il était clair que l'Allemagne exerçait la pression sur les deux dictatures ibériques, lesquelles ne répugnaient pas à plier l'échine.

Mais la pression vint d'un autre côté. Fry fut appelé au consulat américain où on lui remit un télégramme du Département d'État :

VOUS ÊTES PRIÉ D'INFORMER PERSONNELLEMENT ET SANS DÉLAI LE DR BOHN ET MR. FRY QUE, BIEN QUE LE DÉPARTEMENT D'ÉTAT COMPATISSE A LA SITUATION CRITIQUE DES RÉFUGIÉS ET QU'IL AUTORISE LES CONSULATS A EXAMINER LEURS DEMANDES DE VISAS, LE GOUVERNEMENT NE PEUT – JE RÉPÈTE : NE PEUT – APPROUVER LES AGISSEMENTS QUI NOUS ONT ÉTÉ RAPPORTÉS DU DR BOHN, DE MR. FRY ET DE SES COLLABORATEURS VISANT A CONTOURNER LES LOIS DE PAYS AVEC LESQUELS LES ÉTATS-UNIS ENTRETIENNENT DES RELATIONS AMICALES.

Le consul lui fit savoir que le gouvernement français l'expulserait s'il ne cessait certaines de ses activités. Cependant l'officier de police, toujours coopérant, lui conseilla de n'en pas tenir compte, du moins pour le moment. Varian réfléchit : Les Breitscheid, les Wolff, Hilferding étaient en résidence surveillée à Arles ; Mehring, toujours couché dans sa chambre d'hôtel ; un grand nombre de cas préoccupants se présentaient tous les jours ; les dictatures resserraient leur contrôle. Varian Fry décida de rester et d'agrandir son groupe. Il allait monter une organisation humanitaire en bonne et due forme qui servirait de façade au travail illégal. En outre, le travail d'assistance aux réfugiés s'avérait de plus en plus indispensable. Les maigres ressources de ces gens déracinés s'épuisaient. Sans permis de travail et sans moyens de subsistance, ils étaient susceptibles d'être embarqués comme vagabonds. Un certificat établirait que le Secours américain leur allouait une aide, laquelle était destinée à les préserver de la faim et de l'inculpation de vagabondage. Miriam, qui militait toujours en faveur des opprimés, eut l'idée géniale de se procurer des liasses de cartes de viande à l'Armée du Salut.

Fry décida de faire parvenir davantage d'argent des États-Unis et de rester jusqu'au moment d'être chassé de France manu militari. Quant à Bohn, il céda à la pression de l'American Federation of Labor qui le rappelait. La division initiale du travail, Fry s'occupant des intellectuels et de quelques catholiques et Bohn des politiques, avait fait long feu. A présent, Varian héritait de tout le travail.

Il en discuta avec ses collègues et entreprit la réorganisation du Comité.

XV

Dès que j'eus recouvré la santé et que je me sentis prête à reprendre mon travail, Miriam et Hermant me donnèrent rendez-vous un après-midi *Chez Basso*, afin de me parler de la personne que je devrais recevoir le jour suivant : les pauvres clients, me dis-je en arrivant quai des Belges, allaient loger dans des trous de souris de plus en plus petits, se perdre dans un labyrinthe de ruelles de plus en plus sombres et difficiles à trouver. J'arrivai la première au café ; tout en les attendant, assise à une table, je pensai au pauvre Killer toujours emprisonné au fort Saint-Nicolas, qui se dressait à ma gauche, sur la colline. Pas plus tard que le matin même, j'avais rencontré son avocat, Me Bottaï, qui avait été très encourageant : le tribunal devrait se montrer indulgent en raison de l'extrême jeunesse de Killer. Chose qui me surprit, puisque Killer avait dit à La Touffe, à Sergent et à moi, qu'il avait vingt-huit ans. Après tout, la jeunesse est une chose très relative, me dis-je, me réjouissant de l'optimisme de Bottaï. Je lui demandai de m'obtenir l'autorisation d'aller le revoir en prison pour lui apporter une nouvelle valise de denrées. Le procès n'avait lieu que dans un mois, et comment aurais-je pu supporter l'idée que Killer pensât avec envie à moi, le ventre vide, comme moi je pensais à lui ?

Miriam et Hermant arrivèrent. Ce dernier commanda des cognacs comme si nous avions une importante affaire à traiter. Après m'avoir expliqué qu'il n'y avait plus de whisky sur le marché, il passa aux mauvaises nouvelles. Berlin faisait de plus en plus pression sur Vichy pour réprimer plus violemment les étrangers, les Juifs et les gaullistes. Quatre protégés du Comité se trouvaient maintenant internés au Vernet, le pire camp de France, et il était urgent de les en faire partir. La triple clôture de fils barbelés emprisonnait des individus jugés « hautement indésirables » par l'actuel gouvernement. Il s'agissait d'étrangers qui avaient pour la plupart un passé politique, et de quelques rares criminels de droit commun que le tribunal ne s'était pas donné la peine de juger. Une fois qu'on était entré dans ce camp, il était quasiment impossible de s'en échapper et il semblait qu'on n'en ressortait jamais.

Hermant nous raconta tout dans le détail. Ces quatre hommes étaient des membres du groupe Neu Beginnen – ou proches de lui. Ce qui signifiait qu'ils étaient des activistes politiques de tendance socialiste de gauche. Le bureau de New York les avait signalés comme étant particulièrement en danger. Des visas américains les attendaient au consulat de Marseille, mais ils devaient tout d'abord avoir une rencontre officielle avec le consul en personne pour obtenir son accord et les recevoir. En effet, par l'une des bizarres coutumes de ce temps-là, des hommes, parqués dans les camps comme des rats, étaient parfois autorisés à sortir sous bonne garde, accompagnés sous escorte au consulat américain puis raccompagnés de même jusqu'à leur geôle. Les noms de ces hommes étaient Boegler, Lam, Tittle, et Pfeffer. Hermant était certainement en train de m'en dire beaucoup sur ce qui se passait dans les coulisses du Comité et même de me livrer des informations qui n'étaient même pas diffusées par la BBC. Miriam suivait notre conversation avec grand intérêt.

– Ni les lettres du consul ni celles du Comité n'ont pu persuader le commandant du camp de laisser ces quatre hommes venir à Marseille, me précisa Hermant.

– Pourquoi me dites-vous tout cela ? lui demandai-je.

– Parce que nous souhaitons que vous vous rendiez au Vernet afin de persuader le commandant de les laisser venir à Marseille.

– Moi ? Oh, mais c'est tout à fait impossible ! Je ne saurais absolument pas comment m'y prendre !

J'étais épouvantée.

Faisant comme si je n'avais rien dit, il poursuivit :

– Une fois à Marseille, ils échapperont à leurs gardes – ils en ont l'habitude –, et nous prendrons la relève.

– Mais je ne m'en sens pas capable, je vous assure.

Il parlait posément, et Miriam acquiesçait de la tête. Tout ce que j'avais à faire, c'était dire que j'étais une amie de leurs femmes qui, follement inquiètes au sujet de leur mari, étaient venues me voir et m'avaient demandé d'intervenir personnellement en leur nom auprès du commandant. Hermant me fit savoir que, comme Varian sentait que Boegler était en grand danger, il avait persuadé Frau Boegler de s'enfuir avec leur fils, quelques jours auparavant, par le chemin de montagne. Boegler serait soulagé, même s'il se faisait coincer, d'apprendre que sa femme et son fils étaient sains et saufs.

– Car rien ne les arrête, ces brutes, conclut Hermant.

– Je sais, mais je suis une piètre menteuse et je n'ai jamais rencontré ces femmes. Quelqu'un d'autre pourrait me remplacer avantageusement. Miriam, par exemple ? Et puis je me sens encore un peu faible.

Miriam protesta d'un geste de la main :

– Non, tu es la personne qu'il nous faut.

– Mais pourquoi moi ?

– Parce que, dit Hermant, le buste penché en avant afin d'accentuer l'importance de ses paroles et plantant ses yeux dans les miens, avec un tel visage, personne ne pourra penser une seule seconde que vous mentez.

– Je ne comprends pas. Qu'est-ce qu'il a, mon visage ?

– Mary Jayne, vous avez le visage le plus innocent du monde. Personne ne pourra croire que vous mentez, insista-t-il.

– Oh, mais c'est parfaitement ridicule, me récriai-je.

Et puis cette histoire de visage angélique commençait à m'horripiler. Je me montrai ferme.

– Non, vraiment. Je ne serai pas du tout convaincante. Et puis, je viens d'être très malade, vous savez : une vilaine bronchite.

Je prononçai encore quelques mots, puis sortis un mouchoir, me mouchai, toussai et, alors que, entre deux toussotements je cherchais, suffocante, ma respiration, je rencontrai ses grands yeux bleus qui cherchaient les miens.

– Vous êtes la personne qu'il nous faut ! Nous comptons vraiment sur vous. Ils jouent leurs têtes, dit-il.

Cette réflexion me décida : elle avait fait jaillir en moi l'image de ces quatre têtes livrées au caprice du hasard, lancées comme des boules d'ivoire dans la cuvette tournante d'un jeu de roulette. Ils avaient tant risqué, et moi si peu !

– Eh bien, soit, Hermant. Je vais essayer.

Je rangeai mes affaires dans un petit sac. Pour Miriam, prophète de mauvais augure, j'avais de grandes chances de passer la nuit sur place. Elle m'avait également suggéré d'emporter mon petit tailleur Robert Pinguet : Pinguet était l'une des plus jeunes et prometteuses maisons de haute couture parisienne des années trente. Depuis, elle a disparu corps et biens sans laisser le moindre petit souvenir ; mais, à l'époque, elle était parmi les premières. C'est elle qui a ravivé ce détail me concernant, car je lui avais « légué » ce vêtement un an plus tard, et la griffe la gonflait de fierté. D'une couleur oscillant entre le bleu roi et le bleu marine, il était garni d'une ganse en passepoil jaune et doublé de soie ambre. Les épaules étaient soulignées de petites épaulettes, et la jupe était mi-longue.

Comme à un agent envoyé en mission spéciale, on m'avait donné des directives. Je devais avoir l'air riche, distinguée, mais pas trop hautaine : j'accrochai un petit clip en diamant sur mon épaule gauche et enfilai une bague en brillants au petit doigt de ma main gauche.

Le gardien de nuit fut surpris de me voir descendre de mon premier étage à une heure aussi matinale chargée de ma valise.

Les rues étaient presque vides. Dans mon impatience à m'embarquer pour cette grande aventure, je remontai la Canebière au pas de charge. Quand j'arrivai en haut de l'escalier monumental, j'étais hors d'haleine et plutôt en avance. Je posai ma valise à côté du grand fronton de marbre, pensant que, au même endroit, il y avait à peine un mois et demi de cela, j'avais quitté Sergent et La Touffe. Je me demandai s'ils étaient arrivés en Angleterre et essayai d'imaginer le beau Sergent dans son nouvel uniforme. Et mon pauvre bien-aimé Killer qui croupissait toujours en prison… Il faudrait que je retourne au fort Saint-Nicolas lui apporter une autre valise de ravitaillement. Mais les autorités voyaient désormais d'un mauvais œil les visites des jeunes filles françaises à leurs fiancés déserteurs, suspectés de vouloir rejoindre de Gaulle. Peut-être ferais-je mieux de disparaître du paysage. J'en parlerais à Me Bottaï dès mon retour.

J'enfilai mon imperméable gris-beige pour camoufler mon chic parisien, je repris ma valise et commençai à gravir les marches blanches. En m'arrêtant à mi-hauteur pour changer mon bagage de main, je jetai un coup d'œil en arrière et ne pus m'empêcher de remarquer le grand et sombre lion de bronze ornant la rampe, accroupi sur une innocente biche, sa proie fraîchement tuée. Tout en continuant à grimper l'escalier, je ressentis alors une étrange douleur me déchirer le dos.

La gare était déjà noire de monde. Il n'y avait pas de voitures sur les routes, et les services de trains étaient réduits, ce qui annonçait des compartiments bondés. J'observai les voyageurs qui passaient les contrôles pour rejoindre leurs quais. Au tourniquet était posté l'homme qui poinçonnait les tickets, et juste derrière lui l'officier de police qui vérifiait les papiers. Les Français montraient leur carte d'identité réglementaire, et les quelques étrangers leur passeport et leur sauf-conduit, ce dernier constituant le document de voyage indispensable pour les non-nationaux. Or de ce document-là, je n'en avais point. Je m'en passerais : j'achetai un ticket pour Toulouse et me rendis au buffet de la gare, où j'avalai d'un trait une tasse de « café national », cette infusion de gland de chêne adoucie par la saccharine qui l'accompagne, et un morceau de pain rassis. (Pour une raison que je ne comprendrai jamais, la vente de pain frais était interdite.) Ce matin-là, pour l'unique fois de mon séjour dans la France de l'après-armistice, cet ignoble petit déjeuner me parut délicieux : je savais bien que j'allais traverser le buffet de la gare et sortir par l'autre porte débouchant directement sur les quais, et éviter de cette façon leurs contrôles de police ! Et puis, ce n'était guère plus difficile que de jouer à la cache-cache : mon passeport américain me protégerait de toutes les conséquences terribles qui pourraient s'ensuivre si jamais j'étais prise. Mais c'était illégal, amusant, et en plus cela marchait.

Je fonçai dans l'un des passages souterrains de la gare et ressortis devant le bon train, où, aussi sec, j'allai occuper une place dans les secondes, coin fenêtre. J'étais la première. Le compartiment ne tarda pas à se remplir et les derniers arrivés durent rester debout dans les couloirs, pressés comme des sardines. Tandis que le train quittait Marseille, longeant le flanc d'une colline, j'apercevais les docks de la ville qui se succèdent depuis le bassin de la Grande Joliette, perpendiculaire au Vieux-Port, jusqu'au bassin du Président-Wilson, à plusieurs kilomètres vers l'ouest.

Mes compagnons de voyage se contentèrent des plus brefs et banals échanges : « Oui, madame – Non, monsieur. » Manifestement, ils ne souhaitaient pas lier conversation. On m'avait avertie de ne parler à personne, aussi ne fis-je pas cas d'eux.

Je continuai à me demander, non sans me faire quelque souci, comment j'allais m'y prendre avec le commandant du Vernet. Je n'étais pas un as de la manipulation ; les seules fois où j'avais essayé de préméditer quelque chose, j'étais tombée à plat. Comment pourrais-je alors persuader le commandant d'un camp d'internement de libérer quatre prisonniers recherchés par la Gestapo ? Je pourrais payer de ma personne, mais était-ce une garantie suffisante ? Pas sûr. Comment savoir d'avance ? Les premières rencontres sont toujours tendues et chargées d'anxiété, si tant est qu'elles puissent être chargées d'autre chose.

A Toulouse, je dus changer de train. J'utilisai la même ruse, passant d'abord par le buffet de la gare, où je pris un sandwich – vingt centimètres de pain avec à l'intérieur une feuille de papier à cigarette de jambon. Puis je pris un billet pour Foix, une vraie ville, qui était peut-être trente kilomètres trop loin, mais qui représentait une destination plausible pour une femme portant un imperméable gris-beige : elle pouvait bien avoir des amis ou de la famille à Foix, tandis qu'il ne viendrait à l'esprit de personne ayant deux sous de jugeote et de morale d'aller se balader au Vernet. Cette ruse détournerait leur attention. C'était une idée de mon cru.

Je restai assise quelques minutes dans la gare, à grignoter les bords dudit sandwich et, pour me refaire un peu de salive, je retournai au buffet boire une tasse de ce fameux café national. Personne ne me prêta la moindre attention, et je sortis du buffet d'un pas nonchalant, à croire que c'était la chose la plus naturelle du monde et que j'avais été de tout temps agent secret; je me retrouvai sur le quai n° 2, où le signal blanc sur fond bleu indiquait : « Foix, Font-Romeu, Andorre ».

Les voyageurs de ce train-là formaient une société plus sympathique, plus vivante. Deux hommes entamèrent la conversation. Ils avaient eu l'occasion de faire ce trajet à maintes reprises et se connaissaient bien. Je compris que c'étaient quelque chose comme des représentants, l'un dans le cuir, l'autre dans les fromages.

Le train fonçait droit vers le sud, le long de l'Ariège gelée qui descendait des Pyrénées. Après avoir traversé de riches terres cultivées, nous nous dirigions vers un plateau qui s'élevait en pente douce jusqu'au flanc de la montagne. Le Vernet devait être à une cinquantaine de kilomètres de Toulouse; j'avais attentivement étudié la carte la nuit précédente : dès que je verrais la vallée s'élargir un peu je me lèverais, sortirais sans mot dire ma valise du filet à bagages, puis descendrais et attendrais en queue de train devant la sortie. Si quelqu'un me demandait quelque chose, je dirais : « J'ai des cousins dans les environs. » Tout simplement. Si, au petit accent américain que j'ai, il faut bien le dire, ils repéraient l'étrangère, je leur sortirais que ma famille était partie aux États-Unis quand j'étais petite, que nous étions des teinturiers français de Brooklyn, ou plutôt non, tiens : « Nous avons une teinturerie française à Chicago. »

Les deux hommes bavardaient. Ils en vinrent à discuter du Maréchal et du gouvernement de Vichy. L'homme des fromages pensait que Vichy n'était qu'une couverture, qu'ils recevaient des ordres des Allemands et que bientôt il n'y aurait plus de différence entre les collaborationnistes déclarés et le cabinet du Maréchal. Celui du cuir quant à lui soutenait que le Maréchal faisait de son mieux pour protéger les Français. Non, disait le premier, la Révolution nationale était une dictature et se révélerait sans tarder une copie conforme de l'État fasciste. Non, rétorquait le second, on ne peut comparer les deux systèmes.

Jusque-là je tenais ma langue.

– Par exemple, insista ce dernier, nous n'avons pas de camps, en France.

– Mais si, vous en avez ! corrigeai-je.

– Pas du tout. Je vous demande pardon, madame. C'est faux.

– Mais si, vous en avez, monsieur. Ici même au Vernet dans l'Ariège, où je descends d'ailleurs dans quelques minutes.

Je me levai et tirai d'un coup sec ma petite valise du filet.

– Vous allez au Vernet ? demanda le sympathique vendeur de fromages, qui avait percé à jour le Maréchal.

– Oui. En Ariège. J'ai des cousins dans les environs.

Tous les gens du compartiment me regardèrent avec des yeux ronds, dans un silence figé ; du moins telle fut mon impression.

Je sortis dans le couloir et marchai jusqu'à la dernière fenêtre. Penchée sur l'appui, parcourant du regard les montagnes lointaines, je me demandais pourquoi diable le Comité m'avait choisie pour une si délicate mission. Je fumai quelques cigarettes, ce qui me soulagea un peu et me donna l'impression d'avoir l'air décontracté en même temps que décidé. Je descendis en gare du Vernet, traversai la route, et entrai dans un *Café du Commerce* passablement décrépi qui sentait le tabac et l'alcool de la nuit. L'homme se tenait derrière un bar rudimentaire éclairé par deux méchantes ampoules électriques ; il s'arrêta de lustrer le verre qu'il tenait dans la main et demanda d'un ton détaché :

– Vous cherchez le camp ?

– Eh bien oui, j'allais justement…

– A deux cents mètres d'ici ; vous montez la route, tournez à gauche et vous apercevrez les premiers baraquements.

Jetant un coup d'œil sur ma valise, il me dit que je pouvais la laisser là pendant que je visitais le camp ; et que, si je devais passer la nuit dans la région, je pouvais prendre un car en direction de Pamiers, où je trouverais un petit hôtel.

– Les visiteurs, continua-t-il, sont toujours étrangers. Il n'y a que des étrangers par ici, ajouta-t-il un peu condescendant. Ce n'est pas bon pour les affaires…

Sur ces paroles il prit un autre verre, le leva et l'inspecta à la lumière de l'ampoule. Saisissant l'allusion, je commandai immédiatement le meilleur cognac qui se trouvait sur les étagères de son bar. L'alcool me réchauffa un peu et me donna le courage qui me manquait. J'ôtai mon imperméable, que j'aurais préféré garder sur moi, mais il fallait que je sois à mon avantage dans mon petit tailleur Robert Pinguet. Je dis à l'homme que j'allais revenir, et là-dessus je pris le chemin du camp.

Contrairement à ce que l'on pourrait croire aujourd'hui, je ne ressentais aucune répulsion à l'idée de devoir affronter un commandant de camp d'internement et d'avoir à le charmer. Personne n'avait encore entendu parler d'Auschwitz, de Buchenwald, de Bergen-Belsen ni d'autres lieux de cette espèce, et pour cause : les camps de la mort ne fonctionnaient pas encore. Les « anciens » des premiers camps comme Dachau s'étaient montrés remarquablement peu diserts quant aux horreurs qui s'y passaient. Des noms de « fonctionnaires de la mort », tels que Reinhardt Heydrich ou Adolf Eichmann, ne circulaient pas davantage. J'étais consciente qu'un camp était un enfer qui violait tous les principes du droit humain et de l'habeas corpus du droit américain, mais les films documentaires qui bouleversèrent la planète étaient loin d'avoir été tournés. Le directeur du Vernet, supposai-je, devait être un soldat professionnel, probablement diplômé de Saint-Maixent – modeste académie militaire destinée aux jeunes Français de la classe moyenne. Sa nomination avait certainement été un coup de chance, que ses aptitudes administratives plus que ses tendances sadiques ou ses opinions politiques avaient sans aucun doute facilité.

Le vent soufflait dans mon visage et les chênes chevelus secouaient leurs têtes folles. J'étais pleine d'appréhension et essayai de ne pas penser à ce qui allait m'arriver. Jusque-là, mes relations avec les hommes avaient commencé par un éclat de rire et s'étaient poursuivies sur la piste de danse d'un cabaret. Mais en ce jour froid, en arrivant devant le bâtiment de ferme en ruine entouré d'une haute clôture de fils barbelés, à la vue de ces baraques en tôle ondulée émergeant de la brume je pris conscience qu'il n'y avait pas lieu que j'espère y danser la gigue.

Le bâtiment administratif était une construction sinistre de deux étages ressemblant à un entrepôt où l'on aurait percé des trous en guise de fenêtres et auquel on aurait raccordé une aile supplémentaire. Il était bordé d'une longue cour qui le séparait de la barrière de fils barbelés qui clôturait l'ensemble du camp. De part et d'autre s'élevaient deux édifices carrés, sorte de tours montées sur échafaudages de bois rappelant celles que je voyais dessinées aux angles du camp romain illustrant mes extraits de *La Guerre des Gaules*, dans mon manuel de latin, à ceci près que ces tours étaient équipées de puissants projecteurs et garnies de soldats armés de mitrailleuses. Dans ce paysage désolé, on devait tirer les prisonniers en fuite comme on tire des lapins.

Je ne rencontrai aucun problème pour entrer dans le bâtiment administratif. C'était une pièce longue et étroite, dont un comptoir occupait presque toute la longueur. Par-derrière, des soldats faisaient grincer des plumes d'acier sur des cahiers et des registres. Dans un coin, une femme tapait à la machine ; cela aurait pu être le service administratif d'une petite mairie.

Quand je demandai à l'un des hommes assis derrière le comptoir si je pouvais parler au commandant, il se leva, affectant un faible sourire de réceptionniste, poussa un battant et se dirigea vers le fond de la salle. Là il s'adressa à un homme en uniforme d'officier. C'était un fort bel homme d'une quarantaine d'années, aux tempes grisonnantes, du genre efficace :

– Que puis-je pour vous, madame ? me demanda-t-il en s'approchant de moi.

Comme je ne répondais pas, et après une petite hésitation, il ajouta :

– Vous avez un mari, un ami dans le camp ?

Quand je lui dis qu'il fallait m'appeler « mademoiselle » et non « madame », que je n'avais pas de mari, mais quatre amis dans le camp, il émit un petit rire et me conduisit dans son bureau. Les rayons du soleil couchant qui traversaient en oblique l'unique fenêtre illuminaient une petite écritoire en bronze posée sur son bureau, ayant sur le socle une figurine au chapeau caractéristique, chaussée de hautes bottes militaires, une main enfoncée dans son gilet, l'autre repliée derrière son dos : l'Empereur en personne, dans sa pose typique. A première vue, la pièce n'était pas d'époque ; elle datait plutôt de la fin du siècle et remontait à la « Légende », selon le terme consacré pour désigner l'époque où les Français aimaient à se rappeler les années mythiques de leurs grands-pères victorieux sur les champs de bataille de l'Europe centrale, cauchemar des monarchies installées et où l'on souhaitait rétablir sur le trône impérial le fils de Napoléon, le duc de Reichstadt, alors prisonnier en Autriche.

– Quelle belle vue vous avez sur la montagne ! dis-je, admirant le paysage qu'encadrait la fenêtre.

– C'est le pic des Trois-Seigneurs, dit-il en pointant son index vers la droite – puis, l'orientant vers la gauche : Et voici le pic Saint-Barthélemy. Tous deux seront bientôt recouverts de neige. L'hiver est précoce, ici.

Il regarda le poêle ventru, blotti dans un coin du bureau, et se frotta les mains comme s'il anticipait le froid qui allait bientôt le gagner. Je ne pus m'empêcher de penser aux pauvres prisonniers dans leurs misérables cabanes, à quelques pas de là, qui n'avaient que la chaleur de leurs corps sales pour se tenir chaud.

– La vie ne doit pas être toujours très agréable ici, hasardai-je.

– Eh bien, mademoiselle, me coupa-t-il. Que puis-je faire pour vous ? Vous avez donc quatre amis dans ce camp. Quels sont leurs noms, je vous prie ?

Il m'évaluait du regard. J'étais une curiosité, une distraction agréable dans sa morne routine. De mon côté il fallait que je gagne du temps pour pouvoir le situer, trouver des points de repères. J'essayai de déchiffrer les titres des livres qui se trouvaient sur ses étagères, mais en vain, car il faisait trop sombre. Les seuls indices que j'avais sur cet homme étaient le petit Napoléon que caressaient les feux du soleil couchant, et son actuelle bonne humeur.

J'éludai la question de leurs noms, m'étendant sur les craintes des épouses, sur les visas américains et sur la nécessité pour ces hommes de se présenter en personne devant le consul américain ; tandis que je parlais, il m'observait, tranquillement assis derrière son bureau, son regard exprimant à la fois l'impatience et l'amusement. Il se mit à jouer avec l'un de ses crayons, en appliquant la pointe sur le bureau, faisant glisser ses doigts le long de la tige jusqu'à ce qu'il se renverse, et ainsi de suite plusieurs fois. Tout en observant ce manège, fascinée et terrifiée, je débitais sans discontinuer mon discours sur les femmes et le consul américain. Je me mis à tirer nerveusement sur ma jupe, à croiser et à décroiser les jambes, à fouiller désespérément dans mon sac en quête d'une cigarette, tandis que lui se contentait de rester assis derrière son bureau, s'amusant à me voir chercher mes mots, comme s'il me tenait en son pouvoir. Peut-être devrais-je lui montrer ma carte du Secours américain. Mais non, j'étais là à titre personnel… mieux valait ne pas la montrer.

– Au fait, mademoiselle, au fait ! m'interrompit-il brusquement. Quel est le but de votre visite ? Comment s'appellent ces hommes ?

Je m'affolai. Si je lui donnais leurs noms, il comprendrait et pourrait les livrer à la Gestapo.

– Vous comprenez, avant de rencontrer le consul il faut faire pas mal de démarches administratives. Vous savez comment sont les bureaucrates, bredouillai-je.

– La bureaucratie… Oh, j'en sais quelque chose, dans l'armée, approuva-t-il.

Il se mit à rire. J'émis en écho un petit rire stupide et contraint.

– Donc, leurs noms ? Je ne peux pas vous aider si vous ne me donnez pas leurs noms, dit-il, penchant davantage le buste vers moi.

– Bien sûr, fis-je en me ressaisissant. C'est que certaines personnes, voyez-vous, sont si… comment dire… si malveillantes.

– Ce n'est quand même pas un crime de demander un visa américain ! répliqua-t-il en souriant.

– Franz Boegler, Hans Tittle, Fritz Lam, Wilhelm Pfeffer ! lui criai-je, mes craintes aussitôt évanouies – j'avais repris confiance et je vis à son sourire que sa réaction était favorable. Le consul disait justement l'autre jour… Je pense qu'il vous a écrit ou télégraphié. Il ne comprenait pas… Il ne comprenait vraiment pas pourquoi ces hommes n'avaient pas été libérés.

– Vous connaissez le consul américain, mi-i-ss ?

– Mais oui bien sûr, affirmai-je. Il était vraiment très contrarié. Service diplomatique : vous savez comment ils sont. Ils se prennent tellement au sérieux !

Ce moment de pure panique passé, mon baratin devint plus pragmatique, tandis que je posai avec une grâce nonchalante ma main baguée de diamants sur le rebord de son bureau. Il ordonna à ses adjoints d'aller chercher les quatre dossiers, qu'il disposa ensuite par ordre alphabétique sur son bureau. Du dossier de Boegler, il sortit une lettre du Comité.

– Le Centre américain de secours ? questionna-t-il en me montrant l'enveloppe.

– Oui, nous sommes une sorte de comité de secours et d'agence de voyage.

Je lui parlai de Hilda Boegler et de son adorable petit garçon, je lui exprimai à quel point elle s'inquiétait au sujet de son mari. Puis, je lui racontai comment toutes ces femmes m'avaient supplié de faire appel à lui.

– Les temps sont difficiles pour nous tous, déclara-t-il d'un ton affable.

Je déboutonnai le premier bouton de mon chemisier en crêpe de Chine, tapotai négligemment la boucle en diamant qui ornait mon épaule, puis déboutonnai le second bouton.

– Vous savez, fis-je doucement, j'aimerais tellement que vous accordiez à mes amis la permission d'aller à Marseille… sous bonne garde, évidemment – après un temps, j'ajoutai : Ils reviendront tout de suite.

– Cela peut se faire, me dit-il sans cesser de me regarder.

– Oublions, lui dis-je, en soutenant délibérément son regard, le Comité, l'agacement du consul et tout le reste. Je vous assure, *commandant*, que vous accompliriez un pur acte de charité en libérant ces hommes… sous bonne escorte. Vous comprenez… C'est une chance à saisir pour eux.

– Oui, je comprends tout à fait, répondit-il – et son regard glissa de ma personne au petit Empereur de l'écritoire.

– S'il vous plaît, murmurai-je, pourriez-vous m'offrir une cigarette ?

Il m'offrit une Gitane de son paquet, se leva et, penché sur moi, alluma ma cigarette. Les effluves de Chanel n° 5 s'exhalant de mon chemisier entrouvert durent atteindre ses narines. Je tirai sur ma cigarette puis soufflai sur l'allumette, de manière à lui faire sentir la chaleur de mon souffle lui caressant les doigts. J'avais vu cela dans les films. Il connaissait le truc, lui aussi – un truc plein de promesses. Je levai doucement la tête vers lui :

– C'est pourquoi j'ai pensé qu'il valait mieux que je vienne vous voir ici… en chair et en os. J'ai imaginé que ce serait mieux qu'une lettre ou même qu'un télégramme.

– Tellement mieux ! Oh, tellement mieux ! approuva avec fièvre le commandant. Si je vous entends bien, mademoiselle, vous croyez aux actes de charité. De quelle façon alors souhaiteriez-vous consoler le cœur d'un pauvre soldat ? Il y a assez peu de distractions dans ce coin perdu… Voudriez-vous me faire l'immense plaisir de dîner avec moi ?

– Oh, répondis-je d'un ton de surprise poli, avec grand plaisir. C'est une excellente idée !

– Nous ne pouvons pas nous offrir grand-chose dans le coin, si ce n'est une petite auberge, non loin d'ici, où nous pourrions trouver une bonne bouteille de vin, du fromage, et avec un peu de chance, à ce moment de l'année, du gibier.

– Merveilleux. On mange si mal à Marseille en ce moment… Et… au sujet de mes amis ?

– Mi-i-ss Gold, je ferai ce que je peux. Si les choses se présentent comme vous le dites, je ne vois aucune raison pour qu'ils n'aillent pas à Marseille sous bonne escorte.

– Vous êtes très aimable, répondis-je d'un ton reconnaissant.

– Je vais étudier leurs dossiers – malicieusement, il se mit à énumérer leurs noms sur ses doigts, façon de me rappeler l'importance de l'enjeu : Voudriez-vous voir vos amis ? me demanda-t-il soudain.

J'étais en train de me demander comment aborder cette question, et voici qu'il m'en faisait lui-même la proposition. Il appela l'adjudant et lui ordonna de me mener auprès des prisonniers. Avant de quitter la pièce, il me dit qu'il viendrait me prendre à la terrasse des Platanes, à Pamiers, à sept heures trente.

– J'espère que vous aimerez ma petite auberge, *Les Deux Copains*, mademoiselle.

– *Les Deux Copains* ou *Les Deux Coquins* ? lançai-je gaiement.

– Eh bien, c'est ce que nous verrons, répondit-il, plus gaiement encore. Je vois que vous parlez un excellent français, mademoiselle.

– Je suis en France… par choix, commandant.

Après m'avoir fait patienter quelques minutes dans l'entrée, l'adjoint me conduisit dans la cour, sur une estrade en bois qui regardait la triple haie de fils barbelés. De là j'aperçus les misérables cabanes nettement alignées, dont les flancs et même les toits étaient rafistolés avec du papier goudronné et des lamelles de bois. Un gardien m'amena les quatre prisonniers. Ils avaient la tête rasée, les traits creusés, cependant ils souriaient et me regardaient comme de petits pauvres regarderaient un sapin de Noël. Ils m'apprirent que, outre le fait que j'étais la première femme qu'ils voyaient depuis plus d'un an, je leur apportais leur première lueur d'espoir. De mon côté je leur donnai mon nom, les informai que je faisais partie de l'ERC, et que j'étais envoyée par Varian Fry. Ils se présentèrent à leur tour et nous nous serrâmes la main. Leurs visages étaient rouges, non pas de l'éclat que donne aux joues la bonne santé, mais de cette fièvre qui précède le déclin.

Ils étaient visiblement enthousiastes et excités. Je leur répétai les paroles du commandant et leur signalai que, à Marseille, le Comité prendrait le relais et leur dirait ce qu'ils devraient faire. Ils échangèrent des regards entendus et se mirent à rire. Ils étaient pressés de recommencer à tromper – du moins à essayer de tromper – les nazis. Je prévins Boegler que sa femme et son enfant étaient déjà partis, précisant qu'ils étaient déjà arrivés à bon port à Lisbonne. Ses yeux s'agrandirent puis s'emplirent de larmes, mais c'était de joie qu'il pleurait.

Connaissant leur engagement politique, je voulus leur donner des nouvelles du monde, mais ils étaient aussi bien informés que je l'étais, sinon mieux. Nous avions les mêmes sources. Un camarade de leur section avait réussi à manipuler une radio à ondes courtes, de sorte qu'ils pouvaient capter les émissions de Moscou et de Londres et en discuter.

Je leur demandai comment se passait la vie dans le camp. Ils me répondirent par un bref mais objectif rapport sur leur condition par la méthode comparative : il n'y avait pas de sadisme ouvertement organisé comme dans les camps allemands; certains gardiens étaient des brutes, d'autres pas. Contre toute attente, ils terminèrent leur description par une étrange constatation :

– Il faut quand même admettre, Hans, que Dachau était incomparablement plus propre.

Puis nous n'eûmes que le temps de nous chuchoter : « A bientôt à Marseille » avant l'arrivée du gardien.

Je jetai un dernier coup d'œil au camp, à ces affreux baraquements ceinturés de haies épineuses à travers lesquelles soufflait le vent glacé et sur lesquelles aucun oiseau ne venait se poser pour chanter.

J'attrapai, ma valise à la main, le dernier bus pour Pamiers et pris une chambre aux *Platanes*, un hôtel agréable et tranquille qui devait son nom aux arbres qui l'entouraient.

Je m'assis à une table à sept heures trente précises. La terrasse était aux trois quarts pleine de marchands et de riches fermiers qui discutaient affaires. Je commandai un vermouth sec, pensant que ma soirée se prolongerait tard et que je devrais garder mes capacités alcooliques pour plus tard, quand ce serait nécessaire. Le commandant était un peu en retard. Quand on gère un camp d'internement, tout peut arriver. J'attendis un moment puis commandai un second vermouth. L'une après l'autre, les tables se vidèrent. Bientôt il ne resta plus que moi à la terrasse. A neuf heures, je battis en retraite vers le restaurant et commandai ce qui restait encore sur la carte. Le commandant m'avait posé un lapin.

Ces quatre pauvres têtes rasées de près, livrées au gré du hasard, roulèrent et roulèrent toute la nuit, hantant mon sommeil. Qu'avais-je fait de mal ? Je n'avais pas été assez vamp ! J'avais manqué de finesse ! Ce salaud de fasciste m'avait vue venir avec mes gros sabots. A l'heure qu'il était, il était probablement en train de télégraphier les noms de Boegler, Lam, Pfeffer, et Tittle, à Wiesbaden et à Berlin !

Le lendemain matin, il me fallut bien me rendre à l'évidence : au lieu de rentrer sur Marseille, je devais retourner là-bas savoir ce qui s'était passé. Et faire une autre tentative. Faire encore des mines. Ma fierté féminine en avait pris un coup, mais supportable ; et puis, j'étais un brin soulagée. Toujours est-il que maintenant je devais tenter une nouvelle fois de faire sortir ces quatre hommes de ce camp.

Le directeur de l'hôtel me trouva un camion transportant du fromage de chèvre qui pouvait me conduire jusqu'à Foix. Le camionneur me déposa devant le *Café du Commerce*.

La grande salle du bâtiment administratif était en effervescence. Le commandant donnait des ordres à ses subalternes en termes on ne peut plus clairs. Dès qu'il me vit, il m'emmena dans son bureau. Il ne me pria pas de m'asseoir. Nous restâmes debout face à face.

– Eh bien, commandant, commençai-je avec une pointe de regret mêlée de reproche dans la voix, et notre petit rendez-vous ?

– Mademoiselle, je peux vous jurer que j'aurais mille fois préféré dîner avec vous.

– Ah vraiment ?

– Hier soir, j'ai dîné avec la Gestapo.

– Oh, mon Dieu !

– Je peux vous assurer que j'aurais mille fois préféré être en votre compagnie, répéta-t-il d'un ton furieux. Pour ça, oui !

– Je veux bien vous croire, bégayai-je, en totale sympathie – puis je me rappelai ma mission : Euh... et en ce qui concerne mes amis ?

– Vos amis seront libérés pour se rendre à Marseille sous escorte.

– C'est sûr ? Vous me le promettez ?

– Ma parole d'honneur d'officier français.

– Vraiment, pour de bon ? Alors je peux retourner à Marseille ?

– Un train part pour Toulouse dans une demi-heure – il jeta un coup d'œil à sa montre. Dès demain, vos amis seront à Marseille.

– Oh, merci, bredouillai-je, comprenant que cette fois, c'était une promesse sans condition.

– Comment pourrai-je jamais vous remercier ? dis-je en lui tendant la main avant d'ajouter : Je suis vraiment désolée pour notre petit rendez-vous.

– C'est la vie ! me répondit-il avec un sourire un peu froid.

Puis son regard alla se poser sur l'écritoire. Je jetai un dernier regard au petit Empereur de bronze, lui tirai mentalement ma révérence, et me retirai.

XVI

Varian accueillit avec satisfaction le récit de mon succès auprès du commandant, mais le fait que les gestapistes de la commission Kundt visitaient les camps, sans aucun doute pour vérifier les noms, l'inquiéta sérieusement. Il avait entendu parler de ces activités ; à présent, cette rumeur était confirmée.

Octobre fut un mois sinistre. D'autres rumeurs s'étaient propagées quelques semaines auparavant, qui se trouvèrent vérifiées.

Le philosophe Walter Benjamin partit pour l'Espagne dans l'un des convois. Varian le considérait, pour sa finesse intellectuelle, comme l'un de ses clients les plus distingués. Il était apatride, ex-Allemand et juif. Comme tant d'autres, il gravit les sentiers de montagne et, comme Feuchtwanger quelques semaines auparavant, il présenta ses papiers aux autorités espagnoles de Port-Bou. Or l'Espagne n'acceptait plus ni les Juifs ni les gens sans passeport. Il retourna à Cerbère, du côté français, loua une chambre dans un hôtel et alla se coucher. On le découvrit le lendemain matin mort dans son lit, une fiole de poison vide sur sa table de nuit. La nouvelle arriva rue Grignan le lendemain.

Bohn, ayant décidé qu'il ne pourrait plus exercer efficacement ses activités puisque l'American Federation of Labor le rappelait à ses fonctions, quitta l'ERC. Lena Fishmann l'accompagna jusqu'à Cerbère, où les inondations la retinrent pendant plusieurs jours. A son retour, elle informa Fry que des agents de la Gestapo se trouvaient à la frontière. De plus, l'Espagne, avant d'accorder les visas de transit, exigeait que les noms des voyageurs fussent télégraphiés à Madrid. La réception à Madrid, avec tous les honneurs, du chef de la Gestapo Heinrich Himmler montrait à l'évidence que les deux États policiers collaboraient étroitement.

Désormais peu de gens prirent le risque de voyager sous leur vrai nom ; il devenait de plus en plus ardu de se procurer de faux papiers. Varian acheta des passeports danois par l'intermédiaire de quelque agent douteux. Les mois passant, de moins en moins de réfugiés partirent, sous les auspices du Comité ou de toute autre association.

Le 24 octobre, la France reçut un choc en apprenant que le maréchal Pétain avait rencontré Hitler à Montoire. Les photos des deux hommes échangeant une poignée de main parurent dans tous les journaux.

Le 3 octobre, le statut des Juifs avait été officiellement établi. Il ne différait guère de son modèle allemand. Tous les Juifs étrangers pouvaient être internés « administrativement », ce qui signifiait « arbitrairement ». Les lois n'étaient pas intégralement appliquées immédiatement, mais elles étaient là et, petit à petit, les Juifs furent démis de leurs charges dans la fonction publique et dans la presse. Léon Blum, lui-même en prison dans l'attente de passer en jugement pour trahison, écrivit une lettre à l'ambassadeur français en Allemagne, lequel était supposé protéger les intérêts des prisonniers de guerre. Blum lui faisait part de son inquiétude au sujet des soldats et des officiers juifs, qui avaient défendu leur pays de la même façon courageuse que leurs camarades et qui allaient être séparés d'eux puis envoyés dans des camps spéciaux pour la seule raison qu'ils comptaient plus d'un Juif parmi leurs ascendants.

En zone occupée, les Juifs étaient tenus de mentionner « Entreprise juive » sur la vitrine de leur commerce, quel qu'il fût. En zone libre, les commerçants non juifs étaient encouragés à afficher la mention « Entreprise française ». Nous vîmes ces pancartes honteuses pousser en une seule nuit comme des champignons, accompagnées pour la plupart d'un grand portrait du Maréchal ceint du drapeau tricolore. Animée par une colère sourde autant que par une forte curiosité, j'entrai dans plusieurs de ces boutiques, jouant l'innocente, pour demander ce qui se passait. On me répondait invariablement que, après tout, les Juifs n'étaient pas tout à fait français, pas plus qu'ils n'étaient chrétiens d'ailleurs. Bien sûr, m'assurait-on, en France on ne verrait jamais ce qui se passait en Allemagne.

Je renonçai bientôt à ce genre d'interview et n'essayai jamais de discuter. Tout cela m'écœurait : une telle mesquine bassesse était presque plus inquiétante que de plus grandes horreurs car, si les monstres sont des phénomènes rares, la lâcheté, elle, est universellement répandue.

Les Juifs n'étaient pas la seule cible. Tous les étrangers de l'Europe occupée, de seize à soixante-cinq ans, étaient susceptibles d'être internés dans les camps de travail forcé ; les responsables de la police avaient le droit de faire interner quiconque leur semblait dangereux pour l'État. Ces lois furent appliquées très rarement au début, puis sporadiquement. Mais, étant déjà promulguées, elles n'attendaient que le jour où leur entrée en vigueur serait généralisée. J'étais témoin de la naissance d'un État policier.

Mes protégés, Boegler, Pfeffer, Tittle et Lam arrivèrent à Marseille, comme le commandant me l'avait promis, et furent laissés en liberté pendant quelques jours. Ils devaient donner de l'argent à leurs gardes – argent fourni par le Comité – et leur dire d'aller s'amuser, contre la promesse de les retrouver au lieu et à l'heure du rendez-vous. Les gardes, soldats sous-payés et jouisseurs primitifs, se ruèrent sur les premiers bars et bordels qu'ils trouvèrent et arrivèrent en retard au rendez-vous fixé ; heureusement pour eux, leurs quatre prisonniers s'y trouvaient déjà, en train de les attendre. Boegler, Pfeffer, Tittle et Lam avaient fait ce qu'ils avaient à faire, vu le consul américain, reçu leurs visas, et pris contact avec leurs amis. Ce programme se répéta pendant plusieurs jours. Alors que j'étais assise à la terrasse d'un café du quai de Rive-Neuve, je les aperçus tous les quatre, accompagnés de leurs gardes. L'un d'eux me vit également et me fit signe. Ces quelques jours de liberté avaient fait merveille : ils paraissaient heureux, confiants et sereins. Nous échangeâmes quelques mots et nous moquâmes des gardes, qui étaient ivres morts. Cependant il valait mieux pour moi ne pas m'attarder ; je les laissai avec un grand sentiment de satisfaction, voyant que le plan auquel j'avais participé marchait à souhait.

Les hommes, comme leurs gardes, savaient que cette situation n'allait pas durer indéfiniment. Une nuit, trouvant refuge dans un bordel de la rue Dumarest, les quatre hommes rencontrèrent Varian et Hermant et organisèrent leur évasion.

Comme le chemin d'évasion par la terre était devenu difficile, Varian avait commencé à regarder du côté de la mer, rêvant à nouveau de fuite vers Gibraltar. Par l'intermédiaire d'Hermant, il avait rencontré des agents belges et gaullistes qui avaient déniché le capitaine d'un vieux yacht appelé *La Bouline*; pour une belle somme, l'homme ferait le voyage. Ils emmèneraient avec eux des agents belges et polonais. Il y avait de la place pour quatre autres personnes sur le bateau.

Les prostituées de la rue Dumarest furent complètement décontenancées par l'étrange comportement de ces six clients qui se tenaient si bien ; ils restaient groupés autour d'une table, absorbés dans une conversation apparemment passionnante – en allemand. Aucune caresse, aucune grâce ne semblaient les distraire. Si ce n'est que, brusquement, l'un des hommes se leva et, s'adressant en français à ses compagnons, déclara : « Je me sacrifie », puis monta avec l'une des filles. Personne dans la maison ne put trouver d'explication à ce curieux comportement et à ces non moins curieuses paroles, d'autant que la fille assura par la suite que le jeune homme, dans l'intimité, ne présentait aucune tendance masochiste.

Ce fut cette nuit-là, après que Varian et Hermant leur eurent exposé les dangers du voyage et la situation à la frontière espagnole, les quatre prisonniers du Vernet décidèrent de courir le risque et de tenter leur chance sur *La Bouline*.

La Bouline quitta le port tard dans la nuit et navigua jusqu'à Gibraltar. La seconde nuit, l'équipage essuya une terrible tempête, qui s'apaisa le lendemain matin. Tous, y compris le skipper, décidèrent de regagner le rivage, prétendant que le bateau ne tiendrait pas vingt-quatre heures de plus, malgré l'avis contraire de nos quatre réfugiés ; ils firent demi-tour vers Marseille et se firent intercepter par la gendarmerie maritime.

Quelques jours plus tard, à la gare d'Aix-en-Provence, Leon Ball, de retour d'une expédition vers la frontière, aperçut les quatre hommes lourdement enchaînés sous escorte. Il en fit immédiatement part à Fry, qui engagea aussitôt un avocat. Les prisonniers furent traduits devant une juridiction française trois mois plus tard et condamnés à une peine d'emprisonnement d'un mois pour avoir tenté de quitter le pays sans autorisation. Comme ils venaient de purger préventivement leur peine en prison, ils furent libérés en même temps qu'« administrativement internés » et renvoyés au Vernet.

Tous finirent par s'évader, mais plus tard. J'ignore les détails de cette dernière aventure : certes, cette histoire se termine de façon décevante, mais la vie n'est pas construite comme un roman. En effet, je rencontrai Wilhelm Pfeffer pendant l'été 1976 en Pennsylvanie lors d'un pique-nique organisé à la mémoire d'un ami commun. Et là, sur la pelouse onduleuse d'un cottage en bois blanc, une voix amie s'éleva derrière moi :

– Venez, Wilhelm Pfeffer, j'aimerais vous présenter Mary Jayne Gold.

Nous nous reconnûmes aussitôt et nous étreignîmes spontanément. Notre dernière rencontre, quai de Rive-Neuve, remontait à octobre 1940. Pfeffer appela sa femme, l'une des épouses que j'avais assuré au commandant très bien connaître. Pfeffer lui expliqua qui j'étais ; elle se confondit en remerciements, les larmes aux yeux, à tel point que je me sentis obligée de leur rappeler que lui et ses amis avaient dû retourner au Vernet et qu'ils s'en étaient finalement évadés sans mon intervention. Mais ils me répondirent que cela ne changeait rien, et nous demeurâmes là, gagnés par l'émotion à l'évocation de nos souvenirs. Ainsi, la réalité ne s'organise pas toujours comme nous le voudrions, mais cela a peut-être un sens.

En arrivant à Marseille, mon ami Danny Bénédite vint me voir. A priori, Fry se méfiait de tous les gens qui avaient travaillé pour la police, mais Miriam et Jean Gemähling finirent par le persuader que Danny serait une précieuse recrue pour le groupe. Les plus chaleureuses recommandations, cependant, vinrent de la part des réfugiés dont il avait renouvelé maintes fois les permis de séjour quand il travaillait pour les services de police à Paris. Mehring déclara que si Danny n'avait pas été aussi généreux et compréhensif il aurait quitté la France depuis longtemps pour ne pas avoir d'ennuis.

Danny, outre le fait qu'il était méticuleux et courageux, connaissait les ficelles. Il maîtrisait parfaitement le jargon officiel, qui devait avoir impressionné les nombreux ministres et les services auxquels Fry avait affaire. Il n'hésitait jamais à utiliser des moyens illégaux quand les moyens légaux faisaient défaut. Bien qu'il fût parfois d'un commerce difficile et enclin à une certaine intolérance, il avait de grandes compétences en matière d'administration et était à même de gérer une foule d'affaires simultanément. Après le départ d'Hermant, quelques mois plus tard, il devint le bras droit de Fry et remplaça le chef – ainsi appelait-il Varian – quand celui-ci s'absentait. Ils devinrent des amis à vie.

Theo arriva au cours de la journée. Elle avait l'air beaucoup plus en forme que lorsque je l'avais vue la dernière fois, à Toulouse, quand je lui avais rendu Peterkin. Elle était heureuse d'avoir retrouvé Danny depuis plus d'un mois, et venait travailler au bureau dès qu'elle trouvait quelqu'un pour s'occuper de son fils.

Jean Gemähling, lui, avait été recruté un peu plus tôt. Inconnu de nous à cette époque, Jean était déjà membre de l'un des premiers groupes de résistance avant la lettre. Quand Varian lui dit qu'il était en rapport avec l'Intelligence Service, Jean ne se sentit plus de bonheur et se mit à attaquer le travail sur tous les fronts.

C'est également vers cette époque que le Dr Marcel Verzeano rejoignit notre groupe. Il était recommandé par des amis dignes de confiance. Varian avait besoin d'un médecin fiable qui prît soin des réfugiés, dont certains étaient au bord de la dépression. Nombreux étaient ceux qui n'osaient pas donner leur nom ni montrer leur visage ou toute autre partie de leur personne dans le cabinet d'un médecin français. Nous appelions notre homme de l'art « M. Maurice », qui était son nom d'emprunt (son vrai nom était Marcel Verzeanu). Il venait de terminer ses études de médecine quand la guerre avait éclaté. Et maintenant, il se retrouvait membre de l'Emergency Rescue Committee où il devait se voir confier par la suite de nombreuses missions secrètes.

Le petit Gussie de Miriam devint bientôt le garçon de bureau – et le chien de garde du Comité. Quand Fry se mit à craindre l'intrusion de quelque maraudeur commandité, il acheta un lit de camp et y fit dormir le pauvre Gussie pour protéger les dossiers compromettants. Gussie, par mesure de protection et de sécurité contre l'éventuelle petite crapule fasciste qui aurait la mauvaise idée de vouloir lui trancher la gorge, doubla sa garde en la personne d'une charmante réfugiée espagnole dont il tomba amoureux. Il n'aurait pu trouver meilleure idée.

Chaminade, le fils du musicien Moritz Moszkowski, rejoignit le groupe. Il était catholique et conservateur, mais Mehring nous assura qu'il n'était pas fasciste. Il exécrait, comme tout membre du Comité qui se respectait, les méthodes brutales et réprouvait l'antisémitisme. Chaminade était un drôle d'oiseau : chauve, il avait de grandes oreilles décollées et des valises sous les yeux. Mais n'empêche ; il avait un solide aplomb, quoique un peu factice, et se présentait toujours en tant qu'ancien consul de France, avec un air souverain qui faisait habituellement défaut à notre petite bande de socialistes. Varian lui confia de délicates missions diplomatiques, et pour cause : il donnait toujours l'impression de revenir d'une audience réussie auprès du prince de Metternich. Mais Chaminade, malgré ces atouts indéniables, ne fut jamais admis dans le cercle des initiés. Plus le temps passait, plus Danny et Maurice éprouvaient des doutes à son endroit.

Chaque fois que le Comité préparait une action compromettante, afin d'échapper aux pressions et pour éviter d'être éventuellement soupçonné, Varian quittait la ville, suivant la procédure normale des parrains du milieu. Après le fiasco de *La Bouline*, il était parti pour Arles, un guide à la main, avait flâné sous les arches romanes et visité le cloître de Saint-Trophime, admirant le bestiaire médiéval sculpté sur les chapiteaux, contemplant les démons et les anges d'un autre temps. C'était un changement bienvenu après les rigueurs et les soucis du Secours américain.

Un certain lundi matin, revenu à l'*Hôtel Splendide*, il reçut un appel inquiet de sa secrétaire l'avertissant de ne pas se rendre au siège du Comité. Elle courut à l'hôtel lui expliquer que la police était arrivée aux premières heures de la matinée pour fouiller le bureau. Mais, s'ils avaient des mandats de perquisition pour le bureau et pour l'hôtel, ils n'étaient toutefois pas autorisés à perquisitionner en dehors de sa présence. En attendant, ils étaient allés à l'Hicem et au Joint Distribution Committee, les deux organisations juives. Elle ajouta, troublée, qu'ils cherchaient les faux passeports.

Varian la remercia et brûla la petite carte de la route entre Cerbère et la frontière espagnole que lui avaient donnée les jeunes gens du Neu Beginnen les premiers jours de son arrivée à Marseille et qui était restée cachée derrière le miroir de sa salle de bains depuis près de trois mois. Il la connaissait par cœur, à présent. Cela fait, il téléphona au Comité pour s'assurer qu'Hermant avait eu le temps de se débarrasser des papiers compromettants.

Varian appela ensuite Chaminade. Ils se rendirent à l'évêché, belle bâtisse datant du bas Moyen Age qui, autrefois palais épiscopal, était à présent le quartier général de la police. Chaminade, comme d'habitude, se présenta en qualité d'ancien consul de France et Varian Fry comme un ami de la France qui, au temps de la plus grande détresse de celle-ci, était venu, de cette autre république qu'étaient les États-Unis, l'aider en toute fraternité. M. Fry ne demandait qu'à accéder au désir de ces messieurs : plus précisément, il consentait à être présent à la fouille de son bureau, mais pourraient-ils avoir l'extrême amabilité d'être rapides, car M. Fry recevait justement cet après-midi-là – pieux mensonge – Son Excellence l'évêque de Marseille ?

Le superbe numéro de Chaminade impressionna-t-il la police ? Le fonctionnaire de service fut-il touché par l'envoyé de la république-sœur ? Je l'ignore. Toujours est-il que la police pratiqua une fouille aussi superficielle dans la chambre que dans le bureau. Après leur départ, Fry, en ouvrant la porte du petit poêle de la salle d'attente, découvrit une demi-douzaine de faux passeports. Personne ne sut comment ils étaient arrivés là, du moins personne ne l'avoua. Était-ce un coup monté ? Après quoi, Charlie Fawcett, notre garde, et Justus Rosenberg, notre homme à tout faire et gardien de nuit, reçurent des ordres stricts de vérifier tous les soirs les pièces du bureau et de brûler tous les papiers compromettants.

A cette époque, la légion des Anciens Combattants, organisation patriotique qui soutenait la Révolution nationale, commençait à défiler dans les rues en scandant « Vive la France ! » et « La France aux Français ! » Cette cohorte m'a toujours paru composée d'une bande de réactionnaires entre deux âges qui voulaient avoir l'air durs, résolus et dangereux, mais ne parvenaient qu'à paraître méchants, malveillants et revêches. Ils portaient tous des bérets basques enfoncés sur leurs sourcils. Ils faisaient partie de la propagande xénophobe et antisémite émanant de Vichy, qui mettait les réfugiés dans une situation encore plus inconfortable.

Somme toute, les choses se gâtaient. Les rafles s'intensifiaient. Elles se déroulaient ainsi : une ou deux voitures cellulaires arrivaient en trombe et s'arrêtaient brusquement devant un café fréquenté par des étrangers. Les flics sautaient du panier à salade et ramassaient tous les hommes assis au café ou marchant dans la rue qui avaient un air « suspect ». Ils cherchaient les Juifs ou les étrangers qui n'avaient pas leurs papiers en règle.

Lors de tels incidents, les nouvelles parvenaient au Comité le temps qu'il fallait à un homme pour courir depuis le théâtre des événements jusqu'à la rue Grignan. Il montait invariablement les escaliers quatre à quatre et criait : « Une rafle boulevard Dugommier !... sur la Canebière ! » ou ailleurs. Tôt ou tard un message parvenait d'une prison jusqu'au Comité, un appel au secours. Un ou plusieurs des clients se faisaient prendre dans les mailles du filet soigneusement tissé de la bureaucratie et étaient ensuite jetés dans les camps d'internement d'Argelès, des Milles, ou du Vernet. Le Comité interviendrait, chaque fois que c'était possible, au moyen d'innombrables coups de téléphone, de lettres et de visites aux avocats pour obtenir la libération des malheureux réfugiés et leur retour dans les rues de Marseille.

L'esprit de sacrifice qui devait prévaloir sur l'esprit de plaisir et de complaisance envers soi-même, selon les propagandistes de la Révolution nationale, prenait maintenant une forme tangible. La nourriture et le fioul furent strictement mesurés. Dans notre quartier, le bureau de tabac qui distribuait les carnets de rationnement se trouvait juste en face du siège de l'ERC. Nous faisions la queue comme le reste de la population. Les rations étaient dangereusement maigres :

Par mois :
1 livre de sucre (grosse exagération)
1/2 livre de pâtes
170 grammes de riz
Par semaine :
300 g de viande
125 g de matières grasses
100 g de fromage
Par jour :
1/2 livre de pain

Les rations étaient imprimées sur des feuilles de papier bon marché divisées en petits carrés à découper. Dans chaque carré était inscrit un chiffre indiquant le nombre de grammes des différentes denrées. Dans les restaurants, les menus présentaient désormais deux colonnes de chiffres, la première et la plus importante, pour le nombre de grammes contenu dans chaque plat, se trouvant à gauche. Les serveurs étaient désormais équipés non seulement de leur bloc et de leur crayon, mais d'une paire de ciseaux pour détacher les petits coupons ; ceux-ci étaient ensuite laborieusement collés sur une grande feuille de papier, laquelle était remise aux autorités pour la prochaine attribution. La France entière était furieuse, chacun sachant fort bien où allait la nourriture.

Pour compléter notre pauvre alimentation, nous allions tous les après-midi à la pâtisserie voisine de la rue Saint-Ferréol, *La Marquise*. Tout le petit groupe de la rue Grignan venait y échouer, à un moment ou à un autre ; Maurice en général arrivait le premier et nous accueillait les bras ouverts, un chou à la crème dans une main. L'établissement n'avait jamais fait de si bonnes affaires.

Un jour, vers la fin du mois, comme je plantai avec délice mes dents dans un millefeuille bien crémeux, anticipant sa merveilleuse douceur, un arrière-goût atroce gâta considérablement mon plaisir : celui de la saccharine !

Nous n'en continuâmes pas moins à fréquenter la pâtisserie de Madame. Les gâteaux à la saccharine, c'était tout de même mieux que rien du tout. Mais un jour, une grande pancarte apparut dans la vitrine : « Fermé. » Sans explication. Il n'en était pas besoin. Les étagères et les vitrines étaient vides. Le jour suivant, le rideau de sécurité à mailles métalliques était descendu, et le demeura pour le restant de mon séjour à Marseille. Peu après, c'est le chocolatier du coin qui ferma. Je pense que les gâteaux qui partirent les derniers furent ces délicieuses petites douceurs en forme de losange fourrées à la pâte d'amandes appelées calissons d'Aix, qui furent la spécialité de cette ancienne capitale romaine pendant des siècles. Au début du mois de novembre, elles aussi avaient disparu.

Le Dr Charles Joy, de l'Unitarian Service Committee, arriva de Lisbonne avec des nouvelles encore plus catastrophiques. Les Unitariens avaient un bureau à Marseille, où ils accomplissaient aussi un travail de secours aux réfugiés; il s'avéra qu'ils se trouvaient eux-mêmes dans un danger plus grand que les réfugiés auxquels ils venaient en aide. A Lisbonne, ils s'étaient occupés de nos cas. Le Dr Joy annonça devant tout notre groupe que nous devions arrêter notre travail illégal; ceux qui étaient engagés dans ces activités avalèrent leur salive de travers, tandis que ceux qui étaient censés ne pas connaître l'existence de ces activités continuèrent à travailler sans ciller. En tant que pasteur unitarien, Joy en effet ne pouvait se douter de l'existence de ce système de cloisonnement adopté par tous les groupes clandestins, en vertu duquel personne ne devait être au courant de ce que les autres faisaient, hormis quand c'était nécessaire. Il ne tarda pas à l'apprendre.

Il apporta également un message de Darling, un agent de l'Intelligence Service à Lisbonne, nous annonçant que, pour le moment, il ne fallait pas envoyer de soldats anglais en Espagne, étant donné que Sir Samuel Hoare, l'ambassadeur, n'avait pu négocier un accord satisfaisant au cas où ils y seraient appréhendés. C'étaient de très mauvaises nouvelles. Varian, à ce moment-là, était en contact avec Graham, Lloyd et Fitch, agents de l'Intelligence britannique, qui avaient soixante hommes sur les bras. Un certain colonel Randolfo Pacciardi, chef exilé des républicains italiens, voulait également faire partir un certain nombre d'hommes. En ces circonstances, tous tournaient des regards d'espoir vers la mer.

Sur ces entrefaites, Leon Ball leur assura qu'un autre bateau serait la solution à leurs problèmes. Il avait loué un grand chalutier qui appartenait à des gangsters. Le bateau avait un moteur auxiliaire et il était assez gros pour contenir les soixante Anglais, les quinze Italiens, et une douzaine d'hommes du Comité dont Walter Mehring, Klaus Dohrn (ami des Werfel et représentant du parti royaliste autrichien) et les Georg Bernhard. Dans son ensemble, l'opération ne coûterait que trois mille dollars au tarif du change au noir. C'était trop beau pour être vrai ; de fait, Fry et Hermant, après l'aventure fatale de *La Bouline*, gardèrent des réserves sur le projet pendant un certain temps. Mais Ball, lui, insistait beaucoup, et Pacciardi avait confiance dans l'entreprise : l'avis de Pacciardi, qui avait commandé la brigade Garibaldi et avait mis en déroute les fascistes mussoliniens dans la fameuse bataille de Guadalajara pendant la guerre civile espagnole, devait être pris en considération. Fry finit donc par accepter. Le bateau, amarré dans l'un des derniers bassins à l'ouest de la ville, devait traverser tous les autres ports et arriver à dix heures à l'anse des Catalans, sous l'anse du Pharo qui se situe en face du fort Saint-Jean.

Walter Mehring nous offre une description vivante du départ prévu dans son recueil de poèmes *Odyssée de minuit* : rampant jusqu'à l'embarcadère, poussé par sa rage de liberté et fouetté par le vent, il se heurta à un autre fugitif aussi angoissé que lui, qui rampait vers le même bateau. Puis, comme plongé dans un cauchemar, il se mit à entendre les vagues lécher le bord du quai comme des langues, en avant-goût du festin de chair humaine qu'elles se préparaient à engloutir.

Enfin tous les hommes se retrouvèrent, les réfugiés comme les soldats anglais, dans la petite crique proche du phare. L'horloge sonna minuit. Deux heures de retard !

La fin de l'histoire, c'est que nul capitaine, nul chalutier n'apparut. Le capitaine avait empoché l'argent et s'était évanoui dans la nature. Quarante ans plus tard, cette histoire paraît cocasse, mais cette nuit-là les malheureux fugitifs sentirent passer sur eux le frisson de la mort.

Ce fut un choc terrible pour Ball ; il entra chancelant, dans le bureau, bafouillant des explications. Désespéré, il offrit même de vendre son élevage de porcs pour rembourser le Centre. Puis un jour, il disparut. Nous n'entendîmes plus jamais parler de lui.

Ce week-end-là, Fry s'évada vers la tranquillité de Nîmes, emportant avec lui deux livres, *Les Oiseaux de Provence* et l'*Art d'aimer* d'Ovide, afin de calmer ses nerfs éprouvés.

A ma connaissance, le Centre n'essaya plus jamais d'acheter ni de louer des bateaux. Certes, des hommes passaient parfois clandestinement sur des navires réguliers ou des cargos à destination de l'Afrique du Nord ou d'ailleurs, mais c'était autre chose : le beau rêve du bateau pour Gibraltar s'était définitivement évanoui avec le capitaine.

A la fin du mois, l'Italie lança une attaque-surprise contre la Grèce. Le pays était sous-armé et mal préparé. Les premiers jours, les Italiens avancèrent. Mais les Grecs ne tardèrent pas à se ressaisir ; ils finirent pas faire reculer les Italiens, se battant avec tout ce qui leur tombait sous la main. Il fut relaté que des marques de dents avaient été trouvées sur les cous des prisonniers italiens, ce qui amusa les Français qui étaient au courant. Rue Grignan, nous nous indignâmes – tiens ! la Convention de Genève n'avait pas pris en compte ces méthodes et ces armes ! – et laissâmes éclater notre joie.

Les slogans fleurirent sur les murs de Marseille : « Les macaronis sont cuits ! » On nous rapporta qu'à la frontière franco-italienne, près de Menton, était apparu l'avertissement : « Gare, armée italienne, voici la France ! » Je vis de nombreux slogans « Vive la Grèce », griffonnés sur tous les murs de la ville, et de temps à autre un « Vive la graisse », attendu que c'étaient les matières grasses qui manquaient le plus à notre alimentation.

Ces victoires militaires temporaires – les premières victoires des armées alliées depuis longtemps – furent les seuls faits lumineux de ce mois de tensions croissantes et d'échecs à répétition.

XVII

Le temps devenant plus froid et la nourriture plus rare, la vie quotidienne se réduisit à une routine assez morose. Après un maigre repas, nous courions dans les rues battues par le vent ou par la pluie vers nos pensions ou nos hôtels mal chauffés. Les agréables soirées dans les cafés et les restaurants, c'était du passé. Les Bénédite avaient emménagé en ville et vivaient dans une pension ; ils avaient laissé Peterkin avec Éva à Juan-les-Pins, en attendant de trouver un logement fixe où l'enfant pourrait les rejoindre. Il était évident qu'ils allaient travailler encore un certain temps pour le Comité. Quant à moi, j'étais lasse de retrouver tous les soirs ma sombre et solitaire petite chambre du *Continental* et redoutais l'idée de passer un hiver froid et humide si près du port.

Après en avoir discuté avec Theo et Danny Bénédite, nous décidâmes de chercher une maison à une distance raisonnable du bureau, mais assez loin cependant pour qu'une fois chez nous, nous nous y sentions l'esprit serein, libéré des tensions et des contraintes de l'ERC ; un lieu, aussi et avant tout, où Peterkin pourrait nous rejoindre. Miriam, quant à elle, serait contente de quitter son quartier excentré et son hôtel inconfortable, mais elle nous rappela que d'ici à quelques semaines, elle s'envolerait pour la Yougoslavie afin d'y épouser son Rudolph ; elle l'enlèverait à la tutelle de l'Axe avant de l'emmener d'autorité à Ljubljana.

Un matin à la première heure, Miriam et moi-même, en compagnie de Jean Gemähling, partîmes à la recherche de notre future habitation. Le lieu idéal pour nous se situait sur le trajet du tram Marseille-Aubagne, ligne principale qui partait de la gare de Noailles, à deux pas de la Canebière, et traversait la banlieue jusqu'à une vallée verdoyante à l'est de la ville, où les arrêts étaient fréquents.

Comme nous dépassions la banlieue marseillaise, j'aperçus, à l'approche d'une station, une enseigne portant l'inscription *La Pomme*, accrochée à la façade d'une maisonnette en bois. Était-ce mon goût pour ces fruits qui me fit sentir que c'était là qu'il fallait descendre ? Je fis signe aux autres. A peine dehors, je sentis une odeur de feuilles brûlées qui me fit prendre conscience que nous étions à la campagne, par une fraîche journée d'automne. Tandis que le grondement métallique du tram s'éloignait, nous entendîmes un chien aboyer, un coq chanter. Nous n'étions qu'à cinq ou six kilomètres de la Canebière et n'étions pas restés plus de trois quarts d'heure dans le tram.

Sur le faîte d'un remblai, la ligne de chemin de fer Toulon-Marseille courait parallèlement aux voies du tramway ; nous marchâmes dans cette direction, longeant le talus d'un pas alerte, heureux d'être en vie et sous le soleil, de fouler l'herbe verte, de savourer les odeurs et d'entendre les bruits champêtres auxquels nous n'étions plus habitués.

Quelques minutes plus tard, nous arrivions devant un passage souterrain qui traversait le remblai. De l'autre côté s'offrait à notre vue une large allée bordée de platanes et de haies de buis échelonnées tout au long. A nos pieds, un panneau, planté dans le sol, indiquait : « Propriété privée, défense d'entrer. » D'un commun et tacite accord, nous nous engageâmes sous l'arche. Deux imposants piliers de brique rouge surmontés de chapiteaux de pierre blanche ornaient le début de l'allée, laquelle s'allongeait sur une courte distance, puis montait en pente douce sur une centaine de mètres ; là elle bifurquait sur la gauche puis disparaissait.

Nous hésitâmes. Miriam, pour une fois silencieuse, regardait fixement ces étranges piliers rouges :

– Regardez, s'écria-t-elle soudain – elle nous désigna du doigt les lettres V-i-l-l-a A-i-r B-e-l gravées sur les chapiteaux. Le nom de mon hôtel à l'envers ! Allons-y !

Nous nous engageâmes dans l'allée, jetant de prudents regards alentour. Quelque chose bougea à notre gauche, derrière la rangée d'arbres. Sur la terre sombre était accroupie une petite masse sombre, immobile, d'où jaillit une voix hostile et tremblotante :

– C'est une propriété privée ! Vous n'avez donc pas vu la pancarte ?

– Je vous demande pardon, monsieur, articula Jean en avançant de quelques pas, mais nous cherchons une maison à louer.

– Il n'y a rien à louer par ici, rétorqua l'homme.

– Nous nous demandions justement si cet endroit l'était, insista Jean, comme s'il n'avait pas entendu la réponse.

– Cette maison n'est pas à louer, répéta le vieil homme.

Il s'était relevé et se tenait là, debout, aussi vieux et rabougri que ses oliviers.

– Nous sommes américains, déclara Miriam de sa petite voix aiguë, et nous pensions que peut-être…

– Américains, avez-vous dit ?

Le petit homme se redressa d'un bon centimètre.

– Oui, confirmai-je. Nous nous demandions si vous connaissiez le propriétaire.

– Américains, américains ?… Attendez une minute, s'il vous plaît, nous pria-t-il en clopinant vers nous.

– Pourriez-vous nous donner le nom du propriétaire ? lui demandai-je poliment.

– Écoutez mesdames, une petite minute – se retrouvant sur la défensive, il se redressa de toute sa petite taille : Vous, mesdames, vous arrivez de la ville toutes pomponnées, tandis que moi, vous comprenez, je travaille dans mon jardin… Je ne suis pas très présentable à l'heure qu'il est – il brossa les petites mottes de terre accrochées à son pantalon. Je vais…

– Mais je comprends qu'on aime la terre, monsieur ! l'interrompit Miriam.

– Docteur, se hâta-t-il de corriger. Docteur Thumin.

– Oh, pardon, docteur.

– Je vous en prie, madame.

Cela dit, nous nous présentâmes. Il était d'accord, il pourrait nous louer la maison si toutefois sa sœur y consentait. Sur ces entrefaites, nous ayant fait confirmer que nous étions bien américains, il ajouta astucieusement que le prix serait assez élevé et, après nous avoir priés de remonter l'allée, s'en fut chercher les clés.

L'allée ombragée montait en pente douce jusqu'à un portail, à travers lequel nous aperçûmes une terrasse plantée de trois énormes platanes. Les feuilles mordorées, fraîchement tombées, jonchaient le sol en gravier. Face à nous, visible entre les feuilles des arbres, une grande bâtisse aux flancs tapissés de lierre dressait ses trois étages sous un toit de tuiles rouges de pente peu marquée.

Le Dr Thumin arriva un brin essoufflé, succombant sous le poids d'un énorme trousseau de clés dont l'anneau mesurait bien quinze centimètres de diamètre. Il nous fit passer par une porte peinte en vert puis, après nous avoir demandé d'attendre sur la terrasse, il disparut.

Devant nos yeux se déployait en ondulations douces, comme un bas-relief, un paysage classique de terrasses en gradins, jusqu'à l'infime éblouissement de la mer dans le lointain. A nos pieds, deux escaliers de pierre, de chaque côté de la terrasse, descendaient dans ce qui autrefois avait dû être un jardin à la française, disposé autour d'un bassin ovale, à présent rempli d'une eau verdâtre et stagnante. Plus de poissons, plus de lignes nettes, plus de plates-bandes tirées au cordeau, plus de fleurs : les mauvaises herbes se répandaient partout et les haies n'avaient pas été taillées depuis des décennies.

Un bruit grinçant nous fit tourner la tête. Le Dr Thumin était en train d'ouvrir, sur la façade de la maison, l'un des trois solides volets à deux battants. Quand il les eut tous attachés à leurs loqueteaux, il nous ouvrit la porte d'entrée de la maison et nous annonça théâtralement : « Voilà ! Entrez. »

Nous pénétrâmes dans un grand salon rectangulaire, dallé d'un pavage en damier noir et blanc. Contre le mur de gauche, une grande cheminée, datant du milieu du XIXe siècle, offrait aux regards ses arabesques. Son fronton arrondi était orné de moulures en cuivre, et son manteau soutenait un grand miroir à dorures que l'usure des ans avait piqué. Une horloge ronde, dont les ornements de cuivre offraient un contraste resplendissant avec l'aspect terne du miroir, et dont les aiguilles marquaient en permanence midi moins le quart, surmontait la cheminée.

La salle à manger était meublée d'un buffet en bois sombre sculpté, d'une table et de chaises du XVIIe siècle de style espagnol. Du carton marron gaufré, façon cuir de Cordoue, tapissait les murs. Et la lumière du soleil, qui traversait la pièce dans toute sa longueur sans éclairer la quincaillerie doublée d'or ou de cuivre qui en décorait chaque coin, révélait les déchirures de la tapisserie et les accrocs dans les fauteuils en vrai cuir. Il n'en demeurait pas moins que de cette pièce émanait une impression d'opulence et de sérénité.

L'immense cuisine à l'ancienne possède un poêle à bois, long de six mètres, et un évier en pierre ; un assortiment inégalé d'ustensiles de cuisine et d'objets en porcelaine garnit les placards et les étagères. Contre toute attente, l'une des portes donne sur l'unique salle de bains de la maison, plus exactement sur la seule pièce contenant une baignoire. Nous admirons les ravissants robinets à col de cygne en bronze doré qui se courbent gracieusement entre les lignes sobres de la baignoire en zinc, tandis que, tout fier, le Dr Thumin nous montre que l'on peut régler à volonté les robinets pour le passage de l'eau courante :

– C'est un cadeau que ma grand-mère a reçu pour son mariage, nous confie-t-il.

Au premier étage, de nombreuses chambres donnent sur un petit couloir, toutes équipées d'un lit double en acajou, d'une grande armoire, d'un coffre et, dans un coin, derrière un paravent, d'une petite coiffeuse à tablette en marbre, avec une cuvette en porcelaine blanche et une cruche à eau. Comme au collège Gazzolo de mon adolescence italienne, le couloir du second étage, où se trouvent d'autres chambres, débouche sur une grande pièce centrale, qui sert dans le cas présent de bibliothèque. La plupart des chambres du second étage possèdent des cheminées. Les pièces du troisième étage, plus petites, sont moins richement meublées, mais n'en sont pas moins confortables. La maison compte dix-huit pièces.

C'est peu dire que la villa Air-Bel est faite pour accueillir une très nombreuse famille ; elle est trois fois plus grande que nécessaire. Je me faisais cette réflexion lorsque, le tour du propriétaire terminé, nous revînmes sur la terrasse. Je jetai un coup d'œil au niveau inférieur, essayant d'imaginer ce que fut un jour le jardin du Dr Thumin du temps de sa splendeur. Puis, comme mon regard s'élevait pour admirer la délicate perspective des collines vertes émaillées de toits roses, j'entendis Miriam murmurer à l'oreille de Jean :

– C'est du Claude Lorrain, mon cher.

Au même moment, ma voix s'éleva :

– Combien pensez-vous louer votre villa, docteur Thumin ?

Le prix était ridicule. Nous prîmes rendez-vous pour le dimanche suivant :

– Nous viendrons avec quelques amis, ajoutai-je.

Les événements s'enchaînèrent, ce matin-là, de façon si peu logique et tellement imprévisible – quoique devant nous mener à signer un bail de trois mois – que je n'ai pas encore compris comment arriva tout ce qui suit.

Miriam et Jean se réjouissaient à la perspective de vivre dans la villa. Quant à moi, j'ai toujours aimé les grandes maisons. Nous n'aurions qu'à fermer le dernier étage.

Un peu plus tard, à Marseille, Miriam me confia que Varian était soumis à d'excessives sollicitations et qu'il serait bon pour lui de ne pas être constamment accessible aux réfugiés et à leurs appels téléphoniques désespérés, ne serait-ce que durant le week-end. Elle lui avait fait un rapport détaillé sur Air-Bel et il était impatient de voir la maison. Je me montrai d'entrée de jeu peu enthousiaste, étant donné que je le connaissais mal, puis acceptai quelques jours plus tard qu'il fût des nôtres.

Varian apprécia tous les aspects de la visite des dix-huit pièces du Dr Thumin, depuis l'excentrique vieillard en personne jusqu'aux ignobles croûtes qui décoraient les murs. A l'étage, dans la bibliothèque, il étudia les motifs mythologiques du papier peint du début du XIXe, véritables fresques sur les murs. Il nous montra Athènes et les Muses, le rapt de Proserpine, Pluton amoureux. C'était la première fois, à ma connaissance, qu'il utilisait sa culture classique au cours de son année passée à Marseille.

Il était dans l'une de ses humeurs folâtres, se précipitant dans toutes les chambres, en appréciant tous les angles de vue, jusqu'au petit cabinet attenant qu'il ouvrait invariablement pour tomber sur l'inévitable et prosaïque pot de chambre. Pauvre Varian ! Je l'avais vu travailler si durement, traiter avec la vie des hommes ; et là il était comme un écolier en vacances, des vacances dont il avait assurément bien besoin. Bien sûr, il serait le bienvenu à la villa Air-Bel. Nous décidâmes que ce serait la maison de campagne idéale pour nous tous : Miriam, les Bénédite, Varian, Jean, Maurice, moi-même et éventuellement d'autres. Nous saluâmes cordialement le Dr Thumin et convînmes d'un rendez-vous pour signer le bail dans son bureau de Marseille en début de semaine – bail qui fut signé au nom de Theo, parce qu'elle était de nationalité française. La seule personne qui ne voulut pas entendre parler de la villa Air-Bel fut Hermant : il pensait que Fry devait rester accessible aux réfugiés. Il demeura donc à Marseille. Tous les autres furent enchantés de notre maison Second Empire, dont l'unique concession aux temps modernes était la lumière électrique – amenée par des fils visibles courant le long des plinthes et des chambranles – et qui possédait, pour couronner le tout, trois toilettes avec chasse d'eau, une à chaque étage.

Dès que la décision fut prise de louer la maison, Miriam s'approcha de moi et me chuchota qu'elle savait qu'André Breton, sa femme Jacqueline, et leur fille Aube, cinq ans, ainsi que Victor Serge et son amie, cherchaient un endroit où habiter pour ne pas être inquiétés par la police ; écrivain révolutionnaire trotskiste, Serge avait été membre du Komintern et était un « ancien » des camps staliniens. Danny, par l'intermédiaire duquel Miriam et moi-même rencontrâmes les deux célébrités, et moi tombâmes d'accord sur tous les points. Ils seraient les bienvenus.

Theo trouva une cuisinière, Mme Nouget, qui à son tour trouva une femme de ménage slovène prénommée Rose. Maria, jeune réfugiée espagnole d'une quinzaine d'années, s'occuperait de Peterkin.

Nous emménageâmes presque immédiatement : Varian, Miriam, les Bénédite, Jean Gemähling, M. Maurice, Gussie, et moi-même. Les Breton et Victor arrivèrent quelques jours plus tard, en même temps que mon vieux compagnon de voyage Peterkin, alias Pierrot, pour lequel, à l'origine, cette maison avait été louée.

Dans les cahiers du surréalisme, il est fait allusion à la villa Air-Bel en tant que foyer d'artistes et d'intellectuels, mis en place par le Secours américain. La véritable histoire est cependant celle que je viens de relater, ou comment la villa Air-Bel arriva dans nos vies ; ce fut d'abord la recherche d'une maison en dehors de la ville pour les Bénédite, leur petit garçon et moi-même. Le reste de l'équipe, André Breton puis Serge, nous rejoignirent. Les surréalistes qui se trouvaient dans la région se réunirent bientôt autour de Breton, lors d'après-midi et de soirées de conversations et de jeux auxquels nous fûmes tous conviés à assister. Aucun autre surréaliste n'habita réellement la villa, à l'exception de Benjamin Péret et de Max Ernst qui arrivèrent un peu plus tard et restèrent peu de temps.

Il se trouve qu'assez étrangement, nous ne fîmes jamais référence à la maison comme à la « villa Air-Bel », ou à « la villa » tout court, mais que nous l'appelâmes « le Château », ce qui était une grosse exagération et était de toute façon malvenu dans la bouche des gauchistes que nous étions.

XVIII

Les nouveaux occupants de la villa Air-Bel, venus d'horizons variés, se trouvèrent rapidement unis dans un sentiment de solidarité face à l'ennemi commun. Victor Serge baptisa la maison « villa Espère-Visa », étant donné que la spécialité du Secours américain était d'obtenir les visas tant attendus. Il fit également remarquer qu'il était bon de compter parmi ses amis un membre de la faction Espère-Visa et de l'avoir sous la main, de surcroît; en tant qu'ancien membre du Komintern, il ne pouvait s'empêcher d'interpréter le monde en termes d'intrigues et de luttes d'influence, ce qui ne l'empêchait pas, quand il devait s'occuper de ses propres problèmes d'immigration, de prendre le trolley comme tout le monde pour se rendre au siège du Comité.

Il me confia qu'« une personne qui lui était très chère » allait bientôt le rejoindre. En effet, quelques jours plus tard, une jeune femme de trente ans, d'allure juvénile, prénommée Laurette et ressemblant à une madone de Luini, arriva à la villa.

Sitôt installés, nous remîmes tous nos cartes de rationnement à Mme Nouget, notre gouvernante, qui fit de son mieux pour nous fournir en maigres provisions, hélas de médiocre qualité.

Si la nourriture était rare et insipide, il n'en allait pas de même de la conversation. Tous les soirs, d'abord dans la salle à manger aux murs tapissés de faux cuir de Cordoue, ensuite dans le salon, notre petit groupe d'experts passait en revue les événements de la journée. C'est ainsi que j'appris à lire entre les lignes ce que publiaient les prudents journaux suisses ou la presse contrôlée par Vichy. Nous captions toutes les informations possibles à travers les ondes brouillées de la BBC, informations que Danny, doué d'une mémoire sans défaillance, complétait en nous donnant des renseignements détaillés sur les activités des représentants de chaque pays. Jean Gemähling et moi-même suivions les nouvelles de la guerre aérienne, ainsi que les mouvements des troupes britanniques dans la région de l'Égypte et de la Libye. Le regard de Victor Serge prenait une expression d'ironie mêlée de dégoût lorsqu'il entendait les peu courageuses déclarations de Vichy; il considérait cette tragicomédie comme symptomatique du monde bourgeois agonisant, tandis qu'André Breton, hochant lentement sa belle tête, la qualifiait de « crétinisante ».

Au cours de certains repas généreusement arrosés, nous entonnions en chœur de vieilles chansons de corps de garde, que M. Maurice, notre homme de l'art récemment passé à la clandestinité, conduisait de sa belle voix de ténor. Je l'entends encore claironner, par-delà les ans : « Le bon vin m'endort, l'amour me réveille ». Quant au refrain de notre chanson favorite, « Et merde pour le roi d'Angleterre, Qui nous a déclaré la guerre », je le corrigeais toujours haut et fort, couacs à l'appui, en : « Et vive le roi d'Angleterre, Qui ne nous a pas déclaré la guerre ! », par égard pour ceux qui menaient notre guerre en solitaires. Telle était ma petite contribution personnelle à ce pot-pourri idéologique.

Nous jouions également à un jeu appelé « Meurtre », qui apportait un apaisement merveilleux à nos esprits inquiets. Le jeu se déroulait comme suit : l' « assassin » se voyait attribuer une feuille de papier sur laquelle était écrit le nom de la « victime ». Les lumières s'éteignaient; nous avancions alors dans la pénombre. Si l'un de nous sentait une petite tape sur son épaule, il devait s'effondrer sur le sol en poussant un cri et faire le mort; les lumières de la maison se rallumaient alors, et tout le monde devait s'immobiliser à l'endroit et dans la position où on l'avait surpris. Je me souviens d'André Breton, brillant dans le rôle du sévère procureur de la République, lors de l'interrogatoire qui s'ensuivait. Il va sans dire que nous nous abstenions de jouer la scène d'exécution.

Après ces soirées de discussions et de joyeux ébats, peu importait que le parfum de l'ail eût imprégné le pudding à la polenta, édulcoré à la saccharine, de Mme Nouget, et que nous fussions allés nous coucher l'estomac creux.

Malheureusement, Miriam ne passa que quelques nuits au Château. Elle partit pour la Yougoslavie rejoindre son fiancé Rudolph, afin de l'épouser et de l'aider à fuir. De bon matin, le jour de son départ, elle descendit de sa chambre et prit place à la table de la salle à manger, visage pâle, traits tirés, buvant son ersatz de café à grandes gorgées, comme pour refouler ses sanglots. Jean et moi étions assis à côté d'elle, mal à l'aise et ne sachant quels mots trouver pour la réconforter.

Avec Hermant, nous l'accompagnâmes à la gare Saint-Charles. Nous nous jurâmes toutes deux de nous écrire. Je m'engageai à la tenir informée dans la mesure du possible, en termes voilés, de toutes nos activités, tandis que de son côté, elle me promettait de me tenir au courant de sa situation personnelle et financière. J'admirais son courage : traverser une Italie hostile et une Yougoslavie en danger pour aller affronter une famille qui voyait d'un mauvais œil le mariage du très brillant rejeton avec une Américaine sans le sou ! Mais, indifférente aux obstacles, elle ne considérait, au bout du chemin, que son Rudolph, amoureux, magnifique et de bonne volonté.

Un peu avant le départ du train, me regardant droit dans les yeux, elle me glissa en particulier :

– Mary Jayne, il faut que je te confie quelque chose : Untel (elle nomma un client du Comité, un important menchevik) m'a informée que Victor Serge était un agent stalinien. Il faut que tu le dises à Varian !

Ni Hermant ni moi n'ajoutâmes foi à ces racontars, même si pour ma part j'étais quelque peu troublée. Ne tenions-nous pas de Victor Serge lui-même que les sectateurs de Staline étaient capables du pire et que, dans un contexte révolutionnaire, ils étaient prêts à tout sacrifier à la Cause ? Après avoir bien balancé, je décidais d'en faire rapport à Varian, qui serait plus à même de juger. C'était une mission fort délicate et Miriam admit qu'elle se défaussait lâchement sur moi de cette responsabilité.

Enfin le train s'ébranla et, les yeux pleins de larmes, nous nous dîmes au revoir. Je me sentais complètement perdue sans elle.

Ce soir-là, quand j'entraînai Varian à l'écart pour lui délivrer mon message, il s'esclaffa :

– Décidément, ces Russes, quels vils intrigants !

Les premiers mois que je passai au Château ont compté parmi les plus importants de ma vie. J'ai cependant du mal à ordonner chronologiquement mes souvenirs relatifs à cette période. Au fil des années, certaines scènes, filtrées par ma mémoire en raison de leur caractère pittoresque ou parce qu'elles faisaient écho à quelque chose qui était alors latent en moi, n'ont cessé de passer et de repasser dans mon esprit comme les vieux films que l'on voit tard le soir à la télévision.

Je me trouvais avec des gens fermement engagés dans une entreprise dangereuse et remarquable : celle d'aider une multitude de réfugiés à s'évader. Moi qui ai toujours aimé flirter avec le danger, il me semble que j'aurais aidé n'importe qui dans cette difficile aventure – exception faite des SS ou des gestapistes. (Dans quelle prison, dans quelle cage je me sentais moi-même enfermée, je l'ignore ; comme disait Breton, « les barreaux sont à l'intérieur de nous-mêmes ».)

Au début, je faisais partie, quoique de façon périphérique, de l'extraordinaire petite équipe de Varian, et j'étais engagée dans la mission de secours qu'elle assumait. Cette expérience m'a apporté un enrichissement inestimable, que je ne saurais définir très précisément. Ce que je tiens pour sûr, en tout cas, c'est que cette expérience a déclenché mon éveil intellectuel. Certes, j'avais dévoré un bon nombre de livres d'histoire et de biographies ; j'avais parcouru en long et en large la plupart des musées d'Europe de l'Ouest, mais cette culture était aussi relative qu'approximative ; ce n'est qu'un an plus tard, à mon retour aux États-Unis, que j'ai pu l'approfondir grâce à des cours que j'allais suivre à l'Université, sanctionnés par quelques diplômes. Avant d'acquérir cette formation, en revanche, mon esprit était ouvert et avide de connaissances : ainsi, lorsque Danny introduisit Victor Serge au Château, je fus aussi heureuse que curieuse de rencontrer un vrai marxiste – malgré tout ce qu'on racontait sur cette sorte de gens. Quant au surréalisme, je n'en connaissais pas le premier mot, sinon que c'était quelque chose de fantastique ; en vertu de quoi je ne pouvais que l'apprécier.

Des impressions, des anecdotes en vrac donneront peut-être une idée de la façon dont se déroulait la vie à la villa Air-Bel en cet automne et ce début d'hiver de 1940. Je projette de nouveau mon vieux film, sans oublier de ménager par-ci par-là pauses et commentaires appropriés.

La personnalité d'André Breton a souvent été décrite comme magnétique, et sa tête comme léonine. Sur les photos de groupe des premiers surréalistes, c'est toujours le visage de Breton qui attire le regard. Or dans la vie c'était la même chose : quand il se trouvait dans une pièce, c'était lui qu'on voyait en premier. Sa « scandaleusement belle » épouse, Jacqueline, enjouée et provocante, était infiniment séduisante. Sa chevelure était ornée de fleurs et de petits miroirs de couleurs, et un rang de griffes de tigre parait son cou. Ses vêtements débordant de chic et d'excentricité qui enserraient sa taille de guêpe bougeaient et froufroutaient avec une grâce particulière.

En dehors d'un vif et insolent mouvement de tête de temps à autre, les gestes d'André étaient mesurés, comme ralentis par la fatigue. Quand son regard se posait sur vous, ce qui était fréquent, il vous transperçait; rien ne lui échappait. Il pouvait mettre les gens très mal à l'aise, surtout ceux qu'il n'aimait pas. Pour ma part, j'appréciais toujours la curiosité qu'il montrait à mon endroit – quelle qu'en fût la forme. Theo me rappela plus tard que j'avais répondu, à sa grande surprise comme à celle de Danny, à un interrogatoire très intime auquel Breton m'avait soumise – petite coutume surréaliste – avec un aplomb et une franchise renversants. Je me rappelle vaguement avoir tout reconnu, non parce que je voulais me faire passer pour une grande amoureuse, mais pour jouer le jeu et aussi parce que, dans ce domaine, je trouvais qu'il fallait avoir les idées larges. Je supposais que tout ce que je dirais serait bien reçu, et sentais que Breton éprouvait une grande considération pour les femmes, « cette seule force devant laquelle je me suis toujours incliné », disait-il.

André Breton et Victor Serge rivalisaient de politesse et de courtoisie façon vieille France; si bien qu'un jour je demandai à Danny comment nos deux révolutionnaires pouvaient être à ce point ancien régime. A cela, Serge répondit simplement qu'ils appréciaient les dames comme moi, dévouées à une cause. J'ai été étonnée d'apprendre que le très courtois André Breton avait la réputation de provoquer des incidents et de faire scandale en public, qu'à plusieurs reprises il avait giflé un adversaire et qu'il était connu pour la violence de ses invectives tant écrites que verbales. J'ai entendu dire que bien plus tard, dans les années cinquante, il avait fait descendre de force un jeune poète de la plate-forme d'un autobus parisien. Je n'avais pas eu l'occasion d'entrevoir ce côté-là de sa personne. Au contraire, il émanait de l'homme une grande gentillesse. Je le vois encore reculer sur le carrelage noir et blanc du salon devant Clovis, l'aboyant et agressif jeune caniche de Varian, se courbant vers la petite créature, l'invitant cordialement, dans un parler de chien de son invention, à avoir un comportement plus engageant.

Une autre fois, Breton résolut une affaire domestique d'une façon assez peu surréaliste. Rose, la fille de cuisine, était alcoolique. Un soir, au moment où nous allions nous asseoir à table, Theo entra en trombe dans la salle à manger pour nous annoncer que Rose, fin soûle, venait de rouler au bas de l'escalier. Nous nous précipitâmes dans le salon : Rose était en effet étendue, inconsciente, sur les dernières marches, baignant dans ses vomissures de vin rouge. Breton traversa la pièce sans hésiter, prit la fille dans ses bras et la monta jusqu'à la dernière marche, le menton haut – c'était son port de tête naturel, mais là il en rajoutait – probablement pour éviter, dans la mesure du possible, de respirer les effluves émanant du peu ragoûtant fardeau féminin qu'il portait dans ses bras. Il revint un moment plus tard, nous expliquant qu'il avait mis la fille au lit, l'avait examinée, et qu'elle n'avait rien de cassé : elle serait d'aplomb le lendemain matin, hormis une bonne gueule de bois.

– Je suis un homme de l'art, vous comprenez, nous rappela-t-il en s'installant à table.

Un autre jour, autour de midi, dans les premiers temps de notre vie au Château, je le surprends dans la salle à manger en train de disposer un centre de table orné de feuillages. Je dois exprimer une certaine surprise, attendu qu'il est le moins décadent des poètes. Il me prie alors d'observer sa décoration d'un peu plus près : au cœur de sa composition florale, dans un labyrinthe de feuillages et de brindilles, deux grands insectes verts à têtes triangulaires évoquant des sauterelles se détachent : le tableau révèle une mante religieuse, montée sur son compagnon, en train de dévorer tout bonnement le cou de celui-ci.

– Vous voyez, après avoir copulé, elle mange son mâle, m'explique-t-il avec un air d'étrange satisfaction.

Je pense que son intérêt pour cette cruelle copulation venait, en partie du moins, de son intérêt toujours émerveillé pour le cycle de la naissance, de la vie et de la mort. Bien plus tard, au début du printemps, il nous appela tous au jardin pour nous montrer ce qu'il était en train d'observer : des grenouilles femelles qui traversaient péniblement la mare en excrétant laborieusement de leur corps vert un long chapelet d'œufs sombres et gélatineux qu'elles traînaient derrière elles. Debout devant la mare, Breton observait ce laborieux et poignant spectacle et désirait faire partager à ses compagnons sa vision de la vie qui se nourrissait de la mort. Le lendemain matin, les grenouilles flottaient sur le dos, ventre ballonné ; quelques semaines plus tard, mille petits têtards noirs gigotaient de toute leur force dans les profondeurs de la mare.

Vivre sous le même toit que Breton relevait du voyage intérieur et était source de découverte perpétuelle. Bientôt je fus initiée aux jeux surréalistes : André plaçait une grande table au milieu du salon et disposait tout autour le plus grand nombre possible de chaises. Sur la table étaient déjà installés une demi-douzaine de blocs de papier, quelques crayons de couleur et une ou deux paires de ciseaux. Quand je descendis ce matin-là, il tenait deux ou trois crayons dans une main, en tapotait la paume de son autre main, les saisissant, les relâchant, variante du geste caractéristique qui était le sien de serrer et de desserrer les poings.

– Nous allons jouer, m'annonce-t-il. J'attends mes amis, et nous nous livrerons à des jeux surréalistes.

Je craignais qu'ils ne fussent trop obscurs et un peu abscons pour moi, mais il m'assura qu'au contraire les jeux étaient faits pour tout le monde.

Une demi-heure plus tard, tout un tram de surréalistes envahit le Château. Oscar Domínguez, au fort accent espagnol et à la triste figure ; Vollner ; Wifredo Lam, mi-noir, mi-chinois ; Jacques Hérold, Sylvain Itkine, Victor Brauner, André Masson et René Char. Je ne sais s'ils arrivèrent tous ensemble les premiers jours, toujours est-il que tous firent tôt ou tard leur apparition.

Dans la première période du surréalisme, les jeux à proprement parler étaient une sorte de technique visant à atteindre des réalités intérieures cachées, à retrouver une vérité perdue et à libérer l'esprit des liens de la logique cartésienne. Ils permettaient aussi de réaliser ces bizarres et incongrues juxtapositions de mots dans lesquelles les surréalistes décelaient des sens aussi profonds qu'inattendus. Au début, les jeux représentaient à la fois le moyen et la fin ; plus tard, s'ils furent plus ou moins abandonnés en tant qu'objectif principal, en revanche, à Marseille, en ces temps troublés, ils refleurirent afin de distraire les esprits de l'inquiétude et du danger. A travers eux, à ce moment-là, les surréalistes réaffirmèrent leur identification avec le mouvement et avec Breton : n'était-ce pas par la voie des jeux que se révélait l'insolite et que commençait la quête intérieure ?

Ah si j'avais pu réellement saisir toute l'importance de ce qui se passait à ce moment-là autour de moi ! Oui, j'étais assise autour de la table en compagnie des surréalistes et de certains autres membres de la petite bande d'Air-Bel, devant ma feuille de papier, et je jouais au « cadavres exquis » ! J'aimais la musique de ces mots. Sur le papier, il fallait écrire un adjectif, le cacher en pliant le haut de la feuille, puis la passer à son voisin de gauche, qui devait à son tour écrire un substantif, tandis que vous faisiez de même sur la feuille de papier que vous passait votre voisin de droite. L'étape suivante était le verbe, et ainsi de suite. La structure grammaticale pouvait être modifiée à volonté. Quand les phrases étaient achevées, les papiers étaient dépliés et lus tout haut. Les sens cachés, les rapports fortuits, les absurdités, les aphorismes graves, tout était accueilli avec un émerveillement toujours renouvelé par les surréalistes, et avec surprise et hilarité par les autres.

Dans les débuts du mouvement, la phrase : « le cadavre exquis boira le vin nouveau » avait remporté un succès considérable ; le jeu lui doit son nom.

Pour jouer au cadavre exquis, on pouvait également recourir au dessin : il suffisait de tracer quelques traits, puis de plier la feuille de la même façon et de la passer à votre voisin. Il en résultait souvent de monstrueux animaux héraldiques, que Breton, s'il les trouvait à son goût, appelait des « petits personnages », au même titre que les créatures humaines auxquelles il donnait en quelque sorte vie.

Un petit – et unique – incident, d'ailleurs sans rapport avec le sujet, mais plutôt avec le sexe, avait troublé mon esprit. C'était un après-midi ; Oscar Domínguez était assis à ma droite et nous jouions au cadavre exquis, dessins à l'appui. Je remarquai que, de chaque côté de la feuille de papier pliée qu'il me tendait, dépassaient des espèces de favoris faits de vrais poils. Quand on dépliait la feuille, les poils se trouvaient placés plus ou moins ad hoc sur le corps de la créature mythique née de nos efforts réunis. Je remarquai que ces ornements étaient toujours collés sur la section qui précédait la mienne. Au tour suivant, j'observai Oscar du coin de l'œil : il étendit le bras vers les ciseaux à lames courbes et plongea furtivement la main sous la table, dans son pantalon : il était en train de couper ses poils pubiens ! Je laissai échapper – en jeune personne convenue que j'étais – un cri horrifié et le désignai à la vindicte publique. Du coup, on ne fit plus désormais que dessiner, au trait, sans montage ni autre accessoire intégré à nos créations collectives.

L'incident tourna à la plaisanterie. Plus tard, Oscar me montra un petit tableau de son cru, représentant un pied raccourci tout rose, coiffé d'une paire de seins. Il m'expliqua de sa mâle voix d'hidalgo qu'il avait à ce moment-là des problèmes d'ordre sexuel. Je regrette d'avoir laissé ce cadeau s'égarer.

Victor Brauner, l'artiste roumain, était borgne. Domínguez et Breton m'expliquèrent un jour, du moins tentèrent-ils de le faire car je trouvai leurs éclaircissements plutôt confus, que Victor, avant son accident, avait toujours peint ses sujets, qu'ils fussent humains ou animaux, avec un œil au lieu de deux. Un soir, lui et Oscar, pris de boisson, en vinrent aux mains, pour une raison incompréhensible ; dans la rixe, Oscar éborgna Victor – tout à fait inexplicablement. Si je comprenais les implicites de l'histoire, l'événement était en quelque sorte inscrit d'avance, et Brauner l'avait prévu, cherché même. Telle fut ma première prise de contact avec la théorie surréaliste sur les coïncidences surprenantes, dénommées « hasard objectif ». En parapsychologie, on dirait « synchronisme ».

Cette théorie rend compte d'une série d'événements étranges et de non moins étranges rencontres de gens et de choses. Breton possédait une grande collection d'objets de toutes sortes, allant du vulgaire petit caillou à l'œuvre d'art d'exception en passant par des pièces mécaniques détachées. Ces objets, émergés mystérieusement de quelque Ailleurs intérieur, avaient été, selon lui, attirés ou propulsés par son propre désir. Bien que ces théories ne fussent pas vraiment très claires pour moi, je prenais au sérieux tout ce qu'il me disait et me mis à collectionner des pierres aux formes curieuses ainsi que des morceaux de bois. A telle enseigne que, quelques années plus tard, je dénichai ce qu'on appelait une trouvaille. C'était à l'époque où je m'intéressais à l'art baroque tardif, et je découvris, dans le désert de l'Arizona, un bois flotté ayant la forme d'une parfaite « rocaille » – c'est ainsi qu'on appelle la flamme triangulaire recourbée symbolique de la décoration rococo. Tout émerveillée, je ramassai ce « précipité de désir » qu'était cette pièce de bois gisant à mes pieds. Je l'ai gardée précieusement. Décidément, plusieurs mois passés en la compagnie d'André Breton ne laissaient personne tout à fait intact.

Il n'empêche que je n'étais pas toujours d'accord avec lui : je me rappelle être restée perplexe quand il affirma que les soldats de Valmy étaient des héros, tandis que ceux d'Austerlitz étaient des lâches ; perplexe également me laissait son admiration du marquis de Sade. D'un autre côté, je savais exactement ce dont il parlait quand il évoquait la succession monotone des jours. Moi non plus, je ne supporte pas mes corvées quotidiennes et dois rêver tout éveillée pour les rendre tolérables. Je n'ai jamais compris comment certaines femmes peuvent relater avec autant de passion leur dernière visite au supermarché, ou leur altercation avec le technicien venu réparer leur machine.

Malgré son approche quasi mystique de la vie, Breton était antireligieux au sens propre du terme. Il secoua la tête d'un air pénétré et approbateur quand je lui racontai que, enfant, j'avais été choquée par le cruel marché qu'avait passé Dieu en offrant la souffrance de son fils en échange des péchés du monde, au prix d'une mise en croix. En outre, l'humilité pleurnicharde censée plaire à ce Dieu d'amour me hérissait le poil.

Bien que Breton et Serge s'entendent assez bien en public, sur le plan politique, une grande tension règne entre les deux hommes. Ils sont tous deux révolutionnaires, à ceci près que Victor a vécu la révolution dans les rues de Moscou et de Leningrad, et non sur les pavés de Paris. En outre, sur le plan littéraire, ils sont incompatibles. Victor écrit dans un style réaliste et délicat, totalement inutile et dépourvu de sens pour Breton, et il supporte mal qu'André flirte, à travers ses activités littéraires, avec l'Au-delà. En conséquence, il arrive que Victor et Laurette dînent dans leur chambre.

Comme je nourris une grande admiration pour l'un comme pour l'autre, je n'ai jamais pris le parti d'aucun des deux mais, en cette époque déchirée, j'ai souhaité de tout mon cœur qu'ils parviennent à s'entendre le mieux possible.

Victor Serge est le seul pensionnaire pour qui cette présente aventure relève du quotidien. En tant que révolutionnaire de la troisième génération, il a appris depuis son plus jeune âge à penser, à se battre, à avoir faim et à résister. Né en Belgique de parents russes exilés, anarchiste depuis sa prime jeunesse, il s'est engagé plus tard dans la révolution russe. Il a assisté à la défaite de l'armée blanche et à l'installation de l'État socialiste. Témoin de l'ascension progressive du totalitarisme soviétique, auquel il s'est opposé dès le début, il a élevé la voix contre le Comité central et contre Lénine, lors de la répression sans pitié du gouvernement bolchevique à l'encontre des marins insurgés du *Kronstadt*.

Plus tard, il rejoint Trotski dans sa vaine tentative d'arrêter Staline. Je me souviens de la vivante description qu'il nous fit de la période où Trotski et ses disciples furent exclus du Comité central par les fidèles de Staline, peu après la mort de Lénine. Il racontait comment ils avaient parcouru les rues de Leningrad en compagnie de Trotski, lequel marchait avec le col de son manteau relevé et sa casquette d'ouvrier enfoncée sur les yeux pour ne pas être reconnu ; comment, au cœur de l'hiver, ils avaient frappé de porte en porte, étaient allés trouver les leaders dans leurs propres foyers, dans leur salle de comité, pour essayer de rassembler une opposition autour d'eux. Serge organisa même des meetings populaires dans des cimetières déserts et enneigés. Tout cela en vain.

Serge avait une cinquantaine d'années, un visage aux traits fins, les cheveux taillés en brosse. Il portait une veste gris foncé, en flanelle, de coupe large et à col officier, à la mode russe. Quand, le soir, alors que nous étions tous rassemblés autour du poêle en porcelaine de la bibliothèque, Victor brossait le tableau de sa jeunesse, son visage revêtait une expression tragique : il parlait d'un temps où la révolution était en train de s'accomplir.

Plus tard, il fut interné dans un camp de prisonniers, au bord des eaux noires de l'océan Arctique, et en fut libéré grâce à la pression exercée par André Gide, André Malraux et Jules Romains ; Victor était en effet un écrivain de langue française. Ses articles et ses romans furent les premiers à divulguer, hors de Russie, les nouvelles de la terreur et des persécutions. Ils donnaient non seulement une information de première main sur les conditions des travailleurs soviétiques, décrivant leurs décisions déchirantes et leurs dilemmes, mais encore peignaient de façon poignante les souffrances et les désarrois du peuple. A mon humble avis, ses ouvrages sont plus émouvants que ceux de Soljenitsyne, parce que Victor Serge avait vécu avec les travailleurs russes ; il était des leurs. Victor avait traversé les événements qui portaient l'espoir de changer la vie sur cette planète. Depuis les premiers jours, il avait vu ses camarades et ses compagnons exécutés, assassinés, ou diplomatiquement suicidés ; il avait certainement des raisons de se montrer parfois irritable ou atrabilaire. Ceux qui ne l'aimaient pas disaient qu'il était paranoïaque ; après l'assassinat de Trotski, ses détracteurs et les méchantes langues se turent.

Un jour, je traversais, en sa compagnie et celle de Laurette, le transbordeur. A mi-chemin du pont, il jeta plusieurs fois des coups d'œil par-dessus son épaule. Me regardant de biais, il me glissa d'un air contrit :

– Vous voudrez bien m'excuser, mais on m'a tant de fois suivi !

– Vous pensez que… même ici ?…

– Non... Mais on ne sait jamais. C'est un vieux tic de bolchevick, un tic dont on ne se débarrasse pas facilement.

Quand il eut atteint l'autre rive, avant de s'engager sur le quai désert, tel un chat, il regarda à droite puis à gauche. Au café, il choisit une table du fond et s'y assit dos au mur. Là, devant le vieux fort Saint-Nicolas, je lui annonçai toute fière que j'avais un ami qui s'y trouvait emprisonné, parce qu'il avait déserté la Légion étrangère pour pouvoir s'engager dans l'armée britannique. Quand je lui avouai que l'opposition de mon ami à l'État bourgeois n'était pas totalement idéologique, il parut comprendre cela aussi.

Le travail du Centre américain de secours se poursuivait. Les Espagnols, pour une raison inconnue, avaient assoupli leur règlement et laissaient les Juifs et les personnes apatrides passer à nouveau la frontière ; mais d'un autre côté, les gendarmes accommodants de l'été avaient été renforcés par des gardes mobiles plus disciplinés : le fameux sentier de Cerbère tant de fois foulé, qui longeait le cimetière et grimpait la montagne, n'était plus une voie sûre. Aussi Varian et Hermant se rendirent-ils à la frontière pour organiser et perfectionner une nouvelle filière d'évasion par les Pyrénées. Ils découvrirent un passage où les postes frontaliers espagnols et français étaient assez éloignés l'un de l'autre pour que la police espagnole ne pût vérifier si un voyageur avait passé le contrôle français ou non. Ils installèrent non loin de cette piste, aux abords de Banyuls, un couple de sociaux-démocrates allemands équipés de bons papiers d'identité français. Lui s'appelait Hans Fittko, elle Lisa, et avaient une grande expérience de la résistance. Il prévint ses voisins que sa femme et lui comptaient recevoir chez eux de nombreux amis. Fittko prit également des dispositions avec le propriétaire du vignoble du coin. Bientôt arrivèrent les amis, pourvus des magnifiques pièces d'identité que leur avait confectionnées le petit caricaturiste Bill Frier. Le jour, ils travaillaient dans les vignobles, habillés en ouvriers agricoles, et partaient la nuit dans la montagne pour étudier les pistes au-delà de l'ancien chemin. Varian transmit le mot de passe aux Anglais, qui envoyèrent sur cette voie dite « voie F », pour Fittko, les aviateurs qu'ils avaient pu sauver. Ce chemin d'évasion resta longtemps presque sans faille pour ceux qui avaient un visa de transit espagnol et qui osaient traverser l'Espagne à visage découvert. Varian estima que dans les six mois qui suivirent, plus d'une centaine de personnes gagnèrent la liberté par cette voie.

Quand Danny Bénédite revint de sa tournée des camps d'internement français muni d'un rapport détaillé sur les terribles conditions de vie des prisonniers – maigres rations de nourriture consistant en de la viande de rats, saleté, cruauté inutile –, Fry pensa qu'il était grand temps de déposer plainte et de rencontrer les ministres dans leurs chambres d'hôtel à Vichy pour leur demander des explications sur cette situation honteuse. Il espérait également faire pression sur l'ambassade américaine, en l'engageant à faire sortir ses protégés des camps. Il emmena l'habile Chaminade avec lui, comptant sur le charme vieux jeu de celui-ci pour ouvrir plus facilement quelques portes de fascistes.

Mais Fry n'aboutit à rien. Marcel Peyrouton, ministre de l'Intérieur, refusa de le recevoir. Fry rencontra à sa place un certain M. Limousin, jeune responsable des camps d'internement, qui s'indigna de ce que Fry osât critiquer une institution dont la gestion ne lui valait que des compliments de la part des autorités d'occupation.

A l'ambassade on l'envoya au troisième secrétaire, qui lui déclara que la Sûreté possédait un dossier sur tous les membres du Comité et le suspectait d'aider les réfugiés à s'évader, à l'encontre de la loi française. Contre toute attente, le jeune homme lui proposa de l'aider à obtenir des visas de sortie. A son retour à Marseille, Varian établit une liste de noms qu'il envoya au jeune homme ; le chargé d'affaires lui répondit qu'il avait dû se méprendre sur les propos du troisième secrétaire : quelle que fût la compassion de l'ambassade américaine pour la situation critique des malheureux réfugiés, etc.

Fry passa ainsi deux semaines sans résultat, allant de mauvaise surprise en mauvaise surprise : le gouvernement de Vichy et la diplomatie américaine lui exprimèrent leur désapprobation en lui refusant les lettres habituelles de recommandation, indispensables au renouvellement de ses visas français et suisses, ordinairement délivrés à tous les Américains par mesure de précaution.

Autant dire qu'il fut soulagé de retrouver l'atmosphère amicale et quasi familiale du Château. Il éprouvait une grande tendresse pour Peterkin. De temps en temps, à table, il versait une petite cuillerée de vin dans son verre d'eau, lui disant qu'il était un petit Français et qu'en conséquence il était temps qu'il apprenne à goûter les vins, contrairement à ce qu'en pensait Theo. Les jeux surréalistes semblaient beaucoup amuser Fry, ainsi que les chansons paillardes et les confessions sexuelles – les siennes et celles des autres. C'était lui qui assumait les plus grandes responsabilités, et le Château lui était un havre nécessaire plus qu'à n'importe lequel d'entre nous.

Charlie Fawcett, notre videur et passeur de frontières, partit pour Lisbonne chargé de documents secrets destinés aux services secrets britanniques et à Emilio Lussu, un des leaders de la résistance italienne anarcho-socialiste œuvrant en Espagne et au Portugal. Charlie avait fourré certains de ces documents dans la tête creuse d'un buste en plâtre sculpté de ses mains, car c'était un artiste ; quant à la liste des leaders de l'ancienne république espagnole cachés en France qui avaient besoin de l'aide de Fry, il l'avait roulée et glissée dans le troisième piston de sa trompette. Il se fit arrêter en Espagne puis fut relâché : grâce à son air innocent – nous avions ce point en commun – et grâce aussi aux airs qu'il improvisait de façon si naturelle que même un musicien confirmé ne pouvait remarquer qu'il ne se servait jamais du troisième piston.

C'est vers cette époque que j'eus la preuve que Varian était en contact avec les services secrets.

Un soir, en rentrant au Château, je remarquai une lueur qui filtrait par la porte de la salle à manger. Varian passa la tête au-dehors et, voyant que c'était moi, vint me demander doucement si je pouvais trouver quelque chose à manger : ses hôtes avaient faim. Je m'apprêtais à lui objecter qu'au Château nous étions tous dans le même cas quand, à travers l'entrebâillement de la porte, me parvinrent des voix qui, d'après leurs modulations caractéristiques, ne pouvaient être qu'anglaises. Plus tard, Varian me raconta que j'en avais eu le souffle coupé et que j'avais incontinent fait demi-tour pour me ruer dans la cuisine. De mon côté, je me souviens que, ayant trébuché sur une rangée de carreaux inégaux qui pavaient la cuisine, je m'étais rattrapée de justesse à la poignée de notre garde-manger, lequel se révéla désespérément vide. J'en sortis le peu qui s'y trouvait : une bouteille de vin rouge, une miche de pain rassis et une saucisse couleur pourpre, de provenance douteuse. Je disposai le tout sur un plateau de bois ébréché, avec quelques verres. Ainsi chargée, je toquai à la porte de la salle à manger, que Fry ouvrit furtivement, juste pour prendre le plateau.

Je montai me coucher tout heureuse. Le lendemain matin, je lui demandai à brûle-pourpoint s'il travaillait avec les Anglais. Après avoir exigé de moi la promesse solennelle de ne jamais le répéter à personne, même si toute l'équipe était au courant, il en convint.

– Cette saucisse... hasardai-je.

– Oh, oui, excellente, je vous remercie !

– C'était du cheval. Ne le répétez jamais.

– Je vous le promets !

XIX

Aux premiers temps de la villa Air-Bel, je retournai voir Me Bottaï pour savoir où en était le dossier de Raymond et pour connaître la date de son procès qui devait être imminent. Miriam, juste avant son départ, Gussie et moi avions traîné une seconde valise de nourriture et de vin sur la pente raide de la colline du vieux fort. Raymond avait bien survécu à son incarcération. Je le trouvai plus mince et, bien que légèrement plus anxieux, il semblait avoir bon moral, et avait l'air toujours aussi effronté quand il me regardait. Il m'avertit que son grand nouvel ami Mathieu, qu'il avait rencontré en prison, entrerait bientôt en contact avec moi. Mathieu était aussi un client de Me Bottaï.

Mathieu et moi nous rencontrâmes pour la première fois dans le bureau de l'avocat. C'était une miniature d'homme, menu, élégamment habillé. Quand nous nous serrâmes la main, il leva furtivement vers moi ses yeux vifs bleu acier. C'était un Corse, aux traits classiques et réguliers. Je me représentais ainsi le visage de Napoléon et de ses frères. Il me confirma avec empressement que Raymond et lui étaient devenus de grands amis et suggéra que nous allions prendre un verre quelque part. Dans la rue, il souligna le fait que Raymond était vraiment un chic type, qui m'était très dévoué, et qu'ils s'entendaient très bien au fort Saint-Nicolas. Je lui demandai, en prenant des gants, s'il avait été emprisonné pour raisons politiques. Non, me répondit-il, pas vraiment, c'était pour des raisons militaires : il avait vendu, en tant qu'intermédiaire, des chemises à l'armée française. Tout s'était très bien passé jusqu'au moment où les soldats, enfilant les chemises, s'aperçurent qu'elles leur arrivaient à la taille. En mentionnant ce dernier détail de l'histoire, il se mit à rire en se frappant la cuisse de sa petite main : vraiment, s'esclaffait-il, on n'avait pas grand-chose à lui mettre sur le dos !

Comme nous descendions la rue d'un bon pas, je lui posai un certain nombre de questions auxquelles il répondait avec excitation et dans le plus pur phrasé de Marseille.

– Ainsi, vous vous en êtes tiré à bon compte, ironisai-je en le gratifiant d'un sourire bienveillant.

– On ne peut pas dire ça : la prison, c'est jamais facile. En tout cas, une chose est sûre : je ne ferai plus l'idiot avec l'armée.

– C'est donc si dur que cela, là où vous êtes ?

– Mais non. Ne vous en faites pas. Votre Raymond va bien. Cette prison n'est pas pire qu'une autre.

Il marqua une petite pause et, me coulant un regard oblique, ajouta :

– Le problème, c'est que je connais personne, ici. A la prison Chave, je connaissais le personnel ; on me donnait toujours un cachot exposé au sud.

Penchant légèrement la tête vers lui, je lui glissai, avec une déférence marquée :

– C'est bien d'avoir de l'influence !

Il s'esclaffa de plus belle. Nous arrivions sur la Canebière.

– Ah, sacré nom de nom, que c'est bon d'être dehors, et libre ! s'exclama-t-il, les bras largement ouverts, les doigts en éventail, offrant sa poitrine aux collines, comme s'il voulait embrasser la cité tout entière. Regardez notre soleil, dit-il en pointant le doigt vers le ciel – puis, faisant volte-face, il me montra le bassin du Vieux-Port : Et regardez notre mer. Vous pouvez prendre le monde, mais laissez-moi Marseille. C'est ma ville.

Il inspira l'air profondément.

– Même l'air ici est différent. Le pays, bah, vous pouvez le prendre aussi, à condition de me laisser les rues de Marseille ! A Marseille, je me sens un roi ! insista-t-il en frappant le trottoir de son petit pied et en ouvrant les bras, tel un chef d'orchestre.

Il m'indiqua un petit bistrot : il voulait bavarder un peu avec moi. Il m'entraîna à toute vitesse sur la Canebière, prit une rue transversale et entra en coup de vent dans un petit café. Je m'y engouffrai derrière lui, telle Alice dans le terrier du lapin blanc.

En entrant, les deux barmen et les habitués se groupèrent autour de lui, le submergeant de félicitations et d'expressions de sympathie.

– Ah, sacré Mathieu, tu es revenu !

Il était à l'évidence un notable dans son milieu et il ne cachait pas sa joie d'avoir retrouvé les siens. Il accueillit leurs remarques avec bonne humeur, puis les congédia tous pour me conduire galamment à une table.

Il prit un pernod, et moi un vermouth sec. A présent, il devait me parler sérieusement : mon ami Raymond était dans de sales draps. La désertion en temps de guerre, ce n'était pas bon du tout, surtout avec toutes ces histoires de dissidents. Le fait que Raymond eût l'intention d'aller en Angleterre n'arrangeait rien. Oui, il savait comment les papiers de démobilisation avaient été détruits ; cette histoire l'amusait beaucoup d'ailleurs : duper la police, c'était son truc.

Il n'en fallut pas plus pour me convaincre de l'infamie du gouvernement français. Durant les derniers mois, de Gaulle avait réussi à détacher le Cameroun, le Tchad, et le reste de l'Afrique-Équatoriale française de l'empire. La photo de la poignée de main échangée entre Hitler et Pétain à Montoire me revint à l'esprit. On était déjà en pleine collaboration.

Toutefois, Mathieu nourrissait un espoir : heureusement, on pouvait acheter la justice française et même la justice militaire. Il suffirait d'un dessous-de-table pour changer la donne en faveur de Raymond. Les décisions ballottaient du pire au meilleur, aussi un juge pourrait se permettre de le condamner à une peine légère si on lui graissait la patte. Lui, Mathieu, savait à qui remettre l'argent ; il avait un contact, un général à la retraite, qui pourrait arranger l'affaire. Celle-ci devrait être menée avec la plus grande prudence ; il valait mieux ne pas en parler à Me Bottaï, qui ne souhaiterait certainement pas être impliqué : je comprenais bien cela.

Tout en payant la note, il me conseilla de réfléchir à sa proposition. Pauvre Raymond ! Un si chic type… Mathieu entrerait de nouveau en contact avec moi par l'intermédiaire de Me Bottaï.

Il regarda sa montre, fit un bond, me dit rapidement au revoir et, derechef comme le lapin blanc, disparut dehors, me laissant toute décontenancée dans un univers interlope qui m'était étranger, et où les règles de l'ordre établi ne prévalaient plus.

Quelques jours plus tard, je rencontrai le fameux contact de Mathieu, en compagnie de celui-ci. Le général – si général il y avait – m'attendait, assis sur un banc du jardin ensoleillé, en uniforme. J'aurais aimé pouvoir lire son rang sur ses galons, mais je n'y connaissais rien. La conversation s'engagea lentement. Nous marchions sur des œufs, ne serait-ce que pour parler du temps qu'il faisait. Il laissa entendre que lui, en tant que militaire, avait été profondément touché par la débâcle de son pays ; qu'il sympathisait avec ceux qui souhaitaient continuer le combat, mais qu'il n'était pas certain qu'ils fussent dans la bonne voie ; que cependant, il pourrait peut-être se rendre utile en glissant un mot en leur faveur. L'entretien ne dura pas longtemps. Mathieu était sur des charbons ardents, craignant de me voir en dire trop et le général pas assez. Quand lui et moi nous prîmes congé – au grand soulagement du vieil homme, remarquai-je –, je fis observer à Mathieu que je ne savais pas à quoi m'en tenir quant aux promesses du militaire.

Ce qui ne m'empêcha pas de remettre une somme d'argent considérable à Mathieu pour qu'il achète le juge et sauve Killer de la lourde peine que la justice était censée lui infliger.

Le jour du procès, Mathieu et moi prîmes place au fond de la salle d'audience, d'où nous pouvions voir distinctement Killer, assis au bord du banc des accusés, le buste penché en avant, dans l'impatience de sa jeunesse malavisée mais repentante. Me Bottaï plaida avec grandiloquence, insistant sur la jeunesse de l'accusé, citant son excellent casier militaire, la croix de guerre avec palmes gagnée sur le champ de bataille de Narvik : le sergent Couraud, entendant l'appel de son colonel à Londres, avait été induit en erreur, comme tant d'autres hélas ! N'oublions pas que sa mère était anglaise – en fait elle était américaine. Qu'une partie de sa treizième brigade et demie était en Angleterre ; là-dessus Me Bottaï s'interrompit et ferma les yeux, comme s'il observait quelques secondes de silence en souvenir de ceux qui nous avaient quittés. Oui, le sergent Couraud avait cherché à rejoindre ses compagnons d'armes afin de continuer le combat. Ses motifs avaient été des plus élevés, ses sentiments des plus nobles. La France, en ces temps difficiles, ne devait ni ne pouvait se permettre de punir cet acte d'imprudence – peu judicieux il en convenait, mais suscité par la seule volonté de servir la Patrie.

Je regardai Killer : on lui aurait donné le bon Dieu sans confession.

Me Bottaï poursuivait.

– Puisque désormais le sergent Couraud a compris qu'il a fait fausse route, laissons-lui l'occasion de continuer de servir la France. Laissons-le rejoindre la Légion à Sidi bel-Abbès – et, levant la main d'une façon théâtrale : Par ce jugement, puisse la France montrer que la pitié et l'humanité tempèrent encore sa justice ; puisse la France se montrer libre de toute pression politique et étrangère ! Je n'ai rien à ajouter, monsieur le président.

Une vague d'émotion souleva la cour. Les gens retenaient leur souffle, cherchant instinctivement les yeux de leurs voisins, heureux qu'en ces jours de désolation quelqu'un osât encore prononcer des paroles de courage. Le sergent Couraud restait debout, attendant la sentence. Le juge prononça une peine de six mois de prison avec sursis.

Alors un brouhaha de voix s'éleva dans le tribunal. Une jeune avocate s'avança vers Me Bottaï, s'arrêta à quelques pas de lui, et d'un geste large lui tendit la main :

– Ah, maître, quelle éloquence ! Vous vous êtes surpassé. Vous avez parlé au nom de nous tous.

– Mais c'est un plaisir de plaider pour de tels clients, répondit-il diplomatiquement en glissant un sourire à l'adresse du sergent Couraud.

Killer buvait du petit-lait. On le félicitait. Il jubilait. Puis deux gardes l'emmenèrent.

Mathieu et moi lui emboîtâmes le pas. En sortant de la salle d'audience, Mathieu me chuchota à l'oreille :

– Vous voyez, je vous l'avais bien dit que tout se passerait bien.

Néanmoins, le procès me paraissait normal et je n'avais pas l'impression que le juge avait été stipendié. J'étais troublée, mais je préférai mettre mon trouble sur le compte de la belle plaidoirie de Me Bottaï. Après avoir déboursé cet argent, je ne pouvais me permettre de penser – du moins pas encore, hélas – que je m'étais fait duper. Aujourd'hui, quarante ans plus tard, la sagesse et le bon sens l'emportent sur l'amour et la naïveté. Mais je n'ai jamais su si Killer avait été dans le coup dès le début. Toujours est-il que j'appris plus tard qu'il avait accepté une partie de l'argent : il se répandit en remerciements quand nous nous revîmes, la semaine suivante.

A l'entrée du mois de décembre, de nombreux soldats britanniques et un grand nombre de réfugiés s'évadèrent par la nouvelle voie, la fameuse voie F. Le Comité fonctionnait bien. La petite Aube Breton, qui allait au jardin d'enfants, s'exprima bientôt avec le plus pur accent marseillais; Victor Serge passait des heures devant sa machine à écrire, travaillant à ce qui allait devenir *Les Derniers Temps*; André Breton se retirait souvent dans la serre du Dr Thumin pour profiter des derniers rayons de soleil de notre bel été indien. Je lui demandai, comme il s'y rendait un jour, ce qu'il y faisait. Il me tendit un petit carnet, d'un air presque contrit :

– Voyez vous-même…

Les pages étaient couvertes de sa petite écriture ronde, à l'encre verte. Je crois bien qu'il travaillait alors à *Fata Morgana*.

XX

En grande fanfare, la presse et la radio annoncèrent la tournée triomphale du Maréchal à travers la France coupée en deux. Avant le jour prévu de sa visite à Marseille (le 4 décembre), Hermant et Gussie quittèrent la ville – c'était la moindre des choses qu'on pouvait faire, dirent-ils, quand le chef d'un État fasciste débarquait. Varian demanda à sa secrétaire, Lena Fischman, de le rejoindre au Château, où ils pourraient travailler sans être inquiétés. Il pensa qu'en un jour pareil les réfugiés garderaient de toute façon un profil bas et éprouveraient des réticences à se rendre rue Grignan.

Quant à Jean, Maurice et Danny, ils se rendirent au bureau comme d'habitude.

J'étais montée dans ma chambre après le petit déjeuner et lisais tranquillement, allongée sur mon lit, lorsque deux coups frappés à ma porte me firent sursauter.

– Mary Jayne, descends ! La police !

C'était Theo.

Je courus dans le vestibule et regardai par la fenêtre : devant le portail en fer forgé étaient garés une voiture de police et un fourgon. Je remontai les escaliers quatre à quatre pour gagner ma chambre, fouillai mes poches et mes tiroirs, mon sac à main, à la recherche de petits papiers sur lesquels j'avais noté des adresses. Je les brûlai aussitôt dans le cendrier.

Dagobert sur mes talons, je descendis l'étroit escalier qui menait à notre salon, où tout le monde se trouvait déjà rassemblé en compagnie du commissaire, un homme agressif d'âge mûr, et de trois autres policiers en civil. Le commissaire, très excité, brandissait une feuille de papier toute chiffonnée devant Varian :

– Voilà ! Lisez plutôt ceci ! vociféra-t-il.

– Cette copie de document déclare en effet que vous avez le droit de fouiller dans tous les lieux suspects de menées communistes, déclara Varian dans un français précis, articulant lentement et d'une voix basse. Je refuse de vous donner cette autorisation. Je proteste pour moi-même et au nom de mes camarades.

– Vous avez tort ! Nous allons fouiller cette maison de la cave au grenier, et vous n'avez aucun droit de nous en empêcher ! hurla le commissaire.

– Nous protestons et réservons nos droits, articula Varian toujours aussi bas.

– Nous protestons et réservons nos droits ! assenai-je en écho, assez fort pour que les autres entendent.

On m'enjoignit tout simplement d'attendre mon tour pour parler.

– Nous savons tout sur la valise, continua le commissaire.

– La valise ? interrogea Fry.

– Oui, celle qui a été apportée hier de la gare Saint-Charles. Ah ! Ah !

Varian s'apprêtait à nier l'existence d'un tel objet quand Jacqueline Breton s'approcha et convint que la veille sa sœur avait fait livrer une valise à la villa.

– Eh bien, nous allons tout simplement l'ouvrir et voir ce qu'elle contient ! hurla l'homme.

– Elle contient les effets de ma sœur, qui vient d'arriver de Paris.

– Bon, ça suffit ! éructa-t-il. Vous, là-bas… – il s'adressait à son subalterne, un très bel homme – … emmenez madame à son étage et veuillez procéder à la fouille de sa chambre de fond en comble !

– Invraisemblable, se récria Breton en se levant pour suivre sa femme et l'agent au dernier étage où se trouvait leur chambre.

L'un des policiers en civil avait installé sa machine à écrire sur la table ronde au centre de la pièce pour dresser les procès-verbaux. Theo se tenait debout près de lui, dos droit, tête haute, dans une attitude d'inflexible résistance. Le cliquetis de la machine scandait ses réponses laconiques. Il nous fut annoncé que nous allions tous être interrogés et escortés aux étages pour procéder à la fouille de nos chambres, y compris Mme Nouget, Rose la domestique, et Maria, la nurse espagnole. Mme Nouget arborait, conformément à son habitude, un air supérieur ; quant à la pauvre Rose, plus ahurie encore que d'ordinaire, elle ne cessait de répéter qu'elle n'avait rien volé ; et la petite Maria eut la voix étranglée en avouant sa nationalité espagnole à la question posée, certaine que la police l'enverrait, elle et sa famille, dans un camp d'internement. Mme Nouget lui tapota affectueusement le dos, lui disant que rien n'allait lui arriver. Quand vint mon tour, j'eus droit à un interrogatoire de routine et à un simple coup d'œil dans ma chambre.

Le bel agent de police descendit enfin, l'air quelque peu décontenancé, suivi des Breton. Il dut avouer à son patron qu'il avait bien trouvé une valise, mais qu'elle était pleine de vêtements de femmes et de produits de maquillage.

– Le monsieur est un poète : rien à signaler ! ajouta-t-il dédaigneusement.

Sur quoi le commissaire ordonna à son séduisant subalterne de procéder à la fouille de la chambre de Serge. Quelques instants plus tard, le policier revint, arborant un air nettement plus satisfait, portant triomphalement la machine à écrire de Serge ainsi qu'un petit revolver à crosse de nacre, objet aussi délicat qu'efficace, que Victor gardait sur lui pour se faire sauter la cervelle au cas où la Guépéou l'approcherait de trop près. Les deux objets furent étiquetés et posés sur la table. Puis le policier qui dressait les procès-verbaux demanda poliment à Serge s'il pouvait essayer sa machine à écrire. Victor lui en donna spontanément l'autorisation.

– Maintenant, ils vont essayer de voir si les caractères de ma machine correspondent avec ceux des tracts stalinistes que je suis supposé être en train d'écrire, m'expliqua-t-il avant de se retirer dans un coin de la pièce pour rejoindre Laurette.

Puis il observa la scène avec curiosité, de cet étrange regard qu'il avait, où se lisait une sérénité teintée d'anxiété.

Je m'aperçus, profitant de ce que tous les policiers avaient le dos tourné, que Varian était en train de vider le contenu de ses poches dans le poêle vert qui se trouvait au fond de la pièce. Après quoi il s'épongea le visage avec un grand mouchoir, puis se moucha bruyamment. Il recouvra son calme juste à temps, quand le commissaire l'informa qu'il souhaitait diriger personnellement la fouille de sa chambre.

– Nous protestons et réservons nos droits, répéta-t-il tout en gravissant les marches à côté du commissaire.

Une fois l'insupportable commissaire sorti de la pièce, nous éprouvâmes un grand soulagement. Je m'approchai d'un policier à l'air benoît et lui demandai aimablement le pourquoi de ce comportement. Il convint que son patron y allait un peu fort, surtout devant des femmes et des enfants. Il excusa l'attitude de son supérieur en arguant du fait qu'ils s'attendaient à trouver une bombe dans la valise, bombe qui était censée exploser au passage du train du Maréchal en direction de Toulon. C'est tout ce que je parvins à savoir.

Aussitôt, nous vîmes descendre Varian et le commissaire, ce dernier avec son butin dans les bras : la machine à écrire de Varian et sa serviette bourrée à craquer.

– Des documents en langue étrangère – de la propagande antipétainiste, c'est clair comme de l'eau de roche ! Allez, allez, prenez note, ce sont des pièces à conviction ! rugit l'homme.

Il les déposa sans ménagement sur la table à côté des autres objets.

– Maintenant je vais moi-même passer la salle à manger au peigne fin. Ici, vous deux !

Il ordonna – pour je ne sais quelle raison – à Breton et à Serge de le suivre dans la pièce, dont il se mit à ouvrir tous les tiroirs, tous les placards, inspectant même la porcelaine, et, ce faisant, tomba sur une feuille de papier ayant servi aux jeux de la veille au soir. On pouvait y lire, tracés de la main d'André Breton (son écriture était caractéristique) les mots : « Ce terrible crétin de Pétain. »

– Vous voyez bien ! tonitrua le cerbère : « Ce terrible crétin de Pétain » ! Cela vous accuse ! C'est de la propagande communiste antipétainiste !

– Je proteste, riposta poliment Breton : « Ce terrible crétin de putain », ce n'est que l'avis de quelqu'un d'entre nous sur un autre, rien de plus. Ça ne concerne en rien le Maréchal !

– Et le coq ? Vous n'allez pas me dire que ce coq ne représente pas la République française, non ? fulmina l'autorité en pointant un doigt vengeur sur le gallinacé croqué au coin de la page.

– C'est contestable, rétorqua André.

Nous étions tous groupés autour des deux hommes quand soudain Killer, en uniforme, jaillit de la porte de la terrasse :

– Chérie, s'exclama-t-il en jetant sa valise par terre et en se précipitant pour m'embrasser. Je suis venu passer ma perm avec toi !

Il s'arrêta net.

– Mais que se passe-t-il, ici ?

– C'est la police. On nous interroge tous et on nous fouille, Killer !

L'un des policiers se glissa aussitôt entre Killer et la porte, pour l'empêcher de s'échapper. Constatant que l'agent avait repris le contrôle de la situation, le commissaire procéda alors à l'interrogatoire de Breton.

– Tout va bien ? demandé-je à Killer en pesant mes mots.

– Parfaitement bien, ma chérie, m'assura-t-il en sortant de sa poche de poitrine ses authentiques papiers de permission.

– Et… Mathieu ?

– Nom de Dieu de nom de Dieu de nom de Dieu, s'exclama-t-il en plaquant une main contre sa joue, j'ai pour quarante mille francs de mandats postaux volés dans ma valise !

– Que vas-tu en faire ? Ils fouillent tout le monde !

– Bon sang ! J'en sais rien !

Je regardai désespérément autour de moi. Varian trompetait derechef dans son mouchoir, surveillant du coin de l'œil sa serviette bourrée, se demandant, je crus le deviner, s'il avait bien tout détruit. Victor Serge, quant à lui, observait le déroulement de la perquisition d'un œil professionnel. Je vins vers lui :

– Victor, mon ami a des mandats volés dans sa valise, d'une valeur de quarante mille francs. Que pouvons-nous faire ?

– Eh bien, laissa tomber Serge sans se départir de son calme, il faut qu'il les sorte de sa valise.

Je rapportai ce message à Killer, comme s'il s'agissait d'une formule secrète éprouvée.

– Serge dit qu'il faut que tu les sortes… vite, dis-je en retrouvant mes esprits.

Killer fut d'accord.

Mes yeux tombèrent alors sur Jacqueline : gracieuse, le poids de son corps reposant sur un pied, l'autre tapotant doucement le sol, elle retenait sa colère tout en écoutant l'interrogatoire d'André. Elle était si belle qu'elle avait certainement le pouvoir de détourner un homme de son devoir. Je m'approchai d'elle et lui chuchotai dans le dos :

– Jacqueline, allez flirter avec ce policier qui est devant la porte.

– Moi, flirter avec un policier ! Mais pour qui me prenez-vous ?

– Nous devons faire diversion… gagner du temps. Je vous en prie !

– Ah, bon.

Elle fit volte-face et se dirigea vers l'homme, roulant les hanches un peu plus qu'à l'ordinaire, et, lui décochant le sourire le plus charmeur qu'il m'ait été donné de voir, elle susurra :

– Ah, monsieur l'officier, pourquoi êtes-vous si méchant avec nous ?

L'homme, sous le charme et rougissant de plaisir, bafouilla qu'il ne faisait que remplir son devoir ; André, qui observait la scène du coin de l'œil, murmura : « Stupéfiant ! »

J'entrai en scène à mon tour, un peu plus modestement, et m'approchai du gardien compréhensif qui m'avait expliqué l'histoire de la bombe. Je lui signifiai que j'avais un besoin urgent de monter, non sans souligner que, selon le règlement établi par le commissaire, il était tenu de m'accompagner.

– Oh, ce ne sera pas nécessaire ! Nous ne sommes quand même pas des barbares ! me répondit-il.

– Mais n'est-ce pas le règlement ?

– La galanterie passe avant le règlement, rétorqua-t-il avec une petite courbette.

Killer et moi-même nous retrouvâmes au pied de l'escalier.

– Le coup des toilettes n'a pas marché. De toute façon, je dois faire semblant d'y aller. Débrouille-toi.

Après être montée, j'attendis un long moment sur le palier, craignant de descendre et d'apprendre le pire pour Killer. Enfin, prenant mon courage à deux mains, je saisis la rampe et descendis. Un petit coup d'œil rapide à Killer me fit savoir qu'il s'était débarrassé des mandats, je me demandais comment. Au même moment surgit le commissaire qui demanda à voir ses papiers. Crânement, Killer les lui tendit :

– Sergent Couraud, de la Légion étrangère, monsieur !

– Veuillez ouvrir cette valise, éructa le policier.

Killer prit la valise, la déverrouilla d'une chiquenaude et en renversa le contenu sur le sol.

– La défroque d'un soldat... Je suis en permission, et je viens la passer avec ma fiancée, Miss Gold, se rengorgea-t-il, fier d'être le seul à être au-dessus de tout soupçon.

Ne faisant ni une ni deux, ils le fouillèrent et lui enlevèrent son gros revolver de service, qui alla rejoindre sur la table le petit bijou de Serge. Killer proclama haut et fort que, même en permission, un légionnaire avait toujours un revolver sur lui. Il demanda un reçu et leur jura ses grands dieux qu'il avait bien l'intention de récupérer son revolver.

– Un légionnaire est responsable de ses armes ! lança-t-il.

Dès que les flics détournèrent de lui leur attention, il m'annonça qu'il avait pu sortir les mandats postaux de sa valise et les cacher derrière un tableau qui se trouvait posé sur une table au pied de l'escalier :

– Nom d'une pipe ! s'étonna-t-il. Où avez-vous trouvé ce tableau complètement dingue ?

Je dus lui expliquer que Marc Chagall était un grand peintre, et que Varian était en train de persuader celui-ci de quitter le pays.

Mme Nouget et Rose, auxquelles il avait été demandé de bien vouloir se retirer dans la cuisine, entrèrent en portant deux plateaux de café fumant accompagné de pain rassis. Mme Nouget fit remarquer d'un ton aigre au commissaire que, ayant été retenue, elle n'avait pu se rendre au marché et que c'était tout ce qu'elle avait à offrir à ces messieurs pour le déjeuner. Il était déjà une heure de l'après-midi. Les procédures légales avaient pris beaucoup de temps. La pause café était la bienvenue, et je profitai de celle-ci pour présenter le sergent Couraud à mes amis.

Au même moment, nous entendîmes un tapage derrière la porte d'entrée. Nous vîmes alors le commissaire se précipiter dehors, aboyant ses ordres, suivi de ses deux fonctionnaires : bruits confus de prise de bec sur le gravier, d'injonctions lancées, d'insultes proférées ; nous aperçûmes alors, serrés entre quatre vigiles, Danny et Jean, lesquels revenaient simplement, sans se douter de rien, déjeuner au Château. Heureusement, Maurice n'était pas avec eux.

Tandis que les policiers dressaient les procès-verbaux des deux nouveaux venus, Killer et moi échangions quelques mots. Je lui exprimais à quel point j'étais désolée qu'il eût choisi ce moment pour arriver, que ce n'était vraiment pas de chance. Il m'assura qu'au contraire, dans un cas comme celui-là, il valait mieux avoir un contact à l'extérieur ; que, de toute façon, ils ne pouvaient pas le retenir : il était tout à fait en règle, et il allait pouvoir m'aider.

Sur ces entrefaites, le commissaire, un peu calmé, nous demanda de retourner dans nos chambres pour rassembler nos objets de toilette et nos médicaments. Cela fait, on nous escorta jusqu'au fourgon garé devant le portail en fer forgé.

Le commissaire jura à Varian qu'il ne s'agissait que d'une simple formalité ; mais Serge nous prévint que c'était le refrain habituel de la police.

Ils n'emmenèrent ni les domestiques ni Jacqueline, eu égard au statut de mère de famille de celle-ci. En revanche, Theo, en tant que membre du Centre américain de secours, dut nous accompagner. A la toute dernière minute, Killer, qui n'avait jusque-là pas remué le petit doigt, sauta dans le panier à salade en dépit des protestations de la police qui n'avait aucune envie de s'embarrasser d'un légionnaire agressif. Mais il resta vissé sur le siège à côté de moi, refusant de bouger jusqu'à ce qu'un policier refermât la portière, et nous voilà partis.

En chemin, nous formulâmes des hypothèses sur notre destination ; Killer nous assura à tous qu'il ne nous lâcherait pas avant de savoir où nous allions, afin de pouvoir en informer le consulat américain. Ainsi nous ne resterions pas coupés de tout contact avec l'extérieur.

– Et puis je rentrerai prendre ces foutus mandats, sinon Mathieu va faire un malheur, me glissa-t-il à l'oreille.

A travers le grillage du panier à salade, je pus voir que nous traversions la ville en direction de l'est. Après avoir tourné à gauche et gravi une petite côte, la voiture pénétra dans la splendide cour de l'évêché, à la lisière de la vieille ville. Nous passâmes sous une ouverture pratiquée dans le vieux bâtiment et les portes du monde extérieur se refermèrent alors derrière nous. On nous ordonna de descendre de la voiture ; nous nous retrouvâmes dans un garage à vélomoteurs. Les échelles de fer inclinées au-dessus des mangeoires témoignaient que le grand hall avait dû servir d'écurie à Monseigneur, dans des temps plus miséricordieux. On nous fit ensuite monter un étroit escalier qui débouchait dans une pièce étroite et basse de plafond, laquelle devait avoir servi de dortoir aux palefreniers. Là se trouvait rassemblée une humanité disparate, tableau de chasse polyglotte, gros et menu gibier que la police avait pris dans ses rets. Personne ne comprenait ce qui lui arrivait, ni pourquoi il avait été appréhendé.

Notre soupente était garnie de pupitres et de chaises d'écoliers. Un tableau noir recouvrait l'un des murs, sur lequel une main farceuse avait gribouillé « Vive le Maréchal ». Nous restâmes là, en compagnie des autres prisonniers, nous asseyant chacun à tour de rôle, penchés sur les pupitres de la salle de classe, sous la surveillance de nombreux gardiens.

Vers six heures, un marchand de journaux entra et vendit tout en un clin d'œil. Varian, moyennant un généreux pourboire, le pria de nous apporter du vin et des sandwiches, car nous n'avions rien mangé depuis la maigre collation de Mme Nouget. Nous avions lu des articles célébrant dans l'enthousiasme le prestigieux visiteur de Marseille – le « maréchal de France », le « vainqueur de Verdun », le « soldat des Français », aujourd'hui « l'armure et le bouclier de la France ».

Enfin, nous fûmes introduits les uns après les autres dans le bureau, où nous attendait notre virulent commissaire. Il nous avait demandé de signer les nouveaux exemplaires des procès-verbaux fraîchement tapés à la machine, ce contre quoi personne n'avait élevé la moindre objection, étant donné qu'ils consignaient la liste des objets qui nous avaient été confisqués au Château. Notre officier avait évoqué, en outre, l'air grave, le fait qu'il allait reconduire à la villa un certain nombre d'entre nous, afin de procéder à une fouille plus approfondie. La vision de la police découvrant les mandats postaux derrière le Chagall me donna la chair de poule. J'étais au bord de la panique quand Theo apparut et m'avertit que, en tant que mère d'un jeune enfant, elle avait reçu le droit de retourner à la villa. Killer et moi lui expliquâmes alors qu'il était vital qu'elle fît disparaître ces papiers compromettants, la suppliant de les cacher sans les détruire. Bien que ce ne fût pas le genre d'acte illégal auquel elle était habituée, elle ne manifesta pas la moindre désapprobation et me donna sa parole qu'elle ferait exactement ce que je lui demandais.

Comme la salle se vidait peu à peu, nous attendîmes que l'on voulût bien nous dire ce qu'il allait advenir de nous. Killer, qui était resté tranquille depuis quelques heures, s'ébroua, mit son képi, et entra d'un pas décidé dans le bureau du commissaire. A travers la porte je l'entendis exiger qu'on lui rendît son revolver, et plus vite que ça ! Comment osaient-ils, lui, un légionnaire qui avait tous ses papiers en règle, le garder prisonnier pendant des heures ?

– Espèce de fumier, pour qui tu te prends ? entendis-je beugler à travers l'épaisseur de la porte.

Killer sortit du bureau quelques secondes plus tard, se battant le flanc d'un air satisfait, son revolver apparemment rengainé. Il enleva son képi et se retira avec moi dans le coin le plus sombre, dans l'attente du prochain mouvement de l'ennemi.

On nous emmena ensuite dans l'impressionnante salle de la brigade des rafles, au rez-de-chaussée, bondée d'un nombre encore plus impressionnant de prisonniers. Parmi eux, nous reconnûmes plusieurs clients du Comité, consternés de voir leur « Mouron Écarlate » et la moitié de son équipe, réduits comme eux au statut de tristes naufragés de ce fameux Ordre nouveau instauré par Vichy. Malgré tout, Varian et moi-même essayions de faire bonne figure ; nous savions que nous appartenions à un grand pays qui était encore neutre, et qu'il était peu probable qu'on nous fît disparaître définitivement derrière des fils barbelés. Quant aux autres, tout pouvait leur arriver.

André Breton fut l'objet d'un interrogatoire plus approfondi ; je pense que le soupçon de sa notoriété avait dû filtrer jusqu'à la salle des rafles. Je le voyais assis dans un coin, répondant, donnant avec une patience d'ange des explications à un hargneux petit homme.

Quand l'interrogatoire fut terminé, un autre inspecteur arriva et je l'entendis glisser à son collègue :

– Qu'est-ce qu'il a de spécial, ce grand gaillard ? C'est vrai qu'il est communiste ?

– Non, répondit l'autre d'un ton méprisant, c'est un anarchiste de salon !

Quand Breton me demanda, un moment plus tard, ce que l'homme avait dit, je lui répétai l'épithète insultante. Il réagit par un haussement d'épaules.

Vers dix heures du soir se produisit un petit remue-ménage dans la salle des rafles, un va-et-vient incessant de policiers et de gardiens, pendant que nous autres les prisonniers tournions en rond comme des bêtes en cage, en nous interrogeant anxieusement les uns les autres sur ce qui était en train de se décider. Varian se dirigea vers le garde en faction devant la porte pour en savoir davantage. Après quoi il nous rejoignit pour nous annoncer d'une voix accablée :

– Nous allons être emmenés à bord du *Sinaïa*, quai du Président-Wilson. J'ai traversé l'Atlantique à son bord, il y a quelques années.

En revanche, quand Breton entendit parler de la mystérieuse coïncidence du *Sinaïa*, il fut extrêmement surpris et émerveillé. Pour Killer qui, de son côté, avait attendu toute la journée pour savoir où on allait nous emmener, ce fut le signal du départ. Il irait dès le lendemain matin au consulat signaler notre situation.

– Tu sais, mon amour, c'est juste derrière le bar du *Pélican*. Tu te souviens ? J'en profiterai pour prendre un verre à ta santé, à celle de Miriam, de ce bon vieux Sergent et de cette bonne vieille Touffe !

Il m'embrassa pour me dire au revoir, marcha à grandes enjambées vers le policier qui montait la garde, lui mit ses papiers sous le nez et repartit, poursuivant le numéro du bon soldat offensé d'avoir été détenu illégalement. Le garde, qui ne comprenait pas pourquoi un légionnaire se trouvait ainsi en première ligne, le laissa filer.

Killer agita les bras au-dessus de la salle bondée pour m'exprimer un dernier au revoir.

Il était plus de minuit quand nous nous engageâmes avec Varian Fry sur la passerelle du *Sinaïa*. Le vieux bateau rassemblait des individus et des personnalités différentes, tous pris dans le grand coup de filet du jour, dont de nombreux Français encore tout interdits de se trouver à bord.

Les hommes furent conduits dans la cale, dans une sorte de dortoir où on leur distribua des nattes de paille sales. Quant aux femmes, elles furent autorisées à dormir dans les cabines de troisième classe. Je me retrouvai avec Laurette et Victor Serge, auquel, eu égard à son âge et à ses problèmes cardiaques, il fut accordé un traitement de faveur.

Il explora la cabine du regard et déclara que nous étions très bien.

– Regardez ces affreux tapis de selle dégoûtants ! m'indignai-je en découvrant les rêches couvertures pliées au pied de chaque couchette, à cette différence près que ce qui monta à mes narines ne fut pas une saine odeur de sueur de cheval, mais les relents écœurants d'un vieux ruban de chapeau moisi. Berk !

– Qu'à cela ne tienne, intervint Victor. En prison, il est sage de prendre ses précautions. Avez-vous apporté un mouchoir ? – il en sortit un de sa poche. Regardez !

Il étala la couverture, appliqua soigneusement son mouchoir sur le bord et le replia.

– Vous voyez ? Maintenant, vous pouvez poser votre menton dessus, ainsi votre peau ne touchera pas la laine. En outre, poursuivit le vieux routier, il est sage d'apporter quelque chose à lire. Cela distraira votre esprit des préoccupations qui ne manqueront pas de l'accaparer.

Il sortit un livre de sa poche.

– Merde, lâcha-t-il. Il est de moi ! Eh bien tenez, Mary Jayne, je vous l'offre !

J'acceptai le cadeau et lus le titre tout haut : *Les Hommes dans la prison*.

– Re-merde, alors, ironisai-je. Merci.

Le lendemain matin, nous nous rassemblâmes de nouveau et, suivant les instructions officielles, nous choisîmes André Breton comme délégué. André revint de la coquerie avec un grand seau de café national sucré à la saccharine et une miche de pain noir et rassis. Légèrement réchauffés et relativement rassasiés, nous pûmes ainsi circuler parmi nos compagnons de voyage : étrange mélange d'êtres humains, le plus étonnant que j'aie jamais vu, qui allait des malandrins et crève-la-faim de tous les horizons aux Français les plus huppés en passant par la gamme complète des réfugiés. Il se trouvait également parmi eux un grand nombre de Juifs. Je me rappelle combien il était triste de les voir aller de l'un à l'autre, inquiets, pour demander à chacun s'il était juif. A plusieurs reprises et en ma présence, Serge répondit, avec la délicatesse et la sensibilité qui lui étaient naturelles :

– Il se trouve que je ne le suis pas.

La sélection des personnes qui se trouvaient à bord semblait avoir été faite de façon purement arbitraire. Graham et Lloyd, les amis anglais de Fry, furent appréhendés non parce qu'ils étaient des agents britanniques, mais parce qu'ils occupaient des chambres qui donnaient sur le quai des Belges, voie que le Maréchal était censé emprunter. Il se trouvait aussi parmi nous un banquier parisien indigné d'avoir été arraché à sa table dans la salle à manger du *Grand Hôtel de Noailles* où il dînait tranquillement avec ses amis ; un homme d'affaires encore tout éberlué d'avoir été enlevé de sa suite au *Grand Hôtel du Louvre et de la Paix*, où il avait réservé une chambre côté rue pour voir passer le défilé ; deux jeunes Syriens de type sémite, cueillis à la terrasse d'un grand café : le fourgon s'était garé au bord du trottoir et l'un des policiers avait lancé à l'autre :

– Il y a encore deux places ! Tiens, ces deux-là, fais-les monter !

Le premier déjeuner nous fut servi dans la cabine ; on nous apporta trois assiettes garnies d'un salmigondis aux effluves nauséabonds : une sauce consistante et noirâtre nappait ce qui ressemblait à des pois chiches accompagnant quelques morceaux de viande. De petites fioritures blanches émergeaient de la sauce figée. Des vers ! pensai-je en repoussant mon assiette. Serge nous mit rapidement au courant du fait qu'en prison, il fallait manger intégralement la nourriture servie, qu'on ne devait rien laisser dans son assiette et qu'en outre on devait tout garder dans son estomac.

– On doit garder ses forces. On ne peut jamais savoir combien de temps on va rester en prison.

Il examina le plat de plus près.

– Ces petites choses blanches… Honnêtement, je crois que ce sont tout simplement les pois chiches qui ont germé.

Sur ce, nous avalâmes notre ragoût sans nous faire prier.

Cette nuit-là, quelques prisonniers se rassemblèrent sur le pont avant et entonnèrent des chansons françaises, anciennes et modernes, en y mêlant du *cante flamenco* que j'aime tant pour ses voix rauques et ses accents plaintifs. Je restai seule sur le pont longtemps après que Laurette et Serge furent allés se coucher.

Mais, le troisième jour, tout le monde se mit à donner des signes d'impatience. Le livre de Serge, *Les Hommes dans la prison*, avait fait le tour de la faction Espère-Visa et avait fini dans la poche de Varian accompagné d'une dédicace personnelle. De petits groupes se formaient, selon la nationalité ou l'affiliation politique communes. Nous échangeâmes tous des informations et de la désinformation ; entre nous grandit un sentiment de solidarité. « Après tout, nous sommes tous dans le même bateau », osai-je lancer, non sans un remarquable à-propos.

Varian et moi réussirent à faire parvenir un message au capitaine, lui disant que nous étions américains et que nous demandions à voir notre consul. Cet après-midi-là, le capitaine nous invita dans sa cabine revêtue de lambris étincelants par la grâce de longues années de soigneux astiquages. Après nous avoir priés de nous asseoir, il nous offrit à chacun un petit verre de bière, en s'excusant de ne pouvoir être un hôte plus généreux.

– C'est tout ce que j'ai à ma disposition, hélas ! Les temps sont durs pour nous tous !

Nous comprenions parfaitement. Au troisième jour de notre détention, je suis loin d'être tirée à quatre épingles et me sens même un peu sale, aussi fait-il bon se sentir traitée comme un être humain, ne serait-ce que devant une petite bière. Quand Varian déclare au capitaine qu'il a naguère traversé l'Atlantique sur son bateau, celui-ci, très embarrassé, lui assure qu'il regrette de faire sa connaissance en de si fâcheuses circonstances : l'administration a tout simplement réquisitionné son bateau et il a été obligé d'obtempérer. Il espère que cela ne durera pas trop longtemps. Mais alors que, pleins de gratitude, nous sirotons notre bière, le mousse entre dans la cabine pour annoncer avec emphase que M. le consul des États-Unis attend en bas.

Varian et moi-même ne cachons pas notre satisfaction et le capitaine redouble de cordialité à notre endroit. Quand, les présentations faites, le vice-consul Harry Bingham, du Connecticut serre chaleureusement la main du capitaine, celui-ci ne se sent plus de joie : tirant une clé de la poche de son pantalon, il ouvre un placard et en sort une bouteille de cognac et quatre verres à liqueur :

– A votre santé, madame, messieurs !

Harry Bingham nous dit avoir appelé la préfecture plusieurs fois mais en vain, ce qui n'est guère étonnant, compte tenu du fait qu'il y règne la plus totale confusion. Demain, le Maréchal s'en retournera à Vichy et les choses reprendront leur cours normal.

Cette nuit-là, je suis retournée sur le pont pour écouter les chansons. J'ai aperçu Jean et Danny au milieu de cette foule d'hommes ; j'aurais aimé être avec eux, mais je n'ai pas osé jouer des coudes pour les rejoindre.

Après l'air guilleret de « Nous étions trois jeunes héros », une profonde voix de ténor germanique a soudain retenti :

Wir sind die Moorsoldaten
Und ziehen mit dem Spaten…
(« Nous sommes les soldats du marécage /
Et avec la bêche nous filons… »)

Et toute la compagnie a repris en chœur le lugubre refrain :

Ins Moor,
Ins Moor.
(« Vers le marécage, vers le marécage. »)

C'était l'hymne au désespoir, le chant des « soldats de la tourbe », qui faisait référence aux prisonniers des camps de concentration allemands. Comme « Lili Marlène », la chanson avait traversé toutes les frontières et s'était répandue d'est en ouest, et maintenant avait gagné le sud, de bouche en bouche, d'oreille en oreille. Je compris que c'était la chanson des condamnés qui ne craignaient pas, au nom de la liberté, de chanter partout où des hommes étaient prisonniers. Debout, près de Victor et Laurette, je sentis, bien que ma petite action fût dérisoire et que je n'eusse jamais osé espérer en avoir vraiment le droit, que désormais j'avais une toute petite place dans la grande lutte.

Je me frayai un chemin vers Danny et Jean. Je me sentis heureuse d'être à leur côté. Quand les hommes chantèrent « *Die Thaellmann Brigade* », peu importait que ce fût un chant communiste allemand, parce qu'il se terminait sur le cri de « *Freiheit* » – Liberté – et je compris cette nuit-là que le mot existait pour tous les hommes dans toutes les langues.

Le lendemain matin, tout le monde fut libéré. Maurice nous attendait sur le quai. Nous prîmes le trolley jusqu'au centre-ville, où une armée d'éboueurs et de balayeurs nettoyait les vestiges du défilé triomphant du Maréchal – rubans, confettis, guirlandes bleu, blanc, rouge. Çà et là, les membres de l'Ordre Nouveau plastronnaient, arborant un sourire satisfait et portant des brassards blancs marqués des initiales G.P. – les tristement célèbres groupes de protection.

À son grand soulagement, Fry apprit qu'au bureau rien ne s'était passé. Si on nous avait arrêtés, ce n'était pas parce que nous avions changé des milliers de dollars au noir ni parce que nous avions fait partir clandestinement les plus grands ennemis du Troisième Reich, mais à cause de la mystérieuse valise censée contenir la prétendue bombe. Un officier de police quelconque s'était souvenu que huit ans auparavant un anarchiste avait placé une bombe sous le passage souterrain conduisant à l'entrée de la propriété du Dr Thumin, bombe qui devait exploser au passage du train transportant le prince de Galles à son bord.

En apprenant la visite du Maréchal, un vent de folie avait soufflé sur la police, qui avait fait main basse sur tout ce qu'elle trouvait. L'afflux des milliers de réfugiés démocrates, tant français qu'étrangers, sans compter les groupes fascistes naissants, avaient quelque peu perturbé l'évident modus vivendi qui régnait entre les forces de l'ordre et la pègre. A présent, des ordres étranges arrivaient d'Allemagne via Vichy. En même temps, par le truchement de la BBC, les premières directives du quartier général de De Gaulle siégeant à Carlton's Gardens nous parvenaient. Quand la police apprit que Pétain arrivait dans la cité phocéenne, elle développa une activité frénétique : les prisons d'abord, ensuite quatre casernes, trois bateaux, enfin plusieurs salles de cinéma accueillirent les ennemis potentiels du régime. On estime qu'environ vingt mille personnes furent enfermées durant cette brève visite. Même les terrasses de café furent soudain vidées de leurs clients, et ce qui en restait demeura reclus dans le bar, au passage de la grosse limousine faisant faire le tour de la ville au Maréchal, roi fantoche, avec ses joues vermeilles et sa tête qui dodelinait.

Ce furent de grands moments pour Pétain. Lui et son entourage rentrèrent à Vichy, convaincus qu'ils avaient la totalité du pays derrière eux. En fait, ils étaient à peu près quatre-vingt-dix pour cent. A ce moment-là, une minorité pensait qu'il allait restaurer la France, mais beaucoup croyaient qu'il pouvait atténuer les effets de l'autorité allemande et se montrer plus futé qu'elle. De toute façon, la plupart estimaient que c'était moins éprouvant que l'occupation totale.

Quand j'arrivai au Château, Theo m'informa que, craignant une seconde descente de la police, elle avait caché les mandats postaux sous un tas de feuilles ratissées. Le lendemain, de bon matin, elle avait aperçu le Dr Thumin s'apprêtant à mettre le feu au tas de feuilles. Affolée, elle avait crié, lui avait demandé de s'éloigner sous un prétexte quelconque et avait transporté les documents dans un lieu plus sûr. Plus tard dans la matinée, Killer était arrivé, l'avait soulagée de sa responsabilité et lui avait communiqué le lieu de notre détention. Aucun d'entre nous n'entendit plus jamais parler des mandats postaux.

Quant à nous, heureux d'être rescapés de cette aventure, après avoir raconté les épisodes marquants de notre expérience sur le *Sinaïa* à Theo, à Jacqueline et à Mme Nouget, nous nous retirâmes dans nos chambres pour nous reposer. En fin d'après-midi, Killer arriva et m'emmena prendre le tram numéro 40 à la gare de Noailles-Aubagne, pour nous rendre à Marseille, où nous devions passer notre lune de miel si longtemps différée.

XXI

Nous restâmes plusieurs jours à Marseille. Killer s'avéra un tendre amant ; j'étais aux anges. Nous fîmes le pèlerinage des plages du Prado et du zoo. Dame girafe, derrière sa barrière, semblait plus triste que jamais et ne sembla pas nous reconnaître. Un soir, nous nous enfonçâmes dans un dédale de ruelles étroites et inquiétantes en direction de la place des Moulins, dans la vieille ville, rien que pour le plaisir de respirer de nouveau l'odeur du danger. Nos anciens compagnons d'armes – Miriam, Sergent et La Touffe – nous manquaient. C'était comme si les journées révolues du mois d'août appartenaient déjà à une période lointaine de notre insouciante jeunesse. Mais nous étions en règle, libres, sans chaperon, et, pour autant que je m'en souviens, nous n'avions nulle action périlleuse en perspective. Je crus bon de ne pas lui demander quelle était la durée de sa permission, et aucun de nous deux ne prononça le nom de Mathieu.

Un jour, aux alentours de midi, nous entrâmes dans le restaurant du quai où nous avions déjeuné pour la première fois en compagnie de nos trois amis. Quand le garçon apporta l'addition, Killer frappa symboliquement ses poches du plat de la main :

– Ben, j' suis complètement à sec. Ma solde y est restée. C'est ton tour, maintenant, mon trésor.

Je déposai les sous sur le petit plateau d'argent.

– C'est parfait, commentai-je. C'est ici que notre histoire a commencé. A partir de maintenant, tout est pour moi.

Comme nous remontions la Canebière, je racontai à Raymond la fois où le pauvre Sergent avait regretté de ne pas être en uniforme pour voir les passants s'éparpiller devant lui comme un troupeau de moutons devant le grand méchant loup. Killer aussitôt bomba le torse et, passant son bras sous le mien :

– Très bien. Je suis ton petit Killer. Tu vas voir ce que tu vas voir !

Nous prîmes notre pas le plus décidé, Killer tantôt regardant droit devant lui, enflé d'orgueil, tantôt glissant un regard vers moi, très fier de lui. Comme le pensait Sergent, les gens autour de nous s'écartaient. Nous continuâmes jusqu'à n'en plus pouvoir, pour finir par nous écrouler morts de rire à une terrasse de café, une centaine de mètres plus loin. Nous étions inconscients et stupides, comme tous les amoureux.

Quelques jours plus tard, au déjeuner, je remarquai que Killer avait l'air fiévreux. Dès la réouverture des boutiques, dans l'après-midi, il entra dans une pharmacie, me demandant de l'attendre dehors. Il en sortit pour me dire brusquement qu'il devait retourner au Château. Dans l'avenir, j'allais m'habituer à ses manières mystérieuses et péremptoires. Il avait toujours ses raisons et je n'étais pas censée poser de questions.

Nous arrivâmes à Air-Bel après le dîner et allâmes nous coucher aussitôt après notre arrivée. A mon grand étonnement Theo m'adressa un clin d'œil de connivence, tandis que nous montions l'escalier.

Arrivé dans la chambre, Killer s'effondra dans un fauteuil et, portant la main à son front, m'annonça qu'il allait avoir une crise de malaria. Il avait attrapé le mal en Afrique et, ponctuellement, les crises survenaient. Je devrais suivre ses instructions.

– Ma fièvre va grimper. Je deviens alors complètement idiot, je dis des choses qui n'ont aucun sens. J'ai les dents qui claquent, et tout et tout. Ne prends pas cet air horrifié. J'ai l'habitude, ça fait longtemps que je vis ça. Et maintenant, écoute-moi bien.

Il sortit une boîte de pilules de sa poche.

– Toutes les deux heures, tu m'en donnes deux. T'as un réveil ? Bien… Tu prends aussi ma température. Si elle dépasse 40 °, t'appelles un médecin. Le Dr Maurice fera l'affaire. Il est bien docteur ?

– Maurice n'est pas là.

– Mais où il se cache, ce salaud ? Juste quand on a besoin de lui !

– Il s'est rendu à la frontière, en voyage d'affaires.

– Une belle bande de contrebandiers, que ça doit être, tes amis !

Ses propos devenaient de plus en plus irréfléchis. Je l'aidai à se mettre au lit, puis il demanda le thermomètre, se mit en chien de fusil et prit lui-même sa température. Il avait 39 °.

Il bougeait et se retournait sans arrêt dans le lit – ce genre de lit qu'on considère comme un deux places en France. Quant à moi, je ne cessai de faire la même chose pour trouver le sommeil. A peine je tombais dans les bras de Morphée que le réveil sonnait ; il fallait alors que je prenne la température de Killer et lui donne ses pilules, qu'il avalait bien gentiment. Mais à la seconde insertion du thermomètre, il ne put se retenir : « Cette fois, tu vises bien, O.K. ? » Ce fut la seule remarque judicieuse qu'il me fit de toute la nuit. Le reste du temps, il se plaignait d'être réveillé à tout bout de champ :

– Tu peux me laisser tranquille, bon sang de bon soir ? ou bien : Mais qu'est-ce qu'il a ce foutu réveil, à sonner tout le temps ? On se croirait dans une caserne de pompiers !

Sa température s'éleva graduellement au cours de la nuit, si bien que j'eus vraiment peur : c'est que je n'avais aucun moyen d'appeler un médecin, la poste et le bistrot du hameau étant fermés jusqu'au matin. Quand il se mit à claquer des dents, je pris toutes les couvertures qui se trouvaient dans le placard et les étendis sur le lit ; je tordis quelques feuilles de journaux pour allumer un feu dans le petit poêle, qui dégagea pendant un court instant une douce chaleur. Par bonheur, à l'aube de cette nuit de la fin du mois de décembre, sa fièvre tomba, et il fut en sueur. Au bout d'un moment, il commença à recouvrer la raison, bien qu'il fût dans un état d'extrême faiblesse. Il apprécia que je le sèche, et que Dagobert lui lèche les jambes. Le roulant sur le côté comme je l'avais vu faire dans les hôpitaux, j'enlevai les draps humides et les remplaçai par nos serviettes de toilette. Enfin, nous nous couchâmes tous deux et dormîmes à poings fermés, tard dans la matinée.

Quand nous nous réveillâmes, il répéta : « Formidable, tu es une vraie petite infirmière ! » et m'assura qu'il ne s'en serait jamais sorti sans moi. Je lui confiai combien j'avais été effrayée à l'idée qu'il n'y eût aucun moyen de joindre un médecin. Lui-même ne sembla nullement affecté en repensant à cette proximité qu'il avait eue avec la mort, cependant il me demanda de n'en souffler mot à personne.

Cet incident, qui s'ajoutait aux autres, me fit comprendre que mon beau légionnaire, auquel je m'étais tant attachée et dont je me sentais maintenant en quelque sorte responsable, pourrait dans le futur être une cause d'embarras; or je n'avais nul désir d'encombrer mes camarades déjà débordés d'un souci de plus, qui ne regardait que moi.

Quand, ce dimanche, nous descendîmes tardivement rejoindre nos compagnons, la pâleur de Killer et mes grands cernes sous les yeux les firent se méprendre, pensai-je, sur la nature de notre activité nocturne.

Ah quelle nuit, en vérité !

Nous restâmes plus ou moins à l'écart des autres; Raymond se sentait encore faible et plutôt mal à l'aise parmi « ces intellectuels ». En apparence, les choses se passaient plutôt bien. Mais, en entendant Danny m'appeler par mon surnom – « Néni » – et en constatant que nous entretenions un commerce agréable et complice, il en tira la conséquence que Danny était l'un de mes anciens amants, soupçon qu'il entretint jusqu'au bout. Quant à Breton, il le prit tout de suite en grippe. Il est vrai que, chaque fois que quelqu'un entrait dans le *champ magnétique* d'André, la réaction était toujours nette et définitive, dans le sens négatif ou positif. Je n'ai jamais compris ce qui avait mis Killer dans le courant négatif. Peut-être était-ce simplement l'extraordinaire personnalité d'André qui mettait mal à l'aise le jeune homme fruste et peu sûr de lui qu'il était. Ce dimanche-là donc, tout ne faisait que commencer, et il était trop faible pour exploser, mais je sentais déjà que la situation n'allait pas être simple.

Le lundi, je laissai Killer reprendre des forces à la villa, et me rendis à Marseille commander un autre lit pour notre chambre. Nous étions tous deux des dormeurs agités. La bonne marchandise était rare en ces temps-là, aussi, quand je jetai mon dévolu sur un lit de camp et un matelas bourré de paille, je pensai que mon robuste soldat n'y verrait pas de différence, en même temps que je me fis la triste réflexion que cette paillasse ne servirait de toute façon que peu de temps, puisque le sergent Couraud allait promptement être rappelé à ses devoirs en Algérie. De cette éventualité, douloureuse pour moi autant que je la supposais être pour lui, nous ne parlâmes jamais.

A ma grande surprise, lorsque le lit de camp et le matelas de paille arrivèrent au Château, Raymond piqua une colère noire et me traita de pingre, m'accusant de donner tout mon argent à ces bons à rien d'intellectuels de réfugiés, sans compter que la plupart étaient de sales Boches. J'éprouvai alors un sentiment de culpabilité, me reprochant de n'avoir pas été assez généreuse. D'un autre côté, un maximum d'argent devait aller aux réfugiés. C'était fort déroutant. Pas vraiment convaincue, je bégayai de plates excuses.

Un instant plus tard, assise sur la chaise près de la fenêtre, comme je croisais et décroisais les jambes, j'en avisai une, certes plutôt bien galbée, mais gainée d'un vieux bas en fil d'Écosse tout filé et plein d'accrocs. Je promis à Killer de lui trouver un meilleur lit et de m'acheter des bas de soie.

– Oui, il va falloir qu'on te fasse belle, maintenant, me dit-il. Mathieu va nous donner une adresse au marché noir pour les bas – il m'embrassa, et ajouta : Oh, mon amour, ne nous disputons plus. Nous n'avons que peu de temps et nul ne sait ce qui va arriver.

Ce qui arriva, c'est que, avant même d'avoir eu le temps d'aller acheter un meilleur lit, je vis mon Killer un beau matin se réveiller et, s'asseyant au bord de sa couche, me dire tout à trac :

– Néni, maintenant, il faut que tu ailles m'acheter des fringues civiles à Marseille.

– Des vêtements civils ? répétai-je avec quelque inquiétude.

– Oui. Je déserte – il agrippa le bord du matelas. Je redéserte.

Puis il déroula une liste de raisons pour lesquelles il ne retournerait pas à Sidi bel-Abbès sous la loi de Vichy. Il resterait à Marseille, où il travaillerait avec Mathieu. Cette perspective m'effrayait, mais lorsque j'élevai des objections, il m'apprit qu'il se trouvait dès à présent en absence illégale depuis plusieurs jours, et que je ne devais pas lui rendre les choses plus difficiles. Je consentis à contrecœur et partis en ville, après avoir consciencieusement noté ses mesures sur un bout de papier.

A Marseille, j'eus beaucoup de mal à trouver quoi que ce soit de correct. Le grand magasin de la Canebière qui arborait fièrement l'enseigne *Les 100 000 Chemises* ne possédait pas une seule chemise à sa taille. Je finis par trouver les vêtements de base, à savoir un pantalon en laine épaisse d'une méchante couleur vert-de-gris et une veste façon tweed, également verte. Mon exigeant Killer fut encore déçu. Je répliquai que, n'ayant jamais été tenue de monter la garde-robe d'un homme avant ce jour, j'avais toutes les excuses ; de plus, on ne trouvait rien sur le marché. Il me rassura en me disant que Mathieu connaissait un bon tailleur et qu'ils allaient ensemble gagner beaucoup d'argent ; il ne me demanderait plus rien.

– N'aie pas l'air si peinée ni si affolée, continua-t-il. Tu es ma petite amie et ma petite amie ne peut pas avoir peur. Allez, du cran. Tu vas pouvoir quand même être fière de ton vieux petit Killer.

Il quitta son uniforme de légionnaire et enfila le douteux costume vert, se regarda dans la glace et pouffa :

– Tu m'as bien arrangé, dis donc ! Tiens, prends mon uniforme et débarrasse-t'en. Tu fais confiance à la vieille, dans la cuisine ?

Il sortit son revolver de sa poche et le rangea dans le tiroir de la table de nuit :

– Je le garde comme souvenir. Il pourrait servir, on ne sait jamais.

Quand je remis l'uniforme à Mme Nouget, elle ne marqua aucune surprise.

– Débarrassez-vous-en discrètement, lui demandai-je, inquiète.

– Je comprends, mademoiselle, me répondit-elle doucement – puis, portant sa main gauche à son épaule droite et retournant le revers de sa veste : Je suis des vôtres.

Sous le revers de son col était accrochée une grande épingle de sûreté. Je compris aussitôt la signification de ces mots, mais non celle de cet insigne bizarre. Je lui exprimai mes remerciements, mais elle reçut ma demande comme si c'était un ordre de routine.

Comme je remontais l'escalier, le sens de son message m'apparut brusquement. Je grimpai deux à deux les marches jusqu'au petit salon du premier étage et, me jetant au cou de mon ex-légionnaire :

– Oh, Killer, c'est merveilleux ! Mme Nouget est de notre côté. « Je suis des vôtres », m'a-t-elle dit, en me montrant son épingle de sûreté – l'épingle anglaise – tu comprends ? c'est son insigne !

– T'es devenue folle ?

– Épingle anglaise. L'épingle anglaise, tu ne saisis pas ? ne cessais-je de lui répéter, au bord des larmes.

Killer m'a regardée.

– Ouais... C'est formidable. Maintenant, écoute-moi bien.

Il me saisit par les épaules et me secoua.

– Mets-toi bien ça dans la tête : j'y arriverai, en Angleterre... Un jour. Mais pour l'instant, je vais travailler un peu avec Mathieu. Compris ?

Mais je n'entendis plus parler de l'Angleterre avant longtemps.

Tout le monde avait remarqué que Raymond portait des vêtements civils : un déserteur était donc parmi nous, qui pourrait nous apporter des ennuis. Mais aucune objection ne fut exprimée. En tout état de cause, Raymond, qui ne se sentait pas à sa place parmi les pensionnaires d'Espère-Visa, ne resta que quelques jours, le temps de se remettre de sa crise de malaria. Autant que possible, il restait à l'écart et parlait à Victor Serge, qui lui portait un intérêt amical. Son malaise avec les autres et son aversion pour Breton empiraient de jour en jour. Tôt ou tard, il allait y avoir un clash.

Breton n'avait pas l'oreille musicale. Pour lui, la musique n'était qu'une désagréable cacophonie. Or Killer aimait écouter la TSF en fond sonore. Un jour, en descendant l'escalier, j'entendis la musique qui jouait à fond, et trouvai Breton et Killer face à face devant le poste de radio, se mitraillant mutuellement du regard. Breton éteignit le récepteur ; Killer le ralluma ; Breton l'éteignit de nouveau. D'un geste brusque Killer saisit le poste, le leva au-dessus de sa tête, et le jeta violemment par terre, où il se brisa.

La stupide tête de mule ! J'explosai, de colère plus que de chagrin. Il partit pour Marseille le jour même. Désormais ces deux parties de ma vie, le Comité et Killer, allaient me tirer à hue et à dia.

J'ai demandé un jour à Victor comment il se faisait qu'il aimait Killer, puisque personne d'autre ne pouvait le supporter.

– Bah, m'a-t-il répondu en plissant des yeux amusés, il me rappelle un peu ma jeunesse.

Serge, au début du siècle, avait été membre cadet de la bande à Bonnot, célèbre dans les annales du crime et de la révolution. Ils furent en quelque sorte les prédécesseurs de la bande à Baader. La plupart des membres de la bande à Bonnot, cernés dans une maison de la banlieue parisienne, avaient péri lors d'un assaut final non sans avoir opposé un résistance des plus courageuses. Victor, l'un des rares survivants, s'était vu infliger une peine légère en raison de son très jeune âge. Il avait raconté cette histoire à Killer, lequel, depuis, ne jurait que par Victor Serge.

Après son retour à Marseille, Killer revint souvent me voir. Il m'emmenait en ville, évitant soigneusement de rencontrer les gens d'Air-Bel, ou bien passait la nuit avec moi. Il avait trouvé un endroit, une maison de passe, où nous avions loué la chambre à la semaine. Au *Nid*, comme nous l'appelions affectueusement, on ne remplissait aucune fiche et on ne nous posait aucune question. Madame nous avait assuré que sa maison était très sérieuse, fréquentée, ma chère, par la police elle-même : aucun danger qu'elle n'y fasse une descente.

Madame était tout à fait l'opposé du stéréotype de l'entremetteuse. Femme d'environ quarante ans, sympathique et accommodante, mince et élégante, aux cheveux décolorés, elle n'avait alors aucune fille sous ses ordres et se contentait de gérer les aspects domestiques de sa maison.

Le premier matin, elle m'avait remis une clé supplémentaire et m'avait dit en aparté que le Gal Wavell, commandant des troupes britanniques au Moyen-Orient et responsable de l'opération « Compass », avait pris Bouk-Bouk et Solloum, fait des dizaines de milliers de prisonniers italiens, et qu'il s'approchait des frontières de la Cyrénaïque.

– J'ai entendu cela à la BBC, m'avait-elle chuchoté.

Mathieu fournit à Raymond de nouveaux vêtements et des papiers d'identité. Il s'était lancé dans les affaires. J'appris que la petite bande de Mathieu, liée à l'association pro-Alliés de malfaiteurs dirigée par Guérini, avait été impliquée dans nombre d'activités illégales, parmi lesquelles des opérations de marché noir.

Killer m'en parlait peu. Un jour, il m'invita à déjeuner chez Mathieu, me disant qu'il était temps que je mange quelque chose de convenable.

L'appartement de Mathieu était l'appartement type du Français moyen nouveau riche. Il était décoré de meubles en fausse marqueterie Louis XV, avec incrustations de roses et de cygnes plus grandes que sur les originaux ; un canapé moderne, rembourré à craquer et tapissé de peluche à motifs floraux, s'adossait contre un mur sur lequel était accrochée une grande aquarelle des gorges du Verdon ; des napperons de dentelle recouvraient chaque surface plane, exposant tout un bric-à-brac début de siècle.

Mathieu me salua avec sa bonhomie habituelle, comme si nous étions de vieux amis. Nous savions bien tous les deux que nos expériences différaient radicalement, mais nous avions sympathisé lors de notre première rencontre.

Une jeune femme sortit timidement de la cuisine.

– Je vous présente Odette, me dit-il. C'est ma femme.

Je m'étonnais qu'il l'appelât « sa femme » et manifestât un tel souci de respectabilité, Killer m'ayant dit qu'elle était sa petite amie.

Le petit visage innocent et en forme de cœur de la jeune femme s'inclina devant moi pour me saluer. Ses yeux étaient écartés, et son front avait la courbure de celui des bébés. Elle portait un pull-over sur une jupe de laine, et se maquillait bien moins que moi. Elle se tourna vers un petit placard encastré en bois de rose et en sortit trois bouteilles : une de porto, une de xérès et une de banyuls. Je n'ai jamais aimé aucun de ces « apéritifs », mais je choisis le troisième pour porter un toast silencieux à Albert Hirschman, alias Albert Hermant, parti il y avait quelques jours de cela à travers les vignobles de Banyuls, sur la voie F, qu'il avait aidé à organiser.

– A la bonne vôtre ! fit Mathieu.

– A la bonne vôtre, répondis-je, tout en pensant : « A Lisbonne ! »

Raymond m'emmena avec lui voir deux acolytes de Mathieu avec lesquels il avait rendez-vous ; l'un, prénommé Étienne, était un grand et bel homme d'une quarantaine d'années, au visage buriné par le soleil, aux traits forts, comme taillés à la serpe ; le second, qui répondait au nom de Joseph, était un type trapu au teint bilieux, morose et silencieux, bref un triste sire ennuyeux comme la pluie. C'était un homme qui exécutait les ordres, quels qu'ils fussent. Je le vois encore, assis près de moi, la main plaquée sur son flanc, comme prêt à dégainer. J'essayai d'arracher quelques mots au premier, peinant pour alimenter la conversation, ponctuant mes phrases de petits rires amicaux : mes efforts n'aboutirent qu'à lui tirer un ou deux oui, oui entrecoupés de grognements embarrassés. Je fus frappée par l'expression fuyante de ses yeux enfoncés dans son visage épais. Comme je me trouvais à court d'inspiration, Mathieu vint à ma rescousse :

– Étienne est un mac, me dit-il, braquant ses yeux dans les miens.

– Qu'est-ce que cela veut dire ? demandai-je.

– Un maquereau, un souteneur, quoi.

– Oh, mais oui, bien sûr, un maquereau, répondis-je aimablement.

– Eh oui ! laissa tomber Étienne d'un ton canaille en haussant les épaules.

– Avant il était contrebandier, poursuivit Mathieu, mais maintenant la frontière est étroitement surveillée et aucun bateau ne peut plus sortir. N'est-ce pas, Raymond ?

– Tu l'as dit, daigna répondre celui-ci.

– Alors, fini la contrebande. Et par les temps qui courent, hein, quoi faire d'autre ? – il écarta ses petites mains. C'est la belle vie, non ?

Odette sortit de la cuisine pour annoncer que le déjeuner était prêt. Mathieu plaça chacun des invités. La conversation – aux antipodes de celles des pensionnaires du Château – roula sur les sujets ordinaires des petits-bourgeois en vacances. Il ne fut pas discuté d'affaires à table, et au demeurant le repas fut délicieux.

Un soir, Killer m'annonça qu'il allait me faire rencontrer des gens bien. Killer, Mathieu et moi arrivâmes dans un bel appartement avec vue imprenable sur le Vieux-Port, décoré de meubles modernes de bon goût. Les invités étaient élégamment habillés et s'exprimaient dans un langage châtié. Killer et Mathieu s'entretinrent longuement avec un monsieur corpulent portant à la boutonnière la rosette de la Légion d'honneur. Un jeune homme au teint terreux et aux cheveux soyeux lui tombant sur les yeux, engagea la conversation avec moi. Il était heureux de rencontrer une Américaine car, me dit-il, son grand patron, le ministre de l'Intérieur, Marcel Peyrouton, était « plus » favorable à mes amis anglais ; je n'avais pas eu le temps de lui demander : « plus favorable que qui ? » que son esprit voguait déjà vers d'autres rivages, et il me pria poliment de l'accompagner dans l'autre pièce, ce que je fis. Nous entrâmes dans un petit bureau. Tandis que je regardais par la fenêtre les lumières scintiller sur la mer, le jeune homme enleva sa veste et roula la manche de sa chemise, découvrant son bras gauche ; puis il posa son coude sur la table et fit jouer ses muscles. Je crus qu'il allait me demander de tâter son biceps, mais au lieu de cela, il se mit à tapoter l'intérieur de son bras : des veines bleues en saillaient, portant les traces des nombreuses aiguilles qui les avaient pénétrées. D'un air désespéré, il me dit :

– C'est mon grand problème, et la seule chose qui me préoccupe.

Je venais de comprendre, lorsque Killer fit irruption dans la pièce, ses cheveux en brosse plus hérissés que jamais. M'entraînant à l'écart, il me pressa de lui dire ce que me voulait ce type, et de lui répéter ce qu'il m'avait dit exactement. Il m'interdisait d'avoir le moindre rapport avec lui. Il me coinça dans un angle et m'étreignit, tandis que le jeune homme au teint pâle replongeait seul dans sa nuit.

– Mon p'tit cœur, j'ai tellement peur de te perdre ! Une fille comme toi, je n'en ai jamais eu. On n'est pas du même monde. Ces gens-là, eux…

– Mais je ne vais pas te perdre pour ce petit-bourgeois anémique ! Ce type est un drogué, Killer.

– Ouais, et alors ?

Nous allâmes rejoindre les autres dans le salon avant de filer sans tarder retrouver notre Nid. Ce fut le seul incident qui me renseigna sur le fait que Mathieu frayait peut-être avec les trafiquants de drogue.

Le film continue de se dérouler…

Un jour, Odette et moi, sur le canapé en peluche, bavardions de tout et de rien, pendant que Mathieu, Raymond et Étienne conversaient dans le coin le plus éloigné de la pièce. Les hommes discutaient toujours de sujets que nous les femmes n'étions pas supposées connaître. J'entendis soudain le ton monter et sentis une certaine agitation s'installer dans le groupe. Brusquement Mathieu se précipita sur le canapé, nous faisant tomber du même coup, Odette et moi, sur le plancher.

– Vous allez voir ce que je vais lui mettre ! hurla-t-il, passant son bras sous le coussin où reposait mon séant l'instant précédent. Il en retira une mitraillette.

– Un *parabellum* ! C'est avec ça que je vais l'accueillir. Je vais lui en faire goûter !

Il traversa la pièce en courant, pressant amoureusement son arme contre lui, le canon dirigé vers le plafond, hurlant comme un enragé. Killer et Étienne le poursuivirent, le rattrapèrent et l'immobilisèrent doucement, mais sûrement.

– Du calme, du calme ! lui répétaient-ils.

Ils le désarmèrent sans mal. Après avoir lancé quelques nouvelles imprécations contre son obscur ennemi, il se calma et s'excusa d'avoir provoqué un tel chahut. Son humeur agressive envolée, il se lança bientôt dans les récits de sa folle jeunesse. Mathieu était un excellent conteur.

Telles sont les images qui remontent à la surface de mes jours heureux et insouciants avec la petite bande. Ce n'était que le début.

XXII

A la mi-décembre, Jay Allen, un journaliste américain, et une certaine Miss Palmer, femme d'âge mûr et bien intentionnée, arrivèrent pour prendre en charge la gestion des bureaux de la rue Grignan et remplacer Varian Fry. Les plaintes incessantes provenant du Département d'État avaient fini par alarmer le bureau de New York, qui, loin de pouvoir prendre la mesure du climat politique et de la situation périlleuse des réfugiés, ne pouvait pas davantage comprendre les conditions dans lesquelles travaillait Fry. Ce dernier installa donc Miss Palmer à son bureau et s'efforça, en un temps record, de la mettre au courant de ses méthodes. Mais toute l'équipe manifesta une attitude de rébellion, réticente à révéler les contacts, les itinéraires et les planques depuis longtemps soigneusement établis, organisés et repérés, à deux personnes somme toute non éprouvées. A la suite de l'installation de la nouvelle équipe de gestion, plusieurs agents communistes durent être exclus du bureau durant la première semaine. Peu après, Miss Palmer, comprenant qu'elle ne faisait décidément pas le poids, démissionna, tandis que Jay Allen, lui, se mit à passer le plus clair de son temps dans les bistrots, entre deux reportages. Puis il se rendit à Vichy, où on lui demanda en fin de compte de quitter le pays. Varian reprit alors les rênes de l'organisation, au grand soulagement de tous.

Peu après l'installation du Centre américain de secours, Varian eut à souffrir de l'incompréhension du bureau de New York, lequel, sous l'influence des rapports désormais peu amicaux du Département d'État et de ceux de l'ambassade américaine à Vichy, le pressa de rentrer. Il fut même un temps où ce même bureau de New York menaça de retirer totalement son appui au Centre. Je pense que cet état de fait était dû, partiellement, à une rivalité de personnes, chacun voulant sauver en premier lieu ses amis. Or Varian, en bon libéral qu'il était, s'efforçait d'aider tous ceux qu'il pouvait, indépendamment de leurs affiliations politiques. Par ailleurs, le bureau de New York pouvait difficilement comprendre l'extrême délicatesse de la position occupée par Fry, qui fonctionnait, avec son immense réseau de contacts et ses engagements tacites, dans une zone crépusculaire entre légalité et illégalité ; il ne pouvait pas non plus imaginer l'extraordinaire confiance que Fry inspirait à toute l'équipe ; aucune autre personne n'aurait pu assurer avec une efficacité comparable la cohésion de celle-ci.

Ses lettres à Eileen, sa femme, témoignent de son exaspération et de sa douleur : « Ce que je n'arrive pas à comprendre, c'est comment il [Jay Allen] peut imaginer que mon travail consiste à édifier ma célébrité. Tu ne peux pas savoir à quel point cette idée me fait mal car, si j'ai jamais été dévoué à une cause, c'est bien à celle-ci. Je travaille dans le plus pur anonymat. Il se trouve simplement que je prends très à cœur mes protégés… Je suis comme un homme qui, d'un coup, aurait fondé une grande famille dont chacun des membres – enfin presque – lui serait cher. »

Le 13 décembre eut lieu l'arrestation de Pierre Laval : le plaidoyer ouvert que fit ce petit magouilleur à peau brune en faveur de la collaboration économique et militaire avec l'ancien ennemi dépassa les limites, même pour Pétain et son entourage.

Les circonstances précédant son arrestation m'intéressèrent tout particulièrement. Le 11 décembre, Laval transmit au Maréchal l'invitation, de la part d'Hitler, d'assister à Paris au retour des cendres de l'Aiglon, le fils de Napoléon (né roi de Rome à Paris, en 1811, mort duc de Reichstadt à Vienne en 1832). Le malheureux jeune homme demeura longtemps une figure romantique de la légende napoléonienne. Inhumé dans son uniforme blanc d'officier autrichien, son corps reposait en paix depuis plus de cent ans à Vienne, dans le caveau des Habsbourg. Le geste inutile et nécrophile d'Hitler, au nom de l'amitié franco-allemande, choqua non seulement Pétain, mais plus encore le pays tout entier. Le corps de l'Aiglon fut scandaleusement transporté dans les rues de Paris, au cœur de la nuit du 14 au 15 décembre, dans un caisson allemand, pour finalement reposer aux côtés de son père, sous le dôme des Invalides. Laval, qui avait organisé ce malencontreux retour, fut sur ordre du Maréchal assigné à résidence surveillée dans sa propriété de Châteldon dans le Puy-de-Dôme.

Le lendemain matin, debout aux côtés d'Otto Abetz, l'émissaire d'Hitler à Paris, l'amiral de la flotte François Darlan, qui était ouvertement en faveur de la victoire ennemie, représenta son pays au cours de la cérémonie, sous escorte allemande.

Ô soleil d'Austerlitz ! J'ignore pourquoi la manipulation des ossements de ce jeune homme, tels des pions sur un échiquier diabolique, m'émut si profondément. Mais je ne pus faire part de cette émotion à personne.

Nous avions tous espéré que la chute de Laval arrangerait la situation des réfugiés. Or il n'en fut rien, bien au contraire. Un jeune Allemand « aryen », du nom de Niemeyer, qui possédait un visa américain, se vit refuser son visa de sortie par la Préfecture, où régnait toujours la même pagaille. Ce jeune homme décida de se rendre sur-le-champ au quartier général de la Gestapo à Aix-en-Provence pour demander des comptes. A cette impudence, la Gestapo répondit par une extradition, au simple motif que Niemeyer n'avait pas fait son service militaire. Quelques jours plus tard, le gouvernement espagnol demanda l'extradition de Largo Caballero, ancien premier ministre de la république espagnole, sur lequel pesaient des accusations forgées de toutes pièces de vol qualifié et de meurtre. Vichy le garda à Aix en instance d'audition. Ces deux faits étaient sans précédent : Varian décida alors de se rendre immédiatement à Cannes et à Nice pour se mettre en rapport avec certaines personnalités qui étaient sur sa liste, avant qu'il ne fût trop tard. Il partit, avec Maurice et Danny, quelques jours avant Noël.

A Marseille, les magasins avaient accroché des guirlandes de couleur à leur vitrine, mais à l'intérieur, il n'y avait rien à vendre. Je n'ai pas souvenance que nous ayons eu droit à des rations supplémentaires. Le seul endroit de la ville qui conservait encore quelque chose des anciennes liesses de Noël était la foire des allées de Meillan, tout en haut de la Canebière. Les fleurs, les branches de sapins, et les santons y composaient un tableau presque aussi gai et généreux qu'au temps des belles années. On achetait ces petites figurines qu'on disposait ensuite dans la crèche autour de l'Enfant Jésus, à côté de Marie et de Joseph, parmi les bergers de Judée et les anges du ciel. Or cette année, un autre santon était venu compléter la série habituelle des petits personnages : c'était le maréchal Pétain, droit comme un i dans son uniforme militaire, avec ses joues roses, son œil bleu, ses cheveux blancs – aimable figure de patriarche au milieu de tous les siens. J'avais failli en acheter un pour décorer le centre de table, et faire ainsi concurrence aux mantes religieuses de Breton, mais je n'avais pas osé.

Avec la proximité de la fête, je commençais à me sentir mal, comme cela m'arrivait toujours à cette époque. J'étais très émue par la pensée de certains Noëls trop heureux, et d'autres qui l'étaient moins. Mon enfance était une terre étrange et disparate. Killer, lui aussi, commençait à se sentir nerveux.

Même si je trouvais amusante la compagnie de Mathieu et de sa petite bande, je n'avais pas vraiment envie de passer les vacances avec eux, et ils souhaitaient vraisemblablement, de leur côté, être en famille. D'autre part, fêter Noël au Château avec Killer ne me semblait pas une bonne idée. Lui-même résolut le problème en suggérant que nous partions skier quelques jours au mont Revard. Nous passerions voir les parents d'Odette sur la route, me dit-il l'air de rien.

Ceux-ci vivaient dans une petite maison de pierre, aux Pins, petite ville proche de la frontière suisse. Ils nous accueillirent avec une chaleur mêlée de curiosité et, après l'apéritif, nous servirent un excellent déjeuner dans la cuisine. Après quoi, Killer s'entretint en aparté avec le mari et lui remit en catimini un objet. Ce petit homme au visage d'ange devait être un receleur. Pendant leur bref échange, je restai seule avec la mère d'Odette. Elle me demanda craintivement des nouvelles de sa fille ; elle redoutait que sa chérie ne fît le trottoir. Devinant ses doutes, je l'assurai que Mathieu avait l'air de l'aimer chaleureusement et qu'il semblait vouloir la rendre heureuse. Elle sembla un peu soulagée, mais ne me crut qu'à moitié.

– On ne sait jamais comment vont tourner les choses… J'aurais aimé qu'elle ait quelque chose de plus sûr… Une situation… Je m'inquiète… Ne lui en dites rien, surtout – elle glissa un coup d'œil vers son mari. C'était une si gentille petite fille, qui faisait toujours ce qu'on lui disait.

Killer et moi arrivâmes à l'hôtel du *Mont Revard* à temps pour le dîner. La salle à manger était presque vide, à l'exception d'une grande table centrale occupée par de jeunes officiers français. Le maître d'hôtel allait nous accompagner à la nôtre, quand Killer se mit à marcher délibérément vers eux et, d'une voix de stentor, les traita de « bande de lâches et d'imbéciles de l'armée foireuse de Vichy ». Les hommes eurent l'air offensé, mais ne répondirent pas. J'aidai le serveur à éloigner Killer de leur table.

Nous n'échangeâmes quasiment pas un seul mot de tout le dîner, mais une fois dans la chambre je lui fis vertement savoir que je n'appréciais pas qu'il se fît aussi stupidement remarquer en injuriant gratuitement le monde. En outre, où donc se trouvait-il lui-même ? Dans la Royal Air Force ? Il bougonna quelques syllabes avant d'admettre d'un air honteux qu'il perdait parfois un peu la tête.

Le lendemain matin, sur les pistes, il se montra fort vexé de tomber aussi souvent, et fort dépité devant l'évidence de mon savoir-faire, nettement supérieur au sien. Une fois qu'il eut admis qu'il était un débutant et moi une skieuse chevronnée, il fit le clown sur les pistes, heureux comme un gamin. Ce soir-là, veille de la fête, quand les enfants du village vinrent chanter des chants de Noël, nous enfilâmes tous deux nos manteaux et restâmes debout dans la neige à les écouter. Plus tard, il m'avoua :

– Tu sais, mes Noëls n'ont jamais été faciles. Mais celui-là reste dans mon souvenir. Et toi ?

– Pour moi c'est exactement pareil.

Un jour, lors de notre bref séjour au mont Revard, nous nous retrouvâmes tous les deux dans l'étroit ascenseur, nez à nez avec l'un des officiers que Killer avait insultés. Il lui présenta aussitôt ses excuses, ajoutant que parfois c'en était trop, et qu'il ne pouvait se retenir.

– Nous ne vous comprenons que trop bien, monsieur, lui répondit aimablement le jeune homme.

Killer répéta l'expression plusieurs fois au cours de la journée : « Nous ne vous comprenons que trop bien, monsieur. »

– Dis, c'est pas mal, non ? Peut-être que ces types ne sont pas si mauvais, après tout.

Killer pouvait vous rendre fou, mais il avait une façon d'être vraiment très attachante.

Le 30 décembre, nous revînmes à Marseille. La une des journaux ne parlait que des bombardements massifs qu'avait eu à subir Londres, la veille au soir. Nous descendîmes la Canebière jusqu'au Vieux-Port pour prendre un apéritif et, au coin de la rue Beauvau, une vieille femme et un vendeur à la criée s'époumonaient, l'une : « Lisez les prophéties de Nostradamus ! C'est la fin du monde ! » et l'autre : « Londres est une mer de flammes ! Londres est une mer de flammes ! », tandis que devant nous, au-delà du port, un glorieux coucher de soleil flamboyait dans le ciel d'hiver.

« La fin du monde… Londres une mer de flammes ! »

– Regarde ! dis-je en saisissant le bras de Killer pour lui montrer le ciel empourpré.

Ma main devait trembler ; il me fit faire un tour de quatre-vingt-dix degrés sur moi-même, me désignant la rue.

– Londres, c'est par là. On ne voit pas les flammes d'ici. Calme-toi, Néni. T'en fais pas.

Je retournai ce soir-là tard au Château. J'y retrouvai Varian et Maurice qui rentraient de Cannes et de Nice. Ils me racontèrent l'histoire de leur voyage.

Ils avaient rencontré André Malraux chez Valeriu Marcu, l'historien roumain. Malraux venait de s'évader d'un camp de prisonniers de guerre et était en train d'écrire ses mémoires. Il ne voulait pas quitter la France, il y avait tant de travail à faire, leur avait-il dit.

Ils étaient allés voir André Gide à Cabris, sur les hauteurs de Grasse. Ils avaient trouvé le vieil homme enrhumé et tout emmitouflé, mais il les avait néanmoins généreusement reçus, leur offrant ce dont il disposait, du thé et des biscuits. Ils avaient conversé pendant plus d'une heure. Varian était très impressionné par ce géant de la littérature française.

Gide avait confié à Fry qu'il ne pensait pas que les Allemands allaient l'arrêter ; au contraire, ces derniers se montraient obséquieux dans l'espoir de le voir collaborer. Ses œuvres, à la différence de celles de Malraux, de Bernanos et d'autres, ne figuraient pas sur la « liste Otto », le catalogue nazi de la littérature mise à l'index. Aussi Gide semblait-il étonné de se retrouver doyen des lettres françaises. Mais il avait assuré à Varian et à Maurice qu'il n'y avait aucun danger qu'il passe un jour à l'ennemi. L'air contrit, il leur avait dit que, depuis la débâcle, il n'avait rien pu écrire, excepté son *Journal*. Pour se distraire, il lisait Dickens.

Matisse et Picasso avaient également choisi de rester en France. Ils avaient généreusement offert de prêter leurs noms au Comité en qualité de commanditaires, connaissant la nature du travail autant que les risques encourus. Les personnalités entourant Varian lui fournissaient un en-tête de lettre impressionnant, aussi étonnant que celui du bureau de New York.

A Nice, son hôte Marcu lui annonça qu'il pensait que M. et Mme Fritz Thyssen avaient été arrêtés. Marcu avait lu un démenti de leur arrestation dans les dernières pages du *Petit Niçois* et avait affirmé que, compte tenu de ce qu'il savait de la presse fasciste, c'était un signe certain qu'ils avaient été appréhendés. Les Thyssen étaient descendus au *Carlton* de Cannes. Cela valait la peine d'aller y jeter un œil.

Fritz Thyssen était un riche industriel allemand qui avait parrainé Hitler et l'avait lâché à la veille de la guerre. Des réfugiés de leur genre ne comptaient évidemment pas parmi les clients du Comité. Il n'en restait pas moins que l'extradition était son affaire.

C'était la veille de Noël, il faisait froid et les trottoirs étaient recouverts de neige fondue. Fry prit le train jusqu'à Cannes ; il se rendit au *Carlton* où il apprit que les Thyssen avaient déménagé pour l'hôtel *Montfleury*, sur les hauteurs de la ville. Fry grimpa la côte à pied jusqu'au *Montfleury*, pour apprendre de nouveau qu'ils ne s'y trouvaient pas. Varian demanda au concierge d'appeler le directeur. Entre-temps, il obtint du portier l'explication suivante :

tôt le matin, il y avait de cela quelques jours, sept policiers en civil étaient arrivés devant l'hôtel dans deux voitures immatriculées à Vichy et avaient exigé d'être conduits dans l'appartement des Thyssen. Le directeur avait refusé de déranger ses clients à pareille heure, forçant les hommes à attendre jusqu'à onze heures, heure à laquelle les Thyssen descendirent, furent immédiatement arrêtés et invités à ranger quelques effets dans une petite valise.

– Ils ont été conduits à Vichy, chez les Boches, dit le portier, qui avait été témoin de toute la scène.

Le directeur, appelé à la demande de Varian, refusa de lui communiquer le moindre renseignement, arguant du fait qu'il avait donné sa parole d'honneur de ne parler à personne de cet incident. Quand Varian voulut insister, invoquant un honneur plus grand que celui d'une parole donnée à des agents de Vichy, il se vit traiter de salaud d'Américain qui ferait mieux de s'occuper de ses affaires. Sur ces invectives, le directeur le pria de quitter l'hôtel.

Varian rédigea un compte rendu de ce qu'il avait vu et entendu et l'envoya à Archambault, le correspondant du *New York Times* à Vichy. C'était le premier cas attesté d'extradition sans préavis, avec la collaboration de la police de Vichy. Fry ressentit alors l'urgence accrue de faire sortir instamment du pays des réfugiés tels que Breitscheid et Hilferding, les Georg Bernhard, Arthur Wolff et quelques autres.

Ces nouvelles firent souffler un vent de panique parmi les réfugiés. Au Château, cet incident devint le centre de nos conversations ; les discussions se terminaient toujours sur l'affirmation que les Thyssen n'étaient pas le genre de personnes qui méritaient notre sympathie. Mais ils avaient la mienne : en effet, Mme Thyssen-Gussie, comme nous avions coutume de l'appeler, avait été une amie de mon frère Dick. C'était une grande et belle fille issue des hautes sphères du pouvoir polonais. Dick m'avait dit qu'elle était pour Hitler parce qu'elle souhaitait que la partie du pays qu'elle habitait ainsi que l'est de la Prusse fussent géographiquement unis à l'Allemagne. C'était dans les années trente et, à ce moment-là, le désir de faire partie de ce pays était tout à fait concevable. De toute façon, nous ne parlions jamais de politique ensemble, et Gussie était une amie débonnaire et sympathique. Elle avait des pommettes saillantes, un nez légèrement busqué, des yeux rieurs, et un joli sourire qui illuminait tout son visage. Chaque fois que mes amis du Comité mentionnaient le fait qu'elle ne méritait aucune sympathie, son sourire me revenait à l'esprit, et la façon dont elle taquinait Dick. Je me suis rappelé sa façon de tirer sa jupe trop courte sur ses genoux osseux, geste machinal que font les filles aux longues jambes quand elles sont assises. Puis j'ai essayé d'imaginer ce même visage durant le long trajet dans la voiture qui l'avait conduite à Vichy, à Paris, à Wiesbaden, enfin à Berlin. Je n'ai jamais su ce qui lui était arrivé.

Au début de l'année nouvelle, le Centre américain de secours installa ses bureaux de la rue Grignan dans un endroit plus spacieux, au 18 boulevard Garibaldi. On installa le lit de camp du jeune Gussie Rosenberg, qui continua sa tâche de gardien de nuit, dans l'une des arrière-salles.

Murchie, le nouvel agent britannique, s'opposa fermement à ce que ses aviateurs anglais évadés fussent retenus ne serait-ce que quelques semaines dans le camp d'internement espagnol de Miranda de Ebro. Ils courraient moins de risques s'ils traversaient la Méditerranée jusqu'en Afrique du Nord, d'où ils pourraient rejoindre Gibraltar ; dans les colonies françaises, les contrôles de police étaient moins nombreux et plus indépendants : ce qui rejoignait bien les plans de Varian, qui, après l'affaire Thyssen, voulait faire sortir le plus grand nombre possible de ses protégés hors de France et loin des griffes de la Gestapo.

Charles, le barman de *La Dorade*, joua un rôle important dans cette nouvelle stratégie. Pour un prix raisonnable, il fournirait des planques à Marseille ainsi que des cartes d'équipage permettant l'embarquement des hommes au départ et leur débarquement à leur arrivée en Afrique ; mais l'influence de Guérini s'arrêtait à la passerelle. Fry engagea Pacciardi et Lussu, deux socialistes italiens du parti activiste, pour faciliter le transit en Afrique du Nord. Ils commencèrent par les soldats anglais, qui risquaient au pire un internement de courte durée dans des camps de prisonniers de guerre s'ils se faisaient prendre, et les utilisèrent comme cobayes.

Le plan fonctionna à la perfection. Le Comité fit bientôt partir pour l'Afrique du Nord une cinquantaine d'hommes qui recouvrèrent leur liberté – du moins les hommes jeunes, en bonne santé, et débrouillards.

Killer et moi-même étions vaguement au courant de ces nouvelles manœuvres. La bande à Mathieu appartenait, selon une organisation très féodale, au fief des frères Guérini. Killer, curieux comme un chat, essaya alors de découvrir la vérité sur les activités du suzerain. Il rapporta avec une note de respect dans la voix que mon ami Varian restait souvent à *La Dorade* après la fermeture du rideau de fer, et qu'en outre, des agents britanniques le rejoignaient.

Il poussa plus loin son enquête et, pendant un temps assez bref, Jean Gemähling et lui caressèrent le projet de partir pour l'Angleterre, mais il n'aboutit pas. Jean pensa qu'il pourrait mener sa tâche aussi utilement en France, quant à Killer, il accepta provisoirement un plan plus lucratif.

Un soir, nous décidâmes d'aller dîner dans ce fameux restaurant. Mon compagnon entra, arborant un air insolent, comme pour montrer qu'il y était à sa place et qu'il ne vivait pas au-dessus de ses moyens. Je n'espérais qu'une chose : qu'il se tienne bien. On nous plaça à une table centrale. Dans un coin sombre étaient assis Varian et Jean Gemähling ; ils inclinèrent poliment la tête et évitèrent ensuite de regarder dans notre direction. Killer me montra un grand type à l'autre bout de la salle : c'était Murchie, m'informa-t-il, le nouvel agent. Il ne savait pas qui était le petit mec très laid assis à côté de lui ; moi je le connaissais : c'était Boris Kourillo, l'agent de change ; mais je ne révélai pas son identité. Assise là, avec mon ami, non loin des représentants de la cause à laquelle je croyais, je me sentais mal à l'aise. La conversation languissait. Après quelques saillies émises tout haut à propos des « combattants de salon », Killer ne trouva plus rien à dire.

Vers la fin du dîner, il me demanda, avec son air coutumier à moitié furieux, à moitié piteux :

– Tu aurais préféré être avec eux, hein ?

– Non, pas vraiment.

– Non, pas vraiment… Qu'est-ce que ça veut dire ? Bon sang de bonsoir, mais qu'est-ce que ça veut dire ?

– Je veux dire que je préférais la façon dont ils travaillaient, à l'époque de Sergent, La Touffe et Miriam. Je pensais que nous aurions pu tous travailler ensemble.

– Eh bien, oublie !

– Et si je ne peux pas l'oublier tout à fait ?

– C'est ça, dis-le, tu préférerais être avec ces foireux d'intellectuels ?

– Killer, je pourrais être avec ces *foireux* d'intellos, si je t'avais laissé tomber. Je ne l'ai pas fait. Je ne le ferai pas.

– Tu as de curieuses façons de parler à un homme. Je n'ai jamais connu une fille comme toi.

– Et moi je n'ai jamais connu un mec comme toi.

Cette nuit, longtemps après que Killer se fut endormi, je continuai à réfléchir à sa question. Je mesurai tout ce que signifiait le Comité pour moi, à quel point j'étais attachée à ses membres, en dépit de ma relation avec Killer. Le Secours américain, les événements politiques et militaires de l'époque faisaient partie de l'air que je respirais. Ma liaison amoureuse elle-même aurait pris un tour très différent sans l'histoire qui se jouait en parallèle.

Je ne pus jamais choisir entre les deux. J'aurais pu me dévouer complètement à Killer et oublier le Centre américain de secours. Mais cela aurait été une autre histoire, et non la mienne. Ou bien j'aurais pu laisser tomber Killer, mon deux-fois-déserteur, avec sa folie, son panache, son absence de principes et ses fragilités attachantes. Cela, aussi, aurait été une autre histoire. Ou encore j'aurais pu rentrer chez moi. Au lieu de cela, je me suis toujours trouvée coupée en deux.

Ainsi, plus ou moins douloureusement confrontée à ce dilemme, je suis restée là où avait lieu l'action. Rétrospectivement, je pense que, ballottée de cette façon, j'ai vu et ai compris plus de choses que si je n'avais été qu'une brave jeune fille désespérément et fougueusement amoureuse de son bandit, ou bien une femme passionnément dévouée, seule ou accouplée à un camarade également bien-pensant, donnant sa vie à la cause.

Après l'extradition des Thyssen, les deux réfugiés susceptibles d'être livrés aux nazis étaient Breitscheid et Hilferding, toujours sous assignation à l'*Hôtel du Forum* à Arles. Varian, qui s'inquiétait à leur sujet depuis le mois d'août, estima qu'il était d'une nécessité impérieuse de les faire monter sur n'importe quel bateau en partance pour l'Afrique du Nord. Il s'appliqua à transformer leur apparence facilement reconnaissable : il leur procura de fausses barbes et leur fit teindre les cheveux. Puis il alla les chercher à Arles et les cacha en lieu sûr, avant que la police, s'apercevant qu'ils avaient disparu de leur hôtel, ne donne l'alerte.

L'un des hommes de confiance de Charles conduisit Varian dans le dédale des ruelles de la vieille ville. Grâce au mot de passe, les passages secrets entre les maisons attenantes s'ouvrirent. On leur fit grimper et descendre maints escaliers, revenir sur leurs pas pour que Varian ne sache plus où il se trouvait. Ce parcours détourné aboutit finalement à un entrepôt caché derrière un mur fait de caisses d'emballage empilées jusqu'au plafond. Cette pièce aveugle était garnie de deux lits de camp sales et d'un lavabo. Après deux jours, Varian, qui ne tenait plus dans ce bouge, se rendit dans le Lubéron, à l'ouest de Manosque, pour y chercher un logement plus éloigné, au cas où les choses tourneraient mal. Il y eut pour guide Jean Giono. Le romancier et poète des collines et de leurs robustes bergers assura à Fry que ceux-ci étaient bien les hommes qu'il décrivait, honorables, courageux et entièrement dignes de confiance. Il montra à Fry des cabanes et des habitations si éloignées que même les gendarmes locaux n'y avaient jamais mis les pieds.

Fry retourna à Marseille et fit établir de faux papiers d'identité alsaciens pour Breitscheid et Hilferding.

Encore une fois, Charles, de *La Dorade,* trouva une solution. Il possédait une voiture, assortie d'un permis de conduire dans les Bouches-du-Rhône et les départements voisins. Varian vérifia sa carte grise ainsi que tous les permis dûment tamponnés ; à cette époque, une voiture était un privilège inouï, d'habitude réservé aux hauts représentants gouvernementaux ou aux membres de la Commission d'armistice. Pour une somme raisonnable, la limousine fut donc mise à la disposition du Comité.

Des planques que Fry avait trouvées dans l'arrière-pays, il n'en était donc plus besoin, quant à ses sages et minutieuses précautions, elles se révélaient vaines. La voiture conduirait directement ces hommes d'État de l'ancienne social-démocratie allemande de l'*Hôtel du Forum* à Arles aux docks de Marseille, un soir où un bateau serait en partance pour Oran.

Tard, le soir de l'évasion, Varian et Murchie attendirent anxieusement à *La Dorade* que le chauffeur vienne leur annoncer que les hommes étaient montés sans encombre à bord du navire. Au grand mécontentement de Fry, Murchie avait amené le petit Boris Kourillo, l'agent de change. Après plusieurs cognacs, Murchie devint bavard et se mit à parler des soldats britanniques qu'ils venaient de faire partir clandestinement pour Oran ce soir-là. Fry feignit la surprise et l'ignorance. Mais Boris ne fut pas dupe et il changea de conversation avant que Murchie ne livre de plus compromettants détails. Il l'interrompit en lui récitant de méchants limericks, ces petites pièces plus ou moins comiques en vers de mirliton dont Murchie était friand. Peine perdue, car en plein milieu de « La fille de l'île Maurice », le chauffeur entra en trombe par la porte de service, fou furieux, annonçant qu'il s'était tapé le trajet jusqu'à Arles pour apprendre que ces deux couillons ne venaient plus ! Ils avaient changé d'avis :

– C'est à se les prendre et à se les mordre ! fulmina-t-il.

L'explication ne se fit pas attendre. Les deux hommes avaient des relations importantes dans le monde entier. Un câble venait de leur arriver des États-Unis, leur annonçant que des visas de sortie, qui ne passeraient pas par la Commission allemande de l'armistice, allaient sous peu leur être délivrés. En fait, la sous-préfecture d'Arles avait envoyé un fonctionnaire à leur hôtel sous une pluie torrentielle leur annoncer qu'ils n'avaient plus besoin de faire leur demande de visas de sortie : ils venaient de leur être accordés ; ils n'avaient plus qu'à se présenter à la préfecture de Marseille pour les retirer avant de partir. C'était la première fois que des réfugiés étaient traités avec une telle considération et un tel empressement.

Les Breitscheid, M. Hilferding, dont la femme était restée à Paris, et Erika Bierman, la secrétaire de Breitscheid, arrivèrent dans le bureau de l'Emergency Rescue Committee au matin du 28 janvier pour montrer fièrement à Fry leurs visas de sortie apposés sur leurs affidavits tenant lieu de passeports. La couleur était revenue sur leurs visages blêmes, et leurs gestes étaient animés d'une vive et nouvelle énergie. Les femmes se mirent à bavarder et à interroger Fry sur la vie aux États-Unis. Comme c'était passionnant ! Un nouveau pays, la liberté enfin retrouvée ! Varian riait, heureux d'avoir été démenti par les événements. Il répondit à toutes leurs questions et leur indiqua l'adresse d'une pâtisserie allemande et viennoise, dans la 86e Rue de New York. Tout le bureau avait le cœur en fête ; c'était un spectacle très réconfortant.

Au milieu de ces réjouissances, Fry annonça qu'un paquebot devait partir pour Fort-de-France le 4 février. Breitscheid et Erika Bierman se précipitèrent à la compagnie des transports maritimes, pour apprendre que toutes les cabines avaient été vendues ; il ne restait plus que des couchettes dans la cale, transformée en dortoir. Sur le conseil de l'employé, les Breitscheid décidèrent de ne pas les prendre. Ils attendraient le bateau suivant. Le lendemain, mardi, Hilferding, pour sa part, décida de réserver les places qu'il trouverait. Malheureusement les sauf-conduits des Breitscheid expiraient le soir même ; aussi, pour être en règle, durent-ils retourner à Arles ce soir-là. Le mercredi, le Comité put réserver une couchette pour Hilferding.

Le vendredi, quatre lettres arrivèrent boulevard Garibaldi. Les deux premières contenaient des détails concernant les voyages des deux hommes – Breitscheid avait changé d'avis et décidé de partir aussi. Les deux autres lettres, apparemment écrites quelques heures plus tard, expliquaient brièvement que Vichy avait donné l'ordre à la sous-préfecture d'Arles d'annuler les visas de sortie.

Le paquebot pour la Martinique partit le 4 février avec à son bord le poète Walter Mehring, premier réfugié de Miriam, qui prit la place d'Hilferding dans la cale.

Mehring avait réussi à obtenir un visa de sortie par le biais d'un ami travaillant à la préfecture, juste avant que la Gestapo clôturât ses listes. Son embarquement donna lieu à de grandes émotions : sur la passerelle du paquebot, on l'arrêta pour lui demander ses papiers.

– Walter Mehring ! Veuillez patienter une minute, je vais téléphoner.

Walter crut que sa fin était venue. Après son départ in extremis de Vienne et de Paris, l'exode terrifiant, le camp d'internement de Saint-Cyprien, les longues semaines au lit dans l'entrée de la chambre de Fry à l'*Hôtel Splendide*, le rendez-vous cauchemardesque du bateau qui n'arriva jamais, après toutes ces tentatives d'évasion auxquelles il avait eu la bonne fortune de réchapper, voilà que tout sombrait maintenant.

L'officier revint avec un papier officiel qu'il lui lut d'un ton froid : « Walter Mehring, poète, n'est autorisé sous aucune condition à quitter la France. » Puis l'homme leva les yeux vers Walter.

– Il doit s'agir d'un autre Walter Mehring. Bon voyage, monsieur.

Mehring monta précipitamment la passerelle. Un mois plus tard il était à New York. Hertha Pauli l'attendait sur le quai. Elle déposa ses bagages dans un hôtel et l'emmena directement au Central Park pour lui montrer les beautés de la ville.

Le 8 février, aux environs de 11 heures du soir, les fonctionnaires de la police locale frappèrent violemment à la porte de la chambre d'hôtel des Breitscheid ainsi qu'à celle de Hilferding à Arles, leur demandant de boucler deux sacs afin d'éviter une Commission allemande de l'armistice qui les recherchait – mensonge éhonté destiné à éviter un scandale sur place. En réalité, une automobile les attendait pour les emmener à Vichy, où ils furent arrêtés puis afin envoyés à Paris afin d'être livrés aux Allemands. A Vichy, Mme Breitscheid se précipita à l'ambassade américaine et demanda désespérément de l'aide auprès des fonctionnaires du gouvernement. En vain, aucun secours n'arriva de nulle part.

Varian communiqua aussitôt la nouvelle au bureau du *New York Times* et raconta toute l'histoire ; à ce moment-là, il ne pouvait plus faire grand-chose d'autre. La longue lutte avait abouti à un échec.

On retrouva Hilferding pendu par la cravate à un crochet du plafond dans une cellule de la prison de la Santé à Paris, le jour même où il devait être livré à ses concitoyens. Quelque trois ans et demi après les extraditions, les Allemands annoncèrent que Breitscheid Rudolf et Ernst Thälmann, chef du Parti communiste allemand, avaient été tués par des bombes américaines au cours de l'attaque sur le camp de concentration de Buchenwald. Les autorités américaines militaires démentirent : il n'y avait eu aucun raid sur le camp ni dans le secteur de Buchenwald ce jour-là.

Ce mois de février à Marseille, l'histoire ne mit pas longtemps à être de notoriété publique et chacun se demanda sur qui allait tomber la prochaine arrestation.

Quelques jours après la disparition des deux hommes d'État, un avocat antinazi, Alfred Apfel, qui avait été averti par un ami à lui, membre des gardes mobiles, passa au bureau discuter de sa situation avec Fry. Apfel avait le cœur très malade et n'était pas disposé à quitter le pays par ses propres moyens. Varian lui conseilla vivement de demander un visa de sortie, puisque les autorités avaient l'air maintenant de vouloir les remettre.

– Vous avez été un antinazi très actif… vous avez défendu des douzaines d'antinazis.

– Pensez-vous que cela va bientôt être mon tour ? s'inquiéta le pauvre homme.

Le visage soudain blême, il fut pris d'une angoisse qui lui étreignit la gorge et la poitrine.

– Je crois que je vais avoir une attaque, articula-t-il.

Varian se leva d'un bond, le rattrapa avant qu'il s'effondre, et le transporta dans l'arrière-salle, où il l'étendit sur le lit de Gussie. Maurice et lui tentèrent de le ranimer par tous les moyens. Vingt minutes plus tard, l'homme expirait. Gussie avoua que, pendant un certain temps, cela lui fit froid dans le dos de dormir dans ce qui avait été un lit de mort. Pendant des semaines, des cauchemars l'assaillirent.

Fry se persuada que c'était lui qui avait tué Apfel en lui assenant ces paroles trop brutales, en dépit de l'avis des médecins qui soutenaient que, de toute façon, son cœur aurait lâché à un moment ou à un autre et qu'il n'aurait vécu guère plus longtemps.

Les ténèbres et le désespoir qui s'étendirent partout dans le monde des réfugiés furent rapidement neutralisés par une vague d'espérance. D'incroyables choses se passaient. D'abord, Breitscheid et Hilferding s'étaient vu directement accorder des visas par la préfecture, de même que Mehring. D'autres réfugiés, paraît-il, en avaient obtenu de la même façon. C'est alors que se produisit une grande ouverture : l'infâme commission Kundt, cette antenne de la Gestapo, ayant rempli ses listes, avait informé la préfecture française qu'elle était libre d'accorder des visas de sortie à toute personne qui lui semblait répondre aux critères. Pure coïncidence, les bateaux transportant des soldats et des fonctionnaires commencèrent à sillonner la mer entre Marseille et la Martinique.

Le bureau du Centre américain de secours devint alors une honnête agence de tourisme. Aller dans les bureaux du boulevard Garibaldi, c'était comme se rendre à l'American Express au mois de juin, à cette différence près que toute l'équipe souriait. En fait, le Comité envoyait à la frontière espagnole les clients qui pouvaient présenter leurs papiers aux contrôles frontaliers français. Le seul problème était de trouver de la place dans les bateaux ou dans les trains. On me faisait même remplir des formulaires et des reçus. C'étaient les jours tranquilles du Comité.

Les relations de Varian Fry avec les autorités françaises et notre ambassade étaient de plus en plus tendues. Bientôt, notre nouvel ambassadeur, l'amiral William Leahy, dans un geste particulièrement amical envers le gouvernement de Vichy, refusa non seulement de renouveler le passeport de Fry, mais prit la peine d'écrire au ministère des Affaires étrangères que le Département d'État n'approuvait pas les activités de ce monsieur, et qu'il ne s'opposerait à aucune mesure que le gouvernement voudrait prendre contre lui. On remit cette lettre au ministre de l'Intérieur, qui l'envoya à la préfecture de Marseille, ajoutant une note de sa main exprimant qu'il serait imprudent d'agir contre Fry en ce moment, vu que cela pourrait provoquer une campagne de presse défavorable à la France. M. Barellet, de la préfecture, montra, en toute amitié, ces deux lettres à Fry, qui réagit en décidant de rester, puisque, pensait-il, même sans passeport, il était dans un moindre danger que ses clients, et qu'en outre il avait encore du pain sur la planche.

L'hostilité croissante de l'ambassade d'une part, la peur viscérale que le gouvernement français avait des révolutionnaires d'autre part, conduisirent l'un et l'autre à se laisser influencer par une campagne habilement montée par les communistes, laquelle accusait Fry de trotskisme. Il crut donc sage de demander à Serge, à Laurette et à Vladi (le fils de Serge et notre pensionnaire à temps partiel) de quitter la villa. Il nous fut très pénible de les voir partir, aussi les rencontrâmes-nous le plus souvent possible à Marseille.

Killer était furieux : Serge était le seul homme du groupe qu'il respectait.

– Je suis aussi bien que n'importe lequel de tes amis, m'affirma-t-il, mais à côté d'un type comme Serge, je suis tout simplement une merde.

Miriam était partie au début de novembre. Nous avons échangé une petite correspondance, dont elle conserva quelques pièces. En Yougoslavie, elle dut se battre avec les sempiternels problèmes de la paperasserie d'immigration, mais que la guerre ne fait qu'aggraver. La famille de Rudolph, très en vue dans le monde universitaire, n'avait pas bougé d'un pouce : elle voyait toujours du même œil réprobateur la perspective de ce mariage.

La lettre qui suit est délibérément écrite dans un style chiffré, pour duper les censeurs.

« Le 30 janvier 1941.

« Chère Miriam,

« … Le Comité a traversé une crise terrible à la villa, la semaine dernière.

« Laurette, Victor et Vladi ont dû partir, n'étant pas tout à fait dans une bonne position, vois-tu. La cuisinière est partie avec Peterkin parce qu'il était malade : plus de charbon dans la maison, plus que du bois humide à brûler, un froid glacial. Je suis allée rejoindre des climats plus cléments avec mon ami. Il a eu un petit problème après notre fameuse croisière sur le *Sinaïa*. En conséquence, Jacqueline a dirigé la maison toute seule, aidée par une fille de quatorze ans. Tu imagines. Nous avons épuisé toutes nos cartes de viande en une semaine, et avons été réduits à sucer notre pouce jusqu'au 1er février. Le bois était si humide que nous avons dû utiliser la cheminée des Breton pour cuisiner un plat, en mettre à cuire un autre sur le poêle et encore un autre dans le fumoir. Maintenant cela va un peu mieux, car Mme Nouget est arrivée, et le charbon aussi.

« Tout le monde au Comité en met un coup et a de grands cernes sous les yeux. Je suis en ce moment au bureau, en train de travailler derrière un mur de machines à écrire.

« Si jamais tu reviens à Marseille, je te promets que cela te changera de l'atmosphère bourgeoise qui est la tienne dans la famille où tu vis, car j'ai commencé à évoluer dans des cercles plutôt variés. Du reste, je tourne en rond la plupart du temps.

« Dago a de nouveau des vers.

« Écris-moi vite. Ne pas recevoir de tes nouvelles, c'est comme rater un épisode des *Périls de Pauline*. »

XXIII

J'aimais la vieille bastide où nous vivions, avec son échantillonnage varié de résidents et son confort très XIXe siècle. Dieu sait que les conditions étaient difficiles et que les querelles ne manquaient pas mais, en comparaison de ce qui se passait à l'extérieur, la villa était un havre de paix. Ballottée entre les vagues qui agitaient le Comité et les courants profonds qui m'entraînaient et auxquels je m'abandonnais volontiers, la villa Air-Bel était pour moi une sorte de refuge où je venais me ressourcer.

Au contact des discussions politiques qui s'entrecroisaient, je commençais à intégrer de nouvelles idées et à adopter un nouveau vocabulaire. C'est ainsi que je compris que la réaction thermidorienne, qui mena jadis la France au bonapartisme, conduisait aujourd'hui au stalinisme. Jusqu'à son départ, Vladi Serge, avec ses nombreuses conversations sur le marxisme, éveilla ma curiosité sur ce sujet. Son enseignement – on peut aller jusque-là – se déroulait dans la bibliothèque de l'étage, autour du grand poêle de porcelaine blanche que, tout en parlant, nous entretenions. Toute ma vie j'associerai le caractère inéluctable de la Révolution à l'enlèvement de Perséphone et à son retour printanier, car c'était sur ce fond de papier peint que le jeune visage passionné de Vladi se détachait, quand il m'expliquait les complexités du matérialisme dialectique. Mon esprit superposait alors la théorie marxiste avec les doctrines plus anciennes de la mythologie grecque. A la fin de ces cours, des images se télescopaient dans un drôle de mélange :

le renouveau de l'espoir, la Révolution, verrait le jour au printemps – à n'importe quel printemps.

Breton n'avait pas supporté la trahison de la Révolution par les stalinistes et ne pouvait comprendre l'obstination de ses amis surréalistes, tels Aragon et Eluard, à demeurer au Parti. Cela, il ne le leur pardonnait pas, aussi les condamnait-il sans modération. Et c'est tout particulièrement le nom d'Aragon, avec sa trahison des principes de liberté, qui revenait le plus souvent dans ses propos. Blessure profonde et déjà ancienne, dont la douleur n'allait pas tarder à se réveiller.

Nous jouions souvent, tard le soir, à un jeu qui ne nous demandait aucun effort intellectuel et nous servait en quelque sorte de catharsis : « Faites la liste des dix individus que vous aimeriez voir morts. »

Je commençais toujours par Hitler, suivi de Himmler, Streicher et Goebbels, et plaçais Staline dans les derniers. Mais les gens du Château, eux, mettaient toujours Staline en tête de liste.

L'hiver 1940-1941 fut l'un des plus froids qu'on ait jamais enregistrés. La neige, qui fondait d'habitude instantanément dans le Midi, recouvrit le sol durant des semaines. La nuit, elle grinçait sous nos pieds comme dans les climats nordiques les plus désolés. Même à l'intérieur, nous vivions emmitouflés dans nos manteaux et ne pouvions rester assis immobiles plus de cinq minutes. Nous avions fini par condamner les cheminées, trop dispendieuses, au moyen d'une feuille métallique percée d'un trou pour y ajuster le tuyau d'un petit fourneau. Ainsi le joyeux crépitement de l'âtre fut-il remplacé par le sourd ronflement de notre poêle pansu.

La nourriture était de plus en plus rare et de moins en moins acceptable. Les matières grasses avaient pratiquement disparu du marché, de même que s'épuisaient vite les petites quantités que nous octroyaient nos cartes de rationnement. Étaient cependant encore disponibles les artichauts de Jérusalem et le rutabaga, sorte de navet d'ordinaire réservé aux animaux. Les pommes de terre étaient un mets d'une délicatesse inouïe. Devenues rarissimes, elles entraient clandestinement en ville comme produits de marché noir.

Les seules friandises mangeables étaient un mélange de dattes et de pâte d'amande que Vladi et ses jeunes amis confectionnaient et vendaient sous le nom de « croque-fruits ». Dans la période de disette que nous vivions, ces productions d'une entreprise privée s'associant notre théoricien marxiste constituaient un régal quasi gastronomique.

Marseille, grande ville éloignée des bonnes terres agricoles, était particulièrement mal approvisionnée. Dans les riches secteurs ruraux les gens mangeaient à leur faim, parce que en général, il n'y avait pas assez de personnel ni assez de véhicules pour distribuer les produits alimentaires.

En conséquence, nous avions tous perdu une dizaine de kilos, réclamions davantage de sommeil, tombions perpétuellement de fatigue et étions souvent irritables. J'étais obsédée par la nourriture, sans cesse affamée, mais je ne pleurais pas misère, compte tenu du contexte et des événements, et puis il se passait tellement de choses intéressantes ! J'étais contente d'être là.

Pour les enfants, les conséquences du manque de vivres furent redoutables. Les rations spéciales auxquelles ils avaient droit se révélèrent gravement insuffisantes. Les autorités médicales signalèrent que la croissance des très jeunes ralentissait de façon alarmante. On était saisi par ces petits visages pâles aux cernes profonds. Un décret avait réduit le temps passé en classe ou en gymnastique afin de réduire la combustion de calories. Les colis de farine envoyés par les États-Unis furent distribués sous forme de coupons de pain ; ainsi les Allemands purent se servir au passage. Mais la disette eut des effets aussi cocasses que bénéfiques : certains clubs gastronomiques fermèrent, notablement le digne *Club des cent kilos*, le nombre de ses adhérents qualifiés ayant dramatiquement chuté.

Dans un pré, derrière la villa, nous possédions en copropriété avec nos voisins une vache clandestine qui nous donnait son lait. Les femmes arrivaient aux premières heures du matin avec leurs grandes cruches, que Mme Nouget remplissait. Mais un quidam nous ayant dénoncés, la police vint nous prendre notre généreux animal pour l'emmener à la laiterie municipale ; nous nous contentâmes désormais de nos maigres rations. La carpe de l'étang constitua l'un de nos repas. Varian raconte même que le poisson rouge y passa. Ce sordide événement dut avoir lieu pendant que je battais le pays avec Killer, vu que je n'en garde aucun souvenir. Ce que je n'ai pas oublié en revanche, c'est le ramassage des escargots dans le jardin : on les faisait dégorger dans un sac de toile de jute et on les mangeait accommodés avec une sauce à l'ail bien compacte. Une horreur !

Les journaux suisses étaient autorisés à circuler en zone non occupée. C'était la presse la plus objective ; pour autant, elle n'osait pas exprimer des critiques trop ouvertes sur Vichy et sur les Allemands. L'hiver 1940, des journaux clandestins – au début simples papiers ronéotypés à partir d'informations reçues sur ondes courtes qui, du monde entier, nous parvenaient –, commencèrent à paraître.

Par les nuits claires d'hiver, nous dansions au Château sur la musique d'une station de Boston. Le nouvel État français interdisait le *jazz* et la danse, arts qui relevaient de l'esprit de jouissance qui avait entraîné la défaite de la France. Par voie de conséquence, la station de Boston devint très populaire.

En plus du temps consacré aux Français libres, la BBC émettait des programmes en langue française. Nous écoutions l'un d'eux presque tous les soirs après le dîner. Il se terminait toujours par « *God Save the King* ». Dès la première strophe de l'hymne, je me levais lentement, l'air de rien. Pour rendre mon hommage aux Anglais le plus discret possible, le poids de mon corps nonchalamment porté sur un pied, je laissais mon regard errer distraitement autour de la pièce.

Or un jour, Theo me confia que Breton me soupçonnait d'être un agent britannique, parce que je me mettais toujours debout quand l'hymne s'élevait. Le lendemain soir, je me levai de ma chaise, droite comme un i, délibérément ; je vis alors le regard avisé d'André se poser sur moi. « L'œil du poète est un œil averti », dit-on. Celui-là était averti de la « surréalité », à savoir de la réalité de ce que j'aurais vraiment aimé être.

Mon contact, même limité, avec Breton et le surréalisme, m'avait fait prendre conscience que dans cet univers il y avait mille possibilités, et des myriades de voiles à lever. Je ne peux que regretter que mon contact avec lui n'ait pas duré plus longtemps et n'ait pas été plus intense ; mais en ce temps-là tant d'autres pages se tournaient, tant d'événements se déroulaient, et puis il y avait Killer, qui ne supportait pas les gens du Château !

XXIV

Le monde que j'ai connu par l'intermédiaire de Killer était aussi très intéressant, à sa façon. Que j'aie pu apprécier ces deux univers à la fois dépasse sans nul doute l'entendement. Pourtant tel fut le cas.

Dès le début, je me suis bien entendue avec Mathieu. Sa gaieté et sa verve m'amusaient et me stimulaient, moi qui étais plutôt encline au badinage. Je le taquinais, lui servant de faire-valoir. Pour une raison inconnue de moi-même, je n'ai jamais critiqué ses activités. C'était tellement fascinant pour moi de me retrouver dans un milieu différent, avec des mœurs et des caractères qui m'étaient si peu familiers. Par là même, telle une anthropologue vivant parmi les chasseurs de têtes, je ne portais aucun jugement moral.

Avec Killer, pourtant, c'était différent. Comme ce garçon comptait et que je m'inquiétais à son sujet, je regrettais qu'il n'eût pas d'autres occupations, par exemple un travail pour le Comité. En même temps, j'étais fascinée par le danger et le caractère illicite de sa vie et de ses activités. Je trouvais hilarants certains récits qu'il me faisait de ses escroqueries. Il faut bien admettre que, si l'on prétend être la petite amie d'un gangster, on ne doit pas s'attendre à des galanteries de sa part, non plus que de celle de ses associés. Il faut se contenter d'être là, avec eux, et de s'amuser en profitant du spectacle. Or c'est exactement ce que j'ai fait.

Un jour, après un excellent déjeuner que nous avait préparé Odette, nous étions assis tous les quatre devant nos cafés ; Mathieu s'embarqua dans une mémorable anecdote. Jeune homme – il faut noter que sa petite stature et la délicatesse de ses traits frappaient le regard –, il se travestissait dans les lieux où il avait intérêt à ne pas être reconnu. Après son premier larcin, passible d'une peine assez sérieuse, il se procura le certificat d'un faux médecin et assista à son propre procès déguisé en femme. S'il était reconnu coupable, il projetait d'enlever ses jupes et de filer à toutes jambes loin des griffes de la police. Et, pour égayer un peu la morne ambiance de la salle d'audience, il entreprit un flirt avec l'homme assis à ses côtés. « *Bou-di-ou!* Vous auriez dû voir la tête qu'il a faite quand il a découvert que je n'étais pas une fille ! » Tout en racontant son histoire, Mathieu me lança une œillade assassine, promena une main coquine sur sa cuisse, battit des paupières, fit la moue, puis partit d'un tonitruant et viril éclat de rire.

– Ah, c'était le bon temps… Plus jamais ça, déclara-t-il en hochant la tête et en caressant son menton bleui d'une barbe drue toujours rasée de près. Regarde, continua-t-il en étendant ses deux mains soigneusement manucurées et en écartant les doigts : regarde comme elles sont petites… Des mains d'aristocrate, hein ?

Nous acquiesçâmes tous.

– Et mes pieds… j'assouplis toujours les chaussures d'Odette. C'est pas vrai, Odette ?

Relevant légèrement la jambe de son pantalon, il exhiba ses petits pieds.

– Oui, Mathieu assouplit toujours mes chaussures, approuva la jeune femme, béate. Il est gentil, Mathieu.

Je regardais les yeux très écartés d'Odette, son menton minuscule. Je crus qu'elle allait se mettre à ronronner.

Après quoi, Mathieu demanda à voir ma bague en diamant, que Killer m'avait demandé de porter ce jour-là. Il l'examina d'un œil évaluateur, considéra la pierre centrale et mentionna le nombre juste de carats. Alors, embrassant la compagnie d'un regard de connaisseur, il nous dit qu'il faisait collection de diamants.

– Odette, va les chercher, ordonna-t-il. Pour les montrer à Mary Jayne.

– Oh, Mathieu ! susurra-t-elle, toute rougissante.

– Vas-y, tu sais où ils sont, insista-t-il en lui indiquant une porte avec un rire qui ne laissait aucun doute sur l'emplacement de son trésor.

– Oh, Mathieu !

Odette baissa la tête et marcha, docile, en direction de la salle de bains. Elle réapparut quelques minutes plus tard, tendant timidement un petit paquet enveloppé de papier de soie. Sur un geste de Mathieu, elle me le remit. Je le dépliai : il contenait deux gros diamants, que j'admirai comme je le pus, mes connaissances en la matière étant nulles. En même temps, j'essayai de faire comprendre à Odette, qui était très gênée, qu'il était tout à fait normal pour une femme de serrer ses trésors dans un endroit discret. Mathieu la renvoya dans la salle de bains. Elle en ressortit et retourna docilement s'asseoir à côté de lui.

Histoire de plaisanter probablement, il me demanda si par hasard je ne voulais pas lui confier ma bague. Marseille fourmillait de voleurs ! Je lui répliquai qu'il me semblait que la meilleure solution serait que j'ouvre un coffre à la banque.

– Excellente idée ! Odette vous accompagnera. Elle est au courant de ce genre de démarche, n'est-ce pas, Odette ?

Je lui répondis gentiment que ce ne serait nullement nécessaire.

Avant de prendre congé, au moment d'aller chercher mon manteau dans leur chambre, je surpris Mathieu qui tentait de convaincre Odette : elle devait coucher avec un visiteur, une relation d'affaires, dont il attendait la visite pour le soir.

– Tu le feras si je t'ordonne de le faire !

– Oh, Mathieu, je t'en prie ! l'entendis-je le supplier de sa voix de petite fille.

– Tu feras ce que je te dis !

Je pensai à sa mère me confiant quelle enfant obéissante elle était. Killer, à qui je fis part de mon étonnement, me répondit que c'était ainsi que les choses se passaient dans son milieu. C'était une question… oui, parfaitement… une question de discipline. Je devais cesser de vouloir toujours tout comprendre. Odette n'était tout de même pas obligée de se prostituer pour son ami, et d'ailleurs, si ça ne lui plaisait pas, elle pouvait toujours retourner chez ses parents aux Pins ! C'était tout simple.

J'avais dû prévenir Killer de mon intention d'aller ce jour-là me renseigner sur les possibilités d'ouvrir un coffre à la banque, car Odette surgit sans crier gare pour ne plus me quitter d'une semelle, bien que je n'eusse pas manqué de lui faire savoir que je n'avais aucun diamant sur moi. A la banque, elle ne perdit pas un mot de ce que l'employé me disait; elle scrutait la boîte vide qu'il m'avait remise, promenait le regard de mon visage à celui de l'employé. Je déclarai à ce dernier que j'allais réfléchir et laissai délibérément la boîte sur le comptoir, disant à Odette que j'avais changé d'avis et que je la remerciais vivement pour sa compagnie.

Je finis par apprécier la jeune femme, mais nous ne devînmes jamais des amies intimes. Nous faisions ensemble d'innocentes courses à Marseille, prenions des apéritifs à la tombée du jour. Elle m'apprit à reconnaître, à leur apparence furtive et coupable, les policiers en civil.

– C'en est un, là-bas, tu vois. Il a pas l'air très catholique !

Voleurs, détectives et anciens combattants avaient tous un air de famille. Apprendre à les reconnaître me fut très utile : désormais je savais qu'il me fallait sauter ou grimper dans un trolley ou quand je devais rester assise sans bouger. De mon côté, hélas, je ne pense pas avoir appris en retour grand-chose à la pauvre enfant.

L'hostilité de Killer à l'égard du Comité se manifesta de façon tout à fait incompréhensible. Un beau matin, Mathieu et lui arrivèrent au Château, sans raison, et en repartirent avec Clovis, le bébé caniche de Varian Fry. J'employai ma soirée à rassurer tout le monde, expliquant que c'était à coup sûr une niche de gamins. Le lendemain, Killer revint, portant Clovis dans les bras : nous pouvions le reprendre ! Le chien n'avait cessé de gémir et de faire pipi partout la nuit durant, il leur avait fait passer à tous deux une nuit blanche ! Il m'assura que ce n'était qu'une bonne blague. Cependant, j'avais le pénible sentiment qu'à l'origine ils avaient monté le projet de garder Clovis en otage.

Quelques semaines plus tard, Killer et Mathieu firent irruption devant nous à l'heure du déjeuner, armés, ou feignant de l'être, les revolvers braqués à travers les poches de leurs manteaux comme je l'avais vu faire dans des films de gangsters. Ils dirigèrent leurs armes sur Danny, hurlant des menaces et des injures à l'adresse de tout le monde. Ils ne firent étrangement aucune demande d'argent.

Je remarquai que Theo essayait, sans attirer l'attention, de se mettre entre Danny et la ligne de tir. Elle y parvint si discrètement que personne ne le remarqua excepté moi. Si je ne l'avais pas déjà beaucoup aimée, ce geste me l'aurait rendue chère à jamais.

Cachant ma frayeur, je leur criai de foutre le camp. Tout le monde se comporta avec sang-froid, hormis Dagobert, qui se cacha sous la table et se garda bien d'en sortir quand Killer l'appela.

Je ne pus obtenir un mot d'explication sur cet étrange incident. Il est probable que, sachant le Comité à la tête d'une certaine somme d'argent, Killer et Mathieu aient voulu nous éprouver. Ils s'attendaient sans aucun doute, dans leur arrogance de petits gangsters, à voir ces intellectuels pouilleux s'évanouir comme les vieilles dames dans les hold-up. Je conjurai Killer de laisser le Comité tranquille s'il voulait rester avec moi. J'étais persuadée que c'était Mathieu qui le poussait à faire ces sales coups.

A sa décharge, il faut dire que Killer n'était pas toujours traité avec compréhension par sa cérébrale et péroreuse petite amie.

Quand, au cœur de ce glacial hiver, Theo me demanda pourquoi je ne portais pas mon manteau de vison – dont les poils, avec le temps, avaient pris la couleur de la rouille –, je me souvins que je l'avais oublié dans le train qui me ramenait de La Bourboule l'été précédent. Or, maintenant, la vieille nippe de ma mère me manquait. Elle m'aurait été une bien douillette protection contre ce froid de canard. Je me rappelle m'être enveloppée dedans, la nuit où j'avais dormi dans le wagon de marchandises à même le sol parmi tous ces hommes, et avoir apprécié sa douceur et son confort. Hélas, mon vison de famille se volatilisa de façon fort appropriée, le jour où, pauvre réfugiée perturbée que j'étais, je débarquai à Marseille.

Un autre manteau devait lui succéder. Une impressionnante livraison de fourrures – volées sans doute (point n'était besoin d'être dans le secret des dieux, cela tombait sous le sens) – arriva dans les mains de Mathieu et de Killer. Je me trouvais dans l'arrière-salle d'un petit restaurant qui servait de lieu de ralliement à la bande, lorsque Killer s'approcha de moi avec un colis entouré de papier kraft. Sur son visage détendu s'épanouissait un large sourire. Il déposa le paquet devant moi, sur la table, et se mit à le déballer fébrilement, tirant sur la ficelle, déchiquetant le papier :

– Tiens, c'est pour toi ! Enfin je peux t'offrir quelque chose !

A l'intérieur était roulé un horrible manteau de fourrure de pacotille, que pour rien au monde je ne mettrais sur le dos. Je marmonnai quelques pâles excuses : je n'en avais pas vraiment besoin, je ne pouvais me permettre d'accepter ce cadeau. L'expression de bonheur qui avait illuminé le visage de Killer l'instant précédent avait disparu, laissant place au dépit. Sans dire un mot, il remballa sans ménagement le manteau, le reficela, le replaça dans sa boîte, et poussa le paquet de côté. Quand Mathieu entra, il lui expliqua succinctement que le manteau ne m'allait pas, qu'il n'était pas mon genre.

Le lendemain, il me demanda de but en blanc si la raison pour laquelle j'avais refusé le manteau ne serait pas plutôt le fait que c'était de la camelote. Je me récriai, bafouillant vainement, puis timidement j'osai :

– Eh bien, oui, c'est pour cette raison-là.

– Tu vois, j'avais compris... Cette chose, dit-il en désignant l'immonde peluche grise, elle fait partie du déguisement, de l'aventure. Elle me ressemble, quoi !

– Oh, pas du tout, Killer de mon cœur, pas du tout ! Tu n'es pas de la camelote, tu es tout simplement impossible... Sérieusement, Killer, donne-le-moi, ce manteau de fourrure.

– Non. Tu as raison. Ma femme ne doit pas porter ce genre de truc. Un jour je t'offrirai un chinchilla, tu verras.

– Oh, ne fais pas l'idiot ! Allons, cette fourrure est très bien !

– Non, pour ton *stannn-ding*, elle est pas bien.

Mathieu et lui avaient l'impression que j'étais une grande dame et, à cette époque, j'aurais été, pour les faire changer d'avis, jusqu'à affubler mon auguste derrière de cette triste peau de chèvre.

Peu de temps après ce fâcheux incident, Killer me fit une autre proposition. Il avait découvert les bains *Hammam* et suggérait que nous y allions ensemble.

– Les bains publics ? Oh, Killer !

A dire vrai, dans ma chambre glaciale d'Air-Bel, je me contentais de faire des toilettes de chat, et le mince filet à peine tiède de notre douche du Nid ne m'avait guère encouragée à en faire plus. Aussi, quand il fit allusion au fait que j'avais besoin d'un bain, et qu'il était bien placé pour le savoir, je compris que j'avais intérêt à ne pas m'étendre sur la question, et obtempérai.

C'était quelque part, à proximité du centre-ville, dans un grand immeuble de style mauresque dont l'enseigne indiquait, festonnée de signes arabes, « Bains Hammam » en caractères latins. A peine en franchîmes-nous le seuil que la femme au comptoir, après nous avoir jeté un coup d'œil, cria à l'employé : « Une double ! »

J'entendis Killer soupirer de plaisir, tandis que moi, très ennuyée, me mis à craindre que cela signifiât un bain double.

– Oh non ! murmurai-je.

– Mais si !

– Ce n'est pas que je ne veuille pas partager un bain avec toi, Killer chéri, mais après tous ces mois... Tu comprends, je préférerais une baignoire pour moi seule.

– Non, non, insista-t-il, les yeux braqués sur l'employé qui arrivait vers nous.

J'étais derrière lui, et il me toucha le bras pour m'empêcher d'intervenir auprès de la réceptionniste.

– Attends un peu !

Il rayonnait d'impatience et de plaisir anticipé.

Après le piteux incident de la peau de chèvre, je ne pouvais plus me permettre d'élever la moindre objection, aussi le suivis-je docilement dans le corridor. L'employé nous remit à chacun une serviette-éponge, un gant de toilette et une poignée de copeaux de savon dans la main. Ainsi munis, nous arrivâmes devant une grande salle de bains où l'employé nous fit entrer avant de refermer la porte. Là, au milieu de la pièce, trônaient deux baignoires pleines d'eau fumante.

– Tu vois, c'est ça, des doubles ! s'écria Killer, tandis que je passais la main au-dessus de l'eau et y trempais un doigt.

– Ça alors, articulai-je dans ma langue maternelle, mais c'est chaud !

Nous nous frottâmes et récurâmes, abandonnant une épaisse couche de crasse qui resta collée sur les parois. Puis, le corps délassé, la nuque appuyée sur le rebord de la tête de la baignoire, nous ne cessions de rire et de bavarder tout en partageant nos cigarettes. Après quoi, toujours dans l'eau, nous n'échangeâmes plus un seul mot, nous abandonnant à un plaisir que nous avions oublié, jusqu'au moment où, le bain refroidissant, nous nous ruâmes, mais en vain, sur les robinets d'eau chaude : ils étaient bloqués.

Cette expérience se révéla délicieuse et pas tout à fait inutile. Je complimentai la dame de la réception sur son établissement, et nous en devînmes des habitués qui le fréquentaient une fois par semaine.

XXV

Au début, notre chambre du Nid ne possédait que l'essentiel : un grand divan occupait presque toute la longueur d'un mur en face duquel se dressait une mince armoire à glace ; le meuble n'hébergeant que deux cintres, je supposai que sa fonction essentielle était de refléter les activités dont le divan était le théâtre. Tout comme dans ma chambre n° 36 du *Continental*, une lampe rose – rose vif, celle-ci – trônait sur la table de nuit, avec un Pierrot et sa Colombine qui s'embrassaient sous l'abat-jour à pompons. La lumière du jour, pour autant qu'on pouvait dire, tombait d'un étroit vasistas sous le plafond, qui s'étirait en longueur sur deux mètres : c'était une pièce où, en temps normal, personne ne devait se soucier de regarder à l'extérieur, et à l'intérieur de laquelle à coup sûr personne ne pouvait regarder. Debout, nous ressemblions à des captifs sous-alimentés. Nous ne prenions figure humaine que lorsque nous étions allongés sur le lit, à la lueur de l'abat-jour fuchsia.

Je m'habituai bientôt au revolver de Killer posé, toutes les nuits sans exception, à portée de main sur la table de nuit, à côté du cendrier.

Madame, à sa plus grande joie, se rendit compte que nous n'étions pas des clients ordinaires. Le fougueux jeune homme et la demoiselle, certainement anglo-saxonne, qui louaient la chambre à la semaine et non à l'heure, et qu'elle entendait parler anglais, étaient sûrement un couple – et quel couple ! – d'agents britanniques. Elle nous apporta une lampe supplémentaire dotée d'un chatoyant abat-jour, une table avec un vase de fleurs artificielles, et une commode pour ranger nos effets. J'achetai au fil des jours quelques livres : *Les Hommes de bonne volonté*, de Jules Romains ; quelques volumes de *La Petite Histoire* de Lenôtre, qui promène le lecteur à travers les obscurs chemins de traverse de l'histoire de France, et un exemplaire de *Mort dans l'après-midi* d'Hemingway, en anglais, que j'avais trouvé dans une librairie d'occasion. Ces livres, parmi d'autres, empilés sur le guéridon de bambou, réchauffaient quelque peu l'atmosphère de ce capharnaüm.

Je rentrais souvent avant Killer, après avoir exécuté mes petites commissions pour le Comité, épuisée et frigorifiée, avide de boire une tasse de thé bien chaud. J'avais demandé à Madame où je pourrais trouver une lampe à alcool et de l'alcool à brûler, mais elle me répondit qu'elle ne voyait pas comment cela serait possible. Aussi eut-elle la bonté de prendre l'habitude de me servir le thé dans sa propre théière, avec deux tasses, deux soucoupes, sans oublier l'édulcorant. Dès qu'elle repartait, je plaçais la théière sur le sol entre deux oreillers, afin de garder la boisson chaude jusqu'au retour de Killer. Alors, assis tous deux en tailleur sur le plancher, nous buvions à petites lampées notre thé, accompagné parfois des croque-fruits de Vladi Serge.

Un soir, Killer prit sur le guéridon l'exemplaire de *Mort dans l'après-midi* et le feuilleta. Killer nourrissait un sentiment ambivalent, presque affectueux à l'égard de la mort. Il était fasciné par le fait qu'un homme pût avoir le courage pour profession : en effet, plus le matador approchait ses entrailles des cornes du taureau, mieux il mariait le danger et la grâce, et plus il était grand. Aventurier dans l'âme, Killer comprit rapidement que, dans la lutte qui se livrait, plus que le taureau, on affrontait la mort.

Je pense que l'ombre de celle-ci rôdait toujours autour de lui, peut-être parce qu'ils avaient tué, lui et sa brigade, ces prisonniers allemands à Narvik. Quand il allait mal, il faisait des cauchemars ; il se levait d'un bond du lit en hurlant : « Assez, assez ! » Je devais le secouer pour qu'il se réveille et se calme. Il se détournait alors de moi et enfouissait la tête dans ses bras :

– Oh ! leurs visages, leurs visages… Ils avaient des cheveux blonds et des yeux bleus, comme toi, chérie, et leurs yeux étaient pleins d'étonnement et de tristesse, oui de tristesse, pas d'effroi, quand nous les avons flingués... Si, il y avait quand même de la peur dans leurs yeux, Seigneur. Putain, ils l'avaient fait à nos hommes, à mes camarades, c'est eux qui l'avaient fait les premiers. Bon Dieu, c'est eux qui avaient commencé !

Je lui frottais la base du crâne, passant ma main dans ses cheveux drus. Comme les chiens, il avait l'occiput protubérant. Je pressais sa nuque en lui disant qu'il n'était pas un si mauvais bougre après tout. La guerre était la guerre. A ce moment-là, j'ignorais – je n'ai jamais cessé de l'ignorer – dans quelle mesure je lui mentais.

La plupart du temps que nous passâmes au Nid fut agréable. Killer aimait la vie de famille et disait que la seule chose dont nous avions besoin pour compléter le tableau était Dagobert. Quand je demandai à Madame la permission de le faire venir, elle me répondit qu'elle serait ravie d'avoir un chien dans la maison. Ainsi Dago prit-il l'habitude de passer le week-end avec nous. Nous nous occupions beaucoup de lui, et notre charmante tenancière lui prodiguait des soins encore plus attentifs ; sa sollicitude allait jusqu'à lui jeter des morceaux de viande, nourriture dont il manquait déplorablement au Château.

Un soir, Killer étant déjà de retour et moi-même sur le point d'aller chercher le thé dans la cuisine de Madame, j'entendis un coup discret frappé à la porte. Quand je l'ouvris, je trouvai notre propriétaire nous apportant le plateau habituel. Son visage était empreint d'une douceur maternelle :

– Excusez-moi, j'ai pris la liberté de vous offrir cette petite pâtisserie... Je l'ai eue au marché noir, glissa-t-elle avec un clin d'œil à mon adresse.

D'un bond, Killer se leva :

– Qu'est-ce que je vois ? fit-il sur un ton de reproche. Seulement deux tasses ?

– Prenez le thé avec nous, madame, insistai-je.

– Allez, nous ne sommes pas des clients comme les autres, vous le savez bien ! l'exhorta Killer.

– Oui, pas comme les autres, et c'est un jour pas comme les autres : le Gal Wavell... je veux dire les Anglais ont pris Tobrouk.

– Enfin, on a libéré Tobrouk ! s'écria Killer.

– Je vois que Monsieur est un vrai militaire, apprécia madame.

Killer fit un petit salut et ne voulut rien entendre avant que Madame s'en allât chercher la troisième tasse. Enchantés par l'annonce de la grande nouvelle, nous portâmes un toast à la victoire avec nos tasses de thé. Madame ne s'attarda pas avec nous : de cinq à sept, elle devait faire face aux heures de pointe !

Nous éclatâmes de rire. Killer était dans ses bons jours. Il se mit à jouer avec Dagobert, partagea le dernier gâteau avec lui. Dago l'avala d'un coup mais refusa les provocations de Killer et, la queue entre les jambes, vint se blottir contre moi.

– Arrête, Killer, Dago ne se sent pas bien. Il est épuisé.

– Les artistes du Château ne le nourrissent pas assez !

– Forcément, ils mangent sa part ! rétorquai-je.

– Bon, allez, je vais pas prendre de gants : Dago, il est pas seulement fatigué, il est peureux, voilà tout.

– Je sais, je sais. Mais ne te moque pas de lui. Il est crevé, je te dis !

Killer caressa la tête de l'animal :

– Tout va bien, mon Dago. Moi aussi j'ai été comme toi. Timide et craintif. Mais tu vas grandir, et tu deviendras un vrai dur comme ton oncle Killer.

Il se leva d'un bond et se mit à rouler des mécaniques dans la chambre, brandissant deux pistolets, tirant des coups imaginaires au-dessus de sa tête, tel un boucanier :

– Bang, bang, bang ! criait-il, emporté dans le rêve de quelque chimérique et audacieuse piraterie. Tu deviendras un Super-Killer comme moi ! Tu verras !

Après l'épisode de Tobrouk, Madame et moi devînmes amies. Certains soirs où Killer rentrait tard, nous restions assises ensemble et écoutions la radio. Elle passait ses journées l'oreille collée à son poste et je crois bien qu'elle était la personne la mieux informée de Marseille. Je la trouvais souvent qui m'attendait, assise devant sa fenêtre. Dès que j'étais à portée de voix, elle plaçait ses mains en cornet autour de sa bouche et me criait les dernières nouvelles qu'elle avait entendues à la BBC. Je me mettais alors à courir et entrais en trombe dans la maison avant qu'elle n'eût le temps de mettre le voisinage au courant de nos opinions politiques.

Killer et moi n'étions pas les seuls clients à nous distinguer des autres.

Plusieurs fois, je croisai un couple d'un certain âge, ombres furtives dans la pénombre du couloir. Un matin, de la fenêtre du petit salon de Madame, j'aperçus Jean Gemähling dans la rue, qui dirigeait résolument ses pas vers la maison de Madame.

– Ce n'est pas la peine, Jean ! lui criai-je. Ici, il n'y a pas de fille !

Tout d'abord étonné de me trouver là, il comprit vite que c'était notre petite cachette. Il s'avéra qu'il avait un rendez-vous d'affaires, et que ses clients étaient le couple d'un certain âge.

Après ce petit intermède, je traînai plus souvent dans l'entrée et, y ayant croisé plusieurs fois la femme, je me présentai finalement comme une amie du Comité. Je mentionnai la villa Air-Bel, Varian Fry et plusieurs détails afin de gagner sa confiance. Après avoir constaté que j'entretenais avec Jean d'aimables conversations, elle comprit que j'étais une personne fiable et fut heureuse d'avoir quelqu'un d'autre que son mari avec qui discuter. Il se trouva que ce couple était M. et Mme Georg Bernhard. Georg Bernhard avait été rédacteur en chef du *Pariser Tageszeitung*, le journal des émigrés antinazis à Paris, et la Gestapo le recherchait. Le départ du couple avait été prévu lors de l'embarquement sur le chalutier du malheureux Ball en octobre dernier et cela faisait cinq mois qu'ils logeaient dans cette maison de passe. Maintenant, depuis l'extradition de Breitscheid et de Hilferding, ils étaient complètement terrifiés et n'osaient plus sortir à visage découvert. Ils ne mettaient le nez dehors qu'après le coucher du soleil, pour faire leurs petites courses chez l'épicier. Je me proposai d'aller dans un restaurant où, m'assura Madame, sur mention de son nom, je pourrais leur obtenir un assez bon repas à emporter en échange de leurs coupons. Pour ces petits services, ils me furent infiniment reconnaissants ; Herr Bernhard déclara qu'il ne se serait jamais attendu à trouver une fille aussi agréable dans un bordel, idée qui les faisait tous deux beaucoup rire.

Charles, de *La Dorade*, avait refusé à Georg Bernhard le passage sur les bateaux en partance pour l'Afrique : les équipages n'acceptaient pas de femme à bord, et Bernhard, malgré le danger mortel dans lequel il se trouvait, ne voulait en aucun cas partir sans son épouse. Ils restèrent donc dans leur cachette du Nid, faisant de petites promenades la nuit dans les rues environnantes, ou un peu de gymnastique dans l'arrière-cour de Madame, inspirant profondément, levant les bras et fléchissant les genoux : spectacle étrange que ces deux vieillards agitant leurs bras comme des oiseaux aux ailes cassées, qui essayaient vainement de s'envoler.

Madame subit aussi quelques pressions : la Commission italienne de l'armistice voulait réquisitionner sa maison.

– … Comme une maison normale… c'est à dire avec des femmes pour leurs hommes, vous vous rendez compte ?

– Y a-t-il beaucoup de soldats italiens dans la région ? m'enquis-je innocemment.

– Et comment ! De toute la France non occupée, les soldats en permission déboulent à Marseille… Ce n'est pas possible… C'est une maison très ancienne et respectée que la mienne, comprenez-vous. Voyez-vous, les mêmes couples viennent ici depuis vingt ans, imaginez-vous !

Ces révélations au sujet des mœurs sexuelles locales me firent tourner la tête.

– J'espère que vous avez réglé le problème de la Commission italienne, dis-je. Après tout, vous avez de l'influence.

– Naturellement, que je m'en suis occupée ! Mes affaires reprennent au printemps, voyez-vous bien. Trop bien, d'ailleurs.

– Trop bien ?

– Oui, car pour la blanchisserie, c'est un vrai problème, maintenant. Pas d'eau chaude. Pas de savon. Je ne sais plus quoi faire. Or tout doit être impeccable, ici. Im-pecc-able, vous comprenez !

– Oh, bien sûr ! Quel problème… Je ne vois pas comment le résoudre…

– Parfois je suis totalement dépassée. Vous n'avez pas idée du nombre de draps et de serviettes à laver par jour… quant aux week-ends, n'en parlons pas ! Ma chère, ça alors !

Au début du mois de mars, le froid de l'hiver s'était atténué ; le soleil caressait tendrement les visages, ou bien se posait délicatement sur les épaules, les enveloppant de sa douce chaleur. Debout, sur la plate-forme du trolley d'Aubagne, je voyais les grands massifs de mimosas balancer leurs têtes d'or dans la brise légère. Le sol avait reverdi et les palmiers qui, à la saison froide, semblaient dresser leurs troncs rugueux sur une terre étrangère, avaient de nouveau l'air de lui appartenir. On attendait la floraison imminente des cerisiers et des amandiers ; je savais que ceux-ci seraient comme de jeunes mariés, et fragiles comme ils l'étaient les autres années, comme l'année qui venait de s'écouler par exemple, quand le printemps avait refleuri la vallée de la Loire et que la face du monde avait changé.

Je suivis de près les victoires des Anglais dans la lointaine Abyssinie, leurs avancées et leurs reculs en Afrique du Nord. Rommel vint à la rescousse de son allié italien moins belliqueux et, à la mi-avril, il assiégea Tobrouk menacé. A la fin du mois d'avril, Varian me montra une photo du détestable svastika flottant sur l'Acropole d'Athènes.

Pour me concilier les dieux, je pris l'habitude de pousser la grille en fer forgée du Château et d'emprunter, à droite, un sentier conduisant à une colline plantée de beaux chênes qui me rappelaient l'Angleterre. Je marchais longtemps, puis je m'arrêtais ; tournant alors mes regards entre le nord et le nord-ouest, en direction de là où se dressent les trônes royaux d'Angleterre, je formais des espoirs. Je crois que c'était une sorte de prière que j'adressais au ciel, mais moi l'esprit fort, je n'en étais pas consciente alors.

Les Bernhard, qui venaient de faire leur petit échauffement dans les deux sens, entre les draps et les serviettes humides qui séchaient dans l'arrière-cour de Madame, se préparaient évidemment à un voyage difficile. Un jour, c'était au commencement de mars, Frau Bernhard me fit comprendre en termes à peine voilés que M. Fry avait arrangé leur départ et que mon charmant ami, M. Jean, les accompagnerait jusqu'au bateau. Il devait, ajouta-t-elle, les yeux embués par l'émotion, les emmener à Tarascon, où ils devaient rencontrer d'autres réfugiés. Une voiture les prendrait là et les conduirait directement à Lisbonne. Cet arrangement me parut très surprenant ; néanmoins quand le temps vint pour eux de partir, je leur souhaitai à tous deux bon voyage, les assurant qu'ils arriveraient à bon port : je savais que le Comité faisait toujours tout son possible. Des années plus tard, j'appris que le contact du Centre de secours dans cette affaire était Mathieu. C'était lui qui avait promis la voiture miracle. Si l'on m'avait consultée, j'aurais conseillé à Fry de se méfier.

Ce soir-là, je retournai au Château. Varian me présenta un couple âgé, Herr et Frau Schmidt. Je reconnus aussitôt l'homme : Arthur Wolff, l'avocat d'assises.

– Bonsoir, Herr Schmidt, dis-je poliment.

Je l'avais rencontré deux ou trois fois en septembre. Je me souvenais de lui, car il avait une allure assez frappante : soutenu par une grosse canne, il boitait de façon appuyée, lançant sa jambe folle sur le côté. Cependant c'était pour une raison certainement beaucoup plus profonde qu'il avait marqué ma mémoire : depuis que Clarence Darrow [1], lors de sa célèbre plaidoirie, avait sauvé de la chaise électrique, en 1924 à Chicago, ces jeunes gens fortunés, cruels et pathologiques, un avocat qui plaidait la cause de criminels représentait pour moi une sorte d'ange noir qui apportait la lumière en défendant ceux-là mêmes que Dieu rejetait. Qu'Arthur Wolff ait défendu, en prenant de si grands risques, les adversaires du nazisme, me remplissait d'admiration, mais qu'il ait défendu des criminels de droit commun me fascinait encore plus : car, en essayant de m'identifier aux déviants et aux non-conformistes, je ne me contentais pas d'éprouver de la compassion, mais encore une certaine inclination pour eux, sentiments et penchants probablement nés du poids du péché originel qu'avait fait peser sur moi la religion ; à cela s'ajoutait le boulet de mon éducation que mes jeunes chevilles avaient injustement traîné. Tout cela me faisait dire : « Si Nature et Culture n'avaient pas fait de moi ce que je suis, je serais peut-être à leur place [2]. » Au fil des années, si cette attitude a assurément rendu ma vie compliquée et a terni certaines de

1. Le récit complet de cette affaire impliquant les jeunes Loeb et Leopold a été, entre autre, repris comme thème d'un reportage romancé par Meyer Levin dans *Crime*, Phébus, coll. « Libretto » n° 27, Paris, 1999.

2. John Bradford (1505-1555), révérend de l'église Saint-Paul et mort martyr, devant un condamné que l'on menait à la potence, avait dit : « There but for the grace of God go I » (« Dieu soit loué, je pourrais être à sa place ! »). L'auteur laïcise la formule.

mes amitiés, elle m'a en revanche permis de rencontrer un grand nombre de gens intéressants, ceux-ci ont pu me fourrer dans de sales draps et m'inciter à des amusements aussi frivoles que peu reluisants, comme en témoigne l'histoire.

Le lendemain matin à la première heure, en descendant prendre le petit déjeuner, j'appris que Maurice et les Schmidt étaient déjà partis. La petite Maria, la bonne espagnole, me dit qu'une voiture était venue les chercher au milieu de la nuit.

Comme je l'appris alors, au moment des extraditions de Breitscheid et Hilferding, Wolff, arrivé à Marseille, avait confié à Fry que le sous-préfet, ne pouvant plus désormais être responsable de sa sécurité, lui donnait, bien qu'il fût toujours sous assignation à domicile, le conseil de se préparer à partir. Le sous-préfet avertissait clairement Wolff que les choses allaient bientôt mal tourner pour lui. Fry le cacha aussitôt derrière les cartons d'emballage, cette même planque au fin fond de la vieille ville qui avait été destinée à Breitscheid et à Hilferding. Wolff demeura dans cette chambre aveugle et secrète, tel un pharaon momifié au cœur de sa pyramide, jusqu'au jour où il put en ressortir. Il arriva donc ce soir-là à la villa Air-Bel.

La suite fut une longue série d'épisodes à suspense qui dura plusieurs mois. Le Comité crut que la voiture que leur proposait Mathieu était celle de l'ambassade espagnole à Vichy, qui devait conduire les Wolff et les Bernhard à Lisbonne. Les Wolff, accompagnés de Maurice, rencontreraient Jean et les Bernhard à Tarascon, et le petit groupe passerait la frontière à Ax-les-Thermes, près d'Andorre. L'automobile avec chauffeur transporterait les réfugiés à travers l'Espagne et le Portugal.

La voiture diplomatique, bien sûr, se révéla être une mystification : c'était la limousine de mes bons vieux gangsters qui ne pouvait rouler que dans certains départements du sud de la France. En conséquence, les réfugiés restèrent bloqués plusieurs jours aux Baux, cité médiévale perchée au sommet des Alpilles, petite chaîne de montagnes à mi-chemin entre Arles et Marseille. Digne des dieux de la guerre, ce nid d'aigle surplombe une plaine de calcaire aux pentes érodées. Dans cet endroit désolé mais pittoresque, que visitent aujourd'hui les touristes, les fuyards trouvèrent refuge dans un hôtel dont le propriétaire américain était tout à fait disposé à courir le risque d'abriter ce genre de fugitifs.

Après des tas de mésaventures et des revers sans nombre, Maurice trouva finalement un nouveau réseau d'évasion espagnol par le biais des membres de la *Confederación Nacional del Trabajo*, une organisation de gauche. Elle allait s'appeler « la voie Carlos », du nom de son chef.

Je n'eus jamais aucun rapport avec ce dernier volet de l'histoire, si ce n'est qu'un soir, hélas, alors que nous étions tous en train de nous amuser à des jeux surréalistes, Danny passa sa tête par la porte et appela Theo. Le lendemain matin, quand je demandai à mon amie pourquoi elle n'était pas revenue, elle me déclara que Danny et Maurice s'étaient fait tirer dessus à Ax-les-Thermes, non loin de la frontière, alors qu'ils partaient vérifier le nouveau chemin d'évasion. Elle avait pansé leurs blessures, heureusement légères.

On changea donc le programme de nos réfugiés. Les Bernhard partirent finalement par l'ancienne voie F, mais furent arrêtés en Espagne. Libérés sur l'intervention du Comité, ils arrivèrent à Lisbonne vers la mi-avril.

L'âge et l'infirmité d'Arthur Wolff l'empêchaient d'escalader les sentiers montagneux. Après une vaine tentative pour le faire parvenir en Espagne par canot automobile, il fut, je crois, finalement remis entre les mains des miliciens anarchistes de la CNT, ouvriers de la Compagnie des chemins de fer. Ceux-ci l'emmenèrent jusqu'à Cadix, d'où il s'embarqua pour Cuba.

Varian dut alors renforcer la voie Carlos. Elle fonctionnait toujours très bien, encore qu'il advînt à des fugitifs d'être arrêtés et jetés en prison ou, pis encore, enfermés dans le camp d'internement de Miranda de Ebro en compagnie des soldats anglais.

En conséquence, Varian et ses collègues renouvelèrent leur équipe, qui trouva de nouvelles cachettes et organisa de nouveaux chemins d'évasion dans le sud de la France et en Espagne. Je remarquai que Varian maigrissait de jour en jour, qu'il avait l'air exténué. Il se plaignait de plus en plus fréquemment de l'indifférence du Département d'État et des services consulaires, qui retardaient l'octroi, pour de simples formalités, tant du contingent normal de visas que ceux qui étaient exceptionnellement accordés aux réfugiés en danger imminent, tandis que la fine fleur de la résistance politique de l'Allemagne hitlérienne croupissait dans des camps d'internement français ou restait planquée dans des caves ou des cabanons à chèvres au nord du beau pays de Cézanne.

Mais Fry cite aussi certains des réfugiés qu'il a pu aider à s'échapper.

Environ cinquante personnes arrivèrent dans les îles Caraïbes françaises. André Breton, Jacqueline, Aube, Victor Serge et Vladi embarquèrent durant cette période à bord de l'un des derniers bateaux pour la Martinique, le *Paul-Lemerle*. Je n'eus pas la chance de leur dire au revoir, embarquée que j'étais, pour ma part, dans quelque folle ou galante équipée avec Killer.

Au printemps, de nombreux autres réfugiés passèrent par les bureaux du Centre américain de secours pour se rendre à Lisbonne.

XXVI

Au printemps, mes amis de la pègre se lancèrent dans une affaire de fausse monnaie moyennement lucrative. Ils avaient coutume de me rencontrer dans l'arrière-salle d'un petit restaurant afin de me faire évaluer leurs devises américaines. Je les déclarais toujours nulles, ce qui était loin d'être exagéré.

Je revois Mathieu, un après-midi, me montrant l'un de ses derniers billets de dix dollars tout neuf. J'étais assise dans une salle enfumée, le nez dans ma tasse de café.

– Regarde celui-là, me dit Mathieu en s'inclinant vers moi, comment tu le trouves ?

– Mauvais, Mathieu, négatif.

– Allons ! Il est bien mieux que celui que je t'ai montré la semaine dernière !

– Tu ne peux pas le passer. Je te dis qu'il ne fait pas l'affaire.

Il se précipita hors de la pièce pour passer un savon à ses complices guère méticuleux.

Il est vrai que, après les parfaites et méticuleuses contrefaçons du Comité, j'étais devenue exigeante, et ne pouvais qu'être horrifiée par ces grossières imitations.

J'avais beau avoir à ma disposition une double échelle de valeurs auxquelles me référer ainsi que des intérêts qui me tiraillaient en sens contraire, c'était une chose troublante pour moi que d'avoir ainsi le derrière entre deux chaises dans ce monde fou et déboussolé, sans une branche solide sur laquelle me percher. Et si cette métaphore est quelque peu incohérente, c'est parce que mes idées ne l'étaient pas moins.

Puis, un jour, Mathieu et Killer frappèrent fort. Ils vendirent une brique de plomb plaqué or pour un lingot officiel à un riche Français qui partait pour l'Argentine. Cela fait, Killer, n'y tenant plus, me confia les détails de l'histoire, trop croustillants pour qu'il n'eût pas envie de les partager.

– Le plomb, m'expliqua-t-il, est presque aussi lourd que l'or. Nous avions le moule ; l'occasion était trop belle : un copain dentiste l'a moulé et y a plaqué de l'or. Du beau travail. Mathieu a trouvé un type à la Banque de France qui nous a donné le poinçon officiel et le certificat.

– La Banque de France. Excellent ! ai-je laissé échapper.

– Dis-moi, tu as l'air d'aimer entendre parler de corruption en haut lieu, on dirait ?

– Certainement, quand ce sont les mauvais qui tiennent les rênes du pouvoir… Mais continue, continue donc…

– J'ai parcouru la France libre avec ce foutu lingot : Marseille-Vichy aller et retour, deux ou trois fois. Et puis j'ai livré le produit fini à Lyon.

– Si je comprends bien tu t'es coltiné la partie la plus dangereuse, non ?

– Effectivement, c'est ce que je pense aussi, mais, chérie, ça en valait la peine ! T'aurais dû voir la tronche du gogo quand il a pris la brique de plomb dans ses mains ! La super-affaire qu'il croyait faire ! T'aurais dû voir sa gueule et son sourire de gros malin ! J'ai failli me trahir en explosant de rire ! Tu parles d'une affaire ! Et qu'est-ce qu'il avait la trouille ! Il est parti le jour même avec le fichu lingot de plomb dans sa valoche. Pour Lisbonne. Tu vois, moi aussi, j'envoie des gens à Lisbonne, mais moi au moins j'en tire profit !

J'allais m'indigner contre cette comparaison, mais il me sentit venir et me coupa dans mon élan :

– Laisse tomber, laisse tomber ! Allons à Cannes ce week-end pour fêter ça, qu'est-ce que t'en dis ?

– D'accord. Allons-y !

Cet après-midi-là, sur la Croisette, le temps était beaucoup plus chaud qu'à Marseille et la flore aussi exubérante que dans le sud de la Californie. La mer, qui avait perdu son bleu méditerranéen et était agitée de remous pâles, était un plaisir pour la vue, mais pas question de s'y baigner, elle était trop froide. Nous allions enfin oublier la guerre, oublier les réfugiés, et même oublier la police, qui ne lâchait jamais vraiment les talons de Killer.

L'après-midi, je me rendis chez le coiffeur, et le soir, je soignai particulièrement mon maquillage ; je mis ma plus belle robe d'après-midi, que j'avais récupérée dans ma valise de La Bourboule. Le miroir me renvoyait un visage aux joues creuses, une silhouette mince mais à la mode, la taille de ma robe en soie noire imprimée étroitement prise, resserrée de trois nouveaux crans. L'espace de quelques secondes, je regrettai même, en frivole que j'étais, de ne pas être en robe du soir, avec mes pendentifs en diamant.

– Tu es belle, chérie.

– C'est vrai ? Toi non plus tu n'es pas mal.

Le tailleur de Mathieu, sur les directives de Raymond, lui avait confectionné un costume très présentable ; chic, mais pas trop. Killer avait très bon goût.

Nous nous sommes rendus d'un pas alerte au bar du *Carlton* et, juchés sur les tabourets, avons commandé deux martinis dry. Le lieu de rendez-vous le plus huppé de la Côte d'Azur était quasiment vide. Quelques rares retraités étaient assis à des tables d'angle, devant des apéritifs. Je remarquai un couple devant un verre de cognac et un verre d'eau, grignotant des cacahuètes certainement apportées de dehors ; cet homme et cette femme m'avaient tout l'air d'être anglais, trop vieux pour participer de quelque façon que ce soit à la guerre, et trop têtus pour se faire évincer de leur place au soleil par ces fichus Boches.

Killer demanda au barman s'il connaissait des boîtes de nuit ouvertes et se fit donner une adresse. Après deux premières petites gorgées, j'engageai la conversation, faisant une description de ma vie de jeune femme libre des années vingt, émaillée d'anecdotes. Après avoir bu la moitié de mon verre, je me mis, par défi, à parler anglais. Killer en fit autant. Son accent s'était amélioré, il avait perdu ses inflexions vulgaires, et il avait beau faire un usage toujours aussi pertinent des gros mots, ils sortaient maintenant de sa bouche sur le mode mineur, si bien qu'ils pouvaient passer pour des répliques de théâtre impertinentes. Presque distingué. Quand je lui demandai où il avait appris ces mots triviaux, il me dit qu'avant de rencontrer La Touffe et Sergent, il avait fréquenté des Américains très frustes dans la Légion. « Et ça ne met pas de vernis sur tes ongles, chérie. »

Sur ce il se tut et n'ouvrit plus la bouche jusqu'au moment où il commanda une autre tournée.

– Pour moi, un peu plus sec, demandai-je au garçon.

Là je vis que Killer était fier de sortir avec une dame aussi raffinée. Le miroir du bar, devant moi, me renvoya un reflet dont je ne fus pas peu fière ; je m'imaginai, mes gouttes en diamant aux oreilles, mon long fume-cigarette d'ivoire entre les doigts.

Il me vint alors à l'esprit que Peterkin et Mme Bénédite étaient à La Garoupe – la station balnéaire de la Côte, lui appris-je, que F. Scott Fitzgerald avait rendue célèbre, il y avait à peine vingt ans. Peut-être étais-je trop didactique ; quoi qu'il en soit, je me sentais très bien. Je lui suggérai que nous passions voir Éva et l'enfant le lendemain. Killer me regarda, les yeux ronds : il me rappela qu'il avait très fortement déplu à Mme Bénédite.

Un ange passa. Puis j'entendis résonner un « r » guttural à l'autre bout du bar. Je tendis l'oreille, avalai une autre gorgée de martini et essayai d'entendre la conversation de l'homme avec le deuxième barman.

– Killer, cet homme a un accent allemand !

– Et alors, qu'est-ce que cela peut foutre ? Détends-toi. On était justement en train d'oublier tout ça. Bientôt on va danser.

Levant les coudes, il se mit alors à fredonner : « Tout va très bien, madame la Marquise… »

Je repris une autre gorgée, demandai d'autres olives et, ayant vidé mon deuxième verre, je chuchotai à Killer :

– Killer, cet homme est un agent allemand !

Je me souviens d'être tombée du tabouret.

Trou noir. Plus rien.

Je me suis réveillée le lendemain matin. Le soleil inondait la chambre à coucher et Killer était penché sur moi :

– Bonjour. Comment tu te sens ?

– Très mal, très mal, ai-je répondu, portant ma main à mon crâne endolori. Que s'est-il passé ? Que m'est-il donc arrivé ?

– J'ai passé un bon moment avec toi, hier soir. Tu étais dans une forme éblouissante, on peut le dire.

– Quelque chose à propos de cet Allemand… Je me souviens que je te disais à voix basse que je le soupçonnais d'être un espion du Reich.

– Chuchoté, tu parles ! Tu criais à pleins poumons : « Sale nazi ! Retourne à Berlin ! Nazi ! Wisigoth, Vichy boche ! » Pleine d'esprit : Wisigoth – Vichy boche ! Tu en étais fière, de celle-là, tu l'as même répétée !

– Elle n'est pas mal.

– Bon enfin, je t'ai sortie de là avant qu'on nous fasse des histoires.

– Mais c'est terrible ! J'aurais pu t'attirer des ennuis. Tes papiers sont bien en règle ?

– Oui, oui, ça va. Enfin presque.

– Fais monter du café, s'il te plaît. Je ne vois pas comment j'ai pu être ivre avec deux martinis. Deux ! Mais deux, ce n'est rien ! Deux martinis ! Ai-je été malade ?

– Non.

– Dieu merci !

– Tu ne manges pas à ta faim et tu es habituée à la bibine d'Air-Bel. Le gin t'a tout simplement cogné sur la tête, voilà tout.

Il était assis sur le lit, à côté de moi. Il a commandé le petit déjeuner.

– Avant de tomber complètement dans les pommes, tu n'arrêtais pas de dire : « Tobrouk tiendra, Tobrouk tiendra bon, hein ? Killer, dis-moi que Tobrouk tiendra bon ! » Dis donc, on dirait que tu prends cette histoire rudement au sérieux ?

– Pas toi ? Je ne pense pas que tu comprennes très bien les enjeux, hasardai-je.

– Oh, ça va, hein, les sermons !

– Bon, d'accord.

– J'ai profité de ce que tu étais soûle, a-t-il continué, pour te demander si tu pensais que je t'aimais pour toi ou pour ton argent.

– Et qu'est-ce que j'ai dit ?

– Tu as dit : « Cinquante, cinquante. »

– Et toi, qu'as-tu dit ?

– J'ai dit que tu avais à peu près raison.

Silence. Nous nous sentîmes tous les deux misérables et mal à l'aise. Il s'est levé, a marché vers le balcon et a regardé la mer pendant quelques minutes. Puis, il s'est retourné, et il est revenu vers moi :

– Tu n'as jamais rien compris, rien à rien.

Je n'ai pas très bien saisi le sens de ce qu'il voulait me faire savoir, toujours est-il que je n'ai jamais compris, et encore moins accepté, son ressentiment contre mes contributions régulières au Comité, ni ses demandes fréquentes d'argent. Celui-ci se dressait toujours entre nous. En moi, il faisait naître des soupçons sur lui et des doutes sur moi-même. A ses yeux, mon attitude constituait un rejet de sa personne. En outre, pour le monde des souteneurs qui était celui de Mathieu, son incapacité à mettre la main sur mon fric était la preuve de son incapacité et de sa faiblesse.

En tout état de cause, ce matin-là, à Cannes, je n'étais pas en condition de comprendre quoi que ce soit, aussi laissai-je tomber ce sujet sensible après l'avoir remercié d'avoir sauvé la situation.

– Tu étais beaucoup plus gentille avec moi hier soir, me susurra-t-il en s'approchant très près de moi. Je suis heureux quand tu es toi-même, tu sais…

– Oh non, s'il te plaît, ma tête ! Attendons d'avoir pris notre café, s'il te plaît.

Le serveur a frappé à la porte, avec le plateau du petit déjeuner.

XXVII

A la fin du mois de mars, les réfugiés dont les visas avaient été fournis par Fry et dont les voyages avaient été patronnés par l'Emergency Rescue Committee voguaient sur l'Atlantique, en route vers la Martinique, ou traversaient l'Espagne après avoir franchi la frontière française munis de leurs visas de sortie légaux. Certains signes, cependant, indiquaient que ces jours tranquilles étaient comptés. Pour la plupart des Juifs et des étrangers, la situation s'était détériorée. L'amiral Darlan, vice-président du Conseil des ministres, avait signé deux accords : l'un avec l'Allemagne, qui stipulait que tous ses citoyens devaient lui être rendus ainsi que ceux de l'Autriche ; le second avec l'Espagne, qui énonçait que les réfugiés de la guerre civile devaient être rapatriés ; d'autres encore seraient envoyés rapidement en Afrique du Nord, pour servir de main-d'œuvre. Par bonheur, il y eut un intervalle de temps entre la signature de cet accord et son exécution.

Il fut longtemps à la mode, pour les auteurs de mémoires comme pour les historiens, de soutenir que la collaboration a été imposée en novembre 1942 avec l'occupation totale du pays. Ceux d'entre nous qui étaient là au printemps et en été 41 savent que les forces collaborationnistes du gouvernement de Vichy étaient déjà en place. L'intendant de police Rodellec du Porzic avait remplacé l'amical Dubois à la préfecture de Marseille. Désormais les apprentis espions se pointaient dans toutes les associations de secours – les quakers, les unitariens, Hicem, sans oublier bien sûr le Secours américain. Ils s'infiltraient le jour en se faisant passer pour des gaullistes qui cherchaient à rejoindre l'Angleterre, ou la nuit pour crocheter les serrures et fouiller les fichiers ; au Comité, ils arrivèrent avec une prétendue carte des champs de mines protégeant les ports français, cadeaux pour le Renseignement britannique. Varian les chassa sur-le-champ. C'étaient des oiseaux de malheur, précurseurs du pire à venir.

Vichy avait désormais un commissaire aux Affaires juives. La première cible serait les Juifs étrangers, puis tous les Juifs, conformément au modèle mis en place par les nazis de vexations, de harcèlements et finalement de déportation.

Quand l'ordre arriva de regrouper les premiers Juifs étrangers, au début du mois d'avril, Marc Chagall fut arrêté. Fry, appelant tout son courage à la rescousse à l'aide d'un petit alcool, téléphona à la police. La voix vibrante d'excitation, il déclara au flic malchanceux qu'il eut en ligne que Marc Chagall était l'un des plus grands peintres au monde vivants et que, si la nouvelle de son arrestation se répandait, cela porterait tort à Vichy ; quant à la police marseillaise, pour elle ce serait catastrophique ; que, si M. Chagall n'était pas libéré dans la demi-heure qui suivait, il téléphonerait au *New York Times*. Son interlocuteur le remercia pour le tuyau.

Une demi-heure plus tard, Mme Chagall téléphonait au bureau pour annoncer que son mari était de retour à l'hôtel.

Danny, qui se trouvait près de Varian, exultait de joie :

– C'est comme ça qu'il faut leur parler ! Bien joué, patron !

Varian reçut le compliment avec un sourire : cela avait été tellement facile ! Puis son visage reprit son sérieux et revêtit son masque d'impassibilité habituel. Il ôta ses lunettes à monture d'écaille, les essuya, et murmura pour lui-même :

– Non ! nous devons être capables de les sauver tous. Pas seulement le plus grand peintre du monde ! – puis, haussant la voix : Jacobs est toujours en prison à Madrid... Et Dobos... Apportez-moi le dossier de Dobos !

Le travail continuait.

Une nouvelle indication du climat politique fut l'expulsion de Vladimir Vochoč, le consul tchèque, dont les passeports roses avaient apporté tant d'espoir et qui avait procuré des visas de transit à de nombreux hommes et femmes apatrides. La rosette de la Légion d'honneur à la boutonnière, il fut escorté jusqu'à la frontière… de Monaco où, sous la protection du prince Louis II, il s'installa et agit à une échelle plus réduite.

Rodellec du Porzic aurait aimé se débarrasser de Varian, mais n'osait pas. Varian avait décidé de tenir le coup tant qu'il le pourrait. On l'accusait, à juste titre, de n'aider que des étrangers. Il envisagea alors d'étendre son action aux intellectuels d'Alsace-Lorraine qui avaient fui leurs provinces, lorsque celles-ci, contestées depuis des lustres, furent annexées à l'Allemagne. Il engagea Charles Wolff pour recueillir des informations au sujet de ces hommes et faire un rapport sur leur situation.

J'étais heureuse de retrouver Charles, que je n'avais pas revu depuis le jour de l'été dernier où j'étais arrivée de Biarritz à Toulouse en compagnie de Peterkin et où il m'avait généreusement offert sa chambre pour la nuit. Charles était un musicologue qui avait perdu son travail à l'hebdomadaire *Lumière* parce qu'il était juif. Il prenait le fait d'être né ainsi pour un hasard étrange qui lui serait tombé dessus. Quand Gussie Rosenberg, qui avait les traits d'un chérubin, lui avait demandé, inquiet : « Vous trouvez que j'ai l'air juif ? » il avait pincé son propre nez, volumineux et crochu, et lui avait répondu d'une voix nasillarde : « Typique, typique ! » non sans ajouter, dans un rire : « Contrairement à moi. Mieux vaut pour toi que tu rases les murs, mon garçon ! » Puis, voyant la déconfiture de Gussie, il l'avait rassuré dans le creux de l'oreille.

Charles s'installa dans une chambre au deuxième étage du Château, où la vie se poursuivait un peu plus belle que n'importe où ailleurs. L'amour se présenta à Jean Gemähling sous les traits de Consuelo de Saint-Exupéry, la femme du célèbre écrivain-aviateur, qui était venue passer quelques jours au Château. Un matin, j'étais à ma fenêtre et je le vis, à hauteur de mes yeux, assis à califourchon sur la branche noueuse d'un platane, tout son corps tendu vers la fenêtre de sa dulcinée ; les tourtereaux s'amusaient à échanger des sifflets et des plaisanteries enjouées.

Le printemps arrivant, les traits de Varian se creusèrent un peu plus ; pourtant il prenait part, autant qu'il le pouvait, et avec toujours le même entrain, aux récréations de fin de repas. Comme la situation à l'extérieur s'aggravait, le jeu du Meurtre supplanta les passe-temps plus intellectuels.

Durant son séjour à Marseille, Varian languissait loin de sa femme, Eileen, et ne cessait d'espérer qu'elle le rejoindrait. Dès le premier été, il lui écrivait : « Cela fait des semaines que je ne t'ai vue mais je pense plusieurs fois par jour à toi. » A l'automne, il reprit sa plume : « Tu pourrais me rejoindre et nous pourrions passer un merveilleux hiver ensemble. C'est un beau, très beau pays. Ce serait la meilleure solution… La semaine dernière, Mme Kershner a rejoint son mari, le représentant européen des quakers. Je me suis senti terriblement jaloux. Pourquoi pas moi ? » En février, même refrain : « La Provence est merveilleusement belle en toute saison, tout spécialement au printemps… Comme c'est bien que les Un Tel aient eu un enfant. Pourrais-tu venir au printemps pour que nous puissions en faire un nous aussi ?… Écris-moi vite, mon chaton. Signé : Ton Miaou. »

En mai, il lui assurait : « Quand tu seras ici, tu ne quitteras pas mon lit, comme cela, les dépenses seront presque nulles. Tu sais, je voudrais t'avoir tout le temps avec moi ; car, malgré tes soupçons, je dors toujours seul, et je n'aime pas du tout ça… Oui, c'est vrai, je suis parfois allé dans une maison de passe avec Otto, mais franchement, je n'apprécie pas du tout… J'y suis même allé seul, une fois, après son départ, et c'était encore plus triste. »

Je ne crois pas que Varian ait vécu de vraies aventures amoureuses cette année-là et, dans le cas contraire, ce fut en tout cas dans la plus grande discrétion. J'ai questionné une fois Danny sur ce sujet et n'ai pu obtenir qu'un : « Oh là là ! » outré, mais comme on le sait, les Français sont les gens les moins fiables dans ce domaine. Je pense que Varian s'était entièrement dévoué à sauver sa nombreuse clientèle, mais que, en sa qualité d'homme jeune et « normalement constitué », comme il le découvrit, il éprouva certainement le besoin de faire la java de temps en temps.

Jean s'effondra après l'évasion des Bernhard et des Wolff ; j'ignore si ce fut à cause des tensions dues aux aléas de l'épisode, ou de son histoire d'amour. Toujours est-il qu'il resta au lit plusieurs jours.

– Il ressemble à une renoncule, me dit Theo. Il a la jaunisse. Il vaudrait mieux monter le voir : son état semble se détériorer.

Tout en me dirigeant vers sa chambre, je réfléchissais à ma situation personnelle, qui se détériorait aussi. Theo s'efforçait de garder un ton amical à mon endroit, mais elle s'adressait à moi d'une façon de plus en plus brève, et sur un ton sec; Danny me tenait ostensiblement à distance, quant à Varian, il gardait poliment son quant-à-soi. Je savais que ni les uns ni les autres n'avaient d'indulgence pour ma relation avec Killer.

Jean était couché, en train de lire *Poisson soluble* de Breton. Seul l'iris bleu de ses yeux ressortait sur son masque jaune. Il me parut légèrement embarrassé, comme si son état était dû à sa seule folie, mais il me sembla surtout inquiet pour son stock de cigarettes qui diminuait dangereusement. Jean par contre me demanda des nouvelles de Killer, sur un ton qui me fit sentir qu'il ne trouvait pas ma relation inadmissible, et qu'il ne pensait pas forcément que je couchais avec le diable.

Certes la désapprobation des autres se faisait cruellement sentir, mais je décidai de tenir bon quoi qu'il advînt. Car pour moi aussi, le Château était une sorte de refuge.

Un soir, assez tard, arrivée à la villa par le dernier tram, je trouvai Charles sur le seuil de la porte à côté de Dagobert. D'habitude, la lumière brillait toujours à la fenêtre de sa chambre au deuxième étage : Charles était un oiseau de nuit; il avait un petit penchant pour le vin rouge et préférait travailler après le départ de chacun pour sa chambre respective.

– Une chose fort désagréable vient d'arriver, me dit-il. En rentrant ce soir, je suis tombé sur la petite Maria en train de m'attendre, bien après l'heure de son coucher : « Monsieur Charles, m'a-t-elle dit, je dois vous avouer quelque chose ». J'ai supposé qu'elle était enceinte, ou que son père venait d'être arrêté. « Non, monsieur Charles, m'a-t-elle répondu, j'ai volé le pain de la maison. Je mourais de faim. »

– A quinze ans, je pense qu'on doit ressentir cruellement les affres de la faim, commentai-je.

Depuis le jour où l'on nous avait emmené notre vache, elle avait dû souffrir. Maintenant Charles devait annoncer aux autres ce qui s'était passé. Personne n'alla, bien entendu, la blâmer le lendemain matin, mais d'un commun accord nous élisions Maurice distributeur de pain. Dès lors, tels de pauvres orphelins d'un roman de Dickens, tous les pensionnaires du Château faisaient la queue dans la cuisine, ou sur la terrasse quand il faisait doux, et Maurice donnait à chacun sa moitié de miche. Nous en consommions une portion raisonnable pour le petit déjeuner, enveloppions le reste dans nos petites serviettes, et le rangions dans les tiroirs du buffet pour notre consommation de la journée. Les Breton, je me souviens, étaient encore là quand ce rituel fut inauguré. Ils partirent peu après.

A voir l'expression de son visage, j'imaginais que ce rôle plaisait à Maurice. Il devait le soulager de ses missions habituelles, qui consistaient à traiter avec des fonctionnaires réticents, et même à conspirer avec des gangsters, pour convoyer les réfugiés en danger, là où l'herbe était plus verte.

A ma grande surprise, je fus convoquée par la police, qui souhaitait m'interroger. Pour Fry, il y avait probablement un rapport avec les opérations de change au noir : c'était ma signature que portaient les messages que nous envoyions à Chicago, à un certain Rossborough, qui avait ma procuration et devait créditer, à Marseille, les comptes de particuliers recommandés par Kourillo, le changeur. Varian m'enjoignit de faire l'innocente et de ne surtout rien avouer.

Je dus faire appel à tout mon courage pour affronter l'interrogatoire, d'autant plus que je me sentais coupable ; j'étais terrorisée à l'idée de me couper. Je savais que la police essaierait de faire endosser au Comité le délit d'avoir changé de l'argent au noir : ainsi son sort dépendait de mes réponses. Je ne devrais ni m'affoler ni me dégonfler, et surtout ne rien avouer. Mais, si l'on me montrait une note écrite de ma propre main, je serais bien obligée de reconnaître que j'y étais pour quelque chose ; force me serait alors d'admettre que j'avais traité avec des changeurs... Oui, mais de façon tout à fait indépendante... Oh, rien à voir avec le Centre américain de secours : j'agissais pour mon propre compte ! Je trafiquais avec...

deux Juifs. C'était sûrement ce qu'ils attendaient que je dise. Oui, deux Juifs… Lévi et Strauss. Non. Trop évident… Je devrais gagner du temps, en faire gagner à Varian. Euh, plutôt Rosencrantz et Guildenstern [1] ! C'était cela. Il fallait manœuvrer avec ruse : la police ferait forcément subir un contre-interrogatoire à Varian au cours duquel ils placeraient ces deux noms. Ainsi, Fry comprendrait que si Rosencrantz et Guildenstern avaient trahi le prince de Danemark, moi je n'avais rien à me reprocher à l'Emergency Rescue Committee !

Armée de cet ingénieux scénario, je me glissai dans mon petit tailleur Robert Pinguet, dans lequel j'avais remporté un si franc succès au camp du Vernet et, un peu tremblante, me rendis à la préfecture.

Assis en face de moi dans une petite pièce, le flic commença courtoisement son interrogatoire. Il me demanda si je travaillais pour le Centre américain de secours. Je répondis que j'exécutais de temps à autre de petits travaux pour lui à titre bénévole – de petites missions : parfois je remplissais des fiches ; mais récemment je n'avais rien fait.

– Ils ont un personnel régulier désormais, fis-je observer. Et puis je ne connais pas la dactylographie.

– Je vois, me répondit-il d'un ton bienveillant. Et vous n'écrivez jamais aux États-Unis ?

– Si, naturellement, je suis américaine ! J'écris à ma mère, ainsi qu'à quelques amis.

– Bien sûr, bien sûr, mademoiselle, a-t-il articulé, s'inclinant vers moi et me fixant de son regard sombre et pénétrant. Et vous n'envoyez jamais des messages à propos d'argent ?

– Exact… Je parle d'argent à ma mère. L'argent est hélas toujours un problème, n'est-ce pas, soupirai-je.

– N'envoyez-vous jamais de messages demandant de déposer des sommes d'argent sur certains comptes bancaires aux États-Unis ?

– Je ne comprends pas.

– Mademoiselle, nous avons trouvé des messages écrits de votre main, demandant que…

1. Deux personnages secondaires de *Hamlet*.

– C'est incroyable ! Pourriez-vous par hasard me montrer l'un de ces messages ?

– Je crains que non, s'excusa-t-il.

– Bien, monsieur, j'aimerais beaucoup vous aider mais, si vous ne pouvez rien me montrer, fis-je avec un haussement d'épaules impuissant... – je me sentais sur un sol plus ferme – ... je pourrais certainement identifier ma propre écriture. Supposez-vous que quelqu'un a contrefait ma signature ?

– Mais pas du tout, ne vous affolez pas. Mademoiselle, je voudrais savoir comment vous vivez.

– Eh bien... avec de l'argent.

– Ah ! Et d'où vient cet argent ?

– J'en ai rapporté de Paris.

– Allons, allons, mademoiselle. C'était il y a huit mois. Je répète : comment vivez-vous ?

– Eh bien, j'ai de l'argent, fis-je en rougissant.

Il avait touché une corde sensible, déjà fortement titillée par les nombreuses allusions de mes amis marxistes à mes origines bourgeoises, ainsi que par leur théorie des plus-values, cette valeur additionnelle arrachée au sang des ouvriers, dont bénéficient les capitalistes.

– D'où vient votre argent ? persévéra mon enquêteur.

– Eh bien, monsieur, je suis une femme riche. Je vis sur des investissements ! lâchai-je, rouge de honte.

– Je comprends parfaitement.

Je levai la tête : un sourire doucereux éclairait le visage de l'homme, et une lueur malicieuse brillait dans son regard. Il avait compris que j'étais une putain.

– Monsieur est très compréhensif, ai-je dit en me tortillant sur mon siège.

Je suis revenue en courant boulevard Garibaldi pour rapporter l'entretien à Varian, qui me complimenta d'avoir su si bien maîtriser la situation. Mais tout cela signifiait que quelqu'un, probablement le petit Boris Kourillo, avait sans doute vendu la mèche à propos des opérations financières du Comité. C'était un contretemps, mais pas une catastrophe, puisqu'ils n'avaient pas de preuve réelle. Ce n'était qu'un souci de plus auquel Varian devait faire face.

Il me dit que la conclusion du policier corroborait les données de mon dossier.

– Que voulez-vous dire, mon dossier ? me suis-je étonnée.

– La police a un fichier sur vous aux Mœurs – sous P, pour prostitution.

– Moi, une prostituée ? Mais, Varian !

– Tout à fait, vous êtes décrite comme « la grande blonde au petit chien noir ».

– Voilà qui est grandiose ! Pourquoi ne me l'avez-vous pas dit plus tôt ?

– Je voulais vous réserver cette surprise, m'a-t-il répondu.

Rétrospectivement, je pense devoir cette mention spéciale au continuel défilé d'hommes que j'ai reçus dans la chambre 36 du *Continental*, à commencer par les trois légionnaires venant avec Miriam, en compagnie desquels on me prêtait sans doute la réputation de célébrer de folles orgies. A ces prétendues festivités collectives avait succédé une série de visites de jeunes gens, parmi lesquels Danny et Jean, qui s'étaient rendus à mon chevet quand j'avais été terrassée par cette interminable bronchite. Sans oublier non plus tous les clients du Comité, hommes de tous âges et de toutes tailles, que j'interviewais pendant ma convalescence, à raison de quarante-cinq minutes par séance.

XXVIII

A cette époque j'étais dans une position plutôt inconfortable, à cheval sur le mur qui divisait mes deux mondes fâchés avec la légalité. Ni les membres du Comité ni mes amis les gangsters ne m'acceptaient vraiment. J'étais tout à fait consciente des divergences qui séparaient les deux camps. Mais depuis j'ai compris que le dénominateur commun qui m'attirait vers eux était le danger et la révolte.

Aussi loin que je me souvienne, je n'ai jamais été une enfant très courageuse. J'étais en proie à des cauchemars fréquents qui me laissaient penser que j'étais promise aux flammes de l'enfer.

J'étais une enfant craintive, mais comment ne l'aurais-je pas été ? Pour maman, le monde était source de terreur : un orage d'été pouvait fort bien emporter les chênes géants qui se fracasseraient alors sur notre véranda et me feraient « exploser dans toute la maison », comme Dick, mon frère aîné, s'amusait à me répéter. Rien n'empêchait, le 4 juillet, les fusées lancées au-dessus du lac Michigan de modifier brusquement leur trajectoire et de venir me transpercer le cœur, tandis que, dans mon innocence ravie, j'observerais le ciel d'été en train de s'illuminer d'étoiles roses et argentées.

Cependant, la plupart du temps, maman plaisantait, jouait du piano ou dansait dans le salon de musique sur les airs déversés par le tourne-disque. Ces conduites opposées me troublaient au plus haut point.

De son côté, mon père, homme autoritaire, attendait de ses enfants une conduite parfaite et une obéissance inconditionnelle. Il était issu d'une vieille souche de la Nouvelle-Angleterre, et en était très fier. Les Gold avaient, dès leur installation, occupé plus de terres dans le Connecticut que ce qui était vraiment permis. Au début du XVIIIe siècle, nos aïeux, déplacés vers Cornwall, dans le même État, se trouvèrent impliqués dans les controverses religieuses de l'époque. Les membres des générations qui leur succédèrent, en bons Yankees qu'ils étaient, devinrent des bricoleurs et des inventeurs ; leurs premières découvertes furent des fourneaux et des dispositifs de chauffage central pour les maisons privées. Mon père, venant d'inventer un ingénieux système de chauffage des wagons, déménagea à Chicago, ce nœud ferroviaire. Là, quelque part dans le Midwest, il rencontra la belle Maggie Dickey, de New Carlyle, dans l'Indiana, cadette d'une grande famille composée en majorité de filles. Au moment où maman apparut, grand-papa Dickey avait déjà dissipé la fortune familiale dans le vin, les femmes et le jeu. C'est dire que ma grand-mère et ses filles furent loin de vivre dans l'aisance. Ces circonstances valurent à ma mère une amertume dont il lui fut difficile de se remettre et qui lui aigrit le caractère. Cependant, elle était remarquablement belle et terriblement drôle, deux atouts qui lui permirent de donner le change toute sa vie.

Dick, qui avait cinq ans de plus que moi, devint, sitôt sorti de ses langes, un vrai petit diable. C'était l'époque où j'apprenais à devenir propre et où je commençai à jouer passionnément à la poupée. Me faire hurler de peur devint alors son amusement favori ainsi que celui de ses bons copains.

Nous avions une pièce qui courait sur toute la longueur de la maison et qui donnait sur l'avenue Woodlawn de Chicago. On l'appelait la « salle de danse ». Les seules danses que cette salle eût jamais connues furent les arabesques et les coulés-fouettés des billes sur la table de billard de mon père. La plus grande partie de la pièce nous servait de salle de jeux, à Dick et à moi. Junie, notre plus jeune frère, était encore dans son berceau, et pas encore dans nos jambes. Dans un coin de la salle de danse, j'avais installé mes poupées et tout leur attirail, meubles, service de table en porcelaine miniature et ustensiles de cuisine. Dans un autre coin se trouvaient les dynamos de Dick, sa locomotive à vapeur qui marchait à l'alcool de bois, ses rails électriques et ses innombrables petits engins reliés par des câbles électriques alimentés en bout de chaîne par du courant ou de la vapeur.

Mais le plus spectaculaire et le plus effrayant de tous ses jouets était son poste de radio de transmission, sur lequel je doute qu'il ait jamais pu passer le moindre message. Lui et son copain attendaient le coucher du soleil pour l'allumer ; alors un épouvantable crépitement emplissait l'air, des flammes et des étincelles bleues jaillissaient, et retombaient en pluie dans toute la pièce. Afin d'intensifier l'effet, Dick renversait de l'alcool sur le plancher de bois et y mettait le feu. Clouée au sol j'observais le spectacle, terrorisée, guettant le moment où les flammes traverseraient le plancher et où toute la maison prendrait feu – l'une des grandes terreurs de maman.

Alors, tel un magicien, à l'aide d'un petit chiffon humide, il éteignait l'incendie.

– Eh bien, tu vois, Naynee, y avait pas de quoi avoir peur !

Dans mon innocence, je pensais que, quand j'étais avec Dick, je frayais avec les Grandes Puissances du Danger et, pour effrayant que ce fût, c'était une grande aventure d'être avec lui. (La mort, ce doit être cela : quand j'entendrai le crépitement électrique et que je verrai jaillir les flammes bleues, je saurai que c'est la fin. J'attendrai que Dick ou Killer apparaisse et me dise : « Tout est au poil. N'aie pas peur. Viens. » Les feux crépitants s'éteindront, et puis nous partirons dans quelque vaisseau intergalactique, manger une tarte aux fraises au cognac. Ce sera le paradis.)

Quand les États-Unis entrèrent dans la Grande Guerre en 1917, la confiscation de notre TSF m'indigna au plus haut point, car je savais que Dick n'était nullement un espion allemand et que de toute façon, il ne connaissait pas l'alphabet morse.

Parfois il m'emmenait jouer avec ses copains. Il avait un ami, Pres Hodgkins, que tous traitaient avec une grande déférence. Pres avait une fontanelle en or massif, car elle ne s'était jamais refermée. En compensation de ce malheur – que nous prenions, nous autres enfants, pour une distinction particulière –, ses parents voulurent tout lui offrir. Dans leur grand jardin sur Ellis Avenue à

Chicago, ils préparaient chaque hiver une longue piste à virages, dont il se servait comme d'un toboggan. L'après-midi, tous les petits voisins se retrouvaient dans le jardin pour glisser sur leurs *Flexible Fliers*. Les *Flexible Fliers* étaient les meilleurs traîneaux.

Je me rappelle : un jour, j'étais installée sur le capot du traîneau de Dick, mes deux pieds sur le volant, juste avant le décollage.

– Tu peux pas emmener une fille avec toi sur le toboggan ! objecta le garçon qui attendait son tour derrière nous.

Dick donna une puissante poussée et cria, au moment d'amorcer la plongée :

– Espèce d'idiot, tu ne connais pas ma sœur !

Et le traîneau fila comme une flèche.

– A droite, penche à droite, à droite ! A gauche maintenant ! Pousse à gauche ! Bravo, Naynee ! Bien ! Penche à gauche maintenant ! Pied droit ! Pied droit, pour l'amour du ciel !

Quand nous atteignîmes le bas de la pente, le petit crétin qui avait mis en doute mon courage glissa à son tour et s'arrêta derrière nous. Dick se tourna vers lui et lui lança :

– Tu vois ? Qu'est-ce que je te disais ? Ma sœur, c'est pas une dégonflarde !

Pour cela, j'aurais vécu toutes les frayeurs du monde.

Taquineries, pincements et coups continuels durèrent plusieurs années ; car Dick m'avait persuadée que la chose la plus laide au monde était de moucharder. Un rapporteur n'était qu'une sale poule mouillée à qui personne n'adresserait jamais la parole. Pire : moucharder pouvait entraîner de sinistres conséquences pour les intéressés. Dick menait ainsi, bien sûr, sa propagande pour sa survie, mais je ne pouvais pas le comprendre à cette époque-là ; à l'âge de neuf ans, j'avais déjà, comme dit Freud, « incorporé la voix aimée », et me l'étais appropriée. Aurais-je pris Barbe-Bleue en flagrant délit d'assassinat, que je ne l'aurais jamais dénoncé.

Mais il fallait que je fasse quelque chose. Maman avait peur de tout, tout le monde avait peur de Papa, et Dick me réduisait moralement en purée : oui, il fallait que je réagisse. Je commençai par répondre à mon père. Ce n'était pas d'une grande audace, puisque j'étais sa préférée et que j'avais le soutien tacite du reste de la famille. J'obtins même un rire approbateur de sa part.

Ensuite, il m'arrivait de me battre avec Dick et un jour, alors qu'il me poursuivait, je lui assenai un violent coup de pied dans le tibia, qui le laissa plié en deux de douleur. Un été, à Marigold Lodge, nous étions dans l'écurie en train de panser Zita, notre poney Shetland. Il m'ordonna d'enlever le crottin de ses sabots et de lui apporter son eau. Il était en train de me donner un nouvel ordre ou de me crier quelque insulte, quand un énorme taon vola droit dans sa bouche. Il inspira l'air.

– Mince, alors ! je l'ai avalé !

C'était trop beau pour être vrai.

– Une mouche a volé dans ton attrape-mouches ! Une mouche a volé dans ton attrape-mouches ! exultai-je en faisant des bonds de joie.

Il ramassa un bâton et le lança sur moi, mais je m'enfuis à toutes jambes par l'allée de graviers blancs jusqu'à la pelouse, où grand-mère Dickey prenait l'air sur la vieille balancelle de bois ; lorsque je la vis lever les yeux de son tricot, je ralentis le pas, prenant une allure nonchalante afin de ne pas attirer son attention sur le comportement pour le moins discourtois de mon frère. Avec moi, Dick ne courait jamais aucun risque.

A l'âge de onze ans, je développai un nouveau système pour me former le caractère. Le soir, après le dîner, je marchais jusqu'à l'auberge Waukazoo, située à moins d'un kilomètre de notre maison du Michigan, délibérément sans ma torche électrique, sachant je devrais rentrer à la maison dans l'obscurité, par les bois, seule avec les hiboux qui ululaient comme les esprits désincarnés des Indiens disparus de Waukazoo. Mais avant que j'eusse jamais l'occasion de surmonter cette épreuve, une voiture fonçait de la maison à ma recherche.

Quand j'atteignis l'âge de sept ans, je reçus en cadeau une bicyclette. Deux ans plus tard, j'organisais des virées avec cet engin dans les faubourgs mal fréquentés, en compagnie de mes camarades que j'espérais encanailler au contact de voisinages frustes et dangereux. Quelques années plus tard, au lieu de devenir membres des Éclaireuses – ce que maman trouvait de toute façon très ordinaire –, nous formâmes une bande de joyeux lurons et luronnes, que nous appelâmes « la bande à Robin des Bois ». Au lieu de voler les riches pour donner aux pauvres, nous nous contentions de harceler les riches. Seule exception à la règle : épargner les membres de ma famille. Quand la bande n'avait pas envie d'aller s'amuser dans les bas quartiers, nous déclarions officieusement à qui voulait l'entendre que c'était Halloween ; nous enfoncions alors maintes épingles dans les sonnettes, appliquions de la pommade sur les fenêtres, provoquions les chiens qui se trouvaient derrière les clôtures de pieux ou de fils barbelés, ou passions des coups de téléphone complètement idiots aux voisins que nous ne connaissions pas. Notre seule pratique un peu risquée était, après avoir traversé le haut pont d'acier qui enjambait les chemins de halage se côtoyant le long de la berge du lac, de monter sur les blocs de ciment disposés en toboggan qui servaient de digue. Cette barrière rocheuse était fréquentée par des vagabonds, à en juger par les traces que nous trouvions dans des espèces de petites cavernes, sous la forme d'excréments humains et de boîtes vides de haricots blancs à la sauce tomate. Il n'arriva jamais malheur à aucun de nous et c'était vraiment une aventure passionnante.

Durant ma période préadolescente que marquèrent ces activités, Dick était en pension et me manifestait un intérêt déclinant. Maman était de plus en plus absorbée dans ses soucis. Quant à la gouvernante française, elle restait dans sa chambre à lire des romans policiers de chez elle, à bon marché et à couverture jaune brochée, aussi heureuse d'être débarrassée de moi que moi je l'étais d'elle.

Je ne veux pas prétendre m'être forgé un caractère trempé dans l'acier, mais j'ai travaillé à cette fin et en ai aimé les moyens.

Pour en revenir au Français qui s'était envolé en direction de l'Argentine lesté de sa brique plaquée or, j'appris qu'il ne tarda pas à pousser dans la pampa un hurlement qui se répercuta jusque dans les couloirs de la Banque de France, laquelle fit en sorte que l'opération ne se répétât pas. Je trouvai cela fort dommage. La petite bande eut recours à des jeux et à des bénéfices moins spectaculaires, dont on ne me révéla pas la nature.

Un jour, Mathieu, arrêté, avait été emmené à la prison de Chave, celle où, comme il me l'avait dit en plaisantant quelques mois auparavant, on l'avait gratifié d'une cellule ensoleillée… Mais Killer ne prit pas cela du tout à la rigolade : blême et tendu, il me raconta la poursuite et la capture. La police avait trouvé Mathieu dans un bar avec de la drogue sur lui.

– Il a été rapide comme l'éclair, tu aurais dû voir comment il s'est mis à courir ! Sauf qu'ils ont lancé un salaud après lui qui l'a fait trébucher en plein milieu de la Canebière. Il est tombé face contre terre. Trois hommes lui ont sauté dessus, et il a encore essayé de les repousser ! Ce p'tit mec, c'est sûr, il a des tripes !

J'étais désolée, je compatissais avec Killer, mais je ne me sentais pas spécialement concernée, supposant que de telles mésaventures faisaient partie des risques du métier et que Mathieu serait bientôt dehors. Les conséquences de son arrestation me semblaient douces, en comparaison de ce qu'il pouvait arriver à nos réfugiés s'ils se faisaient prendre. Transi de peur et de sollicitude, Killer ne souriait quasiment plus ; il passait son temps tantôt chez l'avocat, tantôt à la prison de Chave pour causer avec son copain, lui apporter des cigarettes et de la nourriture, et lui servir de contact avec le monde extérieur.

– C'est un p'tit mec formidable, tellement courageux et intelligent. Les deux autres – Étienne et Joseph – sont de vrais imbéciles. Tout est sur mes épaules, maintenant.

Je le priais chaque fois de lui transmettre mes amitiés, tout en estimant qu'il courait un risque, étant l'acolyte principal de Mathieu, à se pointer si souvent à la prison.

– Et s'ils se mettent à te surveiller ? m'inquiétai-je.

– Et alors ? Il a besoin de moi ! Vous les femmes, vous ne comprenez rien à la loyauté.

Parler était peine perdue. Pour Killer, c'était comme s'il avait perdu un frère.

Il me raconta qu'un mouchard l'avait donné à la police et que, dès que Mathieu sortirait, ils le prendraient. Je ne compris pas alors le sens de cette menace. Mon esprit était à ce moment-là préoccupé par un autre danger : c'était la période où la police raflait les Juifs étrangers, et les collaborateurs du Comité étaient terriblement inquiets.

Par ailleurs, j'aurais bien aimé avoir des nouvelles d'Odette, qui devait être dans un état épouvantable, mais Killer m'en dissuada. En fait, Mathieu estimait que j'avais une mauvaise influence sur elle.

Je passais la plupart du temps au Château. Un soir, Killer et moi sortîmes prendre un verre dans l'un des cafés les plus populaires de la Canebière. Comme tous ceux de cette époque, il était peu éclairé. Nous nous installâmes dans le coin le plus sombre et commandâmes deux cognacs.

Un jeune métis entra, tressaillit quand il vit le visage de Killer, puis repartit vers le bar se jucher sur son tabouret, sous l'unique lumière du lieu. Killer resta le souffle coupé pendant quelques secondes, puis, approchant sa bouche de mon oreille, me chuchota :

– C'est lui, le type, là-bas.

– Quel type ?

– Cette ordure d'indic. On le butera dès que Mathieu sera sorti.

– Oh, tu ne peux pas faire cela, m'indignai-je. Tu ne peux pas !

Killer me répondit, avec un regard mauvais :

– Il l'a balancé : on va le buter.

Je regardai l'homme : je voyais son dos, son postérieur bien arqué sur le coussin de cuir bleu, avec ses petites oreilles dodues qui essayaient d'entendre ce que disait Killer. Je pouvais sentir la peur émaner de son corps tout entier, et j'éprouvai une grande pitié pour cette créature prise au piège.

– Tu ne peux pas faire ça ! insistai-je. Tu ne sais pas comment il en est arrivé là. Tu ne sais pas par où il est passé avant d'être un mouchard.

– Tu parles comme un livre. Il a balancé Mathieu à la police et il paiera. C'est la règle. Oublie-le. Allons manger quelque chose.

J'étais soulagée de quitter le bar.

Quelques jours plus tard, Killer arriva à Air-Bel pour me demander si je voulais faire une petite virée avec lui, où je voulais. Je choisis Arles pour la beauté de la ville, mais j'étais surtout ravie de le faire sortir quelques jours de Marseille ; il était en effet devenu très nerveux. Il voulut partir l'après-midi même et resta dans notre chambre pendant que je faisais les bagages ; il se déplaçait fébrilement, soulevait ici et là un vêtement puis le laissait tomber, ou bien me désignait sans raison les poignées des tiroirs, accompagnant cette vaine agitation d'un commentaire ininterrompu sur la difficulté de diriger les affaires en l'absence de Mathieu.

Une fois à Arles, nous descendîmes au confortable *Jules César*; je dis à Killer que je paierais la note, supposant que les temps étaient durs pour lui.

Le lendemain matin, après le petit déjeuner, mon guide sous le bras, je m'apprêtais à découvrir l'église romane de Saint-Trophime et le musée d'antiquités romaines. Je n'imaginais pas qu'on pût faire autre chose quand on arrivait dans cette ville, jusqu'au moment où je rencontrai le regard moqueur de Killer, qui concéda :

– Bof, pourquoi pas, après tout ?

Il était heureux d'avoir quelque chose à faire et en même temps de pouvoir m'être agréable. Nous admirâmes le grand tympan du XIIe siècle, figurant le Christ en gloire au jour du Jugement dernier. Killer avait été élevé dans la religion catholique, et cette scène apocalyptique avait sans doute pour lui une certaine résonance. Il regarda attentivement le coin droit du tympan qui représente les démons traînant les pécheurs en enfer. Il me fit alors observer qu'il avait son petit diable à lui, qui était rouge.

– Là, juste là, plaisanta-t-il, désignant un point au-dessus de son oreille droite. Il n'arrête pas de m'inciter à faire le mal.

– Tu vois ce qui t'arrivera si tu te comportes ainsi ? dis-je, lui montrant du doigt les pécheurs en route pour leur lieu de supplices. Est-ce que ton diable ne ressemble pas un peu à Mathieu ?

– Non, pas du tout. Mais t'es pas obligée d'être toujours aussi intelligente !

– Oh, c'est que je ne peux pas m'en empêcher, mon chéri !

Nous continuâmes notre visite touristique toute la matinée et une grande partie de l'après-midi, sous un mistral hurlant qui traversait nos vêtements printaniers. Killer ne s'ennuya qu'un tout petit moment, au milieu de la visite du musée d'antiquités romaines ; il me regarda alors, l'air de se demander si c'était vraiment une façon de passer la journée avec une fille. Toutefois il ne me fit à aucun moment comprendre qu'il se soumettait à une corvée, et je crois bien qu'il apprécia ce petit aperçu de cet univers inconnu pour lui qu'était le monde antique. Sans ce diable derrière son oreille, peut-être eût-il choisi une vie différente ?

Il ne fut jamais sûr de mes sentiments à son endroit. Plusieurs fois, au cours de notre bref séjour à Arles, il me demanda si je l'aimais. Je répondais oui, bien sûr. Mais pour lui, l'amour était un don complet de soi, et j'en étais loin. Personnellement, l'épaule solide sur laquelle j'aurais aimé m'appuyer faisait cruellement défaut. La confiance absolue manquait entre nous. Il y avait tant de choses en lui que je ne comprenais pas, ses pensées comme ses actes. Il considéra à raison ma réponse comme évasive. Blessé, contrarié, il me lança brutalement :

– Ce n'est pas une façon d'aimer un homme. Tu ne sais pas ce que c'est.

Mais je ne pouvais faire mieux dans les circonstances actuelles. Pendant ce séjour à Arles, je sentis qu'en me posant toutes ces questions il me mettait en quelque sorte à l'épreuve, et que je passais mal l'examen. Je vis alors son visage se durcir.

De retour à Marseille, il me raccompagna au Château. Comme la soirée était déjà très avancée, il décida de rester jusqu'au matin. Je crois bien que c'est cette nuit-là que cela arriva, bien que je ne parvienne pas à situer avec précision la date de l'événement.

J'étais déjà au lit et, appuyée sur un coude, je l'observais : il me tournait le dos ; il était encore habillé et se tenait debout, les pieds écartés, devant la coiffeuse qui supportait la cuvette en porcelaine blanche et le pichet. D'un prompt mouvement, il saisit un objet. Alors, soudain, je compris et me mis à pleurer.

– Qu'est-ce qui se passe ? demanda-t-il.

– Tu as volé mon bracelet, mon petit bracelet de diamants et de saphirs !

J'ignore si c'est à ce moment-là ou à un autre qu'il commit le larcin, car inexplicablement tout se brouille dans mon esprit lorsque j'y repense. Quand peu après, et même bien plus tard, j'ai essayé de reconstruire la scène, je n'ai jamais pu être certaine qu'elle se soit vraiment déroulée de la sorte. Son image, debout devant ma coiffeuse, est proche de l'hallucination, car une étrange et soudaine intuition l'accompagna.

En réalité, le bracelet me manquait depuis plusieurs jours, et je ne l'avais pas trouvé quand j'avais préparé mes valises pour Arles. Mais, étant négligente avec mes affaires personnelles, je pensais que je le retrouverais de toute façon quelque part, sans avoir à le chercher. Tout ce que je sais, c'est que ma conviction intime du vol fut accompagnée d'une image visuelle, réelle ou hallucinatoire.

Je pleurai longtemps, devant un Killer presque aussi malheureux que moi. Il nia m'avoir pris quoi que ce soit et déploya de grands efforts pour me consoler, me suppliant de m'arrêter, me disant qu'il ne pouvait supporter de voir une femme dans cet état. Mais peu habituée aux larmes, j'étais incapable d'en arrêter le flot. Et je les répandais sur son sort autant que sur le mien car, avec la certitude du vol, s'était imposée à mon esprit, presque simultanément, l'évidence que, pour avoir d'aussi mauvais instincts, Killer avait dû avoir une relation très douloureuse avec sa mère. Aujourd'hui cela peut sembler évident, mais à l'époque, j'étais ignorante des idées freudiennes. Ces deux pensées naquirent de mon cerveau – ou dois-je dire l'investirent ? – avec la force d'une révélation. Tout ce que je savais alors, c'est que ces deux représentations étaient vraies.

Le lendemain matin, il partit avant que les autres fussent debout. Je l'accompagnai jusqu'à la porte verte et, des pavés inégaux où je me tenais, je le regardai disparaître au tournant de l'allée de cèdres ; les épaules tombantes, il avait l'air d'un misérable chapardeur. Je ressentais une grande peine et j'étais triste pour lui. L'envie de pleurer me reprit. J'eus froid et, glissant mes mains dans les poches de ma veste, je gravis la colline jusqu'au bosquet de chênes, où je m'assis sous l'ombre tutélaire d'un arbre. Là, je pensai à mon bracelet, incrusté d'un rang de diamants taillés en baguette ceignant un autre rang de saphirs, et monté sur un châssis de platine souple et fin, presque invisible, comme c'était à la mode dans les années vingt et trente. Je me rappelai le jour où papa l'avait offert à maman, comme elle lui avait sauté au cou, bondissant de joie, puis s'était mise à fredonner une chanson en esquissant un pas de tango, faisant miroiter les diamants et les saphirs devant nos yeux éblouis. Quelle chose étrange que mon amant m'ait volé ce bijou !

Pendant des semaines, mon bracelet disparu me tortura. C'était une couronne d'épines posée sur mon cœur, un diadème de feu qui m'étreignait comme une main de glace – ah, ces terribles chromos chrétiens ! La nuit, quand j'étais particulièrement fatiguée ou anxieuse, je murmurais, à moitié endormie : « Mon bracelet me fait mal » ou bien : « Oh papa, si tu savais... »

Je suis restée plusieurs jours à errer désespérément dans la propriété. Pendant la journée, chacun allait au bureau. Les Breton et les Serge étaient partis pour la Martinique, il y avait un mois de cela. Il ne restait plus que Charles Wolff, qui restait travailler à la maison pour écrire son rapport sur la condition des exilés alsaciens. J'appris à mieux le connaître. Il me racontait ses aventures pendant la guerre civile espagnole ou me parlait tristement de sa femme. Elle était morte de la tuberculose quelques années auparavant, en l'absence de soins appropriés ; il ne cessait de s'en faire reproche.

– Si je n'avais pas été aussi occupé à réformer le monde et si j'avais eu un travail convenable... se lamentait-il. Mais c'était une femme bien plus belle que celle que vous vous seriez attendue à voir avec un type comme moi, concluait-il toujours fièrement.

Une autre, quoique moindre, source de douleur était sa grande collection d'enregistrements musicaux – une des plus importantes qu'il y eût en France. Il avait un assortiment spécial d'enregistrements de cris et de soupirs de femmes en amour. Les Allemands lui avaient offert leur protection et une grosse somme d'argent pour le lot. Il avait refusé et s'était empressé de cacher son trésor.

– Et puis les nazis ont retrouvé mes enregistrements et je ne cesse de penser à ces salauds qui écoutent mes femmes en amour... Oh, merde !

Et il se versait alors un autre verre de vin rouge.

Quand Mathieu sortit de prison, Killer se montra d'une humeur charmante pendant quelques jours. Le temps, printanier, s'adoucissait. Normalement, je serais allée m'acheter de nouveaux vêtements, mais eux aussi étaient rationnés, et ce qui était sur le marché était si terne et si moche que je décidai de me contenter de ceux que j'avais déjà. Mon seul achat consista en une paire de chaussures à semelle compensée en bois, seul modèle disponible. Le premier jour, je trouvai agréable et plutôt excitant de faire cliqueter mes talons en marchant dans la rue, accompagnée de mes amis ; mais il ne leur fallut pas très longtemps pour se révéler du dernier inconfort. Je me promis de ne plus les porter que pour des marches brèves.

L'euphorie relative qui s'empara de Killer lorsque Mathieu sortit enfin de prison ne dura que quelques jours. Il devint plus inquiet et plus nerveux que jamais. Un matin, au Nid, il fit une véritable scène pour avoir été réveillé par des gamins qui couraient dans le couloir devant notre chambre. Je m'efforçai de le calmer.

– Alors, quoi ? On est dans un bordel, ou quoi ?

– Exactement, tu peux le dire, répondis-je coquinement.

– Tu te crois toujours obligée d'être drôle ?

Je m'informai auprès de Madame, qui m'expliqua qu'il s'agissait d'un policier corse et de sa famille qui logeaient chez elle quand ils venaient passer leurs vacances à Marseille.

Vous comprenez, me glissa-t-elle, ils venaient toujours ici quand ils étaient fiancés !

Enchantée par cette histoire, je la rapportai à Killer, qui se moqua de mon romantisme.

Un jour, il me demanda de ne pas quitter le Nid de la soirée. Nous ne pouvions pas dîner ensemble, me précisa-t-il, il arriverait fort tard, et il valait mieux qu'il n'emmène pas Dagobert avec lui.

Quelque chose se préparait. Je me couchai longtemps après Madame. Killer fit soudainement irruption dans la pièce et m'embrassa brutalement sur la bouche. Je sentis son haleine avinée.

– Qu'est-ce qu'il y a ?

– C'est fait. Le métis : justicié. C'est fini !

– Qui a appuyé sur la détente ? fut ma première question.

– Pas moi, répondit Killer. T'inquiète pas. C'est Mathieu. C'était son rôle. C'est lui le chef.

J'étais horrifiée par l'annonce du crime, tout en me sentant soulagée que ce ne fût pas l'œuvre de Killer. Il me fallut un petit moment avant de mesurer pleinement ce qui s'était passé. Alors je me mis à trembler. Je lui dis qu'il n'aurait pas dû faire cela, qu'il était fou, et Mathieu pire encore. Je ne sais ce que je lui dis exactement, mais ce que je sais, c'est que je tremblais comme une feuille.

– J'ai peur, j'ai tellement peur pour toi, lui répétai-je. Et maintenant ? Mon Dieu, qu'est-ce qui va arriver ?

– Rien. Il ne manquera à personne. C'était un salaud, un sale mouchard, un cafard, un rat, un point c'est tout.

– Mais il…

– Je sais, toi et ton histoire de rats, m'interrompit-il. Maintenant, oublie. Ce type était un indicateur, et il l'a pas volé. C'est la règle.

Je suffoquais, j'étais secouée de tremblements qui ne voulaient pas cesser.

– Tu peux pas être tout le temps terrorisée, bon Dieu, cria-t-il en martelant le bord du lit. Tu es ma femme, bon Dieu ! Avec un type comme moi on peut pas être tout le temps terrorisée ! T'as besoin de courage ! Et moi aussi ! Allez viens, chérie.

– Pauvre type ! Comment l'a-t-il pris ?

– Comment il l'a pris ? Comme il faut !

– Je veux dire : comment s'est-il comporté ?

Killer émit une sorte de sifflement d'admiration.

– Très bien. Je voudrais faire face à la mort aussi bravement.

Quand je lui demandai ce qu'ils avaient fait du corps, il me répondit qu'ils l'avaient enterré dans le jardin du Château.

– Vous êtes donc devenus tous fous, m'écriai-je hors de moi.

Je ne fermai pas l'œil de la nuit, tournant l'horrible histoire dans ma tête, entendant de façon lancinante le coup de feu résonner dans la nuit. Killer fit des cauchemars et, quand il se réveilla, le lendemain matin à l'aube, il me fit remarquer que le type, au moins, n'avait ni les cheveux blonds ni les yeux bleus, comme moi et comme le Fritz de Narvik.

Nous partîmes aux premières heures et restâmes deux jours quelque part près de Toulon, dans un petit hôtel dont Killer semblait bien connaître le propriétaire. Dès que nous fûmes de retour à Marseille, je me rendis directement au Château et arpentai chaque mètre carré de la propriété du Dr Thumin. En dehors des rayons de pommes de terre et de haricots verts, je ne vis nulle part la moindre trace de terre fraîchement retournée. Quand j'annonçai cela à Killer, il me regarda avec des yeux ronds et me dit qu'ils avaient, c'était évident, jeté le corps à la mer du haut de la falaise, sur la corniche au-delà du Prado. Il avait plaisanté.

Après toutes ces années, je revois encore le pauvre métis, avec ses petites oreilles dodues, assis sur le tabouret de cuir bleu, le petit indic qui avait été si courageux face à la mort que même Killer lui rendait hommage. Je me demanderai toujours quel concours de circonstances le conduisit devant le canon de l'arme de Mathieu. Je pense quelquefois à lui, et aimerais savoir si quelqu'un d'autre au monde le fait aussi.

Après s'être caché à Toulon, Killer repartit sous d'autres cieux, et je retournai vivre quelques jours au Château. Varian me fit négligemment remarquer que l'autre nuit, à *La Dorade*, mes amis faisaient la fête.

– Ils fêtaient quoi ? me demanda-t-il.

– Ils viennent de vendre le pont transbordeur à un touriste américain.

– Ah ! des bienfaiteurs de l'humanité ! railla-t-il.

Les choses n'allaient pas bien non plus pour lui. Aucune victoire alliée ne venait lui donner le moindre petit espoir. Les Anglais, en Grèce, avaient opéré un recul en franchissant le défilé des Thermopyles.

On peut se demander pourquoi je m'entêtais à rester en France. S'il semblait que j'avais fait mon temps au Comité, celui-ci en revanche n'avait pas fait son temps pour moi. Parce que Maurice se creusait la tête et risquait sa vie pour faire sortir le vieil Arthur Wolff du pays ; parce que Pfeffer, Tittle, Boegler et Lam, mes quatre amis du Vernet, s'étaient finalement enfuis ; enfin parce que je savais que, partout où il y avait du danger et de l'injustice, le Comité intervenait : tout cela était assez pour que je lui reste fidèle et que je m'accroche, même si j'étais sur la touche. De plus, chaque jour était un jour historique et j'étais aux premières loges. J'étais témoin de la prise de pouvoir d'une puissance fasciste, et de la naissance de la Résistance.

Quant à Killer, plus il devenait violent, blessant et confus dans ses pensées, plus je savais que je ne pouvais le laisser dans le monde de Mathieu.

Max Ernst et Peggy Guggenheim furent nos invités quelques jours au Château. Le premier soir, Ernst était assis à table en face de moi, dans notre salle à manger « espagnole ». Max offrait un aspect saisissant, enveloppé dans sa veste en peau de mouton, avec son visage cuivré, ses yeux bleus étincelants et ses cheveux neigeux. Son nez aquilin et ses mouvements rapides lui donnaient l'air d'un oiseau, et il me rappelait certaines créatures de ses tableaux.

Ce fut certainement au Château que commença la liaison amoureuse entre Max et Peggy. En effet, celle-ci, qui adorait raconter ses petites histoires, me rapporta qu'une nuit elle avait entendu un grattement à la porte de sa chambre ; pensant tomber dans les bras de Max, elle s'était précipitée pour ouvrir. Dagobert et Clovis, ce dernier ayant alors atteint une taille adulte, entrèrent en trombe et bondirent sur le lit, manquant de la renverser. Elle passa la nuit entre les deux chiens. Je suppose que Max se présenta quelques nuits plus tard à sa porte.

Ce fut un intermède plaisant pour nous tous. Ils partirent au début du mois de mai pour Lisbonne.

Varian avait un nouveau collaborateur, Narcisse Caillard, qui faisait partie de « l'équipe invisible ». On l'appelait « Peanuts » (cacahuète) en raison de sa petite stature. C'était un jeune socialiste français qui appartenait à l'un des premiers groupes de Résistance qui s'était formé. Il surveillait la ligne Carlos afin qu'elle reste toujours disponible pour les évasions. En outre, lui et ses camarades se glissaient, au cœur de la nuit, à l'intérieur de la gare de marchandises, décollant à la vapeur les étiquettes des wagons, sur lesquelles était indiqué ce qu'ils contenaient : tant de porcs pour Cologne, tant de fruits pour Wiesbaden, tant de potasse pour Essen – ainsi que des marchandises en provenance d'Afrique du Nord à destination de l'Allemagne. Varian communiquait alors cette information à l'ambassade américaine, qui l'acceptait de mauvaise grâce. C'est ainsi que Peanuts découvrit que les wagons étaient équipés pour évacuer des troupes d'Allemagne vers les ports de la Méditerranée.

Peanuts n'eut pas besoin de nous annoncer qu'une douzaine de vedettes allemandes étaient entrées dans le port de Marseille : toute la ville en parlait. Killer et moi gravîmes la colline de la vieille ville, jusqu'à la nouvelle cathédrale, pour essayer de les voir. Nous voulûmes ensuite prendre le tram en direction des quais modernes, mais nous nous ravisâmes, pensant que c'était imprudent, compte tenu du nombre important de policiers qui devaient se déployer dans le secteur et qui demanderaient sûrement à voir les papiers d'identité douteux de Killer.

Ce même soir, nous rencontrâmes Gussie. La nuit précédente, il avait surpris une conversation, dans un bar de la Canebière, et nous jura avoir entendu un officier allemand dire que son sous-marin se trouvait aussi dans le port. Cet ensemble d'informations constituait, à coup sûr, une violation des accords d'armistice entre la France et l'Allemagne. Aussi, à l'écoute de cette dernière nouvelle, Killer laissa-t-il paraître une indifférence étudiée.

– Quelqu'un devrait le faire savoir, dit-il.

– Oh, ne vous inquiétez pas, répondit Gussie, le message est en train d'arriver à Londres et Washington.

– Comment le sais-tu ?

– En bien, je le sais… enfin, j'en suis tout à fait sûr, corrigea-t-il.

Je m'aperçus que Killer était gêné d'apprendre que le petit Gussie était réellement engagé dans l'espionnage britannique. Il changea de sujet et lui demanda des nouvelles de ses petites amies.

Peu après cet épisode, Gussie quitta le Comité pour rejoindre un groupe de la Résistance. Je ne le revis pas avant de longues années.

En guise de divertissement burlesque, nous eûmes le privilège de voir la ville entière décorée de guirlandes de drapeaux bleu, blanc, rouge constellés de sept étoiles, en l'honneur de Philippe Pétain. Par une « heureuse » coïncidence, le 1er-Mai, jour de la fête du Travail de la gauche internationale, tombait aussi le jour de la Saint-Philippe. Aussi Vichy transforma-t-il cette fête traditionnelle en jour de fête du vieux Maréchal. La légion des Vétérans et les scouts de la jeunesse fasciste défilèrent toute la journée. Quelle farce !

Ce fut aux alentours de la mi-mai que Varian me prit à part pour me demander de quitter Air-Bel : les activités de mes amis de

Marseille pouvaient mettre le Comité en péril. Comme depuis un certain temps on ne me confiait plus la moindre mission, j'acquiesçai sans réticence à sa prière et emménageai avec Dagobert dans un petit hôtel au nord de la Canebière, tout en gardant ma chambre au Château pour y laisser quelques affaires. Je ne sus jamais si la demande de Fry eut quelque chose à voir avec l'assassinat du métis. En tout cas, personne ne fit jamais allusion à cet épisode.

Varian me suggéra avec tact de retourner vivre aux États-Unis; c'était le conseil d'un ami. Je lui répondis que je resterais encore un peu en France.

Je songeai à ce qu'il m'avait dit et essayai d'imaginer quelle serait ma vie dans le Michigan, là où ma famille vivait à présent, ou à quoi ressemblait une existence à Chicago ou à New York. Il y avait si longtemps que j'étais partie de mon pays, et après ce que j'avais vécu l'année qui venait de s'écouler, je n'étais pas prête à mener la vie de la plupart de mes compatriotes. En outre, ceux-ci m'accepteraient-ils sans réticence? J'en doutais.

Alors, de nouveau l'idée s'empara de moi que je ne pouvais pas abandonner cet étrange jeune homme qui était mon amant : non seulement je devais le protéger du danger qui le menaçait, mais encore quelque chose – une tache secrète sur nos âmes, peut-être – nous liait l'un à l'autre. Car, aussi mystérieux que cela pût paraître aux yeux des autres et même à mes propres yeux, je pouvais m'identifier à ses méfaits. Bizarrement, j'en connaissais le processus, comme si c'était moi et non lui l'auteur de ces actes fourbes ou violents.

Il possédait une richesse de cœur qui me faisait défaut, et tout pouvait arriver, du moment que je savais qu'à l'heure de sa mort il penserait à moi, comme je penserais à lui. Tant qu'il vivrait cette jeunesse désordonnée, je serais là, avec lui. Et j'avais beau paraître stupide et faible, j'étais la plus forte.

De nouveau seule à Marseille, je vis Killer par intermittence, ainsi que les membres du Comité. Je rencontrai Jean, Theo, Maurice, et bien sûr Charles. Jean emmena même certains de ses pittoresques clients prendre un verre dans le Vieux-Port. Tout en restant prudent, il ne se comportait pas comme si Killer était un paria. Je me promenais aussi, fréquemment, avec Laurette, l'amie de Victor Serge, qui avait du mal à obtenir ses papiers et ses visas pour pouvoir le rejoindre au Mexique.

Un dimanche après-midi, je passai au Château, histoire de dire un petit bonjour à tout le monde. C'était une belle journée ensoleillée, et tout le monde était réuni dans le jardin autour du grand bassin. Ils en nettoyaient la surface, enlevant les feuilles mortes et les cadavres de grenouilles femelles depuis longtemps défuntes afin de pouvoir s'en servir de piscine – glacée. Theo me salua ; elle paraissait heureuse de me voir. Elle me dit que Danny et elle avaient enfin consenti à laisser Peterkin aller aux États-Unis avec Éva. Cette fois, ses papiers seraient en règle. Jean et Charles me saluèrent comme d'habitude. Je suppose que Maurice était sorti, ce jour-là. Quant à Varian et Danny, je ne vis que leur dos. Je ne voulus pas déranger plus longtemps la petite famille, et fus heureuse d'avoir Dagobert pour me raccompagner à mon hôtel de Marseille.

XXIX

Killer, malgré toute la rage qu'avait fait monter en lui la présence des sous-marins allemands dans le port, tout comme le transport des troupes ennemies à travers la France vers Dieu sait quelle destination, ne signala à aucun moment le désir de vouloir prendre les armes, du moins pas contre les Boches. Il continuait de vaquer à ses occupations ordinaires.

Un jour, il vint me chercher chez le coiffeur et, ayant une heure d'avance, me trouva sous le séchoir. Dès qu'il entra dans la petite alcôve, je sus que quelque chose n'allait pas. Il s'assit et me fixa d'un regard franchement hostile, puis se lança dans une remarque aigre-douce, dont il ressortait que je continuais à donner de l'argent à mes amis, qui pourtant m'avaient chassée de la villa. Tandis que lui, qu'était-il à mes yeux ? Un voyou, un bon à rien !

– Mais pourquoi dis-tu cela ? Je n'ai jamais prononcé de telles paroles et je n'en pense pas un mot ! Tu n'es vraiment pas facile !

– Pas facile ? Tu verras à quel point je peux être difficile.

– Qu'est-ce qui ne va pas ?

– C'est mon petit diable rouge. Tu te souviens ?

– Killer, tu es impossible !

– Impossible, c'est ça ! Et toi, t'es comment ? Tu ne m'aimes pas. Tu pourrais me dire : Je t'aime ? Juste une fois. Dis-le, bon sang, dis-le !

– Mais qu'est-ce que tu as ? Mais qu'est-ce qui t'arrive ?

– Je peux être diabolique ! Tu verras !

– Killer, ne fais rien de mal. S'il te plaît !

– Tu vois, tu ne peux pas me le dire ! Eh bien, tu le verras bien, que je suis mauvais. Tu l'as dit toi-même.

Là-dessus, il partit. De nouveau, il me soumettait à une épreuve et il savait que je ne serais pas à la hauteur. Lui dire « Je t'aime » alors qu'il était hors de lui et que moi j'étais sous mon casque ? Il devait avoir perdu la tête.

Je retournai à l'hôtel, passai mes doigts dans mes cheveux pour leur donner un peu de flou, puis m'allongeai sur mon lit, perplexe. J'étais lasse, si lasse !

Un moment plus tard, un coup frappé à la porte me tira d'un sommeil agité. C'était Maurice. A son visage, je sus qu'il m'apportait de mauvaises nouvelles. Killer avait fait irruption au Château, que gardaient seules pour l'instant Mme Nouget et Maria, et avait volé tous mes bijoux. Mme Nouget venait de téléphoner d'un café au bureau de l'ERC.

Tandis que ces nouvelles atteignaient lentement ma conscience, je me sentis envahie d'une grande faiblesse ; c'était comme si j'allais tomber et me casser en morceaux, inutile, pour ne plus jamais me relever. Je parvins à articuler sur un ton presque normal :

– J'y vais tout de suite.

Je me mis à fouiner fébrilement partout, fourrant un peu n'importe quoi dans mon sac à main.

Maurice trouva la laisse de Dagobert et l'accrocha à son cou.

– Je suis désolé, Mary Jayne, je suis vraiment désolé, me répéta-t-il.

Il était du genre réservé ; je voyais bien que son sens moral était outragé, mais il était assez aimable pour ne pas me dire que Killer était un type sans foi ni loi et qu'il ne voyait pas ce que je pouvais lui trouver. Il me raccompagna au Château.

Ma chambre – celle qu'on m'avait gardée en dépit de mon expulsion – avait été complètement mise à sac : vêtements, livres et papiers étaient répandus partout. Les petits tiroirs du vieux bureau où je serrais mes bijoux étaient ouverts, certains renversés sur le plancher. Mme Nouget entra et me demanda si j'avais besoin de quelque chose.

– Non, je vous remercie, lui répondis-je.

Je dis à Maurice que j'aimerais me préparer pour me coucher. Au lieu de cela, dès qu'il fut parti, je me mis à ramasser automatiquement les objets épars, à remettre les tiroirs en place, les livres sur leurs étagères, comme si je voulais détruire la preuve du crime, y compris pour moi-même. C'était trop difficile d'accepter que Killer, si diabolique fût-il, m'eût fait ce coup. Je croyais être à côté de la cible, or je ne l'étais pas. Je remis tout en place comme un automate, tandis que Dagobert, caché sous le lit, observait chacun de mes mouvements.

Theo revint. Elle avait dû prendre le trolley à notre suite.

– Eh bien, Mary Jayne, me dit-elle en jetant ses bras autour de mon cou, c'est…

– Ne dis rien, Theo, c'est fait. Il est parti. Il ne reviendra plus.

– Je n'allais pas dire quoi que ce soit. Tu devrais passer la nuit ici. Ils ne te feront plus de mal, désormais.

J'acceptai à contrecœur. Mais j'éprouvais le besoin d'être entourée de mes amis.

Pour changer de sujet, je lui demandai des nouvelles de Danny. Je savais qu'il était en prison. Il s'était fait prendre avec une brique d'or que Varian avait achetée afin de faire face aux dépenses du Comité. Danny avait décidé d'écoper pour lui et Varian n'avait pas osé intervenir pour se dénoncer comme coupable. Les choses en étaient là.

– Danny continue à dire que c'est son affaire personnelle. Et tu le connais, appuya-t-elle.

Nous nous regardions d'un air embarrassé, mesurant l'abîme qui séparait Danny de Killer.

Dès qu'elle sortit de la pièce, je me mis à regretter d'avoir accepté de passer la nuit au Château. La perspective de les affronter tous au dîner ne m'enchantait guère.

Mais je n'eus pas à le faire. Mathieu arriva en voiture pour m'annoncer qu'il voulait m'aider à récupérer mes bijoux. Il pensait pouvoir localiser Raymond. Il le ferait venir à Cannes.

Theo me conseilla vivement de ne pas sortir et de ne pas me mettre entre les mains de ces gangsters.

– Tu ne reverras plus jamais ces bijoux, me dit-elle.

– Je vais quand même essayer. Et je vais essayer de voir Killer. Je descendrai au *Carlton* – ils ne peuvent quand même pas me tuer au *Carlton* !

Prononcer ces mots me soulagea. Je me sentais mieux. En m'ouvrant la portière de sa voiture, devant la grille du Château, Mathieu me glissa :

– La raison pour laquelle je veux vous aider, c'est que je suis amoureux de vous.

Il accompagna cette déclaration inattendue d'une langoureuse œillade qu'il coula à mon adresse à travers ses longs cils, puis il porta son regard au loin – jeu de scène que tout spectateur de théâtre élisabéthain aurait lu comme un signe de duplicité. Pour toute réponse, sur une note haute et trillée, telle la soubrette de comédie se voyant conter fleurette, je me pâmai de rire. Comme j'étais, à ce moment-là, au bord de la crise de nerfs, cela me fut tout à fait naturel.

Nous prîmes le train à la gare Saint-Charles, en passant par le buffet de la gare, comme d'habitude. Mathieu aurait pu franchir les contrôles officiels, mais je n'avais pas de permis de voyage. C'était par « politesse » qu'il m'accompagnait, « illégalement », observa-t-il en me coulant un regard avisé, pour souligner qu'il mentait. Jusqu'à Cannes, nous parlâmes peu. J'appuyai ma nuque contre le repose-tête et lui dis que je voulais somnoler. C'était plutôt pour être un peu seule avec moi-même : je ne dormais pas et mes paupières tremblaient de façon gênante. A l'un des arrêts, à mi-parcours, il me dit qu'il connaissait un petit hôtel en dehors de la ville. Je lui répondis d'un ton ferme que je descendais toujours au *Carlton*.

Nous prîmes deux chambres attenantes ; ainsi imposai-je une limite à son amour. Juste avant que j'éteigne la lumière, il passa la tête par la porte qui faisait communiquer nos chambres et me souhaita bonne nuit.

Le lendemain, tard dans la matinée, par une belle journée du début de juin, il vint dans ma chambre pour me dire qu'il voulait me parler « sérieusement », et apparemment entre quatre yeux. Nous descendîmes et parcourûmes une Croisette presque vide, palmiers et fleurs d'un côté, Méditerranée de l'autre. Un parfum de printemps s'attardait dans l'air matinal, et je vois encore s'agiter les mains délicates de Mathieu, qui me parlait du tour pendable de Raymond, après tous les services que je lui avais rendus. Comment avait-il pu faire une chose pareille à une fille comme moi ? Il ne me méritait pas, ça c'était sûr !

J'étais plutôt d'accord avec lui, je partageais sa fureur et son indignation, mais me demandais où il voulait en venir.

– Ce salaud ne mérite pas la moindre considération ! Dites un seul mot et je le liquide. Alors vous récupérerez vos bijoux. Et vous verrez de quoi il est capable, le petit Mathieu !

– Par exemple ?...

– A cent pieds sous terre ! C'est là que je le mettrai. C'est tout ce qu'il mérite.

Il eut un geste si violent de la main que je crus que son poignet allait s'en détacher.

– Mathieu, dis-je lentement, en posant ma main sur son bras, si quelque chose devait arriver à Raymond, j'irais tout de suite à la police. Maintenant, tâchez de l'amener ici. Je veux lui parler.

Il parut quelque peu déconcerté par ma déclaration, puis se calma et me déclara qu'il ferait tout son possible pour le décider à venir. Malheureusement, il pensait qu'il ne se déplacerait sûrement pas, car il avait peur. Mais de quoi donc Raymond pouvait-il s'effrayer ? Mathieu ne me donna pas de réponse.

Il téléphona ou feignit de téléphoner à Raymond à plusieurs reprises au cours de l'après-midi, mais n'accepta jamais que je lui parle. Enfin, vers six heures, il m'annonça qu'il arrivait : je devais l'attendre à la terrasse du *Carlton*.

Presque aussitôt, je le vis descendre d'une voiture de sport noire, suivi d'une fille un peu bizarre mais élégante. Tandis qu'il se dirigeait vers moi à grands pas, je sentis que, effectivement, il avait peur et qu'il était très tendu.

– Eh bien, tu en as mis, un temps, pour arriver ici !

– Si tu as lancé la police à mes trousses, mes hommes te tueront... Je les paierai avec ton fric, ajouta-t-il.

– Quelle galanterie ! rétorquai-je froidement. Bien sûr que je n'ai rien dit à la police. Pour qui me prends-tu ? Tu sais ce que je ressens pour les rats. J'ai un faible pour eux...

Le visage de Killer se crispa comme s'il venait de recevoir une gifle.

– Excusez-moi, dis-je en me tournant vers la fille. Je ne pense pas que nous ayons été présentées.

– Oh, pardon, se reprit Killer, l'air gêné, revenant à plus de courtoisie : Mlle Gold, Mlle Colette.

Mlle Colette avait exactement la tête d'une grenouille. Nous nous dévisageâmes, arborant un sourire plutôt forcé.

– Venez dans les chambres, Mathieu est là. Nous devons parler.

– Dans les chambres ?

– Oui, Mathieu et moi avons des chambres attenantes.

– Ça alors, je suis scié !

Une fois entrée, je m'allongeai à demi sur l'un des lits ; Colette prit le fauteuil le plus confortable, Mathieu se percha quelque part et Killer se mit à faire fébrilement les cent pas dans la chambre. Je commençai à poser des questions précises sur les bijoux : avaient-ils été vendus, le receleur les avait-il toujours, pourraient-ils ou non être encore récupérés ? Raymond n'avoua rien. Mathieu, se déclarant non responsable, proposa de téléphoner là où il supposait que son ex-ami gardait son butin, quelque part près de Lyon.

Killer bondit et, s'interposant entre Mathieu et le téléphone :

– Non. Pas question ! s'exclama-t-il, furieux. T'as assez téléphoné comme ça aujourd'hui. Vous pouvez tous partir. Je reste avec Mlle Gold.

Pourquoi « mademoiselle », je ne le saurai jamais, en tout cas c'est le mot qu'il prononça.

– Oh non ! suppliai-je, me tournant vers Miss Grenouille, qui semblait peinée et abattue. Emmenez-le, je vous en prie. Je n'en veux pas ! Il est à vous ! J'en ai ma claque !

Elle se tortilla, embarrassée, dans le fauteuil.

– S'il vous plaît, mademoiselle ! Pour l'amour du ciel, prenez-le ! Je n'en veux plus ! insistai-je.

– Je reste avec Mlle Gold ! répéta Killer, leur montrant le chemin de la porte.

Un Mathieu abasourdi et une miss Grenouille très affligée sortirent aussitôt.

– Je suis vraiment désolée, criai-je à cette dernière. Ce n'est nullement de mon fait, je vous assure !

Là-dessus, je m'effondrai sur le lit.

Killer referma bruyamment la porte, s'assura que le verrou entre les deux chambres était bien fermé, puis vint vers moi en chancelant.

– Chérie, je suis vraiment désolé ! J'ai dû perdre la tête. Je n'avais pas l'intention de te faire autant de mal.

– Laisse-moi seule. Je te hais.

Je restai allongée sur mon lit, épuisée. J'étais à bout de nerfs.

– Chérie… me dit-il en venant vers moi, les bras tendus.

– Va-t'en ! Ne me touche pas !

Je mis un bras sur mes yeux et tombai dans un sommeil lourd. Au milieu de la nuit, je sentis qu'il posait sur moi une couverture.

Le lendemain matin, après le petit déjeuner, un brin revigorés par notre café au gland de chêne, nous échangeâmes quelques politesses. Puis nous parlâmes encore de la destination des bijoux, mais il ne me donna, hélas, aucune information. Je savais bien que j'avais peu de chances de les récupérer, mais je revenais tant et plus sur le sujet, forte de la conviction que, s'il pouvait les retrouver, tout le mal et toute la honte seraient anéantis d'un coup, et que nous en ririons ; sachant aussi que, si cela se révélait impossible, tout pour moi sombrerait désormais dans la tristesse, et que plus rien ne serait comme avant.

– Mathieu dit que c'est encore faisable, insistai-je.

– Petite sotte, lâcha Killer, exaspéré, tu piges pas que Mathieu est dans le coup ?

– Et toi, grand sot, tu ne piges pas qu'il m'a offert ta peau, juste hier matin, sur la Croisette ?

– Merde, c'est donc ça, son jeu ! s'écria Killer en portant violemment la main à son visage. C'est donc pour ça qu'il m'a fait venir ici ! Nom de Dieu de nom de Dieu de nom de Dieu !

– Cent pieds sous terre… Ce sont ses paroles. Je lui ai dit que, si quoi que ce soit t'arrivait, j'irais directement à la police.

– C'est vrai, tu lui as vraiment dit que… Après ce que je t'ai fait ?

J'étais assise dans le fauteuil. Il vint vers moi et s'effondra, la tête sur mon giron. Je ne bougeai pas, gardant mes deux mains posées sur les bras du fauteuil.

– J'ai dû perdre la tête, continua-t-il. Je suis désolé, tellement désolé.

Il enleva ses lunettes afin de pouvoir enfouir davantage son visage dans mes genoux. Je demeurai immobile, trop peinée et trop fâchée pour m'attendrir.

– Mathieu m'a raconté, expliqua-t-il, que tu avais mis les flics à mes trousses, et qu'il vaudrait mieux pour moi que je vienne ici t'obliger à retirer ta plainte.

– C'est donc pour cela que tu m'as fait cette charmante remarque, que tu allais me faire descendre par l'un de tes hommes ?

– Ouais… J'ai vraiment dit ça ? Je croyais que j'étais en train de tomber dans un piège de la police. Je ne pigeais rien du tout à ce qui se passait. Et puis, tu sais, je n'ai pas d'hommes.

– Alors, pourquoi es-tu venu te mettre dans la gueule du loup ?

– Il m'a dit qu'il avait dû s'occuper de toi, t'emmener quelque part pour que tu te tiennes tranquille, et qu'ils allaient te kidnapper.

– Je ne te crois pas, lui dis-je.

– Tu n'es pas obligée. Peut-être qu'ils n'auraient pas osé. Mais, quand il a dit ça, j'ai compris qu'il fallait que j'arrive tout de suite. Police ou pas police.

– Tu veux dire que tu as risqué de te faire prendre par la police pour me sauver de Mathieu ?

Il leva son regard myope et interrogatif vers moi :

– Ouais, pour sûr.

– Ainsi Mathieu allait… Dis-moi, et comment puis-je être sûre que vous n'étiez pas tous les deux dans ce coup-là aussi ?

– Oh, allons, chérie ! fit-il sur un ton plein de reproche : Je lui ai fait croire que j'étais dans le coup, histoire de pouvoir arriver jusqu'ici. Et puis quand j'ai vu que tu étais réglo… Pas de police, rien de ce genre… Quand il a dit qu'il allait appeler Lyon, souviens-toi, je crois bien qu'il allait appeler Étienne et Joseph de Marseille… peut-être juste pour te faire peur, pour que tu ne t'entêtes plus à vouloir retrouver tes foutus bijoux, mais peut-être bien pour de bon, on peut pas savoir, avec cette tête brûlée, il est capable de tout. C'est pour ça que je les ai foutus à la porte. On ne fera plus jamais d'affaires ensemble. Mathieu le sait maintenant.

Il enfouit de nouveau sa tête dans mes genoux et continua à marmonner des excuses et des regrets. « Il fallait absolument que je vienne », me répétait-il. Je me retrouvai en train de caresser son fichu crâne, là où les os sont parfois aussi saillants que ceux des chiens.

– Killer, espèce de petite ordure, qu'allons-nous faire, maintenant ? lui murmurai-je.

Il se releva, se jeta fougueusement sur moi et m'étouffa de baisers, me répétant à voix basse à quel point il était désolé d'avoir commis cette mauvaise action et comme tout allait être différent maintenant.

– Là, là, c'est bien, lui dis-je, nous sommes ensemble de nouveau. Ne t'inquiète pas, mon chéri. Mathieu ne nous aura ni l'un ni l'autre.

Mais Killer abandonna bientôt son humeur repentante et commença à se plaindre :

– J' pouvais pas supporter que tu donnes tout ce fric à des réfugiés que tu ne connaissais même pas – et que tu me caches des choses. A côté, je me sentais une petite frappe de rien du tout.

– Mais tu n'aurais pas dû. Ces réfugiés…

– Oh, je sais. C'est des types bien – sauf Breton… Et puis Mathieu qui arrêtait pas de me pousser à faire ça. Je sais, je n'ai pas d'excuse. J'ai dû devenir complètement maboul…

– Et Mathieu, que va-t-il faire, à présent ? l'interrompis-je.

Nous essayâmes de voir plus clair. Killer avait reçu un petit paiement anticipé sur sa part du butin, et Mathieu l'avait appelé juste après. Mais il n'accepterait plus d'argent de Mathieu. Ni l'un ni l'autre nous n'eûmes envie de creuser davantage cet aspect de la situation. A la seule évocation de l'argent, mon sang refluait de mon visage, et il avait dû le remarquer.

Mathieu voulait nous faire taire. Mais de quelle façon ?

– Il va sûrement faire venir Étienne et Joseph par le train de midi… Armés, énonça Killer.

– Lequel d'entre nous veut-il descendre ? demandai-je. Toi ou moi ?

– Moi : il sait que je sais qu'il veut me trouer la peau, et que je pourrais bien avoir l'idée de le descendre en premier.

Nous décidâmes de rester à découvert. Mathieu ne pouvait pas tuer Killer au grand jour sur la plage du *Carlton*.

Je trouvai un maillot de bain à la boutique de l'hôtel – qui pourvoyait aux besoins des petites amies des officiers venus participer aux Commissions d'armistice –, et Killer enfila son boxer. Nous nous enveloppâmes dans les peignoirs en tissu éponge que les bons hôtels mettent à la disposition de leurs clients. L'eau était glaciale, mais, combinée avec le soleil, elle contribua grandement à améliorer notre humeur. Nous passâmes la plus grande partie de l'après-midi couchés sur le sable, ce qui me valut un bon coup de soleil. Ne pouvant plus nous éterniser, nous nous levâmes, décidés à rester fermes et à ne plus lâcher d'une semelle Mathieu et ses deux acolytes quand ils croiseraient notre chemin. Quand nous quittâmes la plage, je jetai un regard derrière moi aux îles de Lérins qui flottaient au loin dans la brume, me demandant si je les reverrais un jour. Puis je décrétai que tout cela n'était pas si dangereux que nous le pensions. Mathieu avait déjà ce qu'il voulait, à savoir la part du lion. Il fallait rester calme. Ne pas les laisser commencer à se disputer la part du gâteau.

Vers six heures, Mathieu nous appela dans la chambre. Je répondis au téléphone. Il voulait discuter.

– Excellente idée, Mathieu, allons prendre un verre. Amène tes amis… Oh, quel plaisir, vraiment, dis-je de ma voix la plus aimable. Raymond chéri, appelai-je, sans trop éloigner ma bouche du récepteur, c'est Mathieu ! Il est venu avec Étienne et Joseph !

Killer avait l'écouteur. Quand je raccrochai, il me dit :

– Tu vas pas te laisser intimider, maintenant, hein ?

En sortant de l'ascenseur, nous aperçûmes les trois gangsters, plantés dans le hall : le petit Mathieu, flanqué d'Étienne, qui avait l'air plutôt embarrassé de sa personne, et de Joseph, plus bilieux et jaune que jamais.

– Salut, Mathieu, où étais-tu, toute la journée ? Nous, nous étions sur la plage.

Je lui montrai ostensiblement mon épaule rougie. La petite crapule semblait vraiment heureuse de me voir.

– Allons prendre un verre quelque part… Que dites-vous du *Martinez* ? suggérai-je, pensant tout à coup à son jardin exotique de palmiers nains et de cactus qui nous laisserait en pays ouvert. Killer eut apparemment la même vision, car il proposa aussitôt un endroit plus petit avec terrasse, où toute approche serait clairement visible.

Quand nous nous assîmes, je m'avisai que Raymond, comme Serge il y a quelques mois, avait réussi à nous placer tous les deux le dos au mur. Nous commandâmes des vins doux, et la conversation roula sur des sujets inoffensifs. Raymond était sur le qui-vive, le cou tendu en avant comme s'il reniflait l'ambiance. Il ne cessait de tourner la tête à droite et à gauche, lentement, son regard allant d'un angle proche à un autre plus éloigné. De temps à autre, il se grattait le milieu de la poitrine, pour indiquer clairement à Mathieu qu'il avait un revolver et qu'il serait rapide à la détente. Nous parlions apparemment détendus jusqu'au moment où Killer prononça négligemment le mot « pourcentage », appuyé d'un regard lourd en direction de Mathieu. Il insinuait de cette façon que son acolyte avait eu plus que sa part du gâteau et que si lui, Raymond, ne faisait aucune revendication pour le moment, il n'oubliait pas que le gentlemen's agreement avait été rompu. C'était, en fait, une menace à long terme, qui rendit Mathieu furieux. Il réagit brutalement : Raymond avait de la chance d'avoir son amitié et sa protection – lui, deux fois déserteur. Et pourquoi croyait-il que la police militaire ne l'avait jamais trouvé, et qu'il marchait librement dans les rues de Marseille ?

Tous deux me rendirent folle, à se disputer ainsi leurs droits sur mes bijoux volés. N'en pouvant mais, je leur déclarai :

– Si quelqu'un a le droit d'être furieuse, c'est moi ! Tout le monde sait à qui sont les bijoux volés !

Puis, me tournant vers Étienne :

– Vous le savez, vous !

– Bof !

Ensuite vers Joseph :

– Vous le savez, vous aussi !

Enfin, m'adressant à tous les deux :

– Je sais que vous le savez !

Revenant à Mathieu et à Killer :

– Ne nous querellons pas, je vous prie, sur des subtilités.

Tous restèrent pantois devant mon impertinence.

– Écoute, maintenant, poupée, tu la fermes ! m'ordonna Mathieu. J'ai mes hommes, ici – il indiqua Étienne et Joseph – et d'autres ailleurs. Tu ferais mieux de faire gaffe à ce que rien ne t'arrive. Raymond, tu peux tenir ta femme, ou c'est moi qui dois le faire ?

– Ainsi, vous me menacez ? ai-je hurlé, posant violemment mon passeport rouge américain au milieu de nos cinq verres de banyuls. Maintenant, écoutez-moi. Je suis une citoyenne américaine, et non seulement le consul, mais encore le Centre américain de secours savent exactement où je suis. Vous pouvez liquider un déserteur de la Légion étrangère comme vous avez liquidé cette pauvre petite gouape de métis, hein ? Mais moi, vous ne pouvez pas me faire disparaître comme ça ! ça ferait la une du *New York Times* ! Souvenez-vous, j'ai un certain *stannn-ding*. Alors, bas les pattes ! Et ne touchez pas à Raymond, ou j'irai à la police ! – et, mimant du tranchant de ma main sur la nuque une décapitation, j'ajoutai : Sinon les têtes rouleront bientôt dans un panier !

Ils comprirent le geste, et cela jeta un froid. Ils restèrent cois, et Killer, admiratif, était bouche bée. Quand ils se levèrent, il me fit signe de les suivre.

– Tu es formidable, formidable, me souffla-t-il. Mais prudence ! Ne les perdons pas de vue !

La nuit était tombée. Nous marchâmes tous vers la station de chemin de fer. Les trois gangsters retournaient à Marseille. Mathieu ne cessait de marmonner des menaces et de cracher des injures, tandis que, poignets tourbillonnants, il sciait l'air de ses bras de chef d'orchestre.

Raymond et moi étions debout sur le quai, regardant le train partir. Mathieu, penché à la fenêtre, brandissait le poing en jurant qu'il « aurait » Killer.

J'étais tellement fière de ma grande scène que, au comble de la joie, j'en oubliai d'avoir peur en rentrant à l'hôtel. Killer, lui, évita scrupuleusement les trottoirs étroits et marcha en plein milieu de la rue quasi déserte, loin des portes cochères, d'où il craignait de voir surgir un assaillant. C'est alors seulement que je pris conscience que lui, et probablement moi, étions vraiment en danger.

– Il a d'autres hommes en plus de ces deux-là ! Mieux vaut que tu marches derrière moi et que tu aies bien l'œil !

Nous nous engageâmes dans la rue d'Antibes à peine éclairée. Heureusement, le *Carlton* n'était pas loin de la gare. Nous dûmes dîner dans la chambre.

– Dès l'instant qu'il me sait au courant de son intention de me liquider, il est dans la panade, dit Killer. C'est stupide de sa part, tu vois. Je l'aurai un jour ou l'autre, tôt ou tard. Mais pas maintenant. Avec cette foutue désertion, j'ai les mains liées.

Killer fut de bonne humeur pendant tout le dîner, pour une raison qui m'échappa. Il prêta même un intérêt soudain à la guerre en Syrie, où les Français libres, aidés par les Anglais, étaient en train de remporter la victoire. Après que nous nous fûmes étendus un moment sur les actions militaires, il revint à plusieurs reprises sur le fait ô combien appréciable que malgré tout je m'étais mise de son côté, que je l'avais vraiment défendu contre Mathieu, et que je lui avais peut-être sauvé la vie. C'était en quelque sorte l'assurance dont il avait besoin. Il m'en fut, en fait, reconnaissant toute sa vie.

Quant à moi, je ne comprenais pas grand-chose à ce qui se passait, tant j'étais heureuse que nous nous retrouvions comme avant, et soulagée que la tension croissante et l'hostilité des derniers mois eussent disparu. Je m'efforçai de ranger le vol dans un compartiment de mon esprit, où il demeura, remontant rarement à la surface, n'empêchant pas la vie de s'écouler.

Comme Killer se versait la dernière goutte de notre deuxième bouteille de vin, il m'annonça :

– Et maintenant, mon chéri, je pense qu'il est temps que je parte pour l'Angleterre. Tu m'aideras ?

– Oui, j'essaierai.

XXX

Je refusai de reprendre le direct pour Marseille, sachant que la façon la plus simple pour Mathieu de se débarrasser de Killer était de le dénoncer à la police militaire, qui nous cueillerait à la gare Saint-Charles. Nous devions impérativement descendre à Toulon, prendre un autobus pour Aubagne et de là le tramway pour Marseille. Je crois bien aussi que je voulais lui retourner le couteau dans la plaie en l'obligeant à repasser devant l'entrée du Château. Le voyage occupa la plus grande partie de la journée et il avait beau rouspéter à chaque changement de véhicule, il me complimenta sur la façon quasi professionnelle dont j'esquivais la police. Nous nous fîmes la promesse mutuelle de montrer profil bas autant que possible, de sortir rarement ensemble et surtout sans Dagobert. « Pas de grande blonde avec un petit chien noir. »

Je me rendis droit boulevard Garibaldi le lendemain matin et demandai à Varian s'il pourrait faire passer la frontière espagnole à Killer : il voulait rejoindre l'Angleterre, lui dis-je, de cela j'étais certaine, parce qu'il était fini à Marseille. J'étais sûre qu'il serait un bon soldat, aussi bon, sinon meilleur que nombre de ceux que Varian avait aidés à s'évader ces derniers mois. Varian refusa poliment et fermement, sans la moindre hésitation. Je ne l'en blâmai pas. Je regrettai seulement qu'il ne manifestât pas davantage de gêne.

Je sollicitai tour à tour Maurice, Jean – quant à Danny, il était toujours en prison et aurait bien été le dernier à prendre ce projet en considération. J'obtenais toujours la même réponse : ils ne pouvaient, pour un tel homme, mettre en danger leurs filières si scrupuleusement organisées et leurs secrets si précieusement gardés. Non, ils n'avaient pas d'autres contacts que les leurs. Je demandai à quelques autres, mais ils refusèrent, connaissant l'histoire de Killer.

J'avais passé plusieurs jours dans ces démarches inutiles, et Killer me fit savoir qu'il ne supportait plus de rester enfermé au Nid. Il en avait assez de prendre des repas enveloppés dans de vieux journaux. Il ne comprenait pas comment les Bernhard avaient pu supporter cela.

– Qu'est-ce qui leur est arrivé, à propos ?

Je l'informai que le Comité avait réussi à les faire sortir de prison à Madrid et qu'ils se trouvaient maintenant à Lisbonne. Il fut soulagé pour eux, mais ne manqua pas d'observer amèrement que le Comité ne faisait rien pour lui. Il voulut entrer en contact avec quelques contrebandiers de sa connaissance, mais je l'en dissuadai, étant donné que tout membre de son entourage le renverrait à la bande, qui était presque aussi dangereuse pour lui que la police. Néanmoins je n'étais pas sans savoir que beaucoup d'Anglais et d'Espagnols républicains erraient dans les environs de Marseille, et que, tôt ou tard, je trouverais la bonne filière. Cette pensée me conduisit à Charles Wolff. Lui saurait. Il n'était pas en ville, aussi devrions-nous attendre son retour, prévu quelques jours plus tard.

Durant cette semaine de recherche, pour nous occuper sans trop nous montrer, nous hantâmes les salles de cinéma, nous asseyant toujours au dernier rang ; quand la salle se rallumait, à l'entracte, nous nous cachions derrière des journaux.

Il s'avéra que Killer, comme moi, aimait beaucoup le cinéma. Un soir, au Nid, il me raconta le souvenir de son premier film :

– C'était le temps où mon père rentrait à la maison les poches pleines de pognon. Pour me gâter, il m'emmenait au cinéma – mes grands-parents, eux, ne m'emmenaient jamais nulle part. Il m'avait acheté un costume de marin – je devais être adorable alors… J'avais six ou sept ans, je venais tout juste de commencer l'école –, et mon père m'avait emmené à Bordeaux voir un film dans l'une des salles de cinéma. Je me souviens même du titre : *Le Chanteur de jazz*. Je ne l'oublierai jamais. Il y avait des filles qui dansaient… C'était une comédie musicale, et depuis je suis un vrai fan.

– Tu avais six ou sept ans quand tu as vu ce film…?

Je me mis à compter sur mes doigts. C'était l'année où j'avais emballé le public au Country Club de Holland, la ville de mon enfance, avec mon charleston improvisé.

– Donc tu avais six ans ou sept ans, n'est-ce pas ? Ce film est sorti en 1927. Quel âge as-tu ? Ne mens pas, Killer, tu es pris au piège !

– Bah en fait… j'ai vingt ans.

– Seigneur !

– Presque vingt et un ! Oh, chérie, je suis désolé !

– Tu m'as dit que tu avais vingt-huit ans ! Tu as dit la même chose à Sergent et à La Touffe. Et nous t'avons tous cru !

– C'est que, nom de Dieu, si je vous avais dit que j'avais vingt ans, vous ne m'auriez même pas regardé !

– Effectivement !

Je me mis à rire.

– Ni l'armée britannique, dit-il.

– L'armée britannique ? Je croyais que tu allais rejoindre les Français libres.

– Un jour je serai un officier anglais, tu verras.

– Chéri, quelle excellente affaire ils vont faire avec toi ! lui répliquai-je, en riant sous cape.

Il me jeta un coup d'œil inquiet pour vérifier si je ne me moquais pas de lui.

Il se mit à rêver au nom qu'il prendrait. Sa mère américaine avait un nom distingué, un nom du Sud : ce serait celui-là. Contre toute attente, il se révéla être un véritable snob : son père, me dit-il, venait d'une très ancienne famille de la noblesse française qui avait malheureusement choisi la cause de la Révolution. Lui et son père étaient, à n'en pas douter, les brebis galeuses de la famille.

De sa mère, il me dit qu'elle l'avait abandonné à sa naissance à ses grands-parents paternels avant de s'en retourner vivre aux États-Unis. Elle était danseuse ou actrice à l'époque, quelque chose dans ce genre. Je crus comprendre que la rencontre d'une brebis galeuse avec un mouton noir avait produit Raymond, mais je me gardai bien de le lui exprimer de cette façon. Il était fort romantique sur ce sujet, et fier de son double sang bleu. Il m'en dévoila sur son compte cette semaine-là bien plus long que je n'en avais appris au cours des nombreux mois où il était en cheville avec Mathieu. La tension et la défiance qui s'étaient installées entre nous avaient disparu.

Quand il atteignit sa seizième année, soit qu'il se fût querellé avec son père soit que ce dernier eût disparu, il devint un véritable fardeau pour ses grands-parents, qui se rappelèrent alors qu'il avait une mère américaine et l'envoyèrent aux États-Unis.

– Je ne l'avais encore jamais vue. Toute ma vie je m'étais posé des questions sur elle, j'avais rêvé d'elle. J'étais un enfant très solitaire. Et elle était très belle… Je suis tombé amoureux d'elle. Je ne le lui ai pas dit, bien sûr. Et puis, elle était si heureuse et si fière de découvrir brusquement qu'elle avait un fils, tout compte fait séduisant et dévoué. Mais cette histoire d'amour n'a pas marché. Je suis devenu impossible, comme tu dis. Elle avait un amant, une espèce d'huile, un grand professeur à l'université de Colombia à New York. Nous nous sommes disputés tous les trois, alors j'ai pris mes affaires et je suis parti. Dès que j'ai pu, j'ai travaillé illégalement. Je ne sais pas pourquoi, en tout cas c'est cette voie-là que j'ai prise. Mais ça n'a pas marché non plus. Je t'en parlerai un jour… Alors je suis revenu en France. La suite, tu la connais.

Il avait tant de choses à exprimer en si peu de temps, et il voulait tout dire d'un seul coup, comme s'il cherchait une explication à ses actions. Il racontait tout en anglais.

Je ne saurais dire si ses révélations mirent un baume sur la blessure qu'il m'avait infligée. Seul le temps la refermerait. Mais elles m'aidèrent à mieux le comprendre et à ne pas le juger trop sévèrement et, de plus, je découvrais que certains traits touchants de son caractère le rachetaient.

Un jour, une mine d'or nous tomba du ciel sous la forme d'une ration de pommes de terre. A ce moment-là, nous étions devenus moins prudents et ressortions ensemble dans les rues et les restaurants de Marseille. Je l'avais persuadé de faire la queue avec moi pour les coupons et de courir ensuite chez l'épicier pour acheter les pommes de terre avant leur disparition du marché. Nous les avions portées chez *L'Ami Fritz*, un grand restaurant alsacien, très chic, où je m'étais rendue souvent pendant les nombreuses absences de Raymond, après mon départ du Château. La nourriture n'y était pas trop mauvaise, pour l'époque, et j'étais devenue une fidèle cliente du lieu ; en m'asseyant toujours à la même table, j'avais même réussi à établir un bon contact avec mon serveur, qui avait pris l'habitude de glisser dans mon assiette quelques calories supplémentaires. La veille au soir, j'avais emmené Killer dans ce restaurant. J'étais sûre que le patron cuisinerait nos précieux tubercules si nous le lui demandions assez tôt dans la journée. Tout en protestant, il se décida à m'accompagner.

Nous pénétrâmes dans la vaste salle à manger, aussi propre et impersonnelle qu'un laboratoire, dont les murs étaient revêtus de carreaux blancs à mi-hauteur, avec nos sacs de pommes de terre sous le bras. Il était environ quatre heures, et le lieu était presque désert, hormis quelques employés. De son comptoir, le patron nous dit poliment qu'il refusait d'accéder à ma demande, sous prétexte que ses autres clients l'accuseraient de favoritisme s'ils nous voyaient manger des pommes de terre. Je compris son point de vue, mais n'en fus pas moins terriblement déçue.

Quand nous sortîmes, Killer renversa ses tubercules sur le trottoir et, la mort dans l'âme, j'en fis autant avec les miens. Je les vois encore rebondir et rouler dans la boue.

– Voilà ce que j'en fais, de tes foutues pommes de terre ! maugréa Killer.

Au même instant, un jeune homme que je reconnus d'emblée comme étant mon fidèle serveur sortit en courant du restaurant. Il accosta Killer :

– Vous êtes Raymond Couraud ? l'entendis-je lui demander.

– Que me voulez-vous ? lui répondit Killer en me poussant à l'écart.

Je pensais qu'ils voulaient parler entre hommes, loin de mes délicates oreilles de femme, mais me trouvai fort inquiète, sachant qu'il n'avait pas employé son vrai nom depuis qu'il avait redéserté en décembre dernier.

– Avance ! me cria Killer après avoir échangé quelques mots avec lui, me prenant par le bras pour me faire traverser la rue et m'entraînant ainsi jusqu'au premier café.

– Que se passe-t-il ? Mais qu'est-ce qu'il y a ? questionnai-je.

– Garçon, deux cognacs !

– Mais qu'est-ce qui se passe, pour l'amour du ciel ?

– Eh bien le mec, il est venu m'avertir. Le patron a appelé la police militaire. Je suis fait comme un rat. Ils vont me prendre, maintenant.

– Alors dépêche-toi, cours, file. Vite, je t'en prie, Killer !

Le serveur arriva avec les deux cognacs.

– Ils nous ont ratés hier soir. Ils seraient venus me cueillir ce soir si nous y avions été. Tu te rappelles, quand La Touffe disait qu'il ne fallait jamais retourner deux fois de suite au même endroit ?

– Oh, mais je t'en prie, cesse de parler, tu n'as plus une seule seconde à perdre !

J'avalai d'un trait mon cognac, tandis qu'il semblait savourer le sien tout à loisir.

– Garçon, deux autres, s'il vous plaît !

– As-tu perdu l'esprit ? La police est à tes trousses ! Oh, s'il te plaît, Killer, je t'en supplie, file !

Le garçon arriva avec la deuxième tournée. Raymond fit danser le liquide au bout de ses doigts et me jeta ensuite un de ses diaboliques regards, tandis que je lui répétais frénétiquement : « File, s'il te plaît, file ! »

– Écoute, me dit-il, relevant la manche de sa chemise pour regarder sa montre : La police met au moins dix minutes pour arriver.

Là-dessus, il posa violemment l'argent sur la table, rejeta la tête en arrière, termina son verre, et se mit à courir.

– A tout à l'heure au Nid ! me cria-t-il.

Cette inutile et insolente bravade me laissa pantelante d'admiration.

Selon toute apparence, Mathieu avait mis la police sur les traces de Killer. Aussi, dès que nous nous fûmes retrouvés, nous discutâmes de la situation. J'étais bien placée pour connaître les possibilités d'évasion : le Comité lui-même était presque paralysé. Depuis la guerre en Syrie, la Royal Navy interceptait des bâtiments français, les soupçonnant de transporter des hommes et des provisions pour les Allemands sur les fronts de Syrie et de Cyrénaïque.

Par voie de conséquence, les bateaux à destination de la Martinique prenaient port à Casablanca pour couper aux contrôles britanniques. Essayer de s'échapper par la mer en passager clandestin n'aboutirait qu'à conduire Killer devant une cour martiale à Sidi bel-Abbès. L'Afrique du Nord devait être éliminée.

Cependant l'Espagne n'était pas non plus vraiment sûre. Fittko rapporta que, alors qu'il faisait toujours passer sans encombre des hommes par les montagnes, la police espagnole faisait maintenant le travail de la Gestapo et vérifiait les papiers des voyageurs dans les trains, leurs listes de noms à la main, arrêtant n'importe quel malheureux dont les visas n'étaient pas en règle. Vers le début du mois de juin, seule la voie Carlos était considérée comme praticable pour ceux qui osaient encore penser à s'évader. Les fugitifs qui empruntaient cette voie étaient escortés à travers l'Espagne et le Portugal par les cheminots militants et opposés au régime franquiste. Si cette voie-là était fermée à Killer, du moins connaissions-nous la situation. Il répétait : « Tout que je veux, c'est arriver au consulat britannique à Barcelone. Quand est-ce qu'il revient, Charles ? »

Quand celui-ci réapparut enfin et que je lui exposai la situation fâcheuse de Raymond, il sourit de son sourire mélancolique et m'affirma qu'il pensait avoir trouvé quelqu'un en la personne d'un Espagnol républicain.

– Ils ne sont guère populaires auprès du gouvernement de Vichy, et il faut bien qu'ils mangent. Vous devrez le payer, vous savez.

– Oh, Charles, vous êtes merveilleux ! Concluez l'affaire. Je cours annoncer la nouvelle à Killer.

– Dites-lui bien que ce n'est jamais sans risque.

– Il le sait.

Charles comprenait pourquoi le Comité ne pouvait mettre en péril sa filière d'évasion avec Killer. Il était également au courant du vol. Quand j'y repense, il fut le seul à chercher une possibilité de fuite par une source extérieure au Comité.

Charles Wolff fut notre libérateur.

Au moment où j'entrai, à bout de souffle, dans notre chambre au Nid, Killer était allongé.

– Charles dit qu'il peut te trouver quelqu'un, lui annonçai-je.

Il ne fit qu'un bond et resta comme statufié au récit des détails que Charles m'avait rapportés. L'Espagnol serait payé pour moitié au début et obtiendrait le reste à la fin de l'évasion. Killer m'écoutait attentivement. Charles emmènerait l'homme dans un café cet après-midi et, si tout se passait bien, ils partiraient pour la frontière le lendemain matin.

Quand je prononçai les mots « demain matin », son expression changea. Il vint vers moi à pas lents et m'enlaça :

– Déjà ! murmura-t-il. Je ne veux pas te quitter.

Charles et l'Espagnol arrivèrent tous deux au café cet après-midi-là. Killer et l'Espagnol se jaugèrent mutuellement, j'offris de régler la moitié de la somme et l'affaire fut conclue. Je crus qu'ils allaient se fixer rendez-vous le lendemain matin quelque part près du Nid, mais Killer donna le nom de la rue du petit hôtel où j'avais vécu après mon départ du Château.

Aussitôt Charles parti avec l'Espagnol, je me demandai pourquoi il avait donné le nom de mon hôtel, alors que nous savions que la police le surveillait déjà, et que ni Mathieu ni personne ne connaissait l'existence du Nid.

– Je veux passer notre dernière nuit dans cet hôtel. Je ne veux pas que ma dernière image de toi soit dans ce… bordel.

– Oh, mais nous y avons passé tant d'heures heureuses, chéri ! lui dis-je doucement.

– Non, je ne rigole pas. Je veux me souvenir du lieu où tu vas vivre encore un peu.

Il insista pour que je coure à la villa et que j'en ramène Dagobert. Il voulait nous voir ensemble. Il y avait toujours l'ombre d'une menace ou d'une scène dans ses demandes, aussi dus-je obtempérer, tout en craignant qu'il se fasse prendre avec la très identifiable « grande blonde avec le petit chien noir ».

Quand je revins avec Dagobert, il était là, à l'hôtel, en train de m'attendre.

Une fois dans la chambre, il me demanda ce que j'avais l'intention de faire. Je lui dis que je retournerais bientôt aux États-Unis. J'estimais que désormais je n'avais plus aucune raison de rester en France. Lui souhaitait m'avoir près de lui en Angleterre : pourquoi ne pas proposer mon aide aux Français libres ? Mais cette perspective ne m'attirait plus comme cela avait été le cas l'année précédente et je ne voyais pas quel travail je pourrais accomplir, de toute façon.

– Tu es contente de te débarrasser de moi, c'est ça ?

– Ces dernières semaines ont été de trop… Je me sens lasse. Peut-être un jour, quand je me sentirai mieux… Pour le moment, la coupe est pleine.

Ce fut tout ce que je trouvai à lui dire.

Il parut abattu et coupable.

Je le persuadai de ne pas emmener Dagobert au restaurant. Nous trouvâmes un petit endroit, non loin de l'hôtel, où nous n'étions jamais allés auparavant et rapportâmes à Dagobert un maigre casse-croûte enveloppé dans *Le Petit Provençal*.

Le réveil fut réglé sur cinq heures trente, et à six heures, Killer était prêt. Il avait détruit tous ses papiers et ne portait aucun bagage, hormis, éparpillé sur sa personne, l'argent pour l'Espagnol : quelques billets que je lui avais glissés pour les hasards de la route, et peut-être ceux qui lui restaient du vol des bijoux – je n'en ai jamais rien su. Avec cela, quelques articles de toilette et son revolver de service.

Juste avant son départ, il me reparla encore, en anglais, du petit discours qu'il tiendrait au consul, déjà commenté la veille au *Carlton* et répété inlassablement quand nous étions en tête à tête : « Je suis un sujet britannique né aux Deux-Pistoles, petite ville située au pied du fleuve Saint-Laurent, dans la province de Québec. Je désire aller en Angleterre pour me battre… Je sais qu'ils me prendront. Après, on verra bien. »

Maintenant il était prêt à s'en aller. Il me dit au revoir et m'embrassa avant de descendre l'escalier. Je lui glissai ma boussole dans la main, en lui murmurant :

– Tiens, mon chou. Ne perds pas le nord.

– Ne t'inquiète pas, je ne le perdrai pas, me répondit-il en anglais.

Je sortis en courant de la chambre pour m'empêcher de crier. Il arriva derrière moi, tenant Dagobert en laisse.

Dehors, dans la lumière du petit matin, nous aperçûmes l'Espagnol qui marchait lentement vers nous.

– Tu restes là, sous cet arbre, me dit-il, avec Dago, et tu ne pars pas avant que je sois hors de vue. Compris ?

– Compris.

Il m'embrassa de nouveau :

– Je serai un bon soldat. Je te le promets. Tu verras.

– Au revoir, chéri. Je sais que tu seras un bon petit soldat.

Il se retourna et se dirigea vers l'homme. Je ne voyais que son dos mais je sentais, à la façon dont il avançait, qu'il était prêt à toute éventualité. Il marchait comme malgré lui, telle une marionnette actionnée par des fils. Pour lui, la grande aventure commençait.

Il serra la main de l'Espagnol et lui donna la moitié de sa rétribution. Puis il se retourna, me regarda droit dans les yeux l'espace de quelques secondes et me fit un signe d'adieu de la main. Je lui répondis de la même façon. Les deux hommes s'éloignèrent. Je restai appuyée contre l'arbre, le regard sur eux, Dagobert à mes pieds. A l'angle de l'immeuble, ils s'arrêtèrent. Killer se retourna de nouveau et me fit un dernier petit salut de la main. Alors ils tournèrent le coin de la rue et disparurent.

Je remontai en courant jusqu'à ma chambre et allais me jeter sur mon lit quand j'avisai une feuille de papier coincée sous le verre d'eau posé sur la table de nuit. Je le saisis :

«JE T'AIME DE TOUT MON CŒUR, DE TOUTE MON AME NOIRE. PENSE TENDREMENT À MOI. KILLER.»

XXXI

Pendant les quelques jours qui suivirent, je ne quittai pas ma chambre, espérant apprendre que Killer avait bien atteint Gibraltar. Pendant ce temps, Mathieu m'appela plusieurs fois pour me tirer les vers du nez, me demandant si je savais où était Raymond, prétextant qu'il avait de bonnes nouvelles pour lui. Je lui répondais systématiquement, sur un ton indigné, que nous avions rompu et que peu m'importait de savoir où il se trouvait. Lors de son dernier appel, Mathieu voulut savoir si Raymond n'était pas, par hasard, parti pour l'Angleterre. Cela aussi, comment l'aurais-je su ?

Le lendemain, un policier se pointa à l'hôtel pour m'interroger. Il se trouvait que Laurette était venue me rendre visite. J'invitai donc le policier à monter. Laurette prit un journal et fit semblant de le lire, cachant son visage derrière les feuilles.

Je me préparai à un rude interrogatoire. Au lieu de quoi, le flic se mit à se pavaner et, d'une voix particulièrement chaleureuse, me déclara :

– Je ne m'attendais pas à rencontrer une demoiselle aussi jolie !

– Asseyez-vous, je vous en prie, répondis-je en lui indiquant une chaise tandis que je posai mon séant, un peu guindée, sur le bord du lit.

L'homme me demanda si je connaissais les coordonnées du sergent Couraud. Je lui fis les mêmes réponses que celles que j'avais faites à Mathieu. Au bout d'un moment, voyant qu'il n'arrivait à rien, il prit son air le plus séducteur, se pencha vers moi et, d'une voix lubrique et l'haleine chargée d'ail, me souffla :

– Oh, une femme comme vous… Quelle chance il avait ! Il ne vous a pas bien traitée, n'est-ce pas ? Ah, si ç'avait été moi…

– Tout est fini, le coupai-je froidement.

– Nous savons une ou deux choses sur lui. Dites-moi seulement où il est, et nous vous aiderons à retrouver vos…

– Je ne veux plus revoir le sergent Couraud… ni retrouver quoi que ce soit…

Après quelques vains efforts supplémentaires, le flic se retira. L'allusion aux bijoux me confirma dans la pensée que Mathieu avait mis la police sur les traces de Killer.

– Tu te rends compte, commenta Laurette en abaissant son journal, cet homme croyait que tu trahirais ton amant pour quelques compliments de pacotille. Les flics ! Berk ! De quoi donc sont-ils faits ?

Bientôt des lettres et des télégrammes arrivèrent pour moi et pour Theo, en provenance du camp d'internement de Miranda de Ebro, section britannique, Burgos, Espagne. Killer exigeait de l'argent du Comité, déclarant qu'il en avait prêté à Klaus Dohrn et à Dobos, tous deux clients du Secours américain. Tout le monde s'affola, convaincu que c'était une preuve que la police allait les poursuivre pour délit d'aide à l'évasion de réfugiés, de soldats britanniques et de dissidents gaullistes. Je dus télégraphier à Killer un message des plus concis : « Pas d'argent. Ne télégraphie pas à Fry. Écris. » Pendant quelque temps, il fut convaincu que je l'avais amené à partir par ruse, pour pouvoir mieux l'abandonner ensuite.

Plus tard, j'appris que le guide espagnol l'avait escorté jusqu'à la frontière, et là l'avait laissé se débrouiller seul. Sachant que la police espagnole pratiquait des contrôles serrés dans les trains, il parcourut à pied et de nuit les cent cinquante kilomètres qui séparent la frontière du consulat britannique à Barcelone, où on l'accueillit chaleureusement, en lui remettant un certificat de sujet britannique. Comme tel, on ne le renverrait pas en France s'il se faisait prendre par la police. On lui souhaita bonne route. Il fut arrêté aux environs de Madrid. Désormais protégé par son attestation, on l'emmena à Miranda, où il se fit très vite, comme d'habitude, un nouvel ami. « Il y a un garçon ici qui s'appelle Alsace. Nous sommes devenus les meneurs des Canadiens », m'écrivait-il.

Avant de quitter Marseille, je retournai chez *L'Ami Fritz* où je m'installai à mon ancienne table. Les yeux collés au menu, je glissai au jeune serveur que j'aimerais lui parler après ses heures de service. Nous nous fixâmes un rendez-vous.

Plus tard, au bar, je le remerciai, lui expliquant qu'il avait certainement sauvé la vie de mon ami. Il me dit que, se doutant que j'étais soit anglaise soit américaine, il avait pensé que mon compagnon était peut-être investi d'une mission spéciale.

– Je ne peux vous en dire plus, lui ai-je dit, mais pourquoi avez-vous fait cela ?

– Je suis alsacien, m'a-t-il répondu, et tout ce que je peux faire contre *eux* est bienvenu.

Là-dessus, il me dit qu'il avait quitté l'Alsace quand *ils* étaient arrivés.

– Je n'ai pas toujours été serveur. Mais je ne me plains pas – en tout cas c'est mieux que de devenir allemand.

Je lui offris de l'argent aussi négligemment que possible, lui affirmant que je n'en aurais pas besoin, étant donné que je retournais dans mon pays, et lui rappelant qu'il avait sauvé la vie de mon ami.

– Non, merci ! Je suis alsacien ! me lança-t-il fièrement pour toute réponse.

Je n'insistai pas. Il était heureux de ce qu'il avait fait et voulait que les choses en restent là.

En tant qu'Américaine, je n'avais jamais eu le moindre problème pour obtenir mes visas, mais cette dernière fois, ces démarches me prirent beaucoup de temps. Pour une raison inexplicable, les Portugais exigèrent que Dagobert ait une pièce d'identité avec sa photographie de face et de profil, comme un criminel. Au début, je me tenais à distance du Château et du Comité, mais je rencontrais la plupart de ses membres en tête à tête à Marseille. Killer parti, ils redevinrent tous plus amicaux à mon égard, y compris mon sévère et vertueux ami Danny, qui était sorti de prison. Il avait été défendu par Gaston Defferre, un avocat du Comité qui devait devenir le célèbre maire socialiste de Marseille.

Tous firent des commentaires empreints de tolérance et de politesse sur ma relation passée avec Killer. Ils pensaient avoir tout compris. Je ne savais que trop ce qu'ils pensaient que je trouvais à ce type : je l'avais dans la peau et j'étais devenue son esclave. Je ne dis à personne qu'en fait j'étais venue en aide à un jeune délinquant.

Le Comité traversait une crise. Avec les bateaux qui ne partaient plus pour la Martinique, et le Département d'État qui bloquait résolument la distribution des visas américains, l'émigration était paralysée. Après l'attaque des Français libres, aidés des Britanniques, du Protectorat syrien, et surtout depuis la déclaration de guerre à la Russie, le gouvernement de Vichy regardait de plus en plus en direction de Berlin. La guerre sainte contre le communisme avait commencé. Et elle incluait les démocraties qui existaient encore en Europe.

Varian savait que son temps était compté. Il l'employa d'abord à créer son comité de patronage du côté français, y ajoutant les noms de trois membres du Conseil national de Pétain, ainsi que l'actrice Françoise Rosay, Pablo Casals, Georges Duhamel, Aristide Maillol et quelques autres. « Il y a une réserve d'artillerie lourde que je vais aiguiller vers la ligne de tir », écrivait Fry. Aussi, du côté américain, s'ajoutèrent les noms d'Henry Luce, de Mme John D. Rockefeller Jr., d'Edsel Ford et ceux des administrateurs du musée d'Art moderne de New York. Il envoya cette liste à Rodellec du Porzic, à la préfecture. Cela fait, il porta de nouveau son regard vers les collines derrière Manosque et la montagne du Lubéron pour y dénicher des planques qui pourraient leur servir plus longtemps ; comme le carburant se vendait à prix d'or, il sélectionna également une petite équipe de solides jeunes gens qui fabriqueraient du charbon de bois dans les collines du Var, sur les hauteurs de Toulon, où ils pourraient en même temps vivre et gagner leur vie.

J'avais beaucoup de temps libre. J'écoutais la radio au lit, dans la matinée, quand me parvint la nouvelle stupéfiante que les troupes allemandes avaient attaqué l'Union soviétique. Ma première impulsion fut de m'habiller pour courir aux cafés où se réunissaient les réfugiés, juste pour observer le branle-bas et la confusion que cette nouvelle allait provoquer. Mais j'étais trop fatiguée. Je restai simplement au lit jusqu'au déjeuner, essayant d'imaginer ce qui se passait dans les rues de Marseille – et à la frontière russe...

Mes lettres à Miriam au cours de ce mois de juin furent remplies de références à ma santé :

« ... J'ai un peu de fièvre. Je passerai par l'hôpital de Johns Hopkins quand je rentrerai... J'espère que j'ai la tuberculose, comme cela je resterai au lit toute l'année... Tu ne peux pas savoir à quel point j'aimerais manger correctement, grignoter du pop-corn, voir de bons films, me laver avec de l'eau chaude, et même voir des amis un bout de temps... A propos, j'ai très mauvaise mine. »

L'Angleterre et Killer n'étaient jamais loin de mon esprit. J'avais transmis à Miriam la nouvelle de son évasion de façon codée. Puis je lui avais conseillé de « rentrer vite au pays, car je sentais qu'une tempête se préparait ».

Elle avait eu le plus grand mal à convaincre Rudolph de partir pour les États-Unis. Ils restèrent coincés quelque temps en Suisse pour une raison que j'ignore et prirent finalement le départ peu de temps après moi, via Lisbonne.

A la fin du mois de juin, Varian écrivait à Miriam :

« ... Mary Jayne et Dagobert partent demain avec leurs passeports en poche et tous leurs visas. »

J'étais triste de devoir dire adieu à mes amis, dont je ne reverrais pas certains avant des années ; je ne devais plus revoir, hélas, Charles Wolff. Mais j'étais enfin de nouveau dans les bonnes grâces du Comité et devais partir chargée de messages secrets que je devais transporter soit sur ma personne roulés dans des préservatifs, soit dissimulés dans des tubes de pâte dentifrice ou dans des pots de crème de beauté. Ils étaient destinés aux membres de l'infrastructure clandestine de Carlos à Madrid et à M. Darling de l'Intelligence Service à Lisbonne.

Mais les mots « Victoire et Vengeance » apparaissaient déjà sur les murs de Marseille, signes avant-coureurs des terribles événements qui allaient se dérouler.

Varian fut arrêté à la fin du mois d'août par la police de Vichy mais avec l'agrément des autorités américaines. Il fut escorté jusqu'à la frontière et arriva à Lisbonne alors que je me trouvais toujours à Marseille.

Killer et moi restâmes en contact pendant et après la guerre. A Lisbonne, je continuai à recevoir des lettres d'amour qui comprenaient toujours un rapport sur sa situation et ses besoins. D'abord, du camp de Miranda : « … Je ne possède que ce que j'ai sur le dos… Bien sûr le consul s'occupe de nous. Mais si je dois passer l'hiver ici, il fait très froid dans les montagnes et j'aurai besoin d'un bon gros manteau et d'une paire de chaussures de ski, tu comprends ? C'est pour ça, chérie, que je te demande cent ou cent cinquante dollars… Si dans deux ou trois semaines je vois que rien ne vient, alors il faudra que je voie ce que je vais faire, tu comprends ? Mary Jayne, tu peux être sûre que c'est la dernière fois que je te demande du fric. Mais tu comprends, j'en aurai peut-être bientôt besoin… »

Je lui envoyai l'argent par l'intermédiaire du Comité unitarien, mais il n'eut pas l'occasion de s'évader de Miranda à skis. A la fin du moins d'octobre, il fut transféré à Gibraltar et de là en Angleterre.

Dès lors, la vie de Killer se déroula d'une façon quasi miraculeuse dans un sens très positif.

« … Je suis maintenant dans l'armée britannique, et maintenant… tiens-toi bien : j'obtiens mes galons de lieutenant lundi prochain ! Tous mes rêves se réalisent ! »

Il me suppliait de ne pas dire à mes amis anglais, qui avaient été si bons avec lui, qu'il s'était mal comporté avec moi à Marseille. Et il me promit d'avoir une conduite irréprochable envers eux. « … Être dans l'armée anglaise m'a beaucoup changé, tu sais… Mais si tu ne veux pas que je voie X, tu n'as qu'à me l'écrire et je n'irai pas. Je ne tiens pas à y aller le week-end pour des prunes et me faire claquer la porte au nez. »

Bien sûr, je ne racontai à personne ce qui s'était passé.

« … J'ai tellement souffert à Miranda, en pensant à tout ce que tu avais supporté par ma faute. Pardonne-moi… Viens ici, je t'en supplie. Je serai si gentil et si tendre que tu n'auras plus de rancœur envers moi. De plus, d'un point de vue pratique, si je ne peux retrouver tes bijoux, je crois que je serai en mesure de les remplacer et de t'en procurer d'autres. Si tu pouvais être à X *(le village de mon ami)* en janvier, mon Dieu quelle joie ce serait de te revoir, et tu verrais le nouveau Raymond dans toute la grâce de son nouvel uniforme ! Je m'apprête à faire bientôt un petit voyage et pense rencontrer notre petit Corse face à face... avec de grands moyens. J'espère que tu comprends. Comme tu ne seras pas là pour gêner notre manœuvre, ce sera plus facile. »

Sa mission à Marseille échoua, je crois, tant au niveau de ses objectifs militaires que de ses objectifs personnels : il ne put récupérer les bijoux et il échappa à la mort de justesse.

Quelques mois plus tard, il m'écrivait :

« Je suis chez les parachutistes... C'est vraiment un fabuleux boulot. Et quels hommes ! Tu peux imaginer que cela me plaît terriblement et que je ne donnerais ma place pour rien au monde... Et je serais tellement heureux si je n'avais pas le souvenir de tes larmes et de tout le mal que je t'ai fait. Chérie, je porte ton souvenir dans ma chair, et rien ne l'effacera jamais. »

Puis, en anglais :

« Excellentes nouvelles récemment... La Touffe est bien vivant. Il est dans la RAF. Et Sergent, avec qui j'ai parlé hier, est aussi dans la RAF. Il vient me voir la semaine prochaine. »

Ainsi, au long des années de guerre, dans ses lettres il me dévoila certaines de ses activités et exprima ses pensées, émaillées de mots d'amour pour moi, non sans mentionner à l'occasion telle ou telle petite amie qu'il s'était faite. Il y avait toujours un mot pour Dagobert :

« Grosses bises à Dago. Il fait partie de toi. Lorsque je rêve de toi, il est là. »

Quand il n'était pas en service, lui et ses copains des autres commandos jouaient aux héros anglais, prenant force cuites à Londres ou dînant dans les manoirs de la royale Albion. Ainsi, il raconte l'apparition, un certain week-end, d'un invité indésirable que j'avais bien connu. « Tu ne peux pas savoir ! J'ai ri dans ma barbe, surtout après, quand le vieux Lord Dickie *(Mountbatten)* qui était là également m'a glissé un petit mot qui disait : “Ne lui parlez pas. C'est un homme de mauvaise compagnie.” J'ai souri amèrement, chérie, parce que après tout, j'avais été d'encore plus mauvaise compagnie que lui. »

Killer fut gravement blessé à Saint-Nazaire. Remis de sa blessure, il fut souvent parachuté en première ligne.

« … J'étais le premier officier britannique à entrer dans Paris *(deux jours après la libération de la ville)*. J'avais envoyé mes hommes faire des courses sur les Champs-Élysées – où la foule était en liesse. Puis j'ai emmené mon escadron dans un hôtel et… je me suis dirigé vers ton appartement (je me souvenais de l'adresse). La concierge m'y a conduit… et m'y a laissé seul. Je suis resté assis sur l'une des chaises rouges de la salle à manger, fumant cigarette sur cigarette, le cœur gros. Le Boche qui vivait là l'avait laissé propre et en parfait état et en outre, il t'a légué un beau piano de concert trônant au salon. J'ai tout vu, la salle de bains verte, les verres dans la cuisine… tout ce putain de bazar. Je me sentais une sorte de pèlerin… Après, j'ai dîné à l'ambassade de Suède et me suis soûlé la gueule… »

Killer finit major dans le 2e Régiment des opérations spéciales aéroportées commandées par le colonel Stirling. Il gagna la croix militaire pour son courage au combat et, à la fin de la guerre, il put faire suivre son nom d'un nombre illimité de décorations.

Ce furent ses années glorieuses. Il disait toujours que c'était moi qui les lui avais données.

Après le départ de Fry, Daniel Bénédite, Jean Gemähling et Charles Wolff dirigèrent le Centre américain de secours. Jean fut arrêté en novembre 1941, quand le Centre passa sous la responsabilité de Danny. Contre toute attente, le Centre fut autorisé à fonctionner officiellement jusqu'en juin 1942 ; ensuite la police française le ferma pour activités subversives. Le Centre continua dans la clandestinité. Il aida les réfugiés à trouver des cachettes et leur fournit de l'argent, le plus gros de ses fonds ayant été soigneusement caché. La villa Air-Bel fut transformée en centre d'accueil pour les intellectuels alsaciens qui avaient émigré de leur province, désormais annexée à l'Allemagne.

Pendant une brève période qui suivit son retour de France, Fry continua de mener ses activités politiques et intellectuelles en donnant des conférences et en écrivant des articles de politique étrangère, dans l'esprit de son ancien engagement. Il écrivit *Surrender on Demand (La Liste noire)*, où il relate la mission du Comité à Marseille, livre qui fut publié en 1945.

Eileen mourut. Quelques années plus tard, il épousa Annette Riley qui lui donna trois enfants.

Bien avant son second mariage, il était déjà quelque peu désabusé : espoirs déçus, désillusions éprouvées à l'encontre de son vieux monde familier de la gauche libérale. Quoique les libertés civiques et les droits de l'homme lui tinssent toujours à cœur, il regardait alors dans d'autres directions, pensant davantage à sa carrière et à son gagne-pain. Pour une raison ou pour une autre, il voulut devenir un brillant homme d'affaires. Il racheta une petite société appelée Cinemart et, pendant une brève période, produisit des bandes publicitaires. Après quoi il devint un auteur indépendant, travaillant sur divers projets éducatifs et commerciaux.

J'ai le sentiment qu'il se trouvait dans une errance malheureuse. Lipchitz a dit de lui : « Il était comme un cheval de course accroché à un wagon chargé de pierres. »

Le gouvernement français le nomma chevalier de la Légion d'honneur au printemps 1967.

A la fin, il retourna à ses premières passions. Quand il mourut d'une crise cardiaque en automne 1967, à l'âge de cinquante-neuf ans, il enseignait le latin au lycée de Joel Barlow à West Redding, dans le Connecticut.

Je laisse la parole à deux réfugiés :

« Chère Madame Fry, écrivit Hertha Pauli, … il est difficile d'imaginer que Varian, qui a sauvé tant de personnes représentant la culture européenne, empêchant qu'elles ne soient "livrées sur demande" nous ait quittés si brusquement.

« … Il restera toujours le héros auquel nous devons nos vies. »

†

Jacques Lipchitz vint d'Italie pour parler de Varian au service funèbre. Lui aussi avait écrit à Annette Fry. Comme Hertha, il pensait : « … D'une certaine façon je lui dois ma vie. Ce furent ses lettres sévères et lucides qui me décidèrent à partir. Et il me fut d'une aide considérable, quand je me résolus à partir pour l'Amérique. » Au fil des ans, les deux hommes étaient devenus des amis ; et maintenant que Fry était mort, il voulait lui dire un dernier au revoir. Nous étions tous réunis à l'église unitarienne dans la 35ᵉ Rue Est de New York. Peter Burchard, cousin et ami de Varian, m'a dans une lettre raconté comment, cet après-midi-là, Lipchitz monté devant le lutrin, dans la pénombre de la salle paroissiale, resta debout, comme une figure de proue, attendant patiemment que l'assemblée se calme puis, sans introduction, plissant les yeux comme un marin qui observe une mouette, se mit à parler : « "Varian, dit-il, je sais que tu m'entends !" Et il continua à s'exprimer ainsi directement à son intention plusieurs minutes durant, sur le ton de la conversation : il parla de son travail pendant la Seconde Guerre mondiale, et de ce qu'il signifiait pour nous tous ; il parla de son éclat, de son héroïsme, et de sa douleur. »

Nous étions tous profondément émus. Ici et là dans la foule, je reconnus quelques visages de l'équipe du Secours américain, que je n'avais pas vus depuis l'époque révolue de la rue Grignan, à Marseille. Tous comprenaient ce que Jacques Lipchitz voulait dire.

Les figures légendaires passent devant nos yeux, silhouettes monolithiques sur lesquelles nous projetons nos rêves. Les héros de chair et de sang sont des créatures complexes, parfois nées pour briller seulement le temps de leur heure de gloire. Varian Fry alla à Marseille remplir sa tâche et accomplir sa mission, qui n'en fut pas moins glorieuse parce qu'elle fut brève. Les faits parlent d'eux-mêmes.

POSTFACE

Mary Jayne Gold est décédée le dimanche 5 octobre 1997, à l'âge de quatre-vingt-huit ans, dans sa merveilleuse « villa Air-Bel » à Gassin, sur la Côte d'Azur.

Elle souffrait de ce qu'on a longtemps appelé une longue maladie, mais sa dernière nuit avait été calme. Hélène Sognier, qui s'occupait si bien d'elle et de la maison depuis vingt ans, lui tenait la main lorsque « Miss Gold » passa à l'étape suivante de son existence : Mary Jayne croyait à la réincarnation. Mon amie avait également un somptueux appartement à New York, mais c'est bien délibérément qu'elle avait choisi cette année-là de ne pas passer l'hiver aux États-Unis, contrairement à son habitude. Elle préférait se faire soigner et mourir en France.

Comme tout le monde, j'ignorais tout de Mary Jayne Gold lorsque, au début des années quatre-vingt, dans une boutique de livres d'occasion à Los Angeles, où je vis, je tombai par hasard sur un exemplaire de son livre, déjà rarissime. Je travaillais alors sur une autre histoire de sauvetage, celle qui notamment avait permis ma naissance au Chambon-sur-Lignon en 1944. C'est à Marseille, où mes parents habitaient, que j'avais été conçu, Léo et Barbara Sauvage comptant parmi la vague des réfugiés venus de Paris – et d'ailleurs ! Comment ne pas sauter sur ce livre ? Comment ne pas être émerveillé par cette histoire ?

C'était l'hiver; je retrouvai sans difficulté Mary Jayne Gold dans le bottin de New York, et contact fut pris. Je découvris qu'elle avait connu mes parents non pas à Marseille, mais plus tard à New York, par l'intermédiaire de notre amie commune, Reine Dorian, elle aussi « ancienne » de Marseille en 40. J'ose croire que rarement atomes furent à ce point crochus, car ce fut le début d'une profonde amitié, qui encore aujourd'hui commande à mes priorités professionnelles. Un jour, Mary Jayne me dédicaça son livre, et la dédicace n'a jamais cessé de me flatter et de me toucher : « Pour Pierre, qui comprend tout cela. »

Ce qui était le plus facile à comprendre, c'est que dans la longue vie de Mary Jayne Gold, souvent oisive et sans doute trop subventionnée par sa fortune, l'année passée à Marseille en 1940-1941 était assurément la seule qui eût vraiment compté pour elle. Mary Jayne ne s'était jamais mariée, préférant meubler son célibat d'une suite de caniches. Elle aimait dire que Killer avait été son war work *– sa « contribution à la guerre ». Peu avant sa mort, elle me confia que ses dernières pensées seraient pour lui, et qu'elle ne doutait pas que vingt ans plus tôt, au moment de mourir dans sa maison de Cornouailles, en Angleterre, la jeune frappe qui lui devait la vie avait pensé à elle.*

Le fils de Killer, Raymond Couraud lui aussi, n'a guère de doute là-dessus : Mary Jayne, la seule femme à avoir compris, à avoir pu aider son père – la seule femme qui en même temps lui résistait – était bien restée jusqu'à la fin le grand amour de sa vie. « Elle seule était arrivée à le dompter, serais-je tenté de dire, m'expliqua-t-il récemment, même s'il lui en a fait voir des vertes et des pas mûres. » Quant à Varian Fry, l'amitié et le respect qu'il inspirait à Mary Jayne n'avaient jamais faibli, mais elle se plaisait à dire que, depuis qu'il était devenu un « juste » pour l'État d'Israël, elle n'avait plus besoin de se soucier de son immortalité et pouvait plus égoïstement se préoccuper de la sienne.

Si j'avais accédé au rang d'ami, si ma famille et moi étions toujours les bienvenus à Gassin, il est certain que j'avais également des responsabilités à assumer : faire publier ou republier ses livres, tirer un « grand » film – pas trop fidèle – de son aventure, léguer à mon tour dans un documentaire (c'est plus ou moins mon métier) quelques détails importants de ce qui s'était passé à Marseille en 1940-1941.

Pas plus que celui de Varian Fry en 1945 (traduction française : La Liste noire, *Plon, Paris, 1999), le livre de Mary Jayne, patronné pourtant à la maison d'édition américaine par Jacqueline Kennedy Onassis, n'avait rencontré le succès. L'Amérique avait toujours du mal – a encore du mal – à cerner son rôle dans le massacre des Juifs. Personne en 1980 n'était prêt à s'intéresser à cette histoire. Comment même imaginer que des Américains aient pu être aux premiers rangs dans le sauvetage des Juifs et des antinazis ?*

Malgré l'échec de Crossroads Marseilles 1940, *Mary Jayne avait pris goût aux mémoires, et décida de remonter plus loin en arrière. Si l'on trouve quelques bribes de souvenirs d'enfance dans ce premier volume, le second, encore inédit, leur est entièrement consacré.*

Plus elle vieillissait, mieux Mary Jayne réussissait à se souvenir non seulement des menus événements de sa jeunesse, mais encore et surtout de la façon que l'enfant qu'elle fut les avait ressentis. Oh, You Must Not Peek Under My Sunbonnet *(« Oh, ne cherchez pas à regarder sous ma capeline ! »), ainsi s'appelait un livre d'enfant qu'elle n'avait pas oublié, et tel est le titre espiègle que Mary Jayne donna aux mémoires de ses dix-neuf premières années de vie, aussi dorées qu'elles furent troubles sur le plan affectif et sexuel : elles engendrèrent, écrit-elle, des fantasmes sadomasochistes qui eurent un effet corrosif sur sa vie.*

Malgré son âge – et la différence d'âge qui nous séparait –, Mary Jayne n'hésitait pas à évoquer avec moi des détails intimes de sa vie, et tout ce qui était d'ordre psychologique la passionnait. A un moment donné, après Marseille, elle avait même commencé des études dans cette discipline avec l'idée d'en faire peut-être une carrière et de se spécialiser en psychologie criminelle, pour laquelle elle se soupçonnait mystérieusement douée. Mais il y avait un sujet qui n'a jamais cessé de la mettre mal à l'aise : l'argent.

J'eus l'occasion récemment de visiter Marigold Lodge, dans le Michigan, la maison de vacances construite au bord du lac par le père de Mary Jayne, et qui a été préservée par ses propriétaires actuels dans le style opulent voulu par l'inventeur Egbert Gold en 1913. Voyant cette extraordinaire demeure et inventoriant les photos d'enfance destinées à illustrer son second volume de mémoires, je commence seulement à comprendre le rôle déterminant que l'argent a dû jouer dans la vie de l'héritière.

Si j'ai un grand regret vis-à-vis de Mary Jayne, c'est que je ne pourrai pas l'inviter à la première de la « fiction » qui sera tirée de son livre. L'idée d'un film l'enchantait, et nous avons longuement discuté sur la façon de créer ce nouveau Casablanca. *Ce n'est pourtant pas elle mais son amie Miriam Davenport Ebel qui se souvenait de la sortie du film de la Warner en 1942 et du coup de fil qu'elle avait donné à son amie : « Allons au cinéma. Il y a un film qui vient de sortir qui raconte un peu notre histoire ! »*

Dans la version mijotée avec Mary Jayne, c'est Killer, le Humphrey Bogart de l'histoire. Killer avait attendu de quitter Marseille pour devenir un héros ? Qu'à cela ne tienne : pour le film, il fallait qu'il le devînt sur place, en participant à la dernière minute à l'opération Fry ! (Dans la réalité, Fry détestait Killer, source pour lui de tracas. C'est à tort que certains ont imaginé une pointe de jalousie ; contrairement à ses collègues masculins, presque tous plutôt portés sur « la chose », Varian avait, comme on dit si mal en français, d'autres chats à fouetter.)

Une récente biographie de Fry (American Pimpernel : The Story of Varian Fry, *par Andy Marino, Hutchinson, Londres et St. Martin's Press, New York, 1999) a bien tort de mettre en doute que Killer ait été bel et bien un déserteur de la Légion étrangère et de se montrer sceptique sur sa singulière mais véritable carrière militaire. Influencé par le « chauvinisme mâle » dont ni Fry ni Daniel Bénédite n'auraient été exempts selon Mary Jayne et Miriam, l'auteur se permet aussi d'évoquer Mary Jayne Gold comme une blonde un peu écervelée – ce qu'elle ne fut nullement. Dans une lettre à sa première femme en septembre 1941, Fry avait noté : « Mary Jayne s'intéresse plus à notre travail que quiconque. »*

Lorsque je réunis Mary Jayne et Miriam pour le tournage de mon long métrage documentaire sur Varian Fry à Marseille *(sortie en 2002), cette dernière n'hésita pas à taquiner un peu Mary Jayne en se signant ironiquement à l'évocation du nom de Killer et en disant qu'elle regrettait d'avoir présenté celui-ci à Mary Jayne, car Killer avait été la source de beaucoup d'ennuis pour son amie.*

Mary Jayne sursauta : « Ce type a fait plus pour gagner la guerre et te permettre d'ouvrir ta grande gueule que toutes ces vedettes que nous avons connues ! »

Selon le colonel Roger Flamand, auteur d'un opuscule sur Raymond Couraud publié à compte d'auteur (21360 La Bussière, 1983) et appelé L'« Inconnu » du French Squadron, *celui-ci avait été un peu partout à la pointe des combats, devenant finalement en Angleterre, selon Flamand, « Squadron Leader dans les forces de Sa Majesté, intime des plus riches et plus influentes familles de l'aristocratie britannique ». Subsiste toutefois dans la carrière militaire de Couraud un mystère : son renvoi de l'armée britannique.*

Si je suis arrivé trop tard pour rencontrer Killer ou Varian Fry, j'ai adopté un peu comme une nouvelle famille les figures remarquables et bientôt légendaires que j'ai ou que j'ai eu la chance d'avoir dans ma vie à la suite de ma rencontre avec Mary Jayne (parmi elles, il y a des personnes que ce récit autobiographique mentionne peu ou pas du tout). L'auteur voulait que son lecteur sache un peu ce que « ses personnages » à elle étaient devenus dans leurs « vraies vies » – après Marseille.

Deux ans après la mort de Mary Jayne, j'assistai à l'enterrement de Miriam Davenport Ebel, devenue notre amie commune au fil des années, et qui choisit de reposer dans un très beau cimetière longeant les champs de maïs de l'Iowa, au cœur de l'Amérique. De retour aux États-Unis en 1941, Miriam eut bientôt divorcé d'avec Rudolf, l'amoureux yougoslave pour lequel elle avait quitté Marseille, et les deux mariages heureux qui succédèrent au premier ne l'empêchèrent nullement d'assumer des responsabilités intéressantes au service de causes qui lui paraissaient importantes. Elle obtint également un doctorat en littérature française, se spécialisant dans Crébillon fils, et écrivit de brefs mémoires inédits sur cette époque, qui témoignent de sa perspicacité et de sa mémoire très précise, sinon de l'humour et de la vivacité qui ne lui faisaient jamais défaut.

Pendant toute sa vie, Charles Fernley Fawcett, dont la présence au Centre américain de secours fut si rassurante pour les réfugiés, est demeuré une sorte d'aventurier moral. Descendant, comme Mary Jayne et comme Miriam, d'une très vieille famille américaine (la sienne, du Sud, a compté trois présidents, et non des moindres), catcheur, légionnaire, ambulancier, vedette de cinéma, figure de la haute société, joueur de trompette, compositeur, artiste, amateur de femmes, Charlie à intervalles réguliers abandonnait sa vie « normale » pour aider les mouvements de résistance en Afghanistan et ailleurs. Ce que ni Varian Fry ni Mary Jayne ne surent à Marseille, c'est que Charlie dans ses moments libres y a également « épousé » une demi-douzaine de femmes dans une suite de mariages bigames afin d'aider ces personnes à sortir des camps d'internement ou à s'échapper d'Europe (à un moment donné, deux Mme Fawcett arrivèrent en même temps à Lisbonne !).

Charlie ne manque jamais d'insister sur le fait qu'il était un simple petit rouage dans l'opération ni de rappeler notamment le souvenir de son mystérieux compatriote Leon Ball, un copain dont le rôle au début des activités du Comité s'estompe dans les mémoires du fait que Ball disparut un beau jour, rompant tout contact avec ses anciens amis de Marseille. (Ball habitait en France, où il vendait du lard. Est-il encore parmi nous ? A t-il laissé une famille ou des amis qui ignorent tout de ses exploits ? Comme j'aimerais connaître les réponses à ces questions !)

Dernier complice parmi les Américains de Marseille : le vice-consul Hiram Bingham IV, que Fry appela dans une dédicace son « compagnon d'armes ». Bingham dut bientôt quitter le corps diplomatique, ayant par la suite, comme bien d'autres « justes » parmi les diplomates, une vie professionnelle sans éclat et parfois un peu difficile.

Comme tout le monde, Mary Jayne admirait la brillante carrière du grand économiste et penseur social Albert O. Hirschman, célébrité du prestigieux Center for Advanced Studies *de l'université de Princeton, et auteur de nombreuses études fort respectées. Réfugié juif allemand et socialiste en France dès 1933, Hirschman évoque dans son recueil* Un certain penchant à l'autosubversion *(Fayard, Paris, 1995) les mois passés à Marseille en tant qu'« Albert Hermant » ou « Beamish », associé indispensable de Fry qui notamment choisit Mary Jayne pour la mission délicate au Vernet.*

J'ai récemment rendu une nouvelle visite à Chicago à Lisa Fittko, dont le jugement pénétrant sur l'expérience des réfugiés en France a été livré dans un ouvrage remarquable, Le Chemin des Pyrénées : Souvenirs 1940-1941 *(Maren Sell & Cie, Paris, 1987). Sans vouloir minimiser l'importance de son mari Hans dans l'impeccable filière d'évasion qu'ils montèrent à la frontière espagnole, il faut toujours se rappeler, quand on évalue les témoignages de cette époque, à quel point le rôle des hommes est automatiquement surestimé. Pourtant dans les actions de sauvetage de cette période ce sont bien souvent les femmes qui prirent les décisions capitales. C'est certainement Lisa Fittko que j'appellerai en premier si j'ai soudain besoin de conseils pour échapper encore une fois à je ne sais quelle nouvelle menace totalitaire !*

Je rencontrai en une occasion Daniel Bénédite, le vieil ami de Mary Jayne, impressionnant par une intelligence qui s'exprimait volontiers dans des jugements péremptoires. (On reste un peu perplexe sur la grande amitié que Fry et lui réussirent à nouer à Marseille, car Fry lui aussi avait le jugement prompt.) Après Marseille, Bénédite fit « une belle Résistance », suivant la formule que Mary Jayne affectionnait, devint administrateur du quotidien Franc-Tireur, *puis travailla par la suite dans le syndicalisme et l'édition. Bénédite et son épouse Theo, également décédée, avaient divorcé après la guerre, et tous deux s'étaient remariés peu de temps après. Leur fils Pierre Ungemach, l'ancien « Peterkin », devint géologue.*

En 1984, Bénédite publia ses mémoires sur la mission Fry, La Filière marseillaise *(Clancier-Guénaud, Paris, 1984), qui contenait une évocation généreuse de Mary Jayne Gold, assaisonnée toutefois d'un zeste de ce marxisme qu'il avait cherché en vain à enseigner à son amie dans leur jeunesse :*

De deux ans mon aînée, grande, jolie, blonde, intelligente et riche, « Naynee » avait tout pour elle ; on pouvait se demander quand on la connaissait ce qui l'emportait chez elle, de la beauté, de la gentillesse ou de la générosité. Elle disposait de sa fortune avec prodigalité et presque toujours à bon escient, comme si elle voulait se la faire pardonner (elle fit même, au début des hostilités, don de son avion de tourisme personnel au gouvernement français).

Préfaçant le second volume, encore inédit, des mémoires de son camarade Bénédite, Gemähling évoqua pour sa part sa première rencontre avec Mary Jayne :

En route pour Marseille, où j'espère trouver une voie pour rejoindre de Gaulle, je m'arrête une nuit chez les Bénédite.

– A Marseille, me dit Danny, va donc voir une chère amie à moi, Mary Jayne Gold. Elle est américaine et m'écrit qu'elle est en rapport avec un de ses compatriotes venu à Marseille, où il fait des choses intéressantes. D'ailleurs, ajoute-t-il, je ne tarderai pas à y aller aussi.

Grippée, Mary Jayne me reçoit dans sa chambre d'hôtel avec l'amitié qu'on réserve aux amis des amis et la cordialité qui lui est naturelle.

– Varian Fry, me dit-elle, s'occupe de faire émigrer aux États-Unis des intellectuels, des artistes, antinazis, réfugiés en France. Peut-être a-t-il des tuyaux pour vous aider à gagner Londres. (...)

L'activité du Centre américain de secours, sans me faire renoncer tout de suite à mon idée de rejoindre l'armée de la France libre, me montra qu'il y avait de quoi s'occuper utilement sur le territoire métropolitain, ce qui n'avait pas encore été au centre de mes préoccupations.

Mary Jayne avait beau ne plus voir beaucoup Jean Gemähling, elle lui était restée très attachée, n'ayant jamais oublié la délicatesse dont il fit preuve à Marseille lorsque sa liaison avec Killer avait jeté un froid dans les relations entre elle et les autres membres du Comité. Rejoignant bientôt la Résistance, Gemähling devint un des chefs du mouvement Combat, puis Compagnon de la Libération. Scientifique de formation, il eut notamment une carrière d'ingénieur expert en questions nucléaires. M. Gemähling demeure un témoin important, modeste et précis, sur tout ce qui concerne cette période.

Le Dr Marcel Verzeano, alors « Maurice Rivière », rejoignit l'armée américaine après son arrivée aux États-Unis, et participa notamment et valeureusement à la campagne italienne. Se consacrant par la suite à la recherche médicale, l'ancien associé de Fry pour les opérations secrètes et les filières d'évasion se spécialisa en Californie dans la physiologie du cerveau. S'il y eut à Marseille des complications dans les rapports entre « Maurice » et certains de ses collègues, il demeure une source de bons conseils pour ses amis en proie à des problèmes médicaux et reçut le dernier coup de fil de Varian la veille de la mort de ce dernier.

Justus Rosenberg, que je suis un des derniers à appeler Gussie, ne réussit pas à quitter l'Europe occupée. Jeune Juif allemand de Dantzig, il rejoignit le maquis, contribuant au débarquement allié en Provence, et fut lui aussi honoré pour ses exploits militaires. Ayant émigré aux États-Unis après la guerre, il y occupe depuis une chaire de littérature comparée et a entrepris, lui aussi, la rédaction de mémoires, fort prometteurs. On y verra sans doute, entre autres illustrations, cette photo où il arpente la Canebière dans le complet élégant commandé pour lui par « Mathieu », le patron de Killer, que Gussie fréquenta avec Mary Jayne.

Ni Mary Jayne, ni l'équipe de Marseille, ni la famille de Raymond Couraud n'ont pu établir le nom de famille de Mathieu ni indiquer ce qui lui est arrivé par la suite. Me Raoul Bottaï, qui le défendit avec une éloquence qui impressionna Mary Jayne, m'écrivit qu'il eut pour client un certain Mathieu Giudicelli, incarcéré pendant l'Occupation et mort dans un règlement de comptes tout de suite après la Libération. S'agit-il de notre Mathieu ?

Après le départ de Fry, c'est Bénédite, Lucie Heymann, Anna Gruss, Paul et Valentine Schmierer et leurs collègues qui réussirent à poursuivre le travail du Centre, avec l'aide précieuse du jeune avocat marseillais Gaston Defferre. Sous l'égide de Charles Wolff et de Théo Bénédite, la villa Air-Bel fut transformée en centre d'accueil, parfaitement régulier, pour les réfugiés d'Alsace-Lorraine. Lorsque Vichy commença à livrer les Juifs pour les déportations vers Drancy et vers l'« Est », Paul Schmierer, dans une lettre adressée à des amis de New York, s'étonnait qu'il fût « tellement plus facile d'organiser l'émigration vers la mort que l'émigration vers la vie ».

Parmi les déportés, il y eut Bil Spira, le faussaire du CAS *alors connu sous le nom de Bill Freier, qui survécut et revint à Paris. Le brillant caricaturiste, dont l'œuvre déborde d'humour et d'acuité, satirise sûrement un peu maintenant tout le beau monde qu'il a retrouvé récemment dans l'au-delà, où le dévoué Charles Wolff l'attendait depuis longtemps. Entré lui aussi dans la Résistance, Wolff fut apparemment dénoncé par un camarade interrogé sous la torture et fut lui-même torturé à mort par la Milice ; c'était le 14 août 1944, la veille du débarquement allié sur les côtes de Provence.*

Quelle qu'ait pu être, à l'occasion, la désinvolture apparente de Mary Jayne Gold, comment ne pas mettre l'accent sur le fait qu'elle comprit ce que fort peu d'Américains – et trop peu de Français – ressentirent en 1940, surtout quand ils étaient issus de sa classe sociale huppée et plus ou moins antisémite : la civilisation, avec la montée du nazisme, se trouvait en péril. Pour elle, c'était « la fin du monde », comme elle le rappelle dans mon documentaire, évoquant avec un frisson l'entrée des troupes nazies à Paris.

*Néanmoins, on voit bien aujourd'hui que certains éléments de l'histoire n'avaient pu être appréciés à leur juste valeur. Mary Jayne n'avait pas saisi l'étendue de la détérioration des rapports entre Varian Fry et l'*Emergency Rescue Committee *qui l'avait envoyé en France, ni combien Fry avait tenu à ce que son Centre américain de secours pût fonctionner comme un organisme indépendant. Elle avait minimisé l'ambiguïté de l'attitude de Vichy à l'égard des activités du Centre : le régime, après tout, ne demandait pas mieux que de se débarrasser un peu de tous ces réfugiés encombrants.*

A étudier avec moi la volumineuse documentation réunie grâce à la Fondation Chambon, Mary Jayne se rendit compte surtout que ni elle ni même Varian Fry n'avaient pleinement mesuré à quel point l'action menée par Fry avait été contraire à la politique américaine. Les découvertes sur le niveau et le sens probable de la prodigieuse hostilité des diplomates américains en France et du

Département d'État à l'égard de l'opération de sauvetage nous entraînèrent fatalement dans des discussions sur les responsabilités américaines pendant la Shoah. Je me permettrai ici de pousser plus loin encore cette analyse qui me paraît fondamentale pour la compréhension de la mission Fry.

En effet, ce qui donne sa plus grande signification à cette mission, ce n'est pas seulement qu'elle met en relief la mauvaise volonté américaine de l'époque envers les réfugiés et les Juifs, c'est surtout qu'elle se déroule alors que les nazis prennent, en 1941 précisément, un très grand virage dans leur politique de persécution : tournant évident aux yeux des historiens mais qui demeure obscur aux yeux de la plupart des Américains et peut-être aussi des Français.

Malgré les « prophéties » d'Hitler et quels qu'aient pu être ses fantasmes meurtriers ou ses aspirations au génocide, il fallut du temps, la guerre, et des circonstances précises pour que les nazis puissent commencer à imaginer – puis commencer à mettre à exécution – quelque chose à la grandiose échelle de la Solution finale. Déjà pendant l'été 1940 certains nazis parlaient entre eux de la nécessité d'une « solution finale » au problème juif, mais il n'y a pas l'ombre d'une preuve qu'ils envisageaient sérieusement une politique de meurtre de grande envergure. Pendant toute l'année qui suivit l'« armistice » franco-allemand – l'année Fry à Marseille – la politique allemande continua dans la tentative de résoudre le problème juif par l'émigration, forcée ou pas.

Mais ce qui était possible lorsque Fry arriva en Europe ne l'était plus quand il quitta le continent à la fin d'octobre 1941. Ce n'étaient plus alors seulement les portes des États-Unis et des autres pays de l'Ouest qui étaient largement fermées à la plupart des réfugiés ; les issues de l'Europe étaient bouclées elles aussi, et la Solution finale était en cours.

Ce n'était pas le plus grand souci de l'administration américaine que les victimes présumées de la politique allemande à l'égard des Juifs pourraient être incapables de s'échapper d'Europe. Sa principale préoccupation était l'éventuelle pression que subiraient les États-Unis en vue de leur faire accueillir un très grand nombre de ces réfugiés. On craignait notamment qu'un pareil mouvement de population ne vînt à y exacerber les tendances déjà extraordinairement fortes à l'antisémitisme. Tous les sondages d'opinion indiquent une croissance continue de sentiments anti-juifs aux États-Unis pendant la guerre, en dépit des nouvelles qui parviennent d'Europe concernant « Le massacre des Juifs » – titre d'un article de Varian Fry paru en décembre 1942 – et la situation de plus en plus ouvertement épouvantable dans laquelle se trouvaient les Juifs en Europe occupée.

C'est dans ce contexte-là, avec le recul dont nous disposons maintenant, qu'il faut placer l'action de cet intellectuel new-yorkais qui dirigea ce qui fut assurément la plus déterminée et la plus réussie des opérations de secours privées américaines menées en Europe pendant la Seconde Guerre mondiale.

La mission Fry ne se préoccupait pas spécifiquement de sauver les Juifs ; ce sont du reste les réfugiés antinazis allemands et autrichiens en France qui paraissaient alors les plus vulnérables, juifs ou pas. Mais c'est avec raison que Varian Fry deviendra longtemps après sa mort le premier Américain honoré par le mémorial israélien de la Shoah, Yad Vashem, en tant que « juste parmi les nations ».

S'il est vrai qu'Adolf Hitler et sa haine pathologique étaient nécessaires pour que l'on adoptât la Solution finale, il aurait cependant été incapable d'imposer des mesures aussi extrêmes contre la volonté de son peuple. Qui peut affirmer qu'il aurait pu le faire contre la volonté du reste du monde ?

On demanda un jour à Élie Wiesel quelle était la leçon la plus importante que le monde eût apprise de l'Holocauste. Sa réponse ? Que ça peut se faire (« That you can get away with it »). *Ne doit-on pas alors, en Amérique comme en France, comme ailleurs, se demander comment nous autres avons permis qu'une telle conclusion soit possible ?*

Il est vrai qu'il y a peu d'indices prouvant qu'Hitler et les nazis pouvaient être influencés par l'opinion publique internationale puisque celle-ci s'est rarement opposée à eux de façon très énergique. Pourtant Konrad Heiden, l'écrivain et biographe d'Hitler qui était haut placé dans la liste noire des nazis – heureusement, il était également sur la liste Fry – avait en 1938 résumé les risques d'une telle indifférence : « La leçon est pure et simple : quand le monde s'oppose à la persécution des Juifs en Allemagne, ces persécutions diminuent; quand l'attention du monde est ailleurs, elles reprennent. »

Dans les évaluations de la réponse des Alliés au meurtre des Juifs, la discussion tourne souvent sur la question de savoir si des sauvetages numériquement importants étaient possibles une fois que les meurtres numériquement importants avaient commencé. Mais sauver ou non la victime en puissance d'un assassin une fois que le crime est en cours, c'est une chose; c'est bien autre chose que d'être responsable d'avoir contribué au climat dans lequel l'assassin a pu concevoir son crime et qui, en définitive, lui a permis de devenir assassin.

Malgré les obsessions et les circonstances spécifiques qui ont conduit Hitler à sa grande décision, n'est-il pas légitime de se demander si les nazis n'étaient pas influencés dans leur pensée par la conclusion parfaitement compréhensible que les États-Unis et les autres pays de l'Ouest ne voulaient pas de ces Juifs non plus – et même que le monde ne se préoccuperait pas outre mesure de ce qui pourrait advenir aux Juifs d'Europe?

Les historiens, auxquels on apprend à être réfractaires à la spéculation, sont souvent mal à l'aise devant des questions si franchement spéculatives. Mais n'est-il pas tout aussi spéculatif de rejeter catégoriquement la possibilité que des attitudes différentes à l'extérieur de l'Allemagne – peut-être même seulement aux États-Unis – auraient pu changer le cours de l'histoire? Que se serait-il passé si l'Amérique, entre 1933 et 1941, avait été une nation remplie de personnages tels que Varian Fry, Mary Jayne Gold, Miriam Davenport, Charles Fawcett, Leon Ball, Hiram Bingham?...

En France, il va falloir résister à la confusion entretenue par certains spécialistes entre l'action du CAS et les débuts de la Résistance. Ainsi que le grand résistant Jean Gemähling est particulièrement bien placé pour l'affirmer, il n'y avait fondamentalement aucun rapport : la Résistance, elle, hélas, ne s'est guère préoccupée du sort des réfugiés ou des Juifs.

L'opération à laquelle Mary Jayne Gold a participé ne semble donc plus pouvoir simplement se résumer à une tentative pour sauver quelques écrivains, artistes et hommes politiques menacés. De plus en plus, la mission apparaît comme la volonté impossible de changer la direction même dans laquelle le monde – et pas simplement les nazis – était embarqué.

Mary Jayne n'était pas un historien (si elle en avait été un, ç'aurait été pour travailler sur Napoléon, qui l'intéressait bien plus qu'Hitler...). Le fait que la Solution finale ait été décidée alors même que Fry et ses complices œuvraient en sens inverse lui avait échappé à elle, comme à Fry; comme à tous ceux qui à ce jour ont écrit sur Fry.

C'est au cours des nombreuses conversations que je pus avoir avec Mary Jayne qu'une autre vérité, plus personnelle, jaillit : qu'il y avait dans son histoire marseillaise, dans le conflit entre sa relation avec Killer et son engagement avec la mission Fry, une dimension qu'elle n'avait pas explicitée dans son récit ni même dans son expérience, et qui pourtant était d'une certaine façon au cœur de son aventure.

La mission Fry appelle, en effet, une question inévitable : comment justifier le fait que la motivation initiale de Fry fut – et demeura essentiellement – de venir en aide à des individus choisis parmi beaucoup d'autres, ces figures significatives du monde de l'art et de la politique.

Si la mission fut étendue à bien d'autres réfugiés relativement anonymes, ce fut en partie grâce précisément à l'aide financière de Mary Jayne Gold. C'est son amie Miriam Davenport, brillante, engagée, pratique, qui avait suggéré de créer ce que Miriam appela à Marseille « the Gold List » (la « liste de Gold »), qu'elle-même administra jusqu'à son départ.

Mary Jayne avait oublié de mentionner l'existence de la « Gold List » dans son récit, et elle le regrettait. Avançant sa langue dans sa joue, comme elle le faisait souvent à l'approche d'un souvenir plaisant ou d'une boutade, elle aimait raconter un échange que, longtemps après les événements, elle eut à New York avec Karel Sternberg, qui continua de travailler pour les réfugiés de toutes sortes après en avoir été un lui-même à Marseille. « Karel, lui avait un jour demandé Mary Jayne, qui étaient, en définitive, ces per-

sonnes à qui mon aide financière a pu servir à Marseille?» Sternberg s'était contenté de pointer l'index vers sa poitrine.

Mais malgré cet élargissement de ses offices, la mission Fry se voit parfois taxer d'élitisme. Le reproche n'est-il pas légitime? Un artiste médiocre n'a-t-il pas droit à la vie autant qu'un peintre auréolé de gloire? S'il y eut beaucoup de personnes que le Centre américain de secours fut incapable de faire sortir de France, quels qu'aient été ses efforts, il y en eut beaucoup d'autres dont la candidature avait été purement et simplement rejetée, cependant qu'on leur donnait des tickets de repas et qu'on les envoyait chez les quakers : ces candidats ne cadraient pas avec la définition de la mission.

Parmi ceux qui sollicitèrent sans succès l'aide de Fry, il y eut par exemple mes parents : le journaliste Léo Sauvage, un intellectuel juif sans piston américain, qui avait trouvé refuge dans le quartier d'Endoume avec sa femme, juive polonaise qui perdit par la suite une grande partie de sa famille dans les camps de la mort (seul survécut mon cousin Samuel Pisar). Jean Gemähling se souvient distinctement d'avoir rencontré mon père rue Grignan. Il existe une liste des « clients » du Centre américain de secours qui révèle que mes parents étaient allés jusqu'à confier leurs vrais noms, longtemps enfouis avec succès sous des identités françaises de pure souche : « Sauvage-Smotriez, Léo; Sauvage-Suchowolska, Barbara. » (Mes parents restèrent des Juifs cachés. Mary Jayne était fascinée par le fait qu'ils me dissimulèrent jusqu'à l'âge de dix-huit ans que j'étais juif. Elle et moi avions en commun un besoin d'identifier et de comprendre les tabous.)

Ne réussissant pas à quitter la France, mon père se plongea dans la bouillonnante vie intellectuelle de Marseille, fondant les Compagnons de la Basoche, une troupe de théâtre qui montait notamment des farces du Moyen Age. Plus tard, lui et ma mère, enceinte de moi, trouvèrent un abri dans un singulier havre de refuge huguenot : au Chambon-sur-Lignon, comme je l'ai raconté en 1989 dans mon documentaire Les Armes de l'esprit, *la ferme politique avait été d'ouvrir sa porte à tout le monde, de ne renvoyer personne, de n'accepter aucune limite à ce qui devait être fait pour les persécutés.*

*Ce documentaire et les questions qu'il soulevait sur cette époque me rapprochèrent beaucoup de Mary Jayne, car les questions étaient très pertinentes pour elle. La sélection des efforts de Fry était-elle donc, en définitive, immorale ou simplement déplaisante ? Avons-nous tort d'être obnubilés par le fait que Fry et ses amis aient contribué au sauvetage de tant de « vedettes » de la culture du XX*e *siècle ?*

Dans Varian Fry à Marseille, *Karel Sternberg, avec une pointe d'exaspération, fournit ce qui est peut-être la réponse la plus importante :*

Dans toute opération de ce genre, on fait ce qu'on peut faire. On ne mesure pas une mission par ce qui n'a pas pu être fait, on la mesure par ce qu'il a été possible de faire. Le fait qu'il ne soit pas possible d'aider cinquante mille personnes ne signifie pas que vous ne pouvez pas en aider deux mille. Je répète : on juge l'importance et le sens d'une mission par ce que vous pouvez accomplir, et non pas par ce que vous ne pouvez pas accomplir. C'est toujours limité, ce que vous pouvez accomplir.

*Il est vrai aussi, et Mary Jayne le rappelle, que nombre des personnages éminents auxquels Fry et l'*Emergency Rescue Committee *se sont intéressés étaient particulièrement vulnérables du fait de leur gloire. Celle-ci constituait sans doute un avantage pour obtenir le visa américain si convoité ; encore fallait-il souvent trouver le moyen de sortir de France sans visa de sortie.*

Un dernier point : s'il est vrai que Varian Fry et ses amis étaient engagés du côté de ce que Fry appela la « solidarité démocratique », il est également important de rappeler et de reconnaître avec candeur que, personnellement, c'était quelqu'un qui aimait passionnément la culture, les arts, les personnes grâce à qui progressent la culture et les arts. N'est-il pas parfaitement légitime, lorsqu'il faut choisir, de commencer en sauvant ceux qu'on aime ?

Mary Jayne, elle, a vécu intensément les deux pôles de ce dilemme, soutenant de tout son cœur et de tous ses moyens une mission de sauvetage fatalement sélective – tout en refusant de faire de tels choix dans sa vie privée.

Elle avait connu Killer en premier. Il avait besoin de sa compréhension et de son soutien. Elle croyait en lui, et il avait besoin d'être sauvé par elle. Elle ne pouvait pas le plaquer simplement parce que la relation n'était pas commode. Comme tous les justes, Mary Jayne comprit presque instinctivement que dans la vie il y a des moments où il faut choisir et il y a des moments où il n'y pas de choix.

Juste avant sa mort, Varian Fry reçut de sa vieille complice quelques mots sur une carte postale. Mary Jayne avait ainsi conclu : « Nous avons partagé nos meilleures heures, mon ami. »

Puissions-nous tous connaître la chance d'avoir une année qui compte[1] *!*

PIERRE SAUVAGE

1. La Fondation Chambon (8033 Sunset Boulevard, Los Angeles, CA 90046-2471, USA), que préside Pierre Sauvage (adresse électronique : sauvage@chambon.org), offre à la consultation les mémoires de Miriam Davenport Ebel, des extraits du second volume de mémoires de Mary Jayne Gold, diverses informations sur le présent ouvrage ainsi que sur Mary Jayne Gold, Varian Fry et le Centre américain de secours ; l'adresse de son site est www.chambon.org.

Sources des documents photographiques :

p. I : Fondation Chambon, coll. Gold. p. II : Fondation Chambon, coll. Gold. p. III : Fondation Chambon, coll. Bingham (photo Hiram Bingham IV). p. IV : Fondation Chambon, coll. Bingham. p. V : Fondation Chambon, coll. Luppi ; *United States Holocaust Memorial Museum*. p. VI : Fondation Chambon, coll. Ebel ; Fondation Chambon, coll. Fry (photo Paul Schmierer). p. VII : Fondation Chambon, coll. Fry (photo Hans Namuth) ; *Université de Columbia* ; *Université de Columbia* (photo Ylla). p. VIII : Fondation Chambon, coll. Fry (photo Varian Fry). p. IX : Fondation Chambon, coll. Fry (photo Varian Fry) ; Fondation Chambon, coll. Gomès (photo André Gomès). p. X : Fondation Chambon, coll. Fry (photo Varian Fry). p. XI : Fondation Chambon, coll. Gomès (photo André Gomès) ; Fondation Chambon, coll. Fry (Photo Varian Fry), Fondation Chambon, coll. Ebel ; Fondation Chambon, coll. Gomès (Photo André Gomès). p. XII : Fondation Chambon, coll. Ebel ; Fondation Chambon, coll. Fry (photo Varian Fry) ; Fondation Chambon, coll. Fry (photo Varian Fry). p. XIII : Fondation Chambon, coll. Fry (photo Varian Fry) ; Fondation Chambon, coll. Fry (photo Varian Fry) ; Fondation Chambon, coll. Rosenberg. p. XIV : Fondation Chambon, coll. Piquemal ; Fondation Chambon, coll. Hirschman ; Fondation Chambon, coll. Ebel. p. XV : *Délégation à l'information historique pour la paix* ; Fondation Chambon, coll. Fry (photo Varian Fry) ; Fondation Chambon, coll. Fry (photo Varian Fry). p. XVI : Fondation Chambon, coll. Gold.

Cet ouvrage
réalisé pour le compte des Éditions Phébus
a été mis en pages par In Folio,
reproduit et achevé d'imprimer
en avril 2001
dans les ateliers de Normandie Roto Impressions S.A.
61250 Lonrai
N° d'imprimeur : 01-0910

Dépôt légal : mars 2001
I.S.B.N. : 2-85940-717-0
I.S.S.N. : 1621-0603